人·與·法·律 81

法律的概念

The Concept of Law

哈特 H.L.A.Hart 著
許家馨、李冠宜、高忠義 譯

專文推薦

開啓法哲學新紀元的哈特

莊世同

初聞哈特《法律的概念》中譯本出版，內心感到無比雀躍。誠如文案所言：「《法律的概念》是二十世紀法律哲學最重要的一本書，對法理學及法哲學領域的貢獻是無與倫比的。」的確，如果當初哈特未曾寫下這一本書，那麼很可能就不會形成今日法哲學界前所未有的蓬勃景象。

本書對二十世紀的法哲學研究有兩大重要貢獻。一是爲法理學理論注入哲學思維的生命力，開啓學者對於法哲學問題進行熱烈論辯的學術風氣。二是站在承繼傳統法實證主義的立場，扮演承先啓後的關鍵性角色。書中不但精緻地修正奧斯丁（John Austin）分析實證法學的理論缺陷，使得法實證主義的思想，得以迅速地在第二次世界大戰以後再度抬頭；同時，在不斷回應來自各方挑戰的論戰過程中，哈特藉由本書的論點，開拓法理學及法哲學的研究領域，進而激發各種不同理論背景的法律哲學論述，締造了過去四十年間法哲學史上的輝煌紀元。爲了使讀者能夠進一步瞭解《法律的概念》這本書在法哲學領域的重要地位，本篇序文將就本書對當代法哲學理論發展的貢獻與影響，做一個簡短的回顧。

開創、挑戰與回應

與傳統的法理學著作比較，《法律的概念》是一本高度原創的著作。書中出現許多前所未見的新的想法、觀念及論點。其中最引人注目的，莫過於貫穿哈特法實證主義理論的三個重要主張：一、法律的本質爲具有內在規範面向的社會規則；二、法體系是由初級以及次級規則結合而成的規則體系；三、次級規則中的承認規則爲辨別有效法律規範的終極判準。這些創新的理論與主張，除了爲本書博得高度的肯定與讚揚之外，同時也直接或間接促成了過去數十年間相當多精彩的法哲學論戰。

自從《法律的概念》第一版於一九六一年問世以來，相繼有許多學者對它提出批評。這當中最重要，而且也是最有力的挑戰，是來自哈特牛津大學法理學講座的繼任者，美國法哲學家德沃金（Ronald Dworkin）所寫的數篇批判文章，這些文章後來收錄在他的第一本法哲學論文集《認眞地看待權利》（*Taking Rights Seriously*, 1977）一書中。德沃金對哈特法理論的攻擊，可以說是全面性的。從質疑法律的規則性格、反駁承認規則有能力辨識所有法律規範，一直到否認法官在判案過程中有司法裁量權，他敏銳地指出哈特法實證主義的理論盲點，特別是有關法律原則的定位問題。德沃金以英美法上幾個知名的困難案件（hard cases）爲例，抨擊哈特忽略法律原則是法體系中的隱含的法律（implicit laws），無法由系譜性的承認規則予以鑑別。關於這一點，哈特自己後來在「後記」（Postscript）裡也坦承，當初對法律原則的主題著墨太少，的確是本書的一個缺陷。

在德沃金之前，雖然哈特曾與美國法理學家博登海默（Edgar Bodenheimer）與富勒（Lon L.

Fuller）、奧地利實證法學家凱爾生（Hans Kelsen）及英國法官德弗林（Lord Patrick Devlin）有過精彩的論戰，不過這些論戰的主題，主要環繞在法學教育、法律與道德之關係、分析法學與純粹法學之區別，以及道德法律化之界線等傳統議題上，並未如德沃金針對法實證主義基本命題發動致命性攻擊來得有吸引力。也因此，除了哈特本人曾經寫過數篇文章回應德沃金的挑戰之外，自一九七〇年代開始，持續有來自包括法哲學、道德哲學、政治哲學等領域的多位學者，加入這場所謂「哈特／德沃金的論戰」（the Hart / Dworkin debate）。時至今日，雖然哈特已經過世多年，並未因此減低後來學者對這場論戰主要爭點的濃厚興趣，反倒在哈特生前尚未完成的「後記」隨本書第二版於一九九四年出版以後，再度掀起一股論戰的風潮。我想這是哈特當初寫《法律的概念》這本書時，所始料未及的發展吧！

傳承與發揚

如果把法哲學研究比喻成一場馬拉松式的接力賽跑，哈特無疑是二十世紀後半葉最重要的接力者與傳承者。他所承繼的是邊沁（Jeremy Bentham）以及奧斯丁的分析實證法學傳統，然而他所開創與傳承下來的，卻遠比前人遺留給他的學術資產更爲豐富。從宏觀的角度來看，哈特長期以來的主要學術對手德沃金，便是他所開創的法哲學輝煌傳統中最爲傑出的承繼者。自一九八六年《法律帝國》（*Law's Empire*）一書出版以來，德沃金已成爲繼哈特之後，英美法哲學界最具份量與影響力的學者，他所提出的「建構詮釋法學」（the jurisprudence of constructive interpretation）以及「整全法」（law as integrity）法理論，將法哲學帶向一個「詮釋的轉向」（the interpretive turn），吸引更多學者投入法律概念的詮釋研究。而儘管至今德沃金未曾改變其反法實證主義（anti-legal positivism）的立場，但可以肯定的是，他在法理學上的成就，有相當部分必須歸功於哈特以及《法律的概念》這本書。

除了德沃金之外，當代三位法哲學大師，拉茲（Joseph Raz）、麥考密克（Neil MacCormick）、夫尼斯（John Finnis），都出自哈特門下。不過有趣的是，他們三人在法理學以及法哲學的研究領域，各有自己的發展方向。現任牛津大學法律哲學講座教授以及美國哥倫比亞大學法理學客座教授的拉茲，是哈特法實證主義的主要傳承者。他在哈特所建構的法理論基礎上，進一步補充分析實證法學的不足之處，特別是有關法律規範性（the normativity of law）以及法律權威性質（the nature of legal authority）的部分，一九七九年出版的《法律的權威》（*The Authority of Law*）一書，爲其法理學的主要代表著作。愛丁堡大學法理學教授麥考密克，同樣也是法實證主義的忠實擁護者，主張所謂「制度法實證主義」（institutional legal positivism），然而其主要關注焦點是在法解釋以及法律推理的問題上，成名作是《法律推理與法理論》（*Legal Reasoning and Legal Theory*, 1978）。近年來，麥考密克較專注於研究有關歐盟統合的法律及政治哲學議題，特別是關於主權概念的爭議。而身兼牛津大學法律暨法律哲學講座教授以及美國聖母大學法學教授的夫尼斯，則是當代自然法論的主要代言人，他所寫的《自然法與自然權利》（*Natural Law and Natural Rights*, 1980），被譽爲二十世紀自然法學的經典之作。

另外值得一提的是，英美法實證主義經過德沃金的挑戰以後一分爲二，形成剛性以及柔性法實證主義（hard and soft legal positivism）兩種理論。剛性法實證主義以拉茲爲代表，堅持法律是由不涉入任何道德價值判斷之社會淵源（social sources）所認定的社會事實，法律原則乃是法律背後的詮釋理由，不是法律本身。柔性法實證主義則以美國耶魯大學法理學教授柯曼（Jules Coleman）以及加拿大 McMaster 大學法哲學教授瓦盧喬（Wil Walluchow）爲主要靈魂人物。他們站在調和剛性論與德沃金法理論的立場，主張法律有效性的判斷標準，除了形式的系譜規則判準之外，也可以包含實質的道德原則判準，所以法律原則可以是有效的法規範。至於哈特本人，則在「後記」裡明白肯認柔性法實證主義的主張，認爲承認規則可以安置（incorporate）道德原則或實質價值判斷，做爲法律有效性的判斷標準。

從邊沁、奧斯丁開始，經過哈特，再到德沃金、拉茲、麥考密克、夫尼斯，一直到柯曼、瓦盧喬等柔性法實證論者爲止，形成英美世界一脈相承的法哲學傳統。試想，如果沒有哈特承繼分析法學的研究成果，並且進一步把它發揚光大，那麼今日我們恐怕不知奧斯丁爲何許人，分析法實證主義爲何物。同樣地，如果沒有德沃金的挑戰，拉茲的修正與補充，以及柔性法實證主義的再反省，哈特的法理學理論將有如曇花一現，迅速地被洶湧的學術浪潮所淹沒。這告訴我們，學術研究的傳承與發揚，應該以相互辯證的方式前進，才有可能奠立源遠流長的傳統。當我們讀《法律的概念》有關批判奧斯丁法理論的部分時，可以讓我們更加瞭解奧斯丁；讀德沃金《認眞地看待權利》以及《法律帝國》，可以使我們進一步掌握哈特的觀點；讀拉茲的著作，則有助於正確理解德沃金的法哲學思想；而研究柔性法實證主義的主張，必然能夠幫助我們更深入認識拉茲的剛性理論。這些環環相扣的法哲學發展歷程，完全拜哈特以及《法律的概念》之賜，因此，推崇《法律的概念》是二十世紀最重要的一本法律哲學著作，稱許哈特為開啓二十世紀法哲學新紀元的人，不僅不是誇大其詞，而且還可說是名符其實。

關於中譯本

本書的兩位譯者，李冠宜先生與許家馨先生，分別取得台大以及政大法研所基礎法學組的碩士學位，兩人的碩士論文皆以當代英美法哲學理論為主題，對於英文、相關文獻內容、法理學實質論點的掌握，都已打下相當深厚的基礎。而哈特《法律的概念》，又是從事英美法理學研究者所必定熟讀的經典，因此由他們兩位來翻譯這本書，可以說是非常理想的人選。

在法理學及法哲學的國際學術舞台上，台灣仍然地處邊陲，尚有待國內法理學者的共同努力，以提升我們在這方面的學術研究品質以及國際能見度。近幾年來，已開始有國內學者從事德文法理學經典名著的翻譯工作，令人感到振奮。此舉不僅有助於法理學的教學，而且也有帶動法理學研究風氣的效果。在此同時，《法律的概念》中譯版的完成，則更別具意義，因為國內有關英美法哲學名著的翻譯作品，實在少之又少。雖然中國大陸早已有第一版的中文翻譯，但是一來，大陸的譯者並非法理學科班出身，所以在若干名詞的翻譯上可能不盡貼切；再者，第二版附有哈特回應德沃金法理論的「後記」，內容遠比第一版更具有學術研究價值；最後，兩位譯者除了以嚴謹的態度從事本書的文字翻譯工作，更難得的是，還在本書最後加上兩篇有關哈特生平簡介及其出版著作文獻誌的附錄，因此極富學術參考價值。

對我來說，能夠爲這本書寫推薦序，是喜悅也是榮幸。一九九四年當我在英國看到《法律的概念》第二版出版時，心中曾經興起翻譯的念頭，礙於對自己的中英文程度無太大信心以及慵懶怠惰的本性，遲未能如願實現這個理想。看到李、許二君能夠排除萬難，完成這本法哲學經典名著的翻譯工作，內心慚愧之餘，對於他們兩人的努力由衷感到敬佩。最後，希望隨著本書中譯本的出版，能夠激起國內更多法律人對法哲學問題的興趣與討論，無形之中亦將有助於我們朝眞正的法治社會再向前跨出一大步。

本文作者爲台大法律學院教授

導讀

「法律」這個概念

李冠宜、許家馨

這本書的書名 *The Concept of Law*，其實可以更生動地翻譯爲「法律這個概念」。換言之，哈特這本書討論的正是：「法律」這個概念到底意味著什麼？當然，我們可以用更白話的方式來表達這本書所要探討的問題，而這個問題就是：「法律」是什麼？然而，爲何「法律是什麼？」會成爲問題呢？難道人們不知道法律就是那些立法機構所制訂的法律條文嗎？難道許許多多法律工作者，甚至一般人民不是很自然地在運用著「法律」這個概念嗎？哈特在全書的開場白中很精彩地點出了這個問題本身的弔詭之處。他指出，儘管大家似乎都知道「法律」是什麼，但當我們進一步深入地思考以下三個問題時，就會陷入難以掙脫的泥沼當中。這三個問題就是：「法律」與「以威脅爲後盾的命令」有何相異及相關處？「法律義務」與「道德義務」如何相異及如何相關？什麼是「規則」，而在多大的程度上法律可以被理解爲「規則」？如果我們想要對作爲一種社會制度的「法律」進行深入的思考，並釐清法律與其他相關的社會制度之關係時，這些是無法避免的問題。釐清這些理論上的問題，也使得我們能夠更進一步思考實踐問題，比如市民不服從、抵抗暴政、或惡法應不應執行等等問題。這對於我們在面臨這些重大實踐問題時，所要進行的實踐推理，有很大的幫助。

哈特這本書的精彩之處，正在於他不僅要正面回答「法律是什麼？」這個問題，他更想要一舉解決眾人的疑惑，告訴我們為什麼自古以來有那麼多法學者，以及所由產生的那麼多法律哲學流派，會像陷入流沙一般，困在永無止境卻又難以找到出路的爭論中。因此，哈特這本影響無比鉅大的著作，其重要性正可以從兩個方面來觀察，一個面向是哈特在方法論上為法理論所開創的新局，另一方面是哈特對「什麼是法律？」這個問題所提出的一整套極富原創性的理論架構。

哈特之法理論在方法上的貢獻

人們在嘗試回答「什麼是法律？」這個問題時，往往會嘗試對「法律」這個語詞下「定義」。而我們如何看待「定義」，就牽涉到我們如何看待語言與事物之間的關係。有人認為尋求定義就是尋求某一種類的事物所具有的共通屬性，有人認為尋求定義就是尋求某一類事物所共同具有的「本質」，也有人認為尋求定義就是尋求某一個語詞的「標準用法」。在方法論的面向上，哈特的功績就在於，他指出了對「法律」這個概念下定義之不妥，並且更積極地提出了解決的方案。只能以「定義」來界定的這種想法，意味著一個字之所以會被用來指稱某些事物，必定是因為這些事物分享了共同的特徵，這些特徵乃是我們把這個字用在這些事物之上的充分必要條件。但維根斯坦透過「家族相似性」（family resemblance）的概念，指出一個字之所以會被用來指涉特定種類的事物，並不在於這些事物具有什麼共同的本質屬性，而在於它們之間有一些透過「類比」而重疊交錯的屬性所連結起來的關係網絡。這整個關係網絡構成一個「家族」。[1]語言的功能不只在「描述」這個世界，好像語言是世界的圖畫。語言就像工具一樣，乃是被我們在各種場合所使用。語言的意義不能獨立於脈絡而被玄虛的空想所掌握。我們必須實際去觀察語言的用法（use），才能掌握語言的意義。我們無法找到一個貫穿某個語詞所指涉的所有事物的本質。維根斯坦的思想粉碎了「本質主義」（essentialism）的幻想，讓人們更瞭解語言與世界的關係。這就是哈特放棄尋找法律「本質」以及法律之「定義」的哲學背景。

哈特法理論的哲學預設不只來自後期維根斯坦。著名的牛津日常語言學派哲學家奧斯亭（J. L. Austin, 1911-1960）的思想[2]，也是哈特法理論的重要哲學背景。奧斯亭認爲，維根斯坦「不要想，只要看」這樣的說法，使得我們忘記了要進一步去發掘同一個字在不同的語言遊戲中的意義之間到底有什麼關連。維根斯坦用「家族相似性」這樣的觀念來說明它們彼此之間的關係。這給人們造成一種印象，那就是同一個字在不同的語言遊戲之間的關係，就只是「相似」關係（resemblance or similarity）。但奧斯亭認爲，說一個字所指涉的事物彼此之間的關係乃是「相似關係」（similarity）或許比以前認爲這些事物必定分享共同特徵的想法更趨近於正確，但是仍然沒有能夠幫助我們更瞭

1 維根斯坦以「遊戲」爲例，說明我們用「遊戲」一詞所指稱的事物其實並沒有共享的本質屬性。在分析過各種遊戲其實並沒有共同的特徵之後，他下了一個很重要的結論：「這種考察的結果是，我們看到了一種複雜的、重疊交錯在一起的相似性的網，有時是整個的相似，有時是細節上的相似。」（*Philosophical Investigations*, §66）他又說：「我想不出比家族相似性一詞更好的說法，來描述這些相似性的關係。」（*Philosophical Investigations*, §67）

2 筆者將二十世紀的牛津語言哲學家J. L. Austin翻譯爲「奧斯亭」，以區別於本文中常提到的英國十九世紀法理論家「奧斯丁」（John Austin）。

解語言與事物之關係的多元性，甚至還會有誤導之嫌。他在〈一個字的意義〉（The Meaning of a Word）這篇十分著名的文章裡面，仔細地分析了一個字所指涉的事物之間可能具有的各種關係（這些關係包括了核心與應用的關係、類比關係、牽引關係、簡化關係等等）。[3]我們或許無須深究哈特到底是不是從奧斯亭那裡吸收了這個想法，但是哈特對於法概念與其所指涉之事物間的關係與奧斯亭的哲學相一致，絕對是不會出人意料的。奧斯亭的分析讓我們知道，儘管透過維根斯坦我們瞭解到同一個字所指涉的事物不見得具有同一的特徵，但是這些事例之間的關係卻不見得是散亂無序的，泛泛地說這些事例之間「相似」會遮掩住這些事例之間更有秩序的結構關係。

哈特認爲，「法律」這個概念的情況正是如此。他說：

我們深信，這些不同的表面用法，並非隨意的習慣所形成，在它們之下存在著某種原則。所以，儘管去問說爲什麼很多不同的人都可以叫做湯姆是個典型的荒唐的問題，我們卻不覺得問下述的問題是荒唐的，比如爲什麼在國內法中這麼多不同種類的規則都可以叫做法律？或者問：儘管它們之間有重大的差異，爲什麼國際法和國內法都被稱爲「法」？[4]

他認爲，像「法律」這樣的字的外延，或說它所指涉的事物之間，絕對不會沒有某種「組織性原則」（unifying principle）[5]或者「原則或理路」（principle or rationale）[6]，儘管這些原則或理路並不容易發現。因此，哈特認爲，對於法概念的掌握，儘管不需要再去尋找它的定義，但是仍然可以找出「法律」這個概念被運用的「原則或理路」。

那麼「法律」這個概念被運用的「原則或理路」是什麼呢？哈特對法概念獨到的分析方法有兩個重點。第一，法概念所指涉的事物可以有核心與邊緣之不同。「法律」這個字指涉的事物當中，有一些是我們不會加以爭議的，這些事例是核心事例。但除了核心事例之外，還有一些較爲邊緣的事例，我們對邊緣事例的適用比較起核心事例有較多的遲疑，這是因爲邊緣事例不具備跟核心事例一樣的重要特徵。我們對於「法概念」的掌握只要做到對於核心事例有清楚的瞭解，再找出核心事例與邊緣事例的相同、相異或相似處就可以了。

對於核心事例與邊緣事例的區分突破了以往尋找「定義」之作法的侷限。因爲，尋找「定義」的作法其實隱含著一種效果，那就是把所有被定義語詞所指涉的事物都視爲「同質」(homogeneity)。可是，哈特的作法不一樣，就「法律」這個概念而言，他把「國內法」當作法概念核心事例，把「原始部落法」與「國際法」當作邊緣事例。因此，他所設定的理論任務，就是解明核心事例的重要性質，然後再說明核心事例與邊緣事例的相同、相異與相似處。這個作法的好處在於，我們只要專心致力地闡明核心事例的性質，然後再說明核心事例與邊緣事例的關係就可以了，不用管核心事例與邊緣事例到底有沒有共同特徵。

第二，既然對於「法律」這個概念的理論說明之首要任務就在於釐清「法律」這個概念的核心事例，而哈特認爲法概念的核心事例就是現代國家的國內法體系，則理論說明的首要任務就是釐清

3 J. L. Austin, "The Meaning of a Word," in his *Philosophical Papers*, Oxford, 1979, pp. 37-43.
4 H. L. A. Hart, "Definition and Theory in Jurisprudence," in his *Essays in Jurisprudence and Philosophy*, Oxford, 1983, p.22.
5 CL, p.15.
6 CL, p.210.

現代國家的國內法體系。哈特的「初級規則與次級規則結合」也就是在這個脈絡底下被提出來的。透過提出「初級規則與次級規則之結合」這樣一組「核心要素」（a central set of elements），哈特希望能夠闡明「法律」一字的核心事例的性質，以及邊緣事例與核心事例的關係。

規則

既然哈特認爲對於「法律」此一概念的分析，首應分析國內法體系的特徵，則他如何選取這個特徵，就決定了哈特法理論的走向。哈特被視爲二十世紀法實證主義理論的代表性人物，正是因爲他的法律理論著重於說明國內的法律爲什麼會成爲一個體系，以及法律的「效力」（validity）這個概念意味著什麼？換言之，哈特著重在分析「狹義的法律效力」概念，以區別於法律的「實效」（efficacy）。

哈特選取了「規則」這個概念，作爲他分析「法律」這個概念的基本單元，這是很有意義的一個作法。因爲在哈特當時的時代背景裡，以美國而言盛行所謂的「法唯實論」（legal realism）。這種思潮基本上對「規則」這個概念抱持著懷疑的態度，認爲「規則」這個概念模糊，無法幫助我們更瞭解「法律」是什麼，甚至在這個思潮底下，透過實際觀察法院的行爲，有許多人認爲根本沒有「規則」這回事，法官只不過是按照自己的價值與喜好在判案。但是哈特也不想回到奧斯丁的老路上，以「命令」這個概念作爲分析「法律」這個概念的基本單元。因此，他必須重新解釋「規則」這個觀念。爲此，他必須能夠說明，「遵守規則」是什麼意思？我們如何判斷一群人在遵守某種規則？遵守規則與習俗有何分別？等等相關問題。

哈特的「規則」概念最重要的突破，就在於他區分了規則的「內在面向」（internal aspect of rules）與「外在面向」（external aspect of rules）。內在面向乃是參與者以「批判反思的態度」（critical reflective attitude），「接受」（acceptance）規則，並以之作爲衡量自己和他人之行爲的標準。規則的外在面向，則是觀察者從外在的觀點，觀察規則所存在的社群之行爲的規律性，並僅僅以該規律性所描述出來的面向。單單注重外在面向的極端外在觀點無法合理解釋社群成員以規則作爲批判標準的內在面向。因此，單單注重規則之外在面向的「規則理論」是不正確的。也就是透過內在面向，「法律」作爲一種社會規則，才能夠與以威脅爲後盾的命令區別開來。

初級規則與次級規則的結合

在這種兼顧規則之內在與外在面向的「規則理論」的基礎上，哈特提出了他對「法律」這個概念的理論說明，也就是「初級規則與次級規則的結合」（the union of primary rules and secondary rules）。初級規則與次級規則的區分乃是哈特的重大創見。他先從想像一個沒有立法機構、沒有司法機構也沒有政府官員的原始社會開始。在這個社會中，只有以習俗形式存在著的「初級規則」。這些規則直接規範著人們的行爲，而普遍被該社會的成員所接受、認同，用來衡量並評判自己與他人的行爲（規則的內在面向）。可是這種社會控制的形式只能存在於成員關係十分緊密、多半有血緣的連帶關係、或者是共享堅強的信仰或傳統的社會裡面，而且這個社會必須處於相當穩定的環境當中。一旦這些條件發生改變，這種社會控制形式的問題就會產生。這些缺陷主要有三個。第一，「不確定性」（uncertainty）。在這種原始社會中，成員們有著同一套世界觀、信仰、價值觀，因此對於規範內容到底是什麼，乃是建立在這種共識之上。然而如果共識慢慢不復存在時，成員們開始會對規範到底是什麼產生爭議。而爭議發生時，並沒有共同的標準可以訴求，只能各說各話。這就是規範內容的「不確定性」。第二，是「靜止性」（static）。在這種社會中，規則的成長或改變是自發的、緩慢的。一旦社會面臨變動而成員必須迅速做出調整與反應時，缺乏迅速調整機制的原始社會就會面臨極大的困難。第三，是用以維護規則之社會壓力的「無效率性」（inefficiency）。因爲，這個社會缺乏一個專門的機關來最後確定是否違反規則，並對違規者實施懲罰。

在複雜的大型社會中，必須要有一種法律制度來消除上面三種缺點。爲此，需要有三種次級規則來補充初級規則，其中每一種補充都意味著從前法律世界走向法律世界的一步，而這三種補充辦法加在一起，足以使初級規則體制轉變爲一個無可爭議的法律制度。這三種次級規則分別是「承認規則」（rule of recognition）、「變遷規則」（rule of change）與「裁判規則」（rule of adjudication）。「承認規則」的規範內容是，任何其他的規則如果具備某些特徵，就能成爲以此社會團體之壓力爲後盾之規則。承認規則提供了社會決定何爲其共同遵守之規則的標準。成員們共同遵守承認規則，以之辨識初級規則，以致於若有人錯誤地運用「承認規則」因而辨識錯誤的初級規則時，成員們彼此之間會以「承認規則」加以批判（規則的內在面向）。透過承認規則，原始形式的社會控制之「不確定性」就得到彌補。「變遷規則」的規範內容乃是授權個人或團體制定新的初級規則。透過變遷規則的授權，可以透過授予特定個人或團體以制定、修改或廢棄初級規則之權利。成員們彼此之間，也會以變遷規則來衡量某項初級規則是否眞的依照變遷規則而做出修正（規則的內在面向）。如此一來，「靜止性」就不復存在。至於「裁判規則」，則是授權給個人或機關就一定情況下，就某一初級規則是否已被違反，以及應處以何種制裁，做出權威性的決定。裁判規則決定誰有權審判以及審判的程序。成員彼此之間，也按照裁判規則來衡量誰有權裁判，有權的人如何做出裁判，以及作出來的裁判大家應該如何看待（規則的內在面向）。裁判規則彌補了「無效率性」的缺憾。

我們必須要瞭解到，「初級規則與次級規則的結合」這個理論說明的精髓正是在於規則運作的「內在觀點」。正如哈特自己所說：「透過初級規則與次級規則所做的分析之所以擁有這麼強大的解釋力，其理由並不難尋。大部分圍繞於法律及政治概念的混淆及曲解是因爲這些概念都指向內在觀點：那些不只記錄或預測行爲，而且使用這些規則作爲他們自己及他人行爲之評量標準的人的觀點。」透過內在觀點，我們才能夠解釋大多數人民在一般的時候，以法律（初級規則）作爲行爲標準，以之作爲衡量自己與他人行爲之標準的這項實踐（practice）。這項實踐，是把「規則」當成對某些行爲之「預測」的理論所無法解釋的。行政官員、法院或一般人民利用承認規則來鑑別初級規則，立法者依照變遷規則來制定、修改、廢止法律，法院依照裁判規則來進行裁判，他們不只以之規範自己的行爲，也以之衡量他人的行爲。這些實踐我們唯有能夠掌握規則的內在面向後，才能夠看得清楚。而這一個理論說明，或者用哈特的話說，這「一組核心要素」，不只說明了社會中人民以及政府官員的實踐（指人們以之作爲批判標準這個表達出規則內在面向的實踐），更因爲我們瞭解到這些實踐的特色乃是人們以這些規則所架構出來的「概念架構」進行複雜的溝通行動。透過「初級規則與次級規則的結合」，我們就能夠解釋這些溝通行動中的關鍵概念：效力（validity）、法體系（legal system）、裁判依據（judicial reasons）與法律義務（legal obligation）。

在三種次級規則當中，「承認規則」占據了核心的地位。透過承認規則，我們就可以解釋「法效力」這個概念。任何接受承認規則的地方，其私人與官員就擁有辨別義務性初級規則的權威性判準（authoritative criteria）。這些判準可以呈現爲各種不同的形式：它們包括了引證權威性的文本（authoritative text）、法規、慣習（customary practice）、特定人的一般性宣言（general declarations of specified persons）或過去特定案件中的司法裁判。現代法體系中的「法源」十分多樣，因此相應的承認規則也更爲複雜：鑑別法律的判準是眾多的，通常包括一份成文的憲法，立法機構通過的法案，以及司法的裁判先例。而且大部分情況下，爲了解決衝突，都會有明文規定這些判準在效力上的的先後順序。因此，說一項法律規則是有效的，就是承認它通過了所有由承認規則所提供的判準，而承認它是法體系中的一項規則。

也正是透過「承認規則」的概念，我們才得以理解「法體系」這個觀念。因爲個別法律之效力最終都是來自於承認規則。因爲承認規則的存在，使得規則的「存在」有了另外一種意義。一項規則不再只能以實際上被社群成員所接受的方式存在，它也能夠藉由通過承認規則的判準取得「效力」而「存在」。法律因此得以從其他種類的社會規範區別出來，成爲一套可供辨識的規範體系。一個存在著承認規則以及其他次級規則的社會，才能被視爲脫離了前法律（pre-legal）的狀態，成爲具有法體系的社會。承認規則的存在乃是一個社會之「法體系的基礎」（foundation of a legal system）。但承認規則本身的「存在」，無法訴諸其他的規則，因此，其「存在」並不是「效力」的問題（如果我們把「效力」這個概念限定在透過另一項規則而取得存在這個意義上），而是「事實問題」。法體系之存在有兩個充分且必要的事實條件。一方面，那些根據體系的終極效力判準而有效的行爲規範必須被普遍地遵守；另一方面，提供效力判準的承認規則與變遷規則及裁判規則必須實際上被官員普遍接受爲共同的公共標準，用以衡量其他官員的行爲。

開放性結構與司法裁量

哈特理論的另一個高潮，就是他必須回應規則懷疑論以及規則的形式主義所提出的挑戰。因爲，既然哈特選擇了「規則」作爲分析「法律」這個概念的基本單元，他就必須說明爲什麼有時候法院的裁判不像人們所想像的那麼有「規則」可循？這是否意味著規則的存在只是一種假象？哈特認爲，基於人類本質上的缺陷，即沒有一個人是全知的，他無法預測可能會發生什麼事。而且在複雜的現代社會中，立法者不可能鉅細靡遺地預作規定。因此，法律必須用一般化的語詞來做抽象的規定。換言之，它的規定只能以指涉某個類別（class）的人或事來表達。而由於自然語言的使用原本就具有不確定性，因此規則身即具有不確定性。這個不確定性就是哈特所謂的規則的「開放性結構」（open texture）。

哈特認爲，所有的一般化語詞的指涉都有其確定而清楚的核心事例，以及模糊而不確定的邊緣地帶（penumbra）。「開放性結構」指的就是一般化語詞的邊緣地帶。在大部分的時候，使用著一般化語詞的規則所指涉的事例是清楚的。因此，依照哈特的看法，在法官碰到符合規則之核心意義的事例時，一定要受到規則的拘束。就這個部分而言，規則懷疑論沒有適用的餘地。但規則與其中的概念也會碰到「邊緣事例」（penumbral instance）。在這種事例中，規則與其概念不能明白地適用。這些邊緣事例與核心事例會有一些共通點；但是邊緣事例會缺少一些核心事例擁有的特徵或者多出一些核心事例沒有的特徵。邊緣問題發生時，我們無法單靠邏輯演繹式地從前提導出結論，因此在邊緣案件中，就逐漸進入法官裁量的領域內。對於邊緣案例，通常我們會先考量把規則適用於邊緣事例時，所會造成的社會後果，以及這些社會後果是否符合我們期待該法律所欲達成的社會目標或社會政策。而在高度爭議性的案件中（尤其是憲法案件），法官在行使裁量時，更應該遵守對不同的裁判選擇保持公正性（impartiality）與中立性（neutrality），對所有利害關係人利益的全面考量，以及把普遍接受的原則納入考量等等「裁判德行」（judicial virtues）。

哈特透過區分核心事例以及邊緣地帶，化解了規則懷疑論以及形式主義的挑戰。一方面，因爲規則擁有其適用無可置疑的核心事例，因此質疑規則沒有規範作用的規則懷疑論是不能成立的。但另一方面，規則的運作方式也絕非形式主義所稱，應該把規則的意義凍結在固定類型的事例之上。因爲規則的開放性結構並非只能被看做一個缺陷，它同時也爲無窮盡的社會變化及人類的有限的認知能力提供了一個出路，使得人們得以用抽象的語言預先設定規範的方向，然後讓執法者在未來具體的情況中，依照當時的各種條件做出最佳的選擇。哈特的「開放性結構」論也是他在法理論上的重大貢獻。這個理論確保了「法律」作爲一種規範的確定性，但也留下一部分的空間，能夠解釋司法活動的創造性成分。

法律與道德的分離

作爲法實證主義的代表性人物，哈特當然也處理到法律與道德的關係這個重要的課題。儘管法實證主義一般被認爲是主張法律與道德分離的思想傳統，但是到底法律與道德在哪一種關係上分離，卻是眾說紛紜。哈特認爲法實證主義者主張法律與道德的分離最主要的論點，是認爲法律的「效力」不受到道德的影響。換言之，那些道德上邪惡但是其制定乃是依照程序、其意義清楚而不含混、符合所有法體系所承認的判準的法律，不應當因爲它在道德上的瑕疵而被剝奪其法效力，或者說被剝奪「法律」這個名稱。這也就是「法律是什麼」與「法律應是什麼」應該加以區分的最主要意義。

在這個點上，哈特特別以拉德布魯赫所代表的戰後德國自然法復興運動以及戰後德國法院的判決爲討論對象。這是一個以「法院」這個制度機構所面臨的法概念問題來討論的脈絡。他認爲，讓「法律」這個概念的範圍包括道德上邪惡的法律，在理論的釐清上，可以使法學領域能把不正義的法律包括進研究的範圍內，這對瞭解法體系的運作是有幫助的。而且他不認爲把道德上邪惡的法律說成不是法律有助於人們起而反抗納粹暴政。他認爲那是人們本來就可以以道德的義務凌駕對法律的義務。最重要的一個理由，是他認爲戰後一些做出不承認納粹法律之判決的德國法院，藉由不承認納粹法律的有效性，簡化了他們本來應該好好面對的道德兩難。德國法院的難題是：「我們要不要處罰那些受到納粹法律的允許而做出邪惡事情的人？」如果非處罰不可，是要由立法機關制定溯及既往的法律宣告納粹法律無效而該等行爲違法，或者是由法院地宣告納粹法律違反自然法而簡化他們實際難題？哈特顯然認爲，以違反自然法的理由宣告納粹法律無效而簡化道德難題的作法是一種不誠實的作法。與其如此，不如承認他們就是必須「兩害相權取其輕」，如果不想讓那些邪惡的罪犯逍遙法外，就必須制定溯及既往的法律加以懲罰，儘管制定溯及既往的刑事法也是一種惡。

不過，哈特關於法律與道德之分離的主張，其意涵並不止於此。哈特也從整個法體系的角度來看法律與道德的關係。我們在上文曾經提過，哈特認爲法體系存在的條件，乃是一方面，那些根據體系的終極效力判準而有效的行爲規範必須被大致上普遍地遵守，另一方面，提供效力判準的承認規則與變遷規則及裁判規則必須實際上被官員普遍「接受」爲共同的公共標準，用以衡量其他官員的行爲。那麼這兩個法體系存在的充分且必要條件與道德有沒有關係？。我們可以從兩個問題來處理這個課題。一個是「接受」是否必須基於道德上理由？第二個是整體而言，初級規則是否必須要有一些符合道德的內容？

首先，我們來看看「接受」的問題。既然哈特認爲法體系存在的必要條件之一，是政府官員們必須一致地從內在觀點「接受」次級規則。而一個健全的法體系，則是一個大部分一般人民也都能夠從內在觀點接受初級規則的法體系。但哈特認爲：「不只許多被法律強制的人不把法律當作是道德上有拘束力的，就連那些自願接受法體系的人也不見得認爲他們自己是基於道德理由被拘束的。事實上，他們對於法體系的順從可以建立在許多不同的考量之上：長期利益的考量；對自己在他人身上所能取得之利益的冷酷算計；未經反思透過承傳而來的傳統態度；或者只是想跟著別人做。」哈特這一段話想要表達的意思是，法體系被「接受」，事實上不見得非得基於道德上的理由不可。法體系的存在既不見得要出於道德的理由，也因此，當「法律」這個概念被用來只法體系時，不必然與道德有關連。

接下來，我們要討論第二個議題，那就是整體而言，法體系的內容是否必須體現某種程度的道德？對於這個問題，哈特提出了「最低限度自然法」的觀念。所謂「最低限度自然法」是指基於人類以及自然的特性，如果要經營共同生活，所不得不具備的一些規範內容。最低限度自然法的內容包括「限制使用暴力的規範」、「互相抑制體系」、「互相妥協的規範形成過程」、「某種型式的財產制度，包括禁止竊盜、強盜、搶奪、侵入等等保護財產權的靜態規範（static rules），以及爲了使分工合作成爲可能而必須有的創造或改變義務的規範，或使人類交易行爲有可預測性而對義務規範強制直形的規範，這是動態規範（dynamic rules）」以及一定的「組織性制裁制度」。這些內容之所以一定要存在於國內法當中，乃是基於「自然的必然性」（natural necessity）。基於人的脆弱性（human vulnerability）而接受限制使用暴力的規範；因爲人類能力大致上相等而接受互相抑制體系及該體系以互相妥協的方式產生的規範；因爲有限的利他主義（limited altruism）而接受互相抑制體系的必要性與可能性；因爲有限的資源（limited resources）而接受某種型式的財產制度、要求尊敬此制度的靜態規範以及分工合作成爲可能的動態規範；因爲有限的理解力及意志力而接受組織性制裁的必要性。但這些都只是偶然的事實，當事實不同時，如國際法的存在背景，最低限度的自然法內容也就必須要有相應的改變。因此，這並不是「概念上的必然性」，而僅僅是「自然的必然性」。

哈特透過「最低限度自然法」把法體系在內容上與道德的必然關連限制在一個嚴格的範圍內。而且，基於人類之生存需要所建立起來的最低限度自然法，也在最大的程度內去除了可能仰賴任何關於人性之形上學與倫理學預設的危險。人類有自保、生存、共同生活的本能，這是人類最基本的動物性，也是最無可爭議的事實。以這種方式來建立的「道德觀」，可以說是把道德視爲人類生存的「手段」。由此觀之，哈特一方面在內容上爲法體系在內容上與道德的必然關連畫出了最狹小的範圍，而且在這個範圍之內，以最不像道德的方式來論述道德的性質。這樣做的好處，是把法理論建立在最穩固的基礎上，避免任何具爭議性的道德理論侵蝕了法體系的獨立性與穩固性。從這裡我們可以看出哈特所承繼的典型英國經驗論的傳統。在他看來，如果不把這些最基本的具有道德內涵的法律規範建立在人類生存本能這個最無可爭議的經驗事實上，就只好訴諸「上帝」或「自然」這些形上學的預設，而在他看來，這些觀念是極其模糊而易受爭議的。

綜合這兩方面的討論，我們可以說，哈特認爲法體系存在的充分且必要條件，乃是政府官員一致地接受次級規則，而一般人民普遍地服從初級規則。在法體系存在的兩個條件中，「接受」不一定要建立在道德基礎上，而初級規則的內容除了最低限度的自然法以外，並沒有什麼道德理想，是法體系必須符合才能存在的。儘管哈特關於分離命題的焦點好像是放在個別法律的效力上面，可是，即使在法體系的層面，哈特也努力地把「法體系」這個概念與「道德」做了最大的區隔。

關於「後記」

哈特這本書的主要論題就是我們在上文中所簡單介紹的。《法律的概念》在一九六一年出版以後，得到極大的迴響，但也激起了有力的反對。在眾反對者中，一九七〇年代以後逐漸崛起的德沃金（Ronald Dworkin）是其中理論構思最有創意，體系最爲井然的一位重要法理論家。在德沃金以反對哈特爲首的法實證主義起家，逐漸取得巨大聲望的過程中，哈特一直小心翼翼，沒有對德沃金的理論做出較爲完整的回應。一直要到他死後，由他的學生整理出他平日的手稿之後，我們才得以窺見哈特晚年如何謹慎且一絲不苟地回應這些有力的反對意見。

一九九四年《法律的概念》二版中，加上了這篇哈特生前尚未完成的手稿。這篇稱爲「後記」的手稿，完全是針對德沃金的挑戰所做的回應。這篇後記的特色就在於，由於德沃金的攻擊深刻而全面，因此哈特不得不針對法理論的基本性質做了一番闡述，進而反省一些他在寫作《法律的概念》時，視爲理所當然的一些前提。所以，他在後記的第一節就討論了「法理論的本質」這個問題。這個問題也成爲最近幾年英美法理學界的熱門話題。

在後記當中，哈特在許多地方承認了德沃金的批判是有道理的，但是他在相當的程度上，也透過吸納德沃金的批判，進一步鞏固自己的法實證主義立場。儘管這篇後記並不長，但是哈特藉此已清楚地整理出近二十年來英美法理論發展的關鍵爭點。因此，我們已經可以看到，一九九四年後記出版之後的這幾年，其影響力已逐漸發酵。譯者相信，哈特的後記及他所點出來的問題，仍然會是英美法理學界的熱門話題。若要瞭解英美的法理論發展，這篇「後記」絕對不可不讀。

最後，譯者想要藉這個角落感謝一些人。首先要感謝的，當然是我們共同的恩師顏厥安教授，是他在我們碩士階段的悉心指導，才讓我們有能力進行這本經典著作的翻譯工作。劉后安學長的關心一直是驅策我們前進的動力。也要感謝商周出版林惠娸小姐與林宏濤先生的大力相助，沒有他們，翻譯工作是不可能如期完成的。譯者相信，這個譯本一定還有許多未盡完美之處，我們很希望能夠得到讀者先進的批評與指教。

二〇〇〇年六月二十三日於台北

目錄

目錄

前言

H.L.A.Hart

這本書的目的，是想要促進對於法律、強制（coercion）與道德的理解，這些社會現象雖不相同但相互牽連。雖然，這本書主要是爲法理學（jurisprudence）的學習者量身訂作的，但是我亦希望它對於那些主要興趣不在法律，而在道德哲學、政治哲學或社會學的人有所幫助。法律人會將此書視爲分析法學（analytical jurisprudence）的一篇論文，因爲它所關心的是闡明法律思維的一般架構，而非批評法律或法律政策。此外，在許多地方，我提出了可說是關於語詞意義的問題。我考慮了「被強制的」（being obliged）與「負義務的」（have an obligation）如何區別；一項有效的法律規則與對於官員行爲的預測有何區別；說一個社會團體遵守一項規則意味著什麼，這與聲稱該團體之成員習慣性地做某些事有何不同和相似處。的確，本書的中心主題之一就是：倘若不能鑑別出下述兩種不同類型陳述之間關鍵性的差別，就不能理解法律，亦不能理解任何其他形式的社會結構。我將這兩種陳述分別稱之爲「內在的」（internal）陳述和「外在的」（external）陳述。無論何時，人們總是能以這兩種陳述描述所觀察到的社會規則。

雖然本書所關心的是分析，但是它亦可被視爲是一篇描述社會學（descriptive sociology）的論文；因爲探究文詞的深意並非只在於瞭解文字本身。各類型的社會情境或社會關係之間，有許多重要的差別並非昭然若揭。唯有透過對相關語言之標準用法的考察，以及推敲這些語言所處的社會脈絡，始能將這些差別呈現出來。特別是因爲使用語言的社會脈絡，往往不會被表明出來，更顯出此研究方式的優越處。在這個研究領域之中，誠如奧斯亭（J. L. Austin）教授所言，我們確實可以藉由「深化對語詞的認識，來加深我們對現象的認識」。

我深深感謝其他學者的相關論述。的確，這本書的許多部分是在探討一個描述法律體系之簡單模型的種種缺陷，這個模型是依據奧斯丁（John Austin）的命令理論（imperative theory）建構起來的。但是在正文中，讀者將發現甚少提及其他作者，因而註腳也相當少。可是本書最後附有專爲每一章而作的廣泛注釋；在這些注釋中，讀者可以看到本書的見解與過去和當代學者的論點之間的關聯，而且我也對如何進一步探究他們的理論提出建議。我之所以安排這樣的順序，在某種程度上是因爲本書的論述具有連續性，若插入與其他理論的比較，恐怕有所中斷。但是我還有一個教學上的目的：我希望這樣的安排可以消除一種信念，即以爲一本談論法理論（legal theory）的書，主要就是一本專門介紹其他著作的書。只要作者持有這樣的信念，法理論這個學科將難以進步；而且若讀者繼續懷抱此信念，則法學理論的教育價值必將所剩無幾。

許久以來我受惠於太多朋友，在此無法一一致謝。特別要對何諾雷（A. M. Honoré）先生致謝，他詳盡指出本書思維上許多混亂之處和文體上的不貼切。我已嘗試解決這些問題，恐怕仍有許多地方是他所無法苟同的。而本書若對政治哲學和自然法的重新詮釋有其價值的話，則要歸功於保羅（G. A. Paul）先生與我的對話，並且感謝他對本書的校對。我亦感謝克羅斯（Rupert Cross）博士和斯卓森（P. F. Strawson）先生閱讀了本書並提出善意的忠告和批評。

二版序

Penelope A. Bulloch, Joseph Raz

《法律的概念》出版後的僅僅數年間，這本書就改變了整個英語世界、甚至其他地方理解與研究法理學的方式。其巨大的影響力所及，討論這本書與書中論旨的著作如雨後春筍般大量湧現。其影響領域不限於法理論，甚至政治哲學以及道德哲學也都深受影響。

許多年來，哈特一直掛在心上的，就是想要在《法律的概念》這本書中再加上一章。他不是想要修改已經造成巨大影響的文本。事實上，依照他的心願，除了少數小小的更正之外，本書仍完全維持原貌。他想做的，其實是回應關於本書的眾多討論，護衛本書免於誤解，以及駁斥無根據的批評。當然，還有一件他認爲同等重要的事情，那就是承認那些有道理的批評，並且提出建議，修正他自己的論點以呼應這些有道理的批評。這新的一章，一開始被視爲前言，而最後被定爲「後記」。這篇後記直到他離世之前，仍然沒有完成。一方面是由於他極度審慎的完美主義使然；另一方面則是因爲他對於此項工作一直存在著懷疑。他對於自己能不能以當初寫下此書時，對於此書論旨所感受到的力量與洞見，再度將其闡述出來，深感疑惑。儘管如此，就算有著許多干擾，他仍然持續辛勤地寫作這篇後記，及至他過世前，這篇原本欲作爲後記兩個部分中的第一部分，幾已臻於完成。

當珍妮佛・哈特（Jennifer Hart，譯按：哈特的遺孀）請我們過目這份草稿，看看有沒有任何內容可以出版的時候，我們第一個念頭就是不要出版任何哈特可能不想出版的東西。結果，我們雀躍地發現，這篇後記的第一部分已經近乎完成。而第二部分的手寫草稿太過片段與原始，不適合出版。相較之下，第一部分甚至已經有數種版本：初次打字版，修正版，再打字版，再修正版。就連可見的最新版本也很明顯地不是他心中的定稿。因爲上面還有很多鉛筆以及原子筆的修改。哈特甚至沒有丟棄以前的版本，他似乎繼續地修改著任何在他手邊的版本。這使得編輯的工作更顯困難。不過，他在世最後兩年間對於這份稿子所做的修改大部分是文體上的細微修正，這顯示基本上他對於這份稿子已經滿意了。

我們的任務是比較不同的版本，找出不同的地方，並且推敲爲何有些段落只出現在某一個版本，而不見於其他版本，是因爲他放棄了那些段落，還是他根本沒有意思要以某一版本包含所有的修正？這份被出版的後記包括所有未被哈特丟棄，並且由他繼續加以修訂的部分。有時候文中會出現不一致的地方。通常這是因爲打字者誤讀，而哈特未能注意所致。而有時候，則是因爲在寫作的過程中，句子自然而然會被修改地支離破碎，留待最後做總整理。可惜，他沒有能夠在活著的時候親自做這個總整理。在這樣的情況下，我們嘗試還原本來的文字，或者，在最少的干預下，理解並整理出哈特的思想。值得注意的是，第六小節（關於裁量）有一個特別的問題。我們發現它的第一段有兩種版本。其中一種就如目前本書後記中的樣子；另一種則是在後面又包含增加出來的一段話。既然被刪節掉的這一段出現在包含他最新近修正的版本中，而且與整個後記的主張互相呼應，我們於是決定讓兩種版本都出版，而把沒有出現在後記本文中的那一個段落放在文末的注釋裡頭。

哈特沒有把注釋（大部分是註明出處的注釋）交付打字。他有一份手寫版的注釋。這些注釋在主要內容的最早期打字版中很容易尋索出來。後來他不時會在頁旁的評論中加注，但是這些評論大部分是不完整的，有時候只不過指出出處。提摩太．安迪考（Timothy Endicott）看過了所有這些註明出處的注釋，把不完整的都整理過，並且在哈特引述德沃金，或者是十分近似地重述德沃金文字的地方加上出處。安迪考同時也改正了後記中引述他人論述不精確的地方。進行這項工作實在需要廣泛的研究以及豐富的資料。安迪考更在前面提過的校定原則下，提出一些對於後記本文的修正意見，而被我們十分感激地採納了。

毫無疑問地，我們相信如果有機會，哈特一定還會在出版之前進一步修飾並改正後記的本文。不過，我們也相信，這篇問世的後記已經記錄了他對於德沃金的論證深思熟慮過的回應了。

三版序

Leslie Green

《法律的概念》是以哈特教授對牛津大學法律系學生講授法理學課程的內容爲基礎。一九六一年首次出版之後，很快成爲英語世界最具影響力的法哲學著作。法學、哲學與政治學的學者們持續發展、建構並批判本書提出的理論。於此同時，本書原版與眾多譯本持續作爲此主題的入門並獲各地學子研讀。

在《法律的概念》第一版問世後將屆五十週年之際，牛津大學出版社聯繫我，詢問是否可能準備新版。早在哈特教授過世後，經潘尼洛普．布洛赫（Penelope Bulloch）與約瑟夫．拉茲（Joseph Raz）的編輯，一九九四年即曾推出第二版，新增一篇「後記」，主要內容爲哈特對德沃金的回應（未曾公開）。該版本引發有關哈特理論與一般法理學的新一波論戰。經多次再刷後，是時候修正內文部分錯誤，並將全書重新設計。由此也開啓了加入新材料的可能性。

《法律的概念》當初未附導論，但出版半個世紀之後顯然有此必要。在第三版新增的導論中，我將先做主題說明，摘要批判意見，以及最重要的，嘗試破除對本書的一些誤解。哈特透過注釋補充了參考資料、闡釋論點，並且建議閱讀文獻。這些內容我們完整保留，但很多閱讀資料已經失效，後來也有許多書籍與文章採用哈特的論點。因此我們做了三版注釋，讓學生瞭解一些重要論據。[1]

導論以我先前的論文〈再談法律的概念〉（The Concept of Law Revisited, 1997）爲本，該文曾刊載於《密西根法學論叢》（*Michigan Law Review*）第九十四卷第一六八七頁。我很感謝牛津大學出版社的亞歷斯・福萊契（Alex Flach），他是最早提議進行這項出版計畫的人，並提出許多寶貴建議。同事約翰・芬尼斯（John Finnis）協助校訂哈特的文本，湯姆・亞當斯（Tom Adams）協助研究附註，我要誠摯感謝他們兩位。同時也要特別感謝丹尼斯・瑞奧姆（Denise Réaume）讀過導論並給予指教。

二〇一二年於牛津貝利奧爾學院

1 哈特原注保留於本版，對於理解哈特的主張與未完整闡釋的思想頗有助益，有些則比較哈特與他人的見解。但作爲學術資源往往不及。三版注釋提出了對於哈特主張更晚近的闡釋與批判。文獻浩瀚未敢稱全，只望對學子有所幫助。我選擇哈特持續提及與直接討論或發展其論述的著作。有許多談論哈特法律哲學的作品，兩部優秀作品可見Neil MacCormick, *H. L. A. Hart*（2nd edn., Stanford University Press, 2008; all page references in these notes are to 1st edn., 1981）與Michael D. Bayles, *Hart's Legal Philosophy: An Examination*（Kluwer Academic, 1992）。簡短評論可見Raz's obituary 'H. L. A. Hart（1907-1992）'（1993）5 *Utilitas* 145。關於哈特的生平與影響，見Nicola Lacey, *A Life of H. L. A. Hart: The Nightmare and the Noble Dream*（Oxford University Press, 2004）。

導論

第一節　哈特的訊息★

法律是一種社會建構。它是社會隨歷史演進而來的特徵，出現的徵兆則是由制度管理的社會控制系統之興起。法律取代了習慣，也奠基於習慣，因爲法律是一個由初級規則組成的制度，與確認、執行及變更初級規則的次級社會規則共同指引並評價人的行爲。這樣的建構可能是有益的，但僅在某些環境下且必然有其成本，因爲它會引來不公正的風險，以及讓人們對支配生活的重要規範逐漸失去感情、忠誠和信任。因此對於法律宜採取謹慎而非頌讚的態度。甚且，法律有時會假裝具有它所沒有的客觀性，不管法官怎麼說，事實上他們手握創造法律的權力。所以法律與審判是政治性的。從不同的面向來看，法律理論也是政治性的。不可能有「純粹的」法律理論：單單建構於法律概念之上的法理學並不適於瞭解法律的本質，還需要社會理論與哲學探究之協助。因此法理學既非法律人或法學教授的保護區，亦非他們的自然棲息地。它只是更廣泛的政治理論的一部分。它的價值不在於建議當事人該怎麼做或判斷個案，而是瞭解我們的文化與制度，並作爲道德評價的基礎。那樣的評價必須對法律本質及道德本質審慎以對，其中包含許多相互衝突的價值。

這些正是哈特的核心想法。哈特的《法律的概念》是最具影響力的當代法哲學作品。然而，就像其他重要著作，人們對哈特的瞭解多是透過謠傳，而非親自閱讀。對那些只知皮毛而無眞實理解的人，我提出的要旨或許聽來陌生。他們不免懷疑：難道哈特不認爲法律是一套封閉的邏輯規則系統嗎？難道他不認爲法律是個好東西，是一種社會成就，可以矯正其他類型的社會秩序的缺陷嗎？難道他不認爲法律是明確的，由法院加以適用而無須考慮道德價值？難道他不認爲法律與道德在概念上是截然不同而應加以分別？難道他不認爲法理學應該是價值中立的，眞理來自於獲致如「法律」二字的眞意？

非也。哈特並無上述任何一種想法。這些被扭曲的哈特訊息有三個來源。首先是哲學界很熟悉的困境：處理的問題過於複雜，眞假之別往往很微妙或容易被忽略。（舉例來說，宣稱法律與道德是可分別的，不等於說它們是分別的。）第二是歷史性的因素：在半個世紀之後，就社會以及有時甚至是哲學的觀點來看，本書的語言與範例似乎過時了。少有人會再將習慣性的社會秩序描述爲「原始的」（primitive），或者將事物本質的論述稱爲概念的「闡明」（elucidation）。第三則與讀者的期待有關。如同人們所說的，每一本書都有「預設的讀者群」，而哈特的讀者會從哲學的角度去思考主要政治機制的本質，以及它與道德及強制力的關係。但有時候並非那樣。有些讀者從法理學的角度切入找尋實際的協助，舉例而言，他們想要知道如何解釋憲法，或者該選什麼樣的人當法官。他們想像法理論的書籍能夠讓人學會運用法律，就像食譜書能教人做好菜一樣，也就是面對各種不同情況應該「怎麼做」的那種書。

哈特的著作已經很清楚，無須再作摘要說明，但探討一些要旨可能有助於避免上述誤解。我將檢視他對於法律與社會規則、強制力與道德的觀點，而後簡要地探討某些方法論的問題。我並未試圖維持中立：哈特的法律理論有正確亦有錯誤，而且有許多地方有些過時。然而以下並非論斷。我會提出哪些地方人們容易走偏或被誤導，也會對某些觀點提出批判，但如何評價這本書取決於讀者。

★編按：爲便於讀者研究參考，本中譯版對照標示出英文第三版原書頁碼，並將三版新增注釋作成隨頁注。舊版注釋（哈特原注）則保留於全書末，並於文中標示數字以供對照。導論中的引文頁碼標示，皆參照原文頁碼。

第二節　法律作爲一種社會建構

法律與法律制度並不是自然產生的，而是人造的。我們可以說它們是社會建構的。是否有值得一提的對照呢？有些人認爲法律是一種社會建構，他們說：「文本以外無一物。」德希達（Derrida）就經常這麼說。如果那是清楚明白的就沒關係。但想像有個人說「種族是一種社會建構」，接著才又說「就像警棍與監獄」。或者就像有人說上帝不存在，後來我們才發現說話者也不相信狗的存在。而當我說法律是一種社會建構，我的意思是某些事物**並非**社會建構。法律是由像是秩序與規則等制度性事實所組成的，而那些秩序與規則是由人的思考與行動造成的。[1]但法律存在於一個非屬社會建構的物質世界，由同樣非屬社會造物的人所創造，也是爲了這些人而創造。或許這樣的說法毫無新意。人們可能時髦地談論「禮儀的社會建構」，但那不重要，因爲每個人都知道禮儀是一種常規。[2]它們取決於慣例，它們具有歷史，而且在不同地方會有所不同。難道法律不也是這樣嗎？嗯，想想以下這段斯多噶式「自然法」觀點的著名摘要：

> 眞正的法律是與自然一致的正確理性；那是普遍適用的，不變的，也是永恆的……在羅馬與在雅典不會有不一樣的法律，目前與未來的法律也不會不同，而是永久不變的法律，一體適用於萬邦萬國與歷朝歷代……[3]

這種永恆且普世皆然的法律並不是任何人造出來的，也不是任何人可以改變的。自然法並不是意志的產物，而是理性的。很難找到還有法學理論家完全相信此一論點，[4]但仍然有許多人相信其中部分。例如，德沃金即主張我們的法律不只包括條約、習慣、憲法、法律與判例，也包含最能夠證立那些規範的道德原則。[5]按照他的論點，可藉由道德原則加以**證立的事物**就是社會建構的，但證立本身並不是。要記住的是，證立並不是一個事件，而是一種論證。相信、接受或主張一個論證則屬於事件。然而，德沃金並非主張法律包含建構之物，以及人們相信、接受或主張能證立它的事物。他說的是，法律包含建構之物以及**事實上可以**證立它的道德原則。如果你相信某件事足以作爲法律，這便是法律最好的道德證立，就像西塞羅（Cicero）說的，那麼你便相信法律的地位需要「正當理性」。我們無法推翻一個合理的證立，所以我們必須忠於我們不能改變的法律。而既然一個道德原則能否證立哪些安排不因任何人知道或相信而有不同，所以很可能有某個法律（許多法律）是人們聞所未聞的。視道德知識的發展而定，有些法律可能甚至是我們無法知道的。

哈特完全反對上述論點。他認爲法律裡的任何內容之所以存在，是因爲某個人或某個團體將它放到法律裡，無論是有意的或無意的。它們都有歷史，也都可以改變；它們全屬已知或可知的。有些法律有好的理由，有些則否，無論如何正當理由不足以形成法律。法律需要實際的人干預：必須

1 可參閱 John Searle 著作 *The Construction of Social Reality*（Allen Lane, 1995）；Neil MacCormick 的著作 *Institutions of Law: An Essay in Legal Theory*（Oxford University Press, 2007）。

2 對照 Ian Hacking, *The Social Construction of What?*（Harvard University Press, 1999）。

3 Cicero, *De Re Republica* III. xii. 33, tr. C. W. Keyes（Harvard University Press, Loeb Classical Library, 1943）211.

4 或許 John Finnis 的著作 *Natural Law and Natural Rights*（2nd edn., Oxford University Press, 2011）最接近這種想法。

5 Ronald Dworkin, *Taking Rights Seriously*（Harvard University Press, 1978）, chap. 4; Ronald Dworkin, *Law's Empire*（Harvard University Press, 1986）, chaps. 2-3.

下達指令，必須適用規則，必須作成裁判，必須形成習慣，必須爲其辯護或主張。

法律哲學家經常使用一個古老的詞來指涉人類干預的事物：「實定的」（posited）。主張所有法律都是實定法的人，稱爲法實證主義者（legal positivist），社會建構主義者屬其一。漢斯・凱爾生（Hans Kelsen）不是。他認爲所有法律都是實定法，但也認爲每一個法體系都至少包括一個不屬實定而只是「推定」（presupposed）存在的規範。[6]凱爾生表示，唯有有效（valid）的法律規範才能存在，而「有效」的意思是受規範的主體應該加以遵守。他追隨休謨（Hume）與康德（Kant）的立場，主張不能只因「實然」就認定「應然」，因此無論是單一或眾多的社會建構都無法累積形成規範。如果要產生規範，必須推定社會的基本法律形成過程是有效的。原初的憲法需要眞實的權威，否則無法據以訂定各種下位法規，所以如果我們將依照基本規則創造出來的東西視爲法律，我們就必須推定原初的憲法具有拘束力。現在，推定不比證立更能說是一種事件。凱爾生不否認如果我們想知道法律要求些什麼，就必須知道人們事實上推定了什麼。但他主張如果我們想將人們活動的產物認知爲**法律**，需要再加上一些既非社會也非歷史的東西。所以雖然凱爾生是法實證主義者，但他不是社會建構論者。那也是爲何他認爲我們研究社會建構規範的方式（其中包括社會學、心理學與歷史學的研究）對法理學而言屬「外部元素」（alien element）。[7]

哈特同樣拒絕凱爾生的觀點。[8]他認爲法律的最終基礎既不是證立，也不是推定，而是來自人們思考與行動所產生的社會建構。法理學則在解釋這種建構是什麼，以及它如何從平凡的社會事實建立起來。哈特進一步稱這是「描述社會學的論文」（vi）。[9]可能有點過頭了。那是分析法哲學的論文，但所探討的概念亦供理論上更精細的法社會學利用。其中最重要的是社會規則的概念。

一、法律、規則與常規

哈特否定了霍布斯、邊沁與奧斯丁等人的早期法實證理論主張後，主張規則是法律最重要的基石。霍布斯等人認爲法律是由命令、威脅與服從等等所組成。所謂主權指的是某個人或某個族群受到多數人慣性服從，但毋須慣性服從他人。法律是主權的命令，由武力威脅所支撐。

一九七七年傅柯（Michel Foucault）曾說道：「我們需要的……並非圍繞主權問題而建立的政治哲學……而是需要砍下國王的頭顱：這件事在政治理論上尚待達成。」[10] 弒君的新聞肯定未傳過英吉利海峽，因爲哈特早已完成這項任務。在《法律的概念》第三章與第四章裡，他釋明並非所有法律都是命令；一個法體系未必需要任何人或群體具有主權的特性；法律的創造者逝去後，法律仍然繼續存在；雖然威脅可以迫使人們做某些事，但無法創造出做那些事的義務。歸根究柢，主權論述欠缺的是社會規則的概念。一旦我們瞭解規則，就會發現規則是解釋包括主權、權力、管轄、效力、權威、法院、法律、法律系統（哈特甚且提到某種正義）在內許多現象的關鍵。法律本身是社會規則的**結合**（union），包括藉由課予義務或授予權利而指引人們行爲的初級規則，以及承認、變

6 Hans Kelsen, *Pure Theory of Law*（Max Knight tr., 2nd edn., University of California Press, 1967）193-205.

7 同前引註第一頁。

8 參閱原文第292-3頁，以及哈特的論文 'Kelsen Visited' and 'Kelsen's Doctrine of the Unity of Law' in H. L. A. Hart, *Essays in Jurisprudence and Philosophy*（Oxford University Press, 1983）。

9 括號內的頁碼都是引用原書。

10 Michel Foucault, 'Truth and Power' 收錄於氏著 *Power/Knowledge: Selected Interviews and Other Writings, 1972-1977*（Colin Gordon ed., Vintage, 1980）121。

更與執行初級規則的次級規則。在次級規則中，最重要的是**承認規則**（rule of recognition）。次級規則的一般作用是適用初級規則，承認規則藉由判斷哪些行爲創造了法律而提供法律效力的指標。所以一個法體系的基本憲法並非仰賴於道德證立或邏輯預設，而是取決於「法院、政府官員或一般人民……某個複雜的行爲」所創造出來的習慣性社會規則。（107）哈特認爲英國的承認規則即似如此，「女王透過國會制訂的就是法律」。國會訂定的就是法律，並不是因爲那些規範在道德上有可信度，或因爲任何邏輯上的推定，而是因爲有一項眞正實行的習慣規則承認它們是法律。

所以法律是由社會規則建構的。那麼規則本身呢？它們也是社會建構的，而且哈特表示它們是由實踐而來（時常被稱爲「規則實踐理論」）。習慣性規則在行爲的規則性上具有一種「外在面向」：人們以共通的方式行事。（取決於規則，可能涉及遵循規則的要求或適用。）規則也有「內在面向」，哈特稱爲「接受」的複雜態度：願意用這樣的規則性作爲指引並評價行爲的標準，特別是讚許服從的行爲與批判違反的行爲，並將這樣的讚許與批判視爲適當的。接受並不要求認同，人們覺得規則如何並不重要，重要的是他們願意使用規則。就哈特而言，人們可以基於認爲規則是好的，或者爲了取悅他人，或者出於恐懼，或者天生守規矩，而接受規則。如果相信密爾頓（Milton）的說法，即使撒旦也可能基於某個規則是不好的而接受它：「汝之惡爲我之善。」重點在於人們在某個標準上有交集，並以其作爲行爲的指引，將其視作規範。

規則實踐理論是有爭議的。讓我們先看看一些難題，而後再討論哈特試圖反駁某些意見。哈特希望建立一種測試標準，以區別我們究竟是遵行法律，還是偶然或純粹的習慣性行爲，藉以判斷規則是否存在。他也想要解釋習慣性的規則要如何才能具有義務性或拘束力。

然而，實踐理論行不通。[11] 有些規則並非社會實踐（例如個人的規則）；有些被接受的社會實 xxii
踐並非規則（例如遇到強盜時乖乖把錢包交出來而不反抗）；以及援用可以證立行爲的規則。這些都不符合實踐理論。甚且，尚不清楚我們是否需要社會規則的概念才能瞭解義務的觀念：人們可以相信自己有義務購買碳補償飛航行程，卻未必認爲這麼做是一般慣例。

在本書後記，哈特試圖限縮他的主張以因應某些批評。他承認並非所有的規則都是實踐規則，但**習慣性規則**是實踐規則，而且是構成法律的基礎。習慣性規則是指「某個群體慣常地遵行規則正是其個別成員加以接受的原因之一……」。（255）靠右駕駛的規則是一種習慣性規則，因爲如果其他大部分人都不遵守，人們也不會遵守。想睡覺時不可以開車並不是習慣性規則，因爲如果路上有愈多想睡覺的駕駛人，你就愈有理由保持警醒。哈特主張最終的承認規則就是一種習慣性規則：「英國法官之所以會把國會立法（或者是美國法官之看待憲法）視爲優於其他法律淵源者，其所持理由之一，的確包含他的司法同僚以及他們的前輩們都這麼做。」（267）法律「僅存在於法官和律師所接受的習慣性規則」。（267）我們應該刪除第二個公式裡的「僅」。認爲政府官員遵守承認規則（或其他根本規則）的唯一原因在於別人也這麼做，並不合理。很少有人相信承認規則是完全恣意的（即使在某些特殊情況下確實屬於恣意的）。舉例來說，在英國，國會立法具有優越性不只是因 xxiii
爲一般慣例如此，也因爲人們相信這種實踐是民主的，或者爲文化的核心。在美國，憲法的優越性不只基於慣例，也是基於相信這樣才能建立公正的政府，或者那是我們景仰的智者所深信的價值。

11 參閱 Ronald Dworkin, *Taking Rights Seriously*（rev. edn., Harvard University Press, 1978）48-58; Joseph Raz, *Practical Reason and Norms*（2nd edn., Oxford University Press, 1999）49-58。

此種信念未必是正確的，也未必是一致共享的，但通常與基於共同慣例而推導出的論理同時存在。一個承認規則要屬於哈特所說的習慣性規則，不論官員適用它的理由是什麼，如果沒有共同慣例就難以成立。

即使有這樣的修正，還是要面對另一個問題。[12]承認規則是一種課予義務或責任的規則：它不僅辨識法源；它還指引法官與其他人必須應用的法律。根據實踐理論，唯有當：一、該規則被認為對社會是必要的；二、有重大的社會壓力加以強化；三、與規範所適用的主體的自我利益衝突時，一項社會規則才會課予責任。（86–8）這些條件在這裡是否符合呢？這些條件是事實面的，所以必須加以調查。法院與其他人可能認為法律的測試標準是必要的，而悖離標準者會面對強大的壓力。（舉例來說，想像如果美國某個地方法院無視最高法院的裁判，或者適用回教律法作為有拘束力的法源，外界會有什麼反應。）但是在習慣性規則的情況下，更難明瞭為什麼會符合條件（三）。如果人們認為某個習慣性規則很重要，就愈不會不去遵守。我們可以選擇左駕或右駕，但如果已有共同慣例，就不太會去打破常規，開向錯的那一邊。

違規的誘惑對其他類型的規則來說很常見，特別是那些用來規範可能被人坐享其成的公共財的規則。但如果某個規則是習慣性的，則義務與欲望的推力往相同方向；即無「義務或責任與利益之間的高度衝突」。（87）如同我之前說過的，法官可能偏好某些承認規則，這些偏好反映出諸如正當性之類的觀點。然而如果主要的態度就是從眾，則我們原本所見義務的規範推力與拉力就會變得不尋常。就此而言，哈特更接近真實：打破常規可能是很誘人的，甚至對法官來說也是如此，但也會引來批判及強迫服從的巨大壓力。即使沒有規則就只是某種普遍適用的理由時，也是如此。因此，關於社會規則的描繪將持續爭辯下去，有其他選項可能適於廣義的哈特法律理論。[13] 但無論簡單的實踐理論或是哈特以習慣性規則來修正的實踐理論，都無法單靠本身就說得通。

二、規則的範圍

對於以規則為基礎的法律理論，有另外一個質疑與其範圍有關。假設社會規則是瞭解法律現象的必要條件，它們是否屬於充分條件？非也，理由如下。

理由一是哈特也強調的，並不是所有初級規則與次級規則系統都屬於法體系。國家冰球聯盟（National Hockey League）也有一套規則系統，包括指引選手、辦事員與委員們行為的初級規則，以及承認、變更與裁判正式規則的次級規則。然而冰球規則並非一個法體系。（當然，沒有人會否認它們**很像**法律制度。）到底缺了什麼？冰球規則有特殊目的：它們規範球賽的進行；而法律規範的事項則較屬於生活。法律制度也規範冰球，包括冰球的規則，但冰球規則卻不能規範法律。哈特進一步論述，法律不只**可以**完整地規範，除非一套規則制度**確實**規範包括財產、契約與強制力在內的眾多事務，否則就不能稱為法體系。（193–200）哈特稱此為法體系的「最小內涵」，而他認為既

12 關於哈特對此點的其他論述，可參閱Leslie Green, 'Positivism and Conventionalism'（1999）12 *Canadian Journal of Law and Jurisprudence* 35; 以及Julie Dickson, 'Is the Rule of Recognition Really a Conventional Rule?'（2007）27 *Oxford Journal of Legal Studies* 373。

13 例如：Joseph Raz, *Practical Reason and Norms*; Frederick F. Schauer, *Playing by the Rules: A Philosophical Examination of Rule-based Decision-making in Law and in Life*（Oxford University Press, 1993）; Andrei Marmor, *Social Conventions: From Language to Law*（Princeton University Press, 2009）; Scott J. Shapiro, *Legality*（Harvard University Press, 2011）。

然那樣的內涵可以促進人類生存，而且既然人類的生存確實是（他推定）道德的善，那麼所有法體系都導向某種的善。因此，沒有法體系的「形式」的問題。我在一開始就說過，若認爲哈特的理論將法體系呈現爲某種像是邏輯或數學的形式制度，那就誤解了。關於這一點還有更重要的影響。由於法律必然屬於某種法體系，不可能有一種法律的純粹形式的檢驗標準。法律是特定**類型的**規範系統中的規則，其獨特之處部分就在於其內容。

還有第二點有助於釐清。有些作者認爲哈特的說法不正確或不完整，因爲法體系裡並非全是規則。他們說還可以找到其他類型的規範，例如「標準」或「原則」。[14]如同先前所見（xviii），要爲法律找尋道德證立的理由，依據哈特的說法，那些理由並不是法律的一部分，除非獲得正式採用或背書。但是「標準」與「原則」也經常被用以找出可改變或可廢止的一般法律規範。以此方式理解會更容易符合哈特的理論。要瞭解法律對某些議題的意涵，需要先瞭解多種不同、交錯且可能衝突的規則之淨效應，而且解決衝突的方法可能不只一種。那是可廢止的來源之一。如同哈特在第七章所解釋，由前述事實可知每個規則都是模糊且結構開放的。有些情況可以清楚適用，有些則否，也有些情況是可爭辯的，而還有很多情況，特別是在上訴法院，涉及法律上不確定的案件。雖然在某種意義上，法律的不確定性發生在規則的邊陲範圍，但那不是一種邊緣現象。那是每個法體系都會有的特性，也是該制度中每個規則的特性，結果是「有廣大而重要的領域開放給法院及其他官員來行使裁量權」。（136）法院的任務在於作出權威性的法律適用，但法院與立法機關共同負有另一項任務，就是創造新的法律。在大多數情況下，知道何時與如何運用這項造法權與適用任何類型的規則都無關；它需要的是務實的判斷。法院負有解決法律不確定性之責，這表示如果它只看或主要看上訴法院或任何法院先前的裁判來建立一般的法律理論，是不對的。因爲「選擇效應」（selection effect），人們可能過度強調法律的不確定性。認爲規則觀念過於枯燥單調，解決不了法律不確定性且充滿爭議的特徵的人，即落入了這個陷阱。他們沒有留意到那些構成法院本身，或人們用來決定該如何做而根本不需要進到法院的確定的規則。駕駛人知道路上「停」的標誌表示「停車」，而不是「停止閃燈」。這一點不需要司法裁判，這是典型的「實際運行的法律」。

第三點則是，法律規則系統裡並非都是規則。一九九八年英國人權法第六條規定：「在本條，『公權利機關』包括法院或法庭，以及任何個人而其職能屬於公共性質。」這是不是規則呢？那是一個定義；但或許一個定義就是運用文字的規則？若是如此，那是不屬於規範的規則，因爲它並不要求或授權或允許任何行動。定義的法律角色是解釋作爲規範的規則如何作用，包括該法第一條的規範：「公權力機關以違反條約權利之方式而行爲者構成違法」，而違法行爲的救濟則規定在別的地方。這告訴人們要做某件事情（雖然有點暗示意味：你必須知道在這樣的情況下，「違法」是指什麼）。這也是我們處理法律中屬於規範，但不屬於規則的材料時的方法。舉例來說，一項司法裁判時常會以特定命令作爲結尾：一項指示，要求一方當事人或其他人做某事，或交付某個東西，或者忍受某事。一次性的命令並不是規則，而是個別的規範。實際上不可能只用個別規範來管制；但邏輯上若沒有這種規範，也無法管制這些事。法院若要能夠權威地決定人們的法律地位，就需要作

14 關於規則與標準之間的差異，有個區辨可參閱 Henry M. Hart 與 Albert Sacks, *The Legal Process: Basic Problems in the Making and Application of Law*（W. N. Eskridge, Jr. and P. P. Frickey eds., Foundation Press, 1994）139-41。關於規則與原則之間的差異，有個區辨可參閱 Ronald Dworkin, *Taking Rights Seriously* 22-8。

成能拘束特定人的裁判。

爲了瞭解法律與法體系，規則是必要的，但規則本身並不足夠。我們也需要知道那些規則是關於什麼的，以及它們預期能夠做什麼；我們需要知道其他能與規則相應的材料，而且我們也需要知道非由規則管制的法律決定過程。哈特對其中某些議題花了比較多時間探討，且全都符合這個理論。不同於一般常見的誤解，哈特從未表示法律**只是**規則，或者規則能解釋**所有**法律現象。事實上，他提醒我們要小心那樣的錯誤：「雖然初級規則和次級規則的結合，說明了法律的許多面向，而值得被我們賦予中心的地位，但是這個結合本身卻不能闡明每一個問題。初級規則和次級規則的結合處於法體系的中心，但它並不是全部……」（99）還有許多其他重要事物，法理學必須加以考量。

第三節　法律與權力

所以我們歸結如下：法律是一種社會規則的建構，而社會規則是由實踐建構的。聽起來可能像是某種自圓其說的觀點，最終成爲一種社會控制的工具。那麼衝突、強制與權力又是如何呢？

一、法律中的分工

奧斯丁抱持由上而下、金字塔式的法律觀，並將之視爲一種由威脅支持的主權秩序。哈特反對這種觀點。普遍承認那樣的觀點過於簡略，但有些人認爲那是有益的。雖然哈特讓法律實證主義更加細膩，卻也讓它失去一些力量。法律並不只是有關共識與合意，還有衝突與不一致。[15]現在人們多認爲上訴法院的許多活動是高度政治化的，它所包含的並不僅是適用既定的法律，還要解決爭議的個案。這樣的說法與哈特的理論不謀而合。然而，如果要順利開展，他確實需要某種程度的共識：至少承認規則必須仰賴於對何種活動構成法律之合意。但到底是誰的共識呢？以下是德沃金對哈特理論的闡釋：

> 法律眞正的基礎在於社會整體的接納，而這是根本的首要規則（他稱這是「承認規則」）……對奧斯丁來說，加州開車速限五十五的命題是眞實的，只因爲訂定那個規則的立法者恰好管理那裡；對哈特來說，確實如此，因爲加州的人民已經接受了，而且繼續接受該州的權威機制以及州憲法。[16]

就法律的「依據」而言，上述說法顯然有誤。許多加州人不曉得「該州權威機制與州憲法」究竟是什麼；某些人甚至不知道加州有州憲法。用此來解釋哈特的理論也有誤。在尚無法律的社會中，社會規範只有在廣泛的支持下才能存在。「在這種〔法律出現之前〕較爲簡單的社會結構中，沒有分化出『政府官員』這個獨立的層級，因此這些初級規則必須廣泛地被接受爲整個群體的共同行爲之批判標準。如果這種社會的成員沒有廣泛地抱持內在觀點來看待這些規則，則邏輯上來說這

15 關於這個主題其他的面向可參閱 Jeremy Waldron, *Law and Disagreement*（Oxford University Press, 1999）。

16 Ronald Dworkin, *Law's Empire* 34.

些規則就不可能存在。」（117）習慣性規則需要一般的認同。然而：「在一個擁有初級規則與承認規則之結合的社會中，把規則接受爲群體共同標準的這種情況就可以僅僅歸屬於官員，而與一般個別的人民僅就其自身的考量來服從、默認規則的情況區分開來。我認爲，『初級規則與次級規則的結合』乃是最能夠幫助我們理解法律體系的方式。在極端的情況下，以使用規範性的法律語言（比如「這是一項有效的規則」）爲特徵的內在觀點，可能眞的只侷限在政府官員當中，也就是說，只有官員會接受並使用法體系中的法效力判準。這樣一個社會可能十分可悲，有如待宰羔羊般地脆弱，而且這隻羔羊可能終究難逃進入屠宰場的命運。可是，我們幾乎沒有理由認爲這樣一種社會不可能存在，也沒有理由拒絕將「法體系」之名賦予這個社會。」（117）

我引述了相當的篇幅，因爲這個觀點對於瞭解法律的性質來說很重要，也因爲這樣的法律性質具有政治重要性。哈特提到，習慣與社會道德不受刻意的改變影響，它們是逐漸演化而成的。對一個小而穩定的社會來說，那是很好的運作方式；在我們大部分的私人生活中，那確實是我們通常運作的方法。但是大而複雜的社會需要刻意建立社會控制機制，好讓習慣與其他規範獲得公開確認，並且能透過統治者的命令、多數的表決或任何方式加以改變。制度化使這一點變爲可能：具有識別、變更與強制執行規則權力的專門化機關興起。因此而衍生的規範分工利弊參半：「成果是我們對於變化、確定性和效率的適應力，這是非常可觀的；而代價則是中央集權有被用來壓迫那些服從規則的人們之虞，而這不是比較單純的規則體制所做得到的。」（202）所以法律**不是**普同的善，或者無限制的善。其制度屬性讓某些獲益成爲可能，但也讓特定代價變爲可能，無法律的社會無須承受那樣的代價。即使沒有哈特前述的限制特例，具有法律的社會通常較少仰賴廣泛的社會共識，而是較狹隘的官方共識。[17]法律要存在，對一般民眾的要求至多只是明瞭有關制度強制規範之事。

那麼法律所仰賴的共識其實讓人不安，亦非符合公益。它並未推定對於價值已有合意；它並不能排除法律運作中的重大歧見。這也顯示爲什麼浪漫地相信每一個法體系都必然表述社會價值是不正確的。即使一個公正且有價值的法體系，仍可能變得神祕難解、技術性而疏離它所管轄的生命。由於規範分工，法律原則上就有法匠化的風險。每個法理學研究者都承認法律在道德上是有瑕疵的。在此，哈特的貢獻在於顯示法律可能失效的情況與其作爲社會機制的性質密切相關。

二、強制與權力

法律基本上是一種強制機制的概念與一般人的想法相應，在法理學中也屬主流。但哈特認爲這是誤會了。每個法律系統都含有某些並非以強制方式執行的規範，若說一個法律系統完全由此種規範組成也是可想像的。（199–200）不帶制裁的法律之重點何在？與那些有制裁的法律相同：指引人們該如何行爲。制裁是法律的備用計畫。原計畫是其規範的對象應該加以遵守而無需進一步的監督。如果只要指示而無需強化動機，人們應常會看到無制裁的法律。舉例來說，美國法律彙編含有一些規範告訴人們如何尊敬國旗。（「不得將國旗用來作爲收受、放置、攜帶或運送任何物品的包裝。」[18]）然而並沒有違反這些規範時的處罰。如果人類本性不是現在這樣，則所有法律規範可能

17 間接地觸及哪些官員具有重要性，以及官員的角色應如何定義的問題。一般來說，哈特有意至少將法官與立法者納入，而官員應採取社會政治學的定義，而非法律的定義。

18 4 U.S.C. § 8(h).

都像那樣。

即使人性如此，許多法律規範亦未藉由制裁來強化。其中一個重要類別是賦予權力的規範，授權修改法律規範與法規的法律規則，例如授權人們立法、設立事業、簽訂契約或結婚的規則。如果系爭權力是自願性的（通常如此），人們可以自行選擇行使權力或不行使權力。有些人並未遵守法律規定的立法、設立事業、締約或結婚的程序規定，則未能有效完成上述這些事，舉例來說，不合程序規定的「婚姻」即屬無效。但不會有人因爲無效而被處罰。或者有人會說無效本身就是一種懲罰，所以這些終究是強制性的法律。哈特解釋了爲什麼我們不應該這麼想：這並不是兩件事，一個是做某件事的命令，一個是不遵守的制裁。根本沒有命令，而「制裁」本身也只是授權規則。凱爾生提議一種迴避路徑以挽救強制理論。他說授權的規則只是法律的少數片段，所以漏掉制裁並不讓人意外：它們可能被塞到法律系統中別的地方。有些含有制裁的規則要求人們扶養自己的配偶；婚姻的授權規則所做的則是告訴我們一個人到底有沒有配偶，以及若有配偶到底是哪一個。不論是要告訴我們哪一件事，最終都會回頭連結到強制。哈特對此的回覆很有啓發性。他並不是說凱爾生的重新建構是不可能的或不合邏輯的。他說那是動機不明的，而且可能因爲不同的法理學方法論限制而有變化。

> 法律作爲社會控制之方法的主要功能，並非是見於私人的訴訟或是刑事的追訴，這些雖然極爲重要，但仍舊是補救體系失靈的輔助性措置。法律的這種主要功能是：在法院之外，法律以各式各樣的方式被用來控制、引導和計畫我們的生活。（40）

對於如何將各種法律材料分別成各個法律，並沒有一種本質主義、純哲學的答案；最好的方法是讓我們瞭解實際使用法律的人所理解的法律樣貌，而那些人大部分都活在法院之外。在社會生活裡，人們思考、述說、運用授權的規則的方式，與那些課予義務的規則不同，而且它們被重視的理由也不同。「還有什麼其他標準能夠檢驗其性質上的差異呢？」（41）這大致呈現哈特方法的樣貌。對荷姆斯法官（Holmes）的「壞人」來說，法律是他們所要避免的成本；對律師來說，那是所有可能發生與實際發生的法院案件（以及要賺的法律費用）。法律理論就繞著這些片面的觀點開展而來。他們將某些雖然眞實但非核心的事物當作核心事實。具有法律重要性的整體多維面向則只剩下扁平而化約後的圖像。

到目前爲止，所講述的都還算正確。然而，如果我們想要處理**所有**「法律作爲社會控制手段的主要功能」，必須比哈特更進一步。僅僅將授權規則簡化成課予義務的規則，或者將法律上無效當作是一種懲罰，那就錯了。但授權規則與社會權力的緊密關連無庸置疑。爲什麼要關心強制性呢？答案之一與責任有關：因爲威脅而被迫做某些事的人，通常不會因爲做了那些事而必須負責，因爲他的意志受到壓迫。然而，許多法律處罰並不那樣嚴格（雖然並不是拒絕受罰）。儘管如此，它們仍然影響人們的動機，而授權規則亦是如此。強迫是法律權力的硬邊，而法律規範提供誘因與表意的部分則屬於軟邊。

再次想想授權結婚的規則。它們透過附加條件的方式而授權，過去還包括（在某些情況下目前亦然）允許婚配的種族或性別；不同種族之間、甚或同性之間的婚姻過去在法律上是無效的。現在，根據哈特的理由，如果還將此看作一種逼迫人們進入異性戀關係或同族戀情關係的強制就不對了。人們根本不一定要結婚。所以這些法律並非像是對同性性行爲的刑事懲罰或像逃亡奴隸法那樣。而且讓這些婚姻變無效的那些規則並非相關授權規則（或者授權規則與解釋規則的結合）意外造成的結果或預期外的副作用。那就是它們的目的。即使未訴諸像是命令與制裁這樣強硬的東西，這些法律仍然試圖形塑個人的生活與共同的文化。它們確實獲得一些成功。當我們思考規則的功能時，必須記得哈特中性地將此稱爲提供「工具」。並非所有法律都是強迫性的，但是非強迫性的法律也會做強迫性的法律所做的事：表現並引導社會權力。它們可以透過法律的內容與透過更爲普遍的特性進行。例如，自願性的權力將合法控制權分配給那些可以遂行意志的人。它們可能無法迫使任何人做任何事，但它可以用可預測的方式形構社群世界，而且時常是創造並施行此等法律者意欲的方式。

第四節　法律與道德

本書有個核心問題涉及法律與道德之間的關係，包含習慣性的或「社會的」道德，也包括理想的或「批判的」道德。廣爲人知的，哈特主張法律與道德必須有所區別，那些對哈特理論沒有瞭解的人也知道，如同他在主持經典的荷姆斯講座（Holmes Lecture）時所說的，他主張「法律與道德之間沒有必然的關聯性」。[19]從第三節第一項的討論中我們看到，爲什麼法律未必反應被管治的群體眞正認同的道德價值。但是**應該**管治他們的道德價值又爲何？哈特的意思是否說這裡也未必有關聯性？在本書中，哈特有時用不同的公式來說明這樣的想法。他將法實證主義者的核心論點描述爲，「無論從任何意義去看，法律都不必複製或滿足道德的要求。」（185–6）那看起來更狹隘：法律與道德之間必然有關，但不表示法律必然「複製或滿足」健全的道德標準。

哈特的第一個較廣泛的公式似乎不太受歡迎，即使那些贊同他所說法律是社會建構的人也不接受。[20]難道不可以肯定地說，法律與道德同時規範著人類行爲並非偶然？一套規範制度如果與我們應如何生活毫無關聯就不是法律規範，也不會是道德規範。那表示法律與道德之間必然存在一種關係；還有其他關係。事實上，哈特成熟的理論確實爲法律與道德之間兩項更有趣且必然的關係背書，一個是經由法律的目的，另一個則是經由法律與正義之間推定的關係。它也認同法律與道德之間有另一種偶然的關係，而對此許多法實證主義者不表贊同。對哈特的法律與道德論述來說，這三項主張是很重要的。但只有第一項是顯然正確的。

一、法律的目的

法律不只是一套規則系統；它還是一套爲了服務多重目的的系統。湯瑪斯・阿奎那（Thomas Aquinas）認爲法律有一項**整體的**目的，他提到「爲了共同的利益而存在的理性命令」。[21]這些主張的現代意涵包括法律的存在是爲了指導行爲，或者爲了共同的利益而協調各種活動，或者爲了實踐

19 H. L. A. Hart, 'Positivism and the Separation of Law and Morals'（1958）71 *Harvard Law Review* 593, at 601 n. 25.

20 參閱 John Gardner, 'Legal Positivism: 5½ Myths', chap. 2 收錄在氏著 *Law as a Leap of Faith*（Oxford University Press, 2012）；與 Leslie Green, 'Positivism and the Inseparability of Law and Morals'（2008）83 *New York University Law Review* 1035。

21 *Summa Theologica* II-I, q. 90 a. 4.

正義或授權強制行爲而存在。[22] 這些主張應被理解爲法律的**構成宗旨**，而不是要提出什麼法律理念。基本概念在於，不具備這些目標的社會控制系統就不是法律系統，就像一個志不在追求知識的機構無法成爲大學。但就算有了構成宗旨也無法建立與道德之間的連結。重點在於宗旨爲何。一個機器除非眞的能洗碗盤，否則不能成爲洗碗機，而洗碗盤的能力是判斷洗碗機好壞的指標之一。然而洗碗盤在規範面來說並不是具有道德重要性的活動，也因此一個好的洗碗機並不是道德上好的洗碗機。前述有關法律的構成宗旨可能從具備道德到道德中立都有。實踐正義在道德上是好的；指引行爲在道德上是中立的；而授權強制行爲在道德上的意涵則是模糊的。[23]

與道德的連結也取決於構成宗旨有多成功。哈特在第九章的論述中假定人類的存續在道德上是善的，而一個規範系統如果不以此爲宗旨就不是法律系統。同樣的，一個法律系統要能存在，必須眞的能帶來利益，就算不是一直都帶給所有人利益，也必須在大多數時間帶給一些人利益。然而，一般來說，一個具有構成宗旨的事物在被認定爲失格之前，還是有相當大的自由。如果一台洗碗機有瑕疵或故障，它仍然是台洗碗機，而經過調整或修正，它就能有些洗碗的功能。同樣的，法律系統也是如此。整套法律如果在推動其原本應該做到的事情時產生很大的瑕疵，仍然能夠算是一套法律系統；以某事爲宗旨不必然表示能成功達成那項宗旨。

哈特思考了這個問題，似乎不再認爲法律需要以存續爲宗旨。他加入馬克斯·韋伯（Max Weber）與凱爾生的行列，否認法律必須具備任何值得關注的構成宗旨。（凱爾生說：「法律是個工具，一種具體的社會手段，而非目的。」[24]）哈特寫道，「事實上我認爲，除了導引人類行爲和對行爲提供批判的標準之外，進一步地爲法律探求任何更特定的目的，都只是無用的嘗試。」（249）

在此就不提存續了。但或許哈特並未撤回他早期有關法律具有促進存續或其他目的之主張。或許他
是否認法律可以用此等目的加以**確認**，並無各法體系共通和特有的目的。法律可能有促進存續的宗
旨，也可能有指導並評價行為的宗旨。但這些都無法區別法律與習慣、宗教、道德；相反的，它們 xxxvi
是重疊的。法律與道德有相似的任務；它們這麼做也有相關的理由；它們運用類似的技巧。

二、法律與正義

在本書第八章，哈特為法律與道德之間令人訝異的連結辯護。他的論理將遵守規則與正義相連，其想法是在法律上與在道德上，相似的案件會用相似的方式處理。依照實踐理論，除非一般的規則獲得遵守，或者以某種一致的方式加以適用，否則就無法存在。但哈特表示，一致性**本身**就是一種正義：「再討人厭的法律，都必須公正地適用，我們在法律一般化規則的適用觀念上，至少看到了正義的幼芽。」（206, cf. 160）那麼看來每個現存的法體系多少都能實踐正義。但肯定不是「實質的」正義。穩定地適用惡法絕對無法彌補或減少其惡性。但在法律的適用中仍然會產生正義，或

22 指引行動：Lon L. Fuller, *The Morality of Law*（rev. edn., Yale University Press, 1969）；整合活動：John Finnis, *Natural Law And Natural Rights*（Oxford University Press, 1980）；實踐正義：Michael Moore, 'Law as a Functional Kind,' in R. P. George ed., *Natural Law Theory: Contemporary Essays*（Oxford University Press, 1992）221；授權強制行為：Ronald Dworkin, *Law's Empire* 93。

23 授權強制行為是否「為正在進行的強制提供正當理由，因而屬正當的」；或者「確保不正當的強制行為不會進行」，或者「如果有正當理由那麼做的時候，強迫人們去做」？

24 Hans Kelsen, *General Theory of Law and State*（A. Wedberg tr., Harvard University Press, 1949）20.

者如同某些人所說的「形式」正義。[25]為此，法律必須只適用於根據法律應受到相同對待的人身上，無論對或錯。這樣的要求適用於所有法律，即使那些「極具壓迫性的」，或否認「沒有權利的奴隸」具有任何法律上最低限度的利益。[26]

我引用哈特關於法律可能有多壞的描述（「讓人憎惡的」、「極具壓迫性的」等等），以凸顯「正義的幼芽」的說法很大無畏。如果人們認為法律只有稍微不公，那麼持續適用法律可以被視為合理的；那些就正當性的宗旨來說過猶不及的法律。（一個規範如果禁止十七歲以下的人開車，可能讓某些群體裡太少成員可以開車，而讓其他群體裡太多成員開車。）然而，無法盡善盡美，而且有許多原因必須一貫地適用那些缺陷並不嚴重的法律。但那不能證成哈特的論理。他認為這同樣適用於惡法，而即使我們同意實質正義（或公平、慈悲或理智）勝出，在這樣選擇時也已經失去了某些寶貴的東西：我們至少在某個層面上是不公的。

「形式」正義這個概念裡有些古怪。畢竟不是所有具備正義**形式**的東西都是正義的，就像看起來像駱駝的未必都是駱駝。更糟的是，正義的規範與不正義的規範，在形式上未必有差別。[27]「男女同工應同酬」是正義的規範。「男女同工不同酬」是不正義的規範。它們具有相同的形式。那麼下列這樣的規範呢？「將規則適用於全部受其規範的對象」，其形式等同於「只跟所有您已經決定當朋友的人當朋友」。第二個規範是否正義？顯然我們不能只按照形式來判斷一項規範正義或不正義，或者兩者皆非。

想像有個法官處理一個通姦案，他的法律規定對於通姦行為，要用石頭把被判有罪的女人砸死。有沒有任何理由將這項法律適用到每一個受規範的人？或許情況特殊：如果法官不這麼做，他的生命可能陷入危險；如果他拒絕這麼做，可能引來暴動，甚至可能害更多女人被殺；他可能在這個案子裡適用這項法律，以便讓他的信用足以支撐到能夠有效攻擊這項法律。但是否有理由固執地將這樣的法律適用到所有情況呢？在此我們需要的不只是**罪刑法定原則**。那個原則告訴我們**不要**處罰那些並未違法的人。但在我們假設的情況中已符合處罰的條件。但是那個原則並未要我們處罰所有違法的人。若拒絕這麼做是否不正義呢？如果不正義，又是對誰不正義呢？是那些因爲被定罪而將被石頭砸死的女人，還是那些已經被處死者的家屬，有權要求其他每一個被定罪的人也得到同樣的處置？

哈特或許混淆了「形式正義」與兩個正確但無干的想法。其一是正義與不正義不只在於結果，還在於程序。這是自然正義的要求，例如法律爭端的兩方都有權讓其意見被聽取。一項程序如果並未如此規定，就是不正義的。而一個不正義的規則**本身**可能規定了某種違反自然正義的行爲，好比說允許富人有比窮人多一倍的時間申辯，嚴格實行這樣的法律有害自然正義。另一個相近的概念是我們對於規則的適用應該**無偏私**，裁判者之行爲不得出於「偏見、利益或任性」（161）。那也是正確的，但那些拒絕完全按照文義適用不正義法律的人並無此種動機。事實上，惡法本身可能是有偏見的或任性的，而選擇性地不適用這種法律可能是出於最好的動機。

25 David Lyons在'On Formal Justice'（1973）58 *Cornell Law Review* 833用那樣的標籤加以批判。Matthew Kramer則用「一致性」這個更好的標籤來加以辯護，見Matthew Kramer, 'Justice as Constancy'（1997）16 *Law and Philosophy* 561。

26 H. L. A. Hart, 'Positivism and the Separation of Law and Morals' 593, at 626.

27 依循John Gardner, 'The Virtue of Justice and the Character of Law', chap. 10 of his *Law as a Leap of Faith*。

我們能夠補救哈特「正義的幼芽」理論嗎？或許如下：一旦我們明瞭規則的適用，必定會思考在**特定個案**中該如何適用規則，我們會思考怎麼回應，以及依規則應該怎麼做。我們會關切分配的問題，而不只是整體的問題。我們不只要問目前的懲罰是否足夠，也要問是否以正確的方式處罰正確的對象所做確屬違法的行爲。思考如何分配利益與責任，就是思考正義的問題。思考A是否受到恰如其分的對待，或者A與B之間的差別對待有無正當理由，就是對正義的關切。當我們有了有權審酌並解決此等問題的機制，像是法院，我們就有了可以實踐正義的機制。（當然也可能是不正義）。或許在大而複雜的社會，沒有前述的機制就無法實踐正義。

三、法律的有效性與道德原則

法律與道德的第三個連結不太一樣。雖然道德原則未必是法源，但哈特承認道德原則**可能是**法源，只要獲得屬於法源的規則之承認。我們可以說哈特雖然認爲承認規則必然是一項社會建構，然而它所採用的判準未必如此。他不認爲只因爲有價值或讓既有法律正當化，道德原則就會成爲法律。但如果道德原則以某種方式被放進法律，它們就會變成法律。

哈特於兩種建構論的詮釋方法中偏好被稱爲「包含式的」（inclusive）法實證主義，依此理論法源可能包含理想的道德原則；相對的則是「排除式的」（exclusive）法實證主義，依該理論則不包含道德原則。[28]我們難以知道哈特如何做出這樣的選擇，部分原因在於他寫完本書主文後，這些選擇方案尚未區辨。但他在後記的結論則是法律有效性未必純屬規範「系譜」的問題，也就是說相關特性「只在乎法律被法律機構採用或創設的方式，而不涉及法律本身的內容……」。[29]（247）相反的，法律的有效性可能受到道德適當性的影響。

在此我們無法評價包含式的法實證主義。[30]但值得嘗試去釐清哈特引發論辯的某個疑惑。承認規則的判準是否包含道德原則，不同於這些判準是否屬於系譜。「系譜」有兩種可能對比。其一是與**實質**的對比，其二則是**道德**。而問題來自人們習慣以「實質的」表示「正當的」或「道德的」（如同第四節「實質正義」所示）。哈特在批判奧斯丁主張每一個法體系都包含合法的無限權力時，帶入這些議題。贊同奧斯丁的人或許同意主權立法者可能受到立法的「方式與形式」之限制，舉例來說，可能有特定的告知與辯論要件，或者要求絕對多數表決，然而成文憲法中有些限制並沒有那樣的屬性。這些「將某些事項全部地排除在立法權能的範圍之外，從而設定了實質的限制」。（68）它們設定「法律的而非只是道德或慣習的」行爲能力限制。（69）[31]哈特舉了美國憲法第十六修正案作爲例子，該修正案有部分內容規定，「除依本憲法上文規定的人口普查或統計的比例，不得徵收人頭稅或其他直接稅。」這肯定不是方式與形式的要件，所以某種意義上來說那是實質的。但是哈特表示，「在某些法體系中，好比美國，法效力的最終標準，除了系譜之外，還有可能包括正義的諸原則，或實質的道德價值，而這些原則或價值可以構成法律之憲法限制的內容。」（247）這是

28 哈特稱他的立場是「柔性的」法實證主義，但「包含式的」法實證主義更爲清晰明白，主張法律包括法律所引用的任何事物。

29 Ronald Dworkin, *Taking Rights Seriously* 17第一次使用這樣的隱喻。

30 W. J. Waluchow, *Inclusive Legal Positivism*（Oxford University Press, 1994）與Jules Coleman, *The Practice of Principle: In Defence of a Pragmatist Approach to Legal Theory*（Oxford University Press, 2001）都爲這個理論辯護。Joseph Raz, *Ethics in the Public Domain: Essays in the Morality of Law and Politics*（Oxford University Press, 1994）, chaps. 9, 10; Scott Shapiro, 'On Hart's Way Out'（1998）4 *Legal Theory* 469則批判此一理論。

31 在此哈特使用「道德或習慣性規則」指涉奧斯丁所稱對於合法權力的「實證道德」的非法律限制，以及Dicey所稱的憲法慣例。

一種相當不同的「實質」說法。可比較下列各段可能的承認規則之內容：

（S1）國會不得以法律訂定國教。

（S2）國會不得制訂不公正的法律。

（P1）國會不得祕密立法。

（P2）國會不得以不公正方式立法。

（S1）與（S2）的規則設立了有效性的實質標準；（P1）與（P2）規則設定了程序性標準。但我們也可以用另一種方式來配對：（S2）與（P2）訂定有效性的道德標準，而（S1）與（P1）則設定事實的標準。（這並不是說它們設定了完全確切的標準，而是我們就可以判斷一項法律是否訂定國教或祕密立法，無須任何孰先孰後的觀點。）但是現在我們要問：（P2）是否也描述了一種**系譜**的檢測方法？就某方面來說，確實如此，也就是說若要適用這種判準，我們會檢驗法律通過的方式，而非通過的法律內容。但從另一方面來看，若不先判斷其立法過程的道德適當性，我們便無法得知（P2）**是否**符合。因此系譜的隱喻容易造成誤解，我們應該改採社會事實與道德判斷的區別。

有三件事讓這整個問題更形複雜。第一是同音異義。在憲法或其他文本上有**呼應道德**的用詞，不表示法律具有道德的檢驗標準。這類用詞在法律脈絡中原本就有或後來發展出特殊的意義，而其意義來自道德習慣或司法裁判與法律解釋傳統。[32] 如果憲法說「法律之前人人平等」，可能帶有道德的平等理想，也或許沒有。我們必須看看法院與其他人事實上怎麼看待它。即使某個憲法條文一開始確實帶有道德理想，司法裁判可能覆以事實上不平等的規範，或是各種不平等的標準，諸如此類。這些是法律有效性的一般來源檢視。它們可能與最初且不確定目前是否還繼續有效的抽象道德理念相差甚遠。

第二個複雜原因在於隨附性。舉個例子，如果某件事是「不公正的」，必然有些事實可以看出它的不公正；而如果某項安排是不公正的，另一項安排是公正的，兩者必然有些差異。假定憲法禁止歧視性的法律，而歧視在道德上也被認爲是錯的。如果一般社會事實認爲那是錯的，例如做出某個決定的意圖，或者那個決定對其他人的影響，無論從何種觀點來看，這些事實可能是法律的檢測標準。排除式的法實證主義並非表示最終的法律檢測不能包含在個案中思考某事公正或不公正時可以提出的事實。那會變得難以理解。它只要求必須能夠直接確認相關事實，而無須視它們對此等道德特質的影響。

複雜化的第三個因素則是不確定性。哈特設想一個情況，立法機關要求產業對其提供的服務只能收取「公平費率」（131–2）。雖然立法機關可能已經清楚預想某些顯然極端不公的情況（例如，「費率可能高到一個程度，使不得不購買該生活必需之服務的消費大眾，好像被綁架而必須付出贖金。」）（131），但也有其他許多情況可能是不可能預先明訂的，或者預先明訂可能是不智的：

顯然，在這些情況中，制定規則的權威機構必須行使裁量權，而我們不可能把各種個案中所引發的問題當作是，好像有唯一的正確答案，相反地，眞正的答案乃是在許多相衝突之利益間理性妥協的結果。（131–2）

32 一如既往，「被控制」並不表示「完全被控制」。

至少在「公正」一詞不明確的範圍內，法條中有此用詞時，法院必須行使裁量權。立法者規定「公平費率」時應該知道這一點，而且應該將法律理解爲授予法院裁量權——並不是授權讓法院爲所欲爲，而是授權判斷什麼是不公的，而且讓他們的判斷具有拘束力。在後記中哈特的說法似乎不同。在此，「正當程序」、「平等」等等憲法條文，都是道德原則被納入法律的例子。人們現在認爲這些法律是否授予裁量權，判斷重點不在於法律的不確定性有多高，而是取決於爲了解決法律糾紛所需的任何道德判斷有無「客觀立場」（253-4）。如果道德判斷是客觀的，那麼要解決不確定性時，只要適用提及道德標準的既有法律；如果道德判斷並非客觀的，「只能夠爲法院指出方向，要求法院以符合道德的方式來創造法律」（254）。哈特希望法理學能避免陷入爭議性的後設倫理學理論，所以他對此問題持開放立場。

我們不能因此說憲法中的道德語言與法律中的道德語言不同。畢竟一部成文憲法就只是一種特別型態的法律。爲什麼我們會認爲當法條提到「公正」，至少在所謂公正的要求不明時，即視爲授予裁量權；而在憲法中，若提到比方說「基本正義」，則只有規定不明且任何對不確定性的道德判斷可能不「客觀」時，才會授予裁量權？是不是只要作成判斷，而無須考量達成協議過程中採用的原則呢？或許憲法基本人權的裁量權看起來比法律的裁量權更讓人擔憂；但那不表示沒有裁量權。以事實爲基礎的判準可能對裁量性的決定有部分控制，在凱爾生的隱喻裡，不只提供必須符合的「框架」，也提供一種非結論式的理由以作爲決定之依據。[33]

最接近哈特立場的論證如下。他設想一個虛擬的憲法，以廣泛的道德適當性作爲法律的檢證標準。如果有任何錯誤、不義、不公等等，就不能成爲法律。他認爲這一點並無任何不合邏輯之處。

「對於這種特殊安排的反駁可能不在於不合『邏輯』，而是此種法律有效性判準嚴重地不確定。憲法並不會採用這種形式來製造麻煩。」[34]然而，如果邏輯包含概念的論證，就可能有這樣的反駁。拉茲主張這不只會惹麻煩，而且與法律具有權威性的說法不相容。[35]所有法律都主張具有正當權威，而唯有當它確實具有權威才能一貫這麼主張。法律的主張可能是空洞的，可能是不眞誠的、不正義的或不明智的，但它必須是可理解的。實踐的權威，包含法律系統在內，是要幫助人們確實遵循他們有理由遵循的事。[36]這樣的理由是命令的基礎，而遵守命令會讓受規範的對象更可能遵循適用的理由。但反過來說，唯有當命令不訴諸於這些理由才有可能。要知道法律要求什麼，人們必須先明白自己應該做什麼；法律無法幫助任何人知道他應該做什麼。法律無法藉由告訴人們要公平往來，就能確保公平的結果；憲法無法透過宣稱人皆平等，就能夠創造出更平等的社會。權威性的指引需要告訴人們事實上該怎麼做。拉茲如此主張。這是分析法理學中最常被討論的論證。其中有許多步驟，部分頗具爭議。但哈特不予採用，而在我們接受哈特的觀點之前，必須先加以檢驗。[37]

包含式的法實證主義似乎主張唯有被邀請，道德才可能在法律論證中扮演適當角色。哈特透過

33 Hans Kelsen, *Pure Theory of Law* 350-1.

34 H. L. A. Hart, *Essays in Jurisprudence and Philosophy* 361.

35 Joseph Raz, *The Morality of Freedom*（Oxford University Press, 1986）, chap. 2; *Ethics in the Public Domain*, chap. 10; *Between Authority and Interpretation: On the Theory of Law and Practical Reason*（Oxford University Press, 2009）, chap. 5。

36 這表示他們有「客觀」的理由這麼說，而不只是自利性的理由這麼做，或者他們以爲有理由這麼做。

37 在較後期的一篇文章裡，哈特接納了其中幾個關鍵想法。參閱 H. L. A. Hart, 'Commands and Authoritative Legal Reasons' in his *Essays On Bentham*（Oxford University Press, 1982）。

有效性的判準發出這樣的邀請。[38]但這樣的邀請眞有必要嗎？[39]人們不會認爲只有法律明確規定可以採用邏輯演繹原則或簡單的數學方法時，法官才可以這麼做。人們不會認爲英語文法規則必須透過承認規則才能在英國法律中適用。或許根本不需要邀請，就像其他標準一樣，道德原則早在法院裡占有一席之地。若是如此，哈特提議解決的問題根本不存在。

第五節　事實、價値與方法

哈特在前言中告訴我們，本書目的是要促進對法律、強制與道德作爲不相同但相關連的社會現象之理解。他預測法律人會將它看作「分析法學」的演練，因爲它「所關心的是闡明法律思維的一般架構，而非批評法律或法律政策」。他也說我們可以將它想作是「描述社會學的論文」。我們如何理解這些話呢？

一、法理學與社會學

這是一種很有趣的社會學，既不做田野調查，也不做統計模型，甚至法律個案也很少。經過思考，哈特說他不應該說這本書是一種社會學，而是某種社會學的準備材料。[40]這樣的說法弊大於利。重點只是要強調哈特的方法，就像描述性的社會學方法，只對事實負責，無須採取任何道德或政治立場。他一再呼籲讀者運用知識分子對法律世界的認識去檢驗法哲學的主張。眞的有法律規則這樣的東西嗎？讓我們看看吧。（136）是否每個法體系都有無限制的主權？讓我們看看吧。如果先驗理論與一般的法律知識有所衝突時，以後者爲優先。本書可能需要修訂，需要節制，但它是一個起點。本書的實證基礎並不會比那更複雜；就像所有的描述性社會學，它有個實證基礎。它不是從定義或公理開始，藉此想要導出有關法律的眞理。它不是從有關法律應當如何的道德主張開始，而後推論出法律實際如何。

描述性的社會學不僅是關於觀察內容的數量與品質的一般知識。它經常試著將那些知識變得普遍化，或者更有企圖心地，變成一種成預測。但哈特沒有這麼做。他談論我們已經知道的基本東西。他提出有關法律本質的理論，他主張那個理論具有其他理論沒有的一致性。他的理論並不是從社會法律資料的大海中撈出一堆東西，然後加以彙整爲普遍性原則，他也無意預測任何東西。那麼他的理論能夠如何爲我們已知的事增添價值呢？它能夠深化我們理瞭解。它闡釋了一般事實與這些事實裡未獲注意的前提之間讓人意外的關連，尤其是特定事實的重要性。當然，解釋與理解之間並無尖銳反差。法律社會學與法哲學領域都有豐富的著作，各別都提出一些解釋與理解。本書的理解並不是要反駁法律解釋與前瞻性研究，也不是要規範人們應如何研究或應該研究什麼。它走自己的路。

分析法學與法律社會學可以平行發展。是否有任何論證可以支持哈特所言分析法學可以爲法律社

38 Tony Honoré 認爲這樣的邀請來自於法律做出的道德主張。參閱 'The Necessary Connection between Law and Morality'（2002）22 *Oxford Journal of Legal Studies* 489。

39 Joseph Raz, *Between Authority and Interpretation*, chap. 7.

40 David Sugarman, 'Hart Interviewed: H. L. A. Hart in Conversation with David Sugarman'（2005）32 *Journal of Law and Society* 267, 291.

會學做準備?凱爾生表示:「社會法學預設司法的法律概念,也就是由規範法理學定義的法律概念。」[41]他的基本觀念是,只要社會學是要研究並提出有關法律制度與實踐的普遍適用原則,就必須由此開始。如果你對授權規則的社會結果感興趣,最好能夠分辨這些規則,而那需要運用「規範法理學」。或者舉另一個例子:社會學家試圖發展法治程度的實證衡量標準。要知道這些標準是否能夠有效衡量其標的對象,我們需要知道法治是什麼。就我所知,各種主要研究都無意評估在特定法域中,法律非回溯性、模糊、衝突的程度,而這些皆屬法治的核心。[42]然而,它們當中有些確實評量在多個法域內私人財產安全或契約自由的程度,並給予那些評分較高的地方更高的法治程度分數。這洩漏了一種顯著的政治偏見,也顯示出概念的混淆。關於法治的概念有些爭論,但若認爲法治指的是「資本主義的前提要件」,顯然認識不清。可能有人會說,至少這些實證方法是可靠的,與利益變項具相關性,而且與我們對於法律與社會的其他知識一致。[43]即使如此,當法社會學發展得遠超出相關概念的核心,主題已然改變。某些主題可能需要改變,自然科學的進展有時來自於廢除本體論而重新出發。但如果社會科學的進步必須捨棄我們熟悉的法律規則本體論、義務、權力、法院等等,或熟悉的法律價值如法治,那麼它就會變成社會學而非法律了。於是法理學顯得重要。

倘若我們緊抓著「法律的法理學概念」與相關概念,如何達致哈特所說的更深的理解?我們該從哪裡開始?爲了導出一般知識,哈特經常問我們該如何判斷或釐清某些事,有時則是要我們思考我們會怎麼說。那是否讓他的法學方法變得比較像語義學呢?哈特受到哲學上的「語言學轉向」的影響,也自認是倡議者。[44]他的研究取徑受到約翰·奧斯亭(J. L. Austin)與吉爾博特·雷爾(Gilbert Ryle)在牛津所發展出的日常語言哲學影響。[45]儘管有這樣的淵源,讓人訝異的是在《法律的概念》中，語言學分析的篇幅如此稀少。我們看到語言有多種功能，語句有其脈絡，有些理論是作爲概念運用的判準。有幾個論點因語言學的區分而強化。（哈特表示「不得不」做與「應當」要做是不同的，「規定」要做與「認同那樣的規矩」亦不相同。）就這樣。沒有語言哲學家對理論建構的敵意；亦未主張法體系是一種「家族相似性」的概念，或類似的概念。哈特甚至努力研究法體系的必要與充分條件。他並未訴諸字意處理這個問題，或者法理學的任何重要問題。哈特一再地警告我們，語言學方法是徒勞的。他認爲藉由「提醒疑問者『法律』和『法體系』這些詞語的現行使用慣例」，以此回答「什麼是法律」，是「沒什麼用的」。要在較廣泛的與較狹隘的法律概念之間選擇，我們需要的不只是語義學；「如果我們把這問題當作是語言的問題，那麼我們就無法把握到重點。」（209）如果有個人寫作法理學方法論的書，而不是法理學的書，那麼他必須考量這些警告，並且對語言哲學抱持友善態度。但哈特並非寫作方法論的書。

不可否認的，語言哲學讓本書的修辭更添色彩。但觀念歷史學家需要超越寫作風格而觀察實

41 Hans Kelsen, *General Theory of Law and State* 178。這裡的「規範的」是指「與規範有關的」，而非「道德上有所評價的」。

42 索引中所列的嘗試之檢討，以及建構過程中的問題，可參閱 Tom Ginsburg, 'Pitfalls of Measuring the Rule of Law'（2011）3 *Hague Journal on the Rule of Law* 269。

43 對於利用社會科學方法做法學研究，有個有力的辯護意見，可參閱 Brian Leiter, *Naturalizing Jurisprudence: Essays on American Legal Realism and Naturalism in Legal Philosophy*（Oxford University Press, 2007）。

44 Richard Rorty ed., *The Linguistic Turn: Recent Essays in Philosophical Method*（University of Chicago Press, 1967）.

45 後來還有 Wittgenstein，特別是透過他的門生 Friedrich Waismann 而獲接納。關於哈特與當時牛津哲學家之間的情誼及智識往來，有個極具啓發性的說明，參閱 Nicola Lacey, *A Life of H. L. A. Hart: The Nightmare and the Noble Dream*（Oxford University Press, 2004）。

質。哲學家認爲自己正在做什麼、他說他正在做什麼，以及他事實上正在做什麼，三者是有差別的。（休謨說政治可以化約成科學，但無論在他的《人性論》或《人類理智研究》中，既無實驗也無證據。）當前哲學的修辭風格也與哈特來自邊沁的修辭風格不同。這些修辭是否真的代表技巧差異還很難說。

二、釐清與批判

哈特主張一種「一般性及描述性」的法律理論。（239-40）他的意思是說，它是一種那樣的法律理論，並不是英國法、普通法或資本主義法的理論，而且它「在道德上是中立的，不以任何證立爲目標；它並不尋求透過道德或其他的理由，去證立或推薦我在一般性說明中所描述的法律制度的形式和結構；儘管我認爲，如果我們要對法律提出任何有用的道德批判，清楚地理解到如何證立法律的形式和結構將是一個重要的開端」。（240）

即使本書缺乏證立的目標，不表示就是道德中立的。或許道德偏見在無意間潛入了。有些人認爲任何描述必然不只是一份關於所描述事物的事實清單，必然會有道德偏見。觀察必然含有理論；由觀察所建構的描述也附載了價值；所以描述性的法律哲學是不可能存在的。但這麼說太武斷。一段事實陳述可被評爲眞或假。而通常我們不會認爲一段描述是眞或假，而是有幫助或無幫助，有啓發性或無啓發性等等。對於任何客體或事態有無限可能的描述，因爲存在無限多的事實。對於某項事物的實際描述並不是一串**所有**相關事實的清單，而會基於重要、顯著、相關及有趣等等的理由而選擇某些事實並加以安排。每一項描述都意味著某種價值，或由特定價值觀而來。然而，這並不表示做出描述的人贊成那些價值，那也未必是道德價值。將一個個案管理系統描述為「無效能的」，並不是價值中立。它選擇標舉該系統的某些特徵。然而，選擇的理由未必是說話者本人認為效能是有價值的，更未必是最有價值的，或者屬於道德價值。可能是因為他認為閱聽者認為那是顯然的，或者多數人這樣認為，或者使用那個個案管理系統的法官這麼認為。有各式各樣的可能性。

批判者或許認為可以找到道德滲入哈特的描述計畫。廣為人知的，他藉由虛構的社會發展歷史來介紹他的主要論證（91–9）。一開始是「原始的」社會，其社會秩序是透過關於該做什麼事的社會共識來達成。隨著社會演變，這些安排可能產生不確定性，因為它們是靜態的且變得無效率。法律與次級規則的興起補救了這些「缺陷」，從而在一個「已發展」、「複雜的」社會，若能利用承認規則、變更規則與裁判規則以獲致確定性、動力與效率，那麼社會事物會變得更好。這就是批判者攻擊的地方：[46]哈特如何一面說法律補救了「缺陷」，一方面又宣稱對法律的價值保持中立？他將沒有法律的社會稱為「原始的」，不是隱約地責難那樣的社會？

在哈特的脈絡下，「原始的」明顯表示簡單的，不代表愚蠢或野蠻的。而簡單的社會之所以沒有法律，並不是因為他們不夠文明而未發明出法律，而是因為他們不**需要**法律。人類本性或社會本來不需要法律；許多人、許多社會沒有法律還是過得很好。（91）從國際場域看到的，高度系統化的規則體系「不是必需品，而是奢侈品」（235）。舉例來說，如果社會是小型的、穩定的，而且在社會與意識型態上是團結的（91），那麼簡單的社會秩序即能妥善運作。然而，「在任何其他的條件

46 在眾多的攻擊者當中，可參閱 Stephen Guest, 'Two Strands in Hart's Concept of Law' in Stephen Guest ed., *Positivism Today*（Dartmouth, 1996）29。

下，這樣一種簡單形式的社會控制是有缺陷的，並且有必要以不同的方式做補充。」（92）首先，必須留意這裡所談的缺陷並不是**道德上**的惡，它是社會控制機制的功能性缺陷。它在道德上是不是讓人遺憾的，取決於這些機制是導向善或惡。更有效率的社會控制也可能變成壞事。其次，相較於治理模式與社會複雜性不適配的狀況，在簡單的社會裡，那樣的缺陷並不是太嚴重。其缺陷在於試圖將一個由陌生人組成的大型社會當作像是由親朋好友組成的小社會那樣來統治；這也是某些當代社群主義政治理論所犯的錯誤。這裡並不是說，如果我們能在沒有法律的簡單社會與有法律的複雜社會兩者間做選擇，應該偏好後者。

但我們不能說這樣的論證放棄了哈特所追求的中立性。顯然哈特強調次級規則的興起，因爲他認爲那是有關法律顯著且重要的事實。但那並不是因爲他認爲那是好的：事實上，就像我們所見，他認爲那在道德上是危險的。諷刺的是有些人將他的論證曲解成某種追求現代化的勝利，那才是偏見。他們認爲如果某個社會欠缺法律系統，就欠缺某種現代化的成就。將「原始的」社會視爲不文明的太過偏狹且帶有貶意，基於**否定後件**（*modus tollens*），它們必須有法體系。任何法理學若未能承認這樣的法體系，即是對現代或西方法律存有偏見。這種論證讓人吃驚。它的起點是認爲所有社會應該都有法律，再推論出所有社會確實都有法律。但這樣的推論顯然站不住腳。它的立論在於哈特反駁的一個論點。哈特對於法律並無狂熱，他不認爲每個地方都需要法律。

同樣地，哈特在第十章主張國際法並不是一個體系，而是一組規則，有點像是簡單的社會秩序。國際法學者感到憤慨：哈特給國際法「低分」；他視國際法爲「無物」而非獨特。[47]他們也非常擔心自己研究主題的地位，以至於忽略了本章要旨是爲國際法辯護，駁斥一種誤導性的說法，認爲由於欠缺主權或強制的管轄權，所以國際法不是法律。哈特確實懷疑國際法是否是一種體系；他在這個領域找不到一種整體的承認規則。但這不排除其他次要規則存在的可能性，例如那些告訴我們某個實體何時能成爲國家，或者要怎麼做以通過條約等等的規則。讓人驚訝的是，提及國際秩序（而非寫作其法學理論），國際法學者承認其許多核心規則的有效性並非一致，某些重要規範的標準極無定論，裁判機制分散到各具特殊目的的法庭，但許多國際法領域仍是具前瞻性的。無論如何，法律的系統化屬於程度問題，認爲現在的國際法比一九六一年的情況更加系統化可能是正確的。[48] 這跟我們在國內法體系看到的一樣不太對。哈特指出這點並不是要非難國際法或鼓吹西伐利亞國家主義（Westphalian statism）。他是要瞭解國際法與國內法的相似與相異之處。

這些並不是要否認《法律的概念》是一本由政治道德觀點形成的書籍。這裡並未著墨太多哈特對於密爾自由主義（Millian liberalism）的觀點或他的民主社會主義。然而，他的另一個道德觀點則清楚可循，也就是價值多元主義。就像他的朋友以薩．柏林（Isaiah Berlin）[49]，哈特認爲善就是不能化約的多元，而這個世界就是如此，眞正的善時常相互衝突。一個人的正當獲利可能讓另一個人受到損害。因此哈特反對我們在功利主義或福利經濟學中看到的那種約化一元論——依據那樣的理論，只有一件事值得追求。哈特亦反對那種容許多元價值，但主張（在適當解釋下）它們永遠不

47 Ian Brownlie, 'The Reality and Efficacy of International Law'（1981）52 *British Yearbook of International Law* 1, 7-8.

48 對於上述某些議題的檢討，可參閱編者對Samantha Besson and John Tasioulas eds., *The Philosophy of International Law*（Oxford University Press, 2010）1-13的介紹，以及當中引用的參考來源。

49 Isaiah Berlin, *Four Essays on Liberty*（Oxford University Press, 1969）, and also his 'On Value Pluralism'（1998）*New York Review of Books*, vol. XLV No. 8.

可能相互衝突的說法。[50]哈特告訴我們，「法律及其執行可能擁有或缺少某些美德」（157），而即使正義也只是那些美德之一。在他的法律論理評論中，價值多元主義同樣非常顯明。「司法判決，特別是關於憲法的高層次問題，經常涉及道德價值間的選擇，而不只是援引某個特別顯著的道德原則。」（204）這對於司法論理有深遠影響：「因爲這些原則不勝枚舉，所以我們無法證明某個判決才是最正確的……」（205）

第六節　哈特的論證

假設按照哈特的論證可以成功發展出一套普遍適用的法理學。那麼有什麼好煩惱的呢？先理解本書的概念，才能進入當代法律哲學的浩瀚文獻。本書也談到早期的哲學作品。也許有人認爲閱讀一本法學著作的主要目的是找出其他的法學著作，對此哈特的批判最爲尖銳。《法律的概念》書中並沒有多少學述引註，註解亦被排到書末，暗示我們應該看完書以後再讀其他參考資料，如果眞的要讀：

> 我希望這樣的安排可以消除一種信念，即以爲一本談論法理論的書，主要就是一本專門介紹其他著作的書。只要作者持有這樣的信念，則法理論這個學科將難以進步；而且若讀者繼續懷抱此信念，則法學理論的教育價值必將所剩無幾。（見前言）

然而，清除進步的障礙本身就具有價值，只要該領域的進步本身也有價值。無疑的哈特的分析法律哲學具有不限領域的價值：它鼓勵並推廣仔細地閱讀、清晰的思考、謹慎的論理。這些都是實用的技巧，也具有教育價值。但是有許多方法可以學到這些，並無理由認爲法理學研究是最快速或最簡單的途徑。

對一般法學有個適當的辯護在於法律本身就是一項重要的社會機制，深入瞭解這項機制本身就具有價值。我們想要瞭解法律的本質，就像我們也想要瞭解市場或家庭的本質。這並不是要證明我們必須關注法律更勝於市場或家庭，甚至也不能證明我們必須更深入瞭解法律而非預測法律相關的行爲，或法律與法律機制的改革。但這些替代路徑無損法理學的價值。

有些人閱讀法理學作品是希望作爲生活與法律的指引。有些人寫作法理學著作是想要提供這些。（也有些人寫作法理學著作是基於馬基維利寫作的目的：吸引統治者的目光。）如果那些是你的期望，那麼一般法理學可能要讓你失望了。它作爲知識份子**法庭之友**的影響並不顯著。可以肯定的，一個案件可能提出或仰賴法理學論述。有些法官也會在裁判中提出法律效力與實效的關係，或者是罰款與稅賦之別，甚至法律與習慣的差異之觀點。但如果法官眞的要處理這些問題，他們會試著在本地的法理原則限制下回答，而法律哲學並無義務尊重本地的法理原則。我們有很好的理論基礎可以支持區辨社會慣習與法體系；然而一個法體系可能主張原始的習慣本身也有權稱爲一種法體系。那會否定哈特的理論嗎？一點也不會。漁業法管制捕鯨行爲，但那不會動搖我們對於鯨魚非魚

50 對於這個立場的辯護可參閱 Ronald Dworkin, *Justice for Hedgehogs*（Harvard University Press, 2011）。

類的信心。（那也不表示漁業法有搞錯什麼。）

就歷史而言，《法律的概念》站在英語世界政治哲學復興的前端。本書出版不久後，各界的關注很快轉移到價值問題。下個世代的重要著作聚焦在像是正義、自由與平等之類的觀念，而對法律機制與結構的關注則逐漸衰退。[51] 哈特的著作對評價性的議題只有附隨的討論，如我們所見，它確實提到正義，但本書整體上屬於一本關於機制與結構的著作。因爲如此，也因爲它在取徑上始終希望維持描述性，有時反而惹來價值倡議者批評說它的理論「沒有用」、「無聊」。難以想像怎麼會有這樣的說法。這些批評顯露了智識上的狹隘與欠缺自覺。法律人常常幻想法律一定有趣，而且其他事物必須顯然與法律相關才會有趣。（這種想法近似於認爲眞正有趣的問題是客戶會付錢跟你要解答的問題。）

德沃金寫作法理學議題的原因在於「那關乎法官如何裁斷案件」。[52] 更早之前他曾寫道：「一般來說，法院要用什麼樣的好理由做出裁判呢？這**就是**法理學的問題……」哈特不只是一個價值多元主義者，他也是智識多元主義者。他並不參與基本價值的爭執。本書第一章的標題是「惱人不休的問題」，而且用複數表示。這些問題是：法律與強制威脅的關係？法律義務是什麼？法律與道德義務的關係？社會規則是什麼？法律與規則的關係？這些都不是法理學的**唯一**問題，而是**衆多問題**之一。

這些是不是有趣的問題呢？當然是。但事實是人們對不同的事物感興趣。休謨回想自己的人生之後寫道：「我勤奮研究，我清醒冷靜，我努力不懈，所以我的家人都認爲法律是適合我的行業；但我發現自己變得除了哲學與一般學習……對其他所有事情都嫌惡。」[53] 休謨發現法律變得極度無趣；並不是只有他這麼想。無疑的其他人會有相反的感受。但無論一個人的知識傾向如何，他要能夠看到（就像休謨確實看到的），「有趣」並非研究客體本身的性質，而是它與人之間的關係。哈特的法理學與法律訴訟的關係可能有限，但它確實吸引了看到問題本質的人，也吸引那些懷抱政治關切的人。在法院，知道**個別的法律**是什麼比知道**整體的法律**爲何更重要。但是出了法院，就像哈特提醒我們的，大部分實際運作的法律正在發生，有關法律本質的問題就變得非常重要。法律作爲治理手段，我們可以期待什麼？它的好處與風險爲何？爲什麼要重視法治？我們應該遵守法律嗎？若應遵守，要遵守到什麼地步呢？甚至，爲什麼需要法律？對這些問題感興趣的人，以及那些認爲自己無法迴避這些問題的人，將會需要一般法理學的協助以找出答案。我們很幸運，因爲哈特爲我們做了很好的開頭。

51 關於這個主題最終將走得過遠而朝向應用道德哲學發展的說法，可參閱 Jeremy Waldron, '*Political* Political Theory: An Oxford Inaugural Lecture', http://ssrn.com/abstract=2060344。

52 Ronald Dworkin, 'Does Law Have a Function? A Comment on the TwoLevel Theory of Decision'（1965）74 *Yale Law Journal* 640.

53 David Hume, 'My Own Life' 收錄在他的 *Essays, Moral, Political and Literary*, E. F. Miller, ed.（Liberty Press, 1987）。

第一章

惱人不休的問題

第一節　法理論的困惑

關於人類社會的各種問題，極少像「什麼是法律？」這個問題一樣，持續不斷被問著，同時也 1 由嚴肅的思想家以多元的、奇怪的，甚至是似是而非的方式提出解答。即使我們將焦點限縮在最近一百五十年的法理論，而忽略掉古典的與中世紀的關於法律「本質」的思辨，我們會發現一個任何其他獨立學術專業、系統性研究的科目所無法比擬的情況。與「什麼是法律？」這個問題不同的，並沒有大量的文獻致力於回答「什麼是化學？」或「什麼是醫學？」這樣的問題。在這些科學領域中，一本初級教科書前幾頁的幾行字，往往就能指出這些科學的學習者對這些問題應該要思慮的所有東西；而在這些科學領域的教科書中，類似問題的答案與提供給法律學習者的回答是相當不同的。沒有人認爲下述做法是具啓發性或重要的，比如主張「醫學」就是「醫生對疾病所做的事」，或「對醫生將要做什麼的預測」；或者宣稱通常被認爲是化學之特有的、核心的研究領域，例如酸性物質研究，實際上根本就不是化學的一部分。然而，就法律的情形而言，乍看之下與前述情況同樣奇怪的東西卻經常被提出來。不僅僅是提出，甚至是被熱情且雄辯滔滔地主張，好似這些主張即是對法律眞理的揭露，而這些眞理長久以來已被對於法律本質的謬誤陳述給遮蔽了。

「官員對爭議所做的事就是……法律本身。」（Llewellyn, *The Bramble Bush*, 2nd edn., 1951, p.9）「對法院將要做什麼的預言……是我所意指的法律。」（O. W. Holmes, The Path of the Law, in *Collected Papers*, 1920, p.173）成文法是「法律的來源……但不是法律本身的部分」。（J. C. Gray, *The Nature and Sources of the Law*, 1902, s.276）「憲法僅僅是實證的道德。」（Austin, *The Province of Jurisprudence Determined*, 1832, Lecture VI, 1954 edn., p.259)「一個人不應該偷竊；如果某一個人偷竊，他將受到處罰……果眞如此，第一個規範則包含在第二個規範之中，只有第二個規範才是眞正的規範……法律就是規定制裁的主要規範。」(Kelsen, *General Theory of Law and State*, 1949, p.61)（原注 1）

上述引文只是許多奇怪又似是而非的（至少乍看之下如此）、關於法律本質的正反主張。當中有些看似與人們最爲根深柢固的信念相衝突，因此似乎很容易就可加以反駁；而我們也會不禁想要如此回應：「成文法當然是法律，就算尙有其他種類的法律，但它至少是一種法律。」「既然存在著創設官職或法院的法律，則法律當然就不能僅僅意指官員做了什麼或法院將做什麼。」

有趣的是，這些看起來似是而非的說法，並不是由專門在常識最不可疑之處仍加以懷疑的空想家或哲學家所提出來的。反而是那些主要在專業上致力於教授或實踐法律（在某些情形下以法官的身分來執行法律）之法律人，長期以來不斷思索法律的結果。更進一步看，他們所說之關於法律者，在他們的經驗範圍內確實增進了我們對於法律的瞭解。若從他們的脈絡去理解，上面那些似是而非的陳述既具啓發性，卻又令人困惑。與其認爲他們是在進行冷靜的定義，毋寧認爲他們是在極端誇大著法律被過度忽視的事實。這些說法就像一道道光芒，使我們看到了許多隱藏在法律之中的東西。但是這道光芒如此耀眼，以致於讓我們對其餘的事物變得盲目，而無法對法律整體有清楚的認識。

對比於這個在各家著述中無止境的理論爭議，很奇怪地，當問到法律是什麼時，大部分人卻能夠輕易且有自信地舉出關於法律是什麼的例子。極少英國人不曉得有禁止謀殺的法律、所得稅法，或詳列做成有效遺囑所需要件的法律。事實上，除了第一次偶然發現「法律」（law）這個字的小孩和外國人，每個人都能夠輕易地舉出像這樣的例子，而且多數人都能夠舉出更多。他們至少大致上能夠描述如何弄明白什麼是英國的法律；他們知道有可供請教的專家，也知道對所有這類問題有最終權威性見解的法院。除此之外，還有許多廣爲人知的東西。大部分受過教育的民眾都有「英國法律形成某種體系」的觀念，而且也知道在法國、美國或俄國，以及幾乎世界上所有被認爲是獨立的「國家」，都存在著許多在結構上大致相似又有重要差異的法體系。的確，如果教育讓人們對這些事實一無所知，也算是相當失敗，而若那些對此有所認知的人能夠說出不同法體系的重要相似點，我們亦不會認爲這代表什麼深刻的素養。我們可以期待任何受過教育的人能夠依照下面的框架確認法體系的顯著特徵：一、以刑罰禁止或責令某些類型之行爲的規則（rules）；二、要求人們賠償那些他們以某種方式加以損害之人的規則；三、規定作成遺囑、契約或其他賦予權利和創設義務之措置所需之必要要件的規則；四、決定規則爲何、它們何時被違反，以及確定刑罰與賠償的法院；五、制定新規則和廢止舊規則的立法機構。

如果這一切是常識的話，何以「什麼是法律？」這個問題會持續被提出來，而且產生各式各樣不尋常的答案?是否因爲除了由現代國家的法體系所構成的明白的標準事例（沒有人會懷疑這些標準事例是法體系），尚存在可疑的事例，讓不僅是一般受過教育的人，甚至是法律人，對這些事例的「法律性質」（legal quality）都感到猶豫?原始法律（primitive law）和國際法就是最主要的可疑事例。眾所皆知，許多人認爲有理由拒絕在這些可疑的事例中繼續使用「法律」一詞，儘管這些理由並不是決定性的。這些大有問題的或引發異議的事例，的確導致了漫長而又枯燥的爭議，但是這些事例的存在肯定不能爲「什麼是法律？」這個惱人已久的問題所帶來的關於法律本質的困惑提出說明。明顯地，基於以下兩個理由，疑惑的來源並非在此。[1]

第一、人們在這些事例中會感到猶豫是相當可理解的。國際法缺乏立法機構，且在未獲得其預
先同意前，國家不能被帶進國際法院，更何況國際社會中沒有一個中央組織且可將制裁付諸實行的 4
系統。某些類型的原始法律，包括那些可能演化出某些當代法體系的原始法律，同樣缺乏這些特
徵。我們都明白就是因爲缺乏這些特徵，使得這些事例與標準事例偏離而在分類上成爲問題。這是
再清楚不過的。（原注2）

第二、並不是因爲我們碰到的是像「法律」和「法體系」這類複雜的語詞，我們才被迫要承認清楚的標準事例和引發異議的邊緣事例這個區分。[2]眾所周知幾乎所有我們使用的一般性語詞都會造成這種區分（雖然這一點過去很少被強調），而這些語詞是用來分類人類生活與我們居於其中的世界的特徵。有時候詞句使用上的標準事例或典範和有問題的事例之間，其差異只是程度的問題。一個有著閃亮光滑腦袋的人顯然是禿頭；一個頭髮亂蓬蓬的人則顯然不是禿頭；但是第三個人的頭髮這邊一點、那邊一點，到底算不算禿頭呢？這個問題恐怕會無止境地爭論下去——如果這樣的爭

1 對於法理論的一般理解與認知的重要性探討，見 Joseph Raz, *Between Authority and Interpretation*（Oxford University Press, 2009）, chap. 2。

2 哈特的重點在於法律的哲學爭議通常並非來自邊緣事例。對此德沃金亦表贊同，見 *Law's Empire*（Harvard University Press, 1986）40-3。對於國內法體系是否爲法律的核心事例，見 John Griffiths, 'What is Legal Pluralism?' (1986) 24 *Journal of Legal Pluralism & Unofficial Law* 1; William Twining, *General Jurisprudence: Understanding Law from a Global Perspective*（Cambridge University Press, 2009）, chap. 4; Keith Culver and Michael Giudice, *Legality's Borders*（Oxford University Press, 2010）。

論值得繼續或有任何實際用途的話。

有時候，對標準事例的偏離並非僅是程度的問題，而是發生於當標準事例事實上是由通常相互伴隨又各具特質的要素結合而成時；當缺乏某個或某些要素，可能就會引發異議。飛艇是「船」嗎？如果沒有皇后，「西洋棋」還是西洋棋嗎？這樣的問題可能引人深思，迫使我們不得不去想清楚標準事例的構成要件；但顯然就「法律」這個詞，可以被稱之爲邊界情形者太常見了，以致於我們無法釐清關於法律的長期爭論。此外，若檢視最著名和最富爭議的法律理論，往往會發現整套理論中只有相對少數且不重要的部分，被用於討論適不適合以「原始法律」或「國際法」這樣的語彙來描述它們傳統上被用來稱呼的那些事例。

當我們想到人們確實普遍能夠確認和援引屬於法律的例子，以及人們確實已具備許多關於法體系標準事例的知識，看來我們似乎只要提出一連串早已爲人所熟悉的東西，就能夠輕易結束「什麼是法律？」這個惱人已久的問題。爲什麼我們不應該就只是，也許是太樂觀地，重複受過教育的人口中對於國內法體系之顯著特徵的概括性描述？如此一來，我們就能簡單地說：「這就是『法律』和『法體系』所意指的標準事例；但是要記住，在這些標準事例之外，你也將發現在社會生活中，有些安排具有標準事例之某些顯著的特徵，但又缺乏其他的特徵。對於這些安排在分類上是否爲法律，並沒有決定性的論據加以贊成或是反對，它們是有爭論的事例。」

這種簡潔地解決這個問題的方法是可以考慮的。但是除了簡潔，再也沒有什麼可取的了。首先，相當清楚地，那些對「什麼是法律？」這個問題最感困惑的人沒有忘記也不需要以這種概括性的回答來提醒他們本已熟悉的事實。讓這個問題持續存在的深層困惑，並非出於無視、忘記或無能力去確認「法律」這個語詞一般所指涉的現象。何況，想想那些對於法體系的說明解釋，很明顯地並沒有說出比「在標準的、通常的事例中各種法律是交織在一起」這句話更多的東西。之所以如此，是因爲在這個簡短的說明中，作爲標準法體系之典型要素的法院和立法機構兩者，本身皆只是法律的「產物」，並非法律本身。唯有當授予司法管轄權和授予立法權威的法律存在時，法院或是立法機構始能設置。

這個簡短解決問題的方式，至多只能用來提醒疑問者「法律」和「法體系」這些語詞的現行使用慣例，因此沒什麼用處。顯然最好的方針就是不要急著對「什麼是法律？」這樣的問題給出答案，直到我們找出到底是什麼讓人感到困惑。儘管這些人對於法律的熟悉程度和確認例子的能力毋庸置疑，但他們仍然問過或試圖回答這個問題。他們還想要知道什麼，以及他們爲什麼想要知道？對這個問題，可以有某種一般性的回答。因爲在這個領域中，存在著某些反覆出現的主題。這些主題是有關法律本質之正反論證的永恆焦點，也引起如前述許多誇大和似是而非的說法。關於法律本質的思辨有其悠久而複雜的歷史；但若加以回顧，則很明顯地它持續聚焦在幾個主要議題。這些議題並非僅僅爲了學術討論的樂趣而被無故選擇或虛構出來，它們乃是攸關法律當中那些容易引起誤解的部分，此般誤解和釐清誤解的需求總是共存，即使那些對法律有著深刻掌握和知識的人亦然。

第二節 三個反覆出現的議題

在此，我們將要區別三個反覆出現的主要議題，接著說明爲什麼它們合而爲要求一個對法律的定義，或要求對「什麼是法律？」、甚或「什麼是法律的本質（或根本要素）？」這個晦澀的問題提出解答。[3]

其中兩個議題是以下述方式產生的。法律在所有的時空中所具有最爲顯著的一般性特徵即是：其存在意謂著，某些類型的人類舉止不再是隨意的（optional），而是在某種意義下具有義務性的（obligatory）。然而，這個看來簡單的法律特質，事實上並不簡單；因爲在非隨意（non-optional）而具義務性之舉止的領域中，能夠區分出許多不同的形式。「舉止不再是隨意的」最初且最單純的意義，是指一個人被強制去做另一個人要他做的事，不是因爲身體被粗暴地推拉這種物理性的強制，而是因爲另一個人以如果他拒絕的話將有不愉快的後果來威脅。一個搶匪命令被害人交付錢包，並且威脅他如果拒絕就會開槍；假使被害人順從了，我們就將他不得不如此做的行爲稱爲他是被強迫這樣做的。對某些人而言，在如下的情況中，即一個人以威脅方式對另一個人發出命令，並且在上述之「強迫」的意義下，強迫他順從時，我們就找到了法律的根本要素，或至少是「法律科學的關鍵」。（Austin, op. cit., Lecture I, p.13。他還加上了：「以及道德。」）這就是對英國法理學有著深刻影響的**奧斯丁分析**（Austin's analysis）的出發點。（原注3）

毋庸置疑，在法體系的眾多面向當中這個面向經常被呈現出來。宣告某個舉止爲犯罪並且規定犯罪人應受之刑罰的刑法，似乎明顯地就是上述的搶匪情境的放大版本；而唯一的差異就是，在成文法的情形，命令是一般性地被告知慣常地服從於這類命令的群體，這一點相對來講是不太重要的。但是當我們嚴密地檢驗，就會發現這個以簡單的要素來化約複雜法律現象之做法固然吸引人，但卻可能就是扭曲與混亂的根源，就算在刑法這個看似最爲合適的例子上亦復如此。那麼，法律和法律義務與以威脅爲後盾的命令如何區別和關聯？這始終是潛伏在「什麼是法律？」這個問題中的一個重要基本議題。

第二個議題產生於非隨意而具義務性之舉止的另一面。道德規則課予義務，並且在某些範圍內限制了個人爲所欲爲的自由。如同我們在法體系中可以明顯找到一些與「以威脅爲後盾之命令」相關的要件，有些法律要件則顯然與道德相關。兩者的關係難以精確區別，但又顯然密切相關。法律和道德確實共享一套詞彙，以致於同時存在著法律及道德的義務、責任和權利；所有國內的法體系都帶有基本的道德要求。殺人和濫用暴力是法律與道德都禁止的顯例。此外，還有一個好像統合了這兩個領域的理念，那就是「正義」——一方面正義是特別適合法律的美德；另一方面它也是各種美德中最具法律性格的。我們思考和談論「依法實踐正義」，也論及法律的正義或不正義。

這些事實所帶出的觀點，是將法律理解爲道德或正義的「分支」，並且法律的「根本要素」是它與道德或正義原則的一致性，而不是與命令和威脅的關係。這樣的學說不僅是經院哲學之自然法理論的特質，也是對奧斯丁以降的法實證主義持批評態度的當代法律理論的特質。但是這些將法律與道德等同的理論，到頭來經常混淆了不同種類的義務性舉止，也無法區辨法律規則和道德規則在

3 哈特後來對法哲學的內涵有不同想法。一九六七年他將法律推理與批判法律的議題納入，包括判斷法律的適當標準及法律的道德權威，見 'Problems of the Philosophy of Law', chap. 3, *Essays in Jurisprudence and Philosophy*（Oxford University Press, 1983）。德沃金的不同觀點，見 *Taking Rights Seriously*（rev. edn., Harvard University Press, 1978）14-16; *Law's Empire* 1-6; John Finnis, *Natural Law and Natural Rights*（2nd edn., Oxford University Press, 2011）, chap. 1; Hugh Collins, *Marxism and Law*（Oxford University Press, 1984）chap. 1。對於哈特想法轉變的討論，見 Leslie Green, 'General Jurisprudence: A 25th Anniversary Essay',2005, 25 *Oxford Journal of Legal Studies* 565。

性質上和構成要件上的差異和分歧。而這些差異和分歧與我們發現的相似處和一致性同樣重要。因此主張說「不正義的法律不是法律」（'Non videtur esse lex quae justa non fuerit':St. Augustine I, *De Libero Arbitrio*, 5; Aquinas, *Summa Theologica*, Qu. xcv, Arts. 2, 4.），即使不是錯誤，也與「成文法不是法律」或「憲法不是法律」此類主張一樣，帶有誇大與似是而非的意味。正是在兩個極端之間的搖擺組成了法理論的歷史。有些人認爲法律與道德緊密融合的觀點，無非是從法律與道德共享同一套權利和義務詞彙這個事實所導出的錯誤推論，可是他們在提出異議的同時竟也使用著同樣誇大與似是而非的措詞——「我所意指的法律，乃是對於法院事實上將會做什麼的預言，而不是什麼虛僞的東西。」（Holmes, loc. cit.）（原注4）

持續引發「什麼是法律？」這個問題的第三個議題更一般性。乍看之下，「法體系是由**規則**構成的」這個想法無論如何很難加以質疑，而且也實在不難理解。包括那些認爲理解法律的關鍵在於「以威脅爲後盾的命令」的人，和那些認爲關鍵是在法律與道德或正義之關聯的人，他們在談論法律時同樣會認爲就算法律主要不是由規則構成，至少也包含規則。但是這個看似可信的觀念卻引起許多不滿、混亂和不確定，成爲對於法律本質之困惑的來源。什麼是規則？說一項規則存在意指什麼？法院眞的是在適用法律嗎？或只是假裝這麼做？一旦這個觀念被質疑，許多意見上的重大分歧就跑出來了，尤其是在本世紀的法理學領域中。此處我們將僅略述其要點。

當然，確實存在著不同類型的規則。這句話的明顯意義是，除了法律規則之外，尚有禮儀與語言的規則、遊戲與俱樂部的規則；而較不明顯的意義則是，即使在上述任何一種領域，被稱之爲規則的東西仍可能以不同的方式產生，並且不同的規則可能與它們所關涉的舉止有著非常不同的關係。因此，在法律之中，有些規則是由立法機構制定的；有些則非來自任何像立法過程這樣刻意的行動。★更重要的是，有些規則是強制性的，要求人們以某種方式行動，例如不論人們願意與否，都禁戒暴力、要繳納稅賦；而像規定了諸如婚姻、遺囑或契約的程序、法定方式和條件的其他規則，則指示人們要如何做才能使他們想要達成的事發生效果。這兩種類型的規則也可以在遊戲規則中看到，比方那些以處罰禁制某些舉止（犯規或濫用裁判）的規則，和那些規定爲了得分或贏得勝利必須要怎麼做的規則。但即使我們暫且忽略掉這樣的複雜性，而只考慮第一種類型的規則（典型爲刑法），我們會發現就算是當代的論述，對於「存在著強制性的規則」這句話的意義爲何仍然觀點分歧。有些人認爲這個觀念全然是難以捉摸的。

對於強制性規則這個表面上看起來簡單的觀念，我們或許會自然想到一個很快要被放棄的說明：一項規則的存在，意謂著某個群體的人們或其中的大多數人，在某種情境之下，一般來說會以某種類似的方式行爲舉止。這表示當我們說在英國的規則是，一個人在禮拜時必須脫帽，或當演奏〈天祐女皇〉（God Save the Queen）時必須起立，就代表大多數的人一般而言都會這麼做。這樣解釋很清楚明白，但顯然還是不夠。社會成員的行爲可能具有單純的一致性（所有的人早餐都喝茶或是每週都去看電影），但並沒有任何規則要求他們這麼做。行爲的一致性與社會規則的存在這兩種情況的差異通常是語言學上的。有些語詞在我們描述後者時雖然不需要使用但是可以使用，然而如果我們只是想要主張前者而使用這些語詞，就會造成誤解。這些語詞是「必須」（must）、「應該」

★譯按：比如自然而然在人民生活習慣中產生的習慣法。

（should）和「應當」（ought to），它們雖然有著差異性，但是對於指明一項要求某種舉止的規則而言，享有共同的功能。在英國沒有規則說每個人必須或應當或應該每週去看電影，這也不是眞實的；眞實的是每週規律地去看電影的人潮。但是做禮拜時必須脫帽卻是一項規則。

那麼在社會群體中，一致的習慣性行爲與通常以「必須」、「應該」和「應當」這些語詞作爲徵象的規則，兩者的重要差異是什麼？就此法理論家們意見分歧的，尤其是在因爲某些因素而使得這個問題更加引人注目的今天。就法律規則而言，一般認爲重要差異（「必須」或「應當」等要素）存在於下述的事實，即對某種行爲類型的偏離可能會引致敵對的反應，甚至會受到來自於官方的懲罰。而對於像每週去看電影這樣的可被稱之爲單純的群體習慣而言，不這麼做並不會引致懲罰或斥責。但只要有要求某類舉止之規則存在，即使是像要求人們在禮拜中脫帽這樣的非法律規則，不這麼做仍極可能會引致諸如懲罰或斥責之類的後果。在法律規則下，這個可預測的後果是明確的且由官方加以組織的；在非法律規則下，雖然可能對不遵守行爲者產生敵對反應，但此種敵對反應不明確也沒有組織。

對懲罰的可預測性顯然是法律規則的一個重要面向，但不能將之視爲對「社會規則存在」的全部說明，或是對規則所包含之「必須」或「應當」等要素的完整闡釋。對這種預測式的說明存在著許多異議，其一來自斯堪地那維亞（Scandinavia）的法理論學派，尤其值得謹慎考慮。（原注5）也就是如果我們仔細看看法官或官員對偏離法律規則的人施加懲罰的活動（或是私人對偏離非法律規則施加斥責或批判），就會看到在這種活動中，規則以預測式說明所未能詳加解釋的一種方式發揮著作用。因爲施加懲罰的法官將規則作爲他的指標（guide），而「違反規則」本身就是他對違犯者施加懲罰的**理由**和**證立**（justification）。他並非將規則視爲是表達他和其他人極可能會對偏離者施加懲罰的陳述，即便一個旁觀者可能就是以這種方式來看待規則。規則的預測性面向（雖然這個面向有其現實的作用）與他的意圖無關，相對而言，規則作爲指標或證立的地位才是本質性的。這對違反非法律規則而施以非正式的斥責而言亦是同樣眞實的。對於違反非法律之規則者所施加的譴責並非僅僅是對偏離行爲之可被預測的反應，同時也是規則所導引或加以正當化的東西。所以當我們說我們斥責或懲罰一個人時，是**因為**他違反了規則：而不是只表達出我們可能會斥責或懲罰他。

然而，在眾多對預測式說明提出異議的批評者中，有些人承認此處存在著一樣難以捉摸的東西：這樣東西無法以明白的、可靠的和事實性的用語來加以分析。除了對那些偏離於通常舉止模式的人所施加之規律的、因此是可預測的懲罰或斥責（這使得規則與單純的群體習慣不同），在規則中還**能夠**有什麼？除了這些明白而可確定的事實，眞的能夠有某種東西、某種額外的要素，導引著法官並證立懲罰的行爲，或給出一個懲罰的理由？由於難以精確地說出這個額外的要素是什麼，這些預測理論的批評者主張：所有對於規則的討論，以及諸如「必須」、「應當」和「應該」等語詞之相應的用法，皆隱藏著混淆；這樣的混淆或許提升了它們在人們眼中的重要性，卻沒有理性的基礎。批評者如此表示：我們只不過是想像在規則中存在著某個東西，它拘束我們去做某些事，並且指導和證立我們去做這樣的事，但這是一種幻覺，即使是一個有用的幻覺。除了群體行爲和對偏離行爲之可預測的反應這個明白確定的事實，唯一存在的就是我們自己對於強迫去遵守規則和反對那些不遵守者的強烈「情緒」（feelings）。我們不去認清這些情緒是什麼，卻去想像有個外在的東西，即宇宙結構中某個看不見的部分在導引和控制著我們。如果我們眞這麼認爲，不啻處於虛構的領域，而在人們眼中法律總是與這個虛構的領域有關。只因爲我們採納了這樣的虛構，才能夠一本正經地談論「法律的而非人的」統治。不論此類批評的正面論點有何優點，它至少要求我們對社會規則和僅是行爲習慣的一致性做進一步的區別。這個區別對於理解法律而言是一個關鍵，而本書前幾章的許多篇幅亦將致力於此。

然而，關於法律之規則性格的懷疑論並非總是採取這樣極端的形式：強烈批評拘束性規則的觀念爲混亂的或虛構的。反之，在英國和美國最爲盛行的懷疑論形式，卻使得我們重新考慮這種觀點，即法律體系全部都是、甚或主要是由規則所構成。（原注6）他們認爲，沒錯，法官就是如此地架構他們的判決，以便給予他人如下的印象：他們的決定是預先設定之意義明確的規則的必然結論。在非常簡單的案例中，可能是如此；但是在大多數困擾法院的案例中，據稱包含著規則的成文法和判決先例皆非只允許一種結果。在最重要的案例中，總是存在著選擇。法官必須在成文法之語詞的具選擇性的意義間做出選擇，或是在對判決先例之要旨「究竟是」什麼的相互競爭的詮釋間做出選擇。正是法官是「發現」（find）而非「制定」（make）法律這個傳統將此隱藏，並且使得法官的決定必須如此的呈現，好像它們是從明顯預先存在的規則穩當地演繹出來的，其中並未介入法官的選擇。法律規則可能有一個沒有爭議的核心意義，並且在某些案例中，對於規則被違反的意義可能也很難去想像會有爭議。一八三七年的《遺囑法》（*Wills Act*, 1837）的第九條規定遺囑必須要有兩名見證人，此項規定就似乎不太可能會引起詮釋的問題。但是所有的規則都有一個不確定的邊緣地帶，在此法官必須於可採用的眾多解釋之間做出選擇。即使是《遺囑法》的「眞正推定條款」（innocent-seeming provision），其規定遺囑人必須在遺囑上**簽名**，其意義在某些情境之下仍可能會成爲可疑的。諸如：如果遺囑人使用化名的話，則如何？或如果他是被別人抓著手簽名的？或如果他只寫了名字的開頭字母？或如果他是獨力地簽上完整的和正確的名字，但是卻簽在第一頁的開頭而非最後一頁的結尾？所有這些情形中的「簽名」仍在該項法律規則的意義範圍之內嗎？（原注7）

如果在私法的領域中都有如此多的不確定性可能突然出現，那麼在憲法之豪言壯語中，例如美國憲法增修條文第五條和第十四條規定：「非經正當法律程序，任何人不得被剝奪其生命、自由或財產。」我們將會發現多少的不確定性？對此，有位學者（J. D. March, Sociological Jurisprudence Revisited, *8 Stanford Law Review*, 1956, p.518）曾說，這項措詞的眞正意義其實是相當清楚的；它意指「若沒有Z的話，沒有W將會是X或Y，其中W、X、Y、Z在一個寬廣的範圍內能夠採取任何的含義」。懷疑論者提出的故事提醒了我們，規則是不確定的，法院對它們的詮釋不只是權威的，也是最終的。從懷疑論者的觀點來看，認爲法律本質上是規則的問題，就算不是錯誤，不也算是誇大其詞嗎？這樣的想法導致了矛盾的否定，也就是我們之前所引述的：「成文法是法律的來源，但不是法律本身的部分。」（Gray, loc. cit.）

第三節　定義

至此，有了三個反覆出現的議題：法律與由威脅所支持的命令有何區別和關聯？法律義務和道德義務有何區別和關聯？什麼是規則，以及在何程度上法律是規則的問題？大部分對法律「本質」之思辨的主要目標，就在於消除對這三個議題的疑慮和困惑。現在，我們能夠瞭解爲什麼這樣的思辨經常被認爲是在尋求法律定義，以及至少我們瞭解了爲什麼已熟悉的定義所能做的如此之少，以致無法解決持續的疑慮。定義（definition），誠如該語詞所提示的，最初指的就是在某類事物和它類事物之間劃定界限或做區分，這個界限乃是透過各別獨立的語詞在語言上所做的劃分。有些人常常感受到這種劃定界限的需要，他們熟悉所議論之語詞的日常用法，卻無法說出或解釋他們所意識到的不同事物的區別。我們都會經歷這樣的困境：「當我看到一隻大象時，我可以認出牠，但是我無法定義牠。」聖奧古斯丁（St Augustine）關於時間觀念的某段名言，表達出同樣的困境：「那麼，什麼是時間？如果沒有人問我，我是知道的：如果我希望向問我的人解釋它，那我就不知道了。」（*Confessiones*, xiv, 17）即使是精練的法律人亦如此，雖然他們知道法律，但是對於法律是什麼以及法律與其他事物的關係，他們無法解釋，亦非全然理解。就像一個人能夠在熟悉的城鎮中從某個定點到另一個定點，卻無法解釋或告訴他人應該如何走一樣，那些對定義有迫切需求的人需要一張地圖，清楚展示在他們所知道的法律和其他事物之間隱約存在的關係。（原注8）

在這樣的情形中，有時一個語詞的定義可以提供這樣的地圖：它可以讓使用該語詞的原則變得清晰，同時展現出我們應用語詞的現象和其他現象之間的關係。偶爾有人說，定義「僅僅是言詞的」（verbal）或「只是關於語詞」；但在我們所要定義的語詞目前仍爲人們運用的情況下，這種說法最容易引起誤解。即使將三角形定義爲「由直線圍成的三邊圖形」，或將大象定義爲「具有厚皮、長牙和長鼻的四足獸」，這兩個定義以簡略的方式告知我們兩件事：這些語詞的標準用法，以及關於這些語詞所表示的事物。這種爲人熟悉的定義形式同時做了兩件事。它提供一個符碼（code）或公式（formula），將語詞轉譯成其他已被充分理解的用語，並且藉由標出事物與其更寬

14

廣之事物家族（family of things）所共享的共同特徵，和使它與相同家族中之其他事物做區分的特徵，而爲我們指出語詞被用來指涉的事物種類。在尋求這種方式的定義時，我們「不僅看到了語詞……也看到了我們使用語詞去談論的現實（realities）。我們正是以對語詞的深化認識來加深我們對現象的感知。」（J. L. Austin, A Plea for Excuses, *Proceedings of the Aristotelian Society*, vol. 57, 1956-7, p.8）[4]

15 在三角形或大象的例子可以看到，這種定義形式（藉由種屬與種差〔per genus et differentiam〕）[5]是最簡單的，對某些人而言也是最令人滿意的定義，因爲它提供能夠替代被定義之語詞的語詞形式給我們。但是我們並不總是能夠找到這種定義，即使找得到，也非總是一清二楚。這種定義的成功要件通常無法被滿足的。主要條件是：要有我們對其性質清楚之寬廣的事物家族或種屬（*genus*）存在，而定義能在其中指出其所界定者；因爲，如果我們對於家族的性格只有含糊或混亂的觀念，那麼告訴我們某個東西是家族一員的定義顯然沒有幫助。正是這個要件使得這種定義形式在法律裡沒

4 參考 P. M. S. Hacker, 'Hart's Philosophy of Law' in P. M. S. Hacker and J. Raz eds., *Law, Morality, and Society: Essays in Honour of H. L. A. Hart*（Oxford University Press, 1977）esp. 2-12; Neil MacCormick, *H. L. A. Hart* 12-19。德沃金表示哈特認爲「法律人都根據特定的語言標準來判斷法律主張」，此爲德沃金刺論證（*Semantic Sting* Argument）的基礎，*Law's Empire* 45-6。對哈特方法論的批評可見Nicos Stavropoulos, 'Hart's Semantics' in Jules Coleman ed., *Hart's Postscript*（Oxford University Press, 2001），不同理由見Brian Leiter, 'Beyond the Hart/Dworkin Debate: The Methodology Problem in Jurisprudence', 2003, 48 *American Journal of Jurisprudence* 17, esp. 43-51。法的語義學，見Jules Coleman and Ori Simchen, 'Law', 2003, 9 *Legal Theory* 1。法理學是否需要語義學，Joseph Raz, *Ethics in the Public Domain*（rev. edn., Oxford University Press, 1995, chap. 9, esp. 195-8）；Joseph Raz, *Between Authority and Interpretation*, 49-59。對於以語言學的取徑探討政治理論的懷疑，見David Miller, 'Linguistic Philosophy and Political Theory', in David Miller and Larry Siedentop eds., *The Nature of Political Theory*（Oxford University Press, 1983）。

5 對哈特立場的批判見P. M. S. Hacker, 'Definition in Jurisprudence', 1969, 19 *Philosophical Quarterly* 343。

有用處，因爲法律中並未存在一個爲人熟悉而已被充分理解的一般範疇。對法律的定義而言，最有可能被用來作爲這個一般範疇的，是行爲規則的一般性家族；然而誠如我們所看到的，規則的概念與法的概念本身一樣令人困惑，因此以確認法律是規則的一個種類作爲出發點的定義，通常無法增進我們對法律的進一步理解。所以，與從爲人熟悉的、已被充分理解的一般性事物種類中，成功地指出某個特殊的、下位的種類的定義形式相較，我們需要某種更爲基礎的東西。

就法律而言，我們面臨進一步的顯著阻礙，使這種簡單的定義形式無法有所助益。認爲一般性的語言能夠以此種方式來定義的假定，是繫於這樣的默示假設：被定義者，例如三角形或大象，其所有的個例都會具有被定義之語言所意指的共同特質。當然，即使在較爲初期的階段裡，我們不得不注意到邊界事例的存在，而這顯示了認爲一般性用語的個別個例都必須具有相同特質的假設可能是獨斷的（dogmatic）。通常一項用語的日常的、甚至是專門性的語法都可能是相當「開放的」（open），因爲它並不禁止該用語擴張到只具部分在正常的事例中會出現的性質的事例。誠如我們看到的，國際法和某些形式的原始法律正是如此，因此支持或反對這樣的擴張的論證永遠都有道理。除了這樣的邊界事例，更爲重要的是，一般性用語的個例通常是以一種異於上述簡單定義形式所假定的方式連結在一起。它們可能以類比的形式連結，如同我們說人「腳」（foot），也說山「腳」。它們也可能以與中心要素的不同關係被連結起來。我們在「健康」這個語詞的應用中看到了如此的統一原則（unifying principle），「健康」這個詞不但被用於一個人，同時也用於他的氣色和他的早晨運動；第一種情形是中心特質，第二種情形是第一種情形的徵象（sign），而第三種情形則是第一種情形的原因（cause）。或者還有一種統一性原則——或許這種統一原則類似於那種把法體系中不同類型的規則統一起來的統一原則，其中的個例可能是某種複雜活動不同的構成要素。好比「鐵路」（railway）這個具形容詞作用的語言的用法即受此類型的統一原則支配，它不僅包括火車，同時也包括路線、車站、搬運工和有限公司。（原注9）

當然，除了我們討論過得簡單的傳統形式，還有許多其他類型的定義，但顯然當我們想到潛藏在「什麼是法律？」這個問題下的三個主要議題的性質時，並沒有任何足夠簡潔的定義能夠滿意地回答這個問題。這些議題的差異太大也太根本，無法用這種方法來解決。試圖提供簡單定義的歷史已經可證。然而，將這三個議題放入單一問題或尋求定義的本能卻不是被誤導的；因爲正如我們在本書進程中將顯示的，如下的做法是可能的：找出構成三個議題之共同答案的一組核心要素的特徵。[6] 如果我們一開始就能仔細審視源自奧斯丁而後深刻宰制英國法理學的理論之不足，就能夠充分地揭露出這些要素是什麼，以及爲什麼它們應該在本書中占有重要地位。那樣的理論主張在「以威脅爲後盾的命令」這個簡單的觀念中找到了理解法律之鑰，而這個觀念奧斯丁稱之爲「號令」（command）。下面三章我將要檢視這個理論的不足。先批判這個理論，而後將其主要對手的論述放在本書後面幾章。在此我們有意識地忽視現代法理學發展的歷史順序，因爲這個理論的主要對手是

6 這些是否符合「法律」或「法體系」的概念分析取決你認爲這樣的分析需要什麼。可比較 Frank Jackson, *From Metaphysics to Ethics: A Defense of Conceptual Analysis*（Oxford University Press, 1998）; Colin McGinn, *Truth by Analysis: Games, Names, and Philosophy*（Oxford University Press, 2012）, esp. chap. 2。論哈特的理論與社會學理論，見 H. L. A. Hart, 'Analytical Jurisprudence in Mid-Twentieth Century: A Reply to Professor Bodenheimer', 1956, 105 *University of Pennsylvania Law Review* 953; M. Krygier, '"The Concept of Law" and Social Theory', 1982, 2 *Oxford Journal of Legal Studies* 155; B. Z. Tamanaha, 'Socio-Legal Positivism and a General Jurisprudence', 2001, 21 *Oxford Journal of Legal Studies* 1; Denis Galligan, 'Legal Theory and Empirical Research' in Peter Cane and Herbert Kritzer eds., *Oxford Handbook of Empirical Legal Research*（Oxford University Press, 2010）。

較其更爲古老的學說，這種古老的學說宣稱透過法律與道德的「必然」關聯，法律才能夠獲得最佳的理解。而奧斯丁，如同他之前的邊沁（Bentham），則爲此學說的主要攻擊者。如果要對擱置歷史順序的處理方式提出理由的話，那就是相較於其複雜的對手，這個簡單的命令理論的錯誤是我們通往眞理的道路上更好的指針。

讀者將會在本書中發現許多關於邊界事例的討論，法理論家們對於是否應該拿「法律」或「法體系」這樣的表達方式來稱呼這些邊界事例頗感疑慮，而讀者也會發現，對這些疑慮提出解答只是本書的次要重點。本書目的不在提供「法律」的定義，也就是檢驗「法律」這個語詞是否正確地被使用的規則。本書目的在於對國內法體系的獨特結構提供一個更好的分析，並對法律、強制和道德這三種社會現象的相似與相異處提供較爲清楚的理解，藉以將法理論的研究向前推進。在接下來三章的批判性討論中，我們將分析出一組要素，並在第五章和第六章加以詳細描述，而其他部分將會論證這些要素正適合於本書的目的。正是基於這個理由，我們將它們視爲法概念的核心要素，這一組核心要素對於闡明「法律」這個概念來說具有無與倫比的重要性。

第二章

法律、號令和命令

第一節 各式各樣的祈使語句（原注1）

18 奧斯丁在《法理學之確定範圍》（*Jurisprudence Determined*）這本書中，以「命令」及「習慣」兩個簡單的要件，對於法律的概念做了最爲清晰而徹底的分析。[1] 在本章以及下兩章裡頭，我們將闡述並批判一種在實質上與奧斯丁的理論相同，但在某些地方與其相異的主張。我們的重點並非在奧斯丁個人的理論，而是某種特定類型學說的可靠性。因爲不管這種主張有多少的瑕疵，它卻恆久地吸引著人們。所以當奧斯丁的意旨模糊或觀點前後不一時，我們便可毫不遲疑地將其忽略，進而闡述一種較爲一致的觀點。甚而，在奧斯丁對於批評僅僅給出回應的線索，我們也會將這些線索加以發展（在一定程度上我們順著諸如凱爾生等後來的理論家所發展出來的軸線），確保我們要考量並批判的主張能夠以最有力的形式表達出來。

在社會生活的諸多情境中，一個人可能表達出他認爲其他人應該做或不應該做某些事情的願望。（原注2）如果這個願望的表達並非僅僅作爲一項好玩的訊息，或者僅僅意在自我表白，反而是帶有「被指示者應該要依照該意願去行動」的意思時，這種意願的表達在英文以及很多其他的語言中，我們稱之爲祈使語氣（imperative mood）。比如：「回家！」「過來！」「停下來！」「別殺他！」等等。我們使用祈使語氣的社會情境千變萬化。不過，這些變化多端的社會情境仍然包括一些常見的主要類型。它們的重要性由我們所熟悉的一些特定類型就可以發現。「請把鹽遞給我。」通常只是一個「請求」（request）。這通常發生在說話者向另一位可以協助他的人之間。這種情況中沒有任
19 何緊急的意味，如果被請求的人沒有依照該請求而行動，也不隱含任何效果。「不要殺我！」這句

話在正常的情形下，是乞求他人施恩，或者是向有能力將其從困難中解救出來的人發出的「懇求」（plea）。「別動！」則是一項「警告」（warning）。這發生在說話者知道被指示者正處於當下的危險（比如草叢裡有一條蛇），而如果被指示者保持不動，就能夠避開危險的時候。

使用祈使語氣的各式各樣社會情境，不只是種類繁多，而且也會彼此重疊。「懇求」、「請求」或「警告」這些類型只能用作大致上的區分。而其中有一種最重要的情境，使得「祈使」這個字在其中顯得特別合適（**譯按：英文「祈使」imperative 同時有命令之意**）。這種情境發生在搶匪向銀行職員說：「把錢交給我，不然我要開槍了！」這種情境的特殊之處，在於說話者威脅做出會使一個正常人覺得有害或是不好的事情，好使那個銀行職員不至於選擇把錢保住，以確保他的話語會被遵行。這時搶匪是在發出「命令」，絕非「請求」，更不可能是「懇求」。如果搶匪成功了，我們會如此描述：搶匪脅迫了銀行行員，而銀行職員屈服於搶匪的暴力之下。在這種情境下，許多有趣的語言問題會發生。例如，我們或許可以適當地說，搶匪「喝令」（ordered）職員把錢交出來，而行員照著做了。可是如果我們說搶匪向職員「下達命令」（gave an order）把錢交出來，聽起來就會有些怪怪的。因爲「下達命令」這個聽起來有點像在軍隊裡頭使用的詞彙，或多或少隱含著下達命令者擁有命令他人的權能或權威。而在搶匪的情況中是不存在任何權能或權威的。不過，話說回來，如果是搶匪向負責把風的手下「下達命令」，這樣聽起來就很自然了。（原注3）

1 哈特澄清他論及的是奧斯丁理論（邊沁理論的簡化版）的簡明復刻版，奧斯丁的觀點可見 W. L. Morison, *John Austin*（Stanford University Press, 1982）；W. E. Rumble, *The Thought of John Austin: Jurisprudence, Colonial Reform, and the British Constitution*（Athlone Press, 1985）。當時的英國法律思想，見 Michael Lobban, *The Common Law and English Jurisprudence* 1760-1850（Oxford University Press, 1991）。

我們無須在此著墨於這些細微的差異。儘管「命令」及「服從」兩個字通常有著「權威」以及「對於權威的敬服」的含意；不過，我們仍將使用「以威脅爲後盾的命令」和「脅迫性的命令」來表達如前述搶匪的情況中，完全以威脅爲後盾的命令。同時，我們也將使用「服從」或「順從」來表示對於這種命令的屈從。然而，就因爲奧斯丁對對號令（command）此概念的定義，在法律學者中已產生重大的影響，有一個重點必須說明：號令這個字通常並非使用於單純以暴力威迫服從的情況。這個字事實上在軍隊以外的場合並不常出現。它很強烈地隱含著一套或多或少相當穩定的階級組織，好比軍隊或者宗教團體。當中有一個人居於優越的領導地位。這個字出現的典型狀況，是一位將軍（不會是下級軍官；譯按：因爲下級軍官仍是聽命於上級）做爲指揮官在發號施令。當然，這個字也可能用在其他的特殊情況中，比如新約聖經中的耶穌，我們也可以說他對他的門徒們「發號施令」。更重要的是，在「發號施令」的場合，不需要預設碰到不服從的情形下，一定要有什麼潛藏的威脅作後盾，而這也是不同「命令」（imperative）形式之間的重要區別。對人「發號施令」主要靠的是對人行使權威，而不是運用對人造成傷害的能力。儘管「發號施令」也有可能以傷害作爲威脅來達到服從，但是它主要訴諸的仍然是對於權威的尊敬，而非恐懼。

顯然「號令」這個觀念因爲與權威有很強的連結，所以比起搶匪的命令以威脅爲後盾，要更與「法律」的觀念相近，奧斯丁錯誤地將搶匪所發的命令稱爲「號令」，乃是因爲他忽略了我們在上面的段落中所做的區分。然而，由於「號令」過於近似法律，反而使「號令」這個概念不適於做爲我們的起點。因爲，隱含在「法律」當中的「權威」概念，一直是當我們想要以很簡單的方式說明「法律是什麼」時，所會遇到的障礙。因之，當我們想要闡明法律爲何的時候，很難使用本身已經

20

包含「權威」意味的「號令」這個概念。確實，不論奧斯丁的理論有何缺陷，他的分析仍有其優點：搶匪情境中所包含的種種因素，不像「權威」這個因素本身十分模糊，需要更多的說明。所以，我們將跟隨奧斯丁的腳步，從搶匪情形中的「命令」概念出發，來建構我們的「法的概念」。只不過我們不像奧斯丁一樣期盼一舉成功，乃是希望從失敗中去學習。[2]

第二節　法律作爲強制性的命令

即使是在像現代國家般複雜而龐大的社會裡頭，仍然會發生一些情況，使得官員必須與民眾面對面，命令他們去做某些事情。比如警察命令駕駛將車停在路邊，或是命令一個乞討者走開。但是這些簡單的情況並不是、也不能是法律運作的標準方式，因爲沒有一個社會有能力養這麼多的公務員，好使社會的每一個成員，都正式地且分別地被告知他們所應做的每一件行爲。因此相反地，如此個別化的控制方式，要不就是極端例外的情況，要不就只是用來輔助、或是加強一種較普遍性（general）的行爲指示。這種普遍性指示並不會指出特定人，也不會只對特定人發出，更不會指示出特定的行爲。因此，就算是刑法（刑法在各種法律中最相近於以威脅爲後盾的命令），其標準的

2 見Neil MacCormick, 'Legal Obligation and the Imperative Fallacy', in A. W. B. Simpson ed., *Oxford Essays in Jurisprudence*, 2nd series（Oxford University Press, 1973）。主張哈特亦接受了命令理論，見G. J. Postema, 'Law as Command: The Model of Command in Modern Jurisprudence', 2001, 11 *Philosophical Issues* 470。支持命令理論的觀點可見Matthew H. Kramer, *In Defense of Legal Positivism: Law Without Trimmings*（Oxford University Press, 1999）83-7; Robert Ladenson, 'In Defense of a Hobbesian Conception of Law', 1980, 9 *Philosophy and Public Affairs* 134。

運作形式也是具有普遍性：一方面它指出某種普遍的行爲態樣，另一方面，它適用於一般大眾。而這一般大眾也能預期，這些法律會適用在他們身上，而且他們應當服從。因此，正式面對面地個別告知對其行爲的指示，其實只具有輔助的地位：那就是當主要的一般指示沒有被特定人員所服從時，官員可以盯上這些違法的人並且要求服從，好比稅務稽查員所做的，或者由警察人員將違法的行爲，正式地指證並記錄下來，而由法院施加懲罰。

從上所述，法律所進行的控制雖然不完全是，但主要是藉由上述雙重意義下具有「普遍性」指令來執行。這便是當我們要重建法律的面貌時，在搶匪情境這個過份簡略的命令模式之上，所要補充的的第一項特徵。法律所要影響的人，以及它如何標定其影響範圍，可以隨著不同法體系，甚至同一體系中的不同法律而變化。在現代國家裡面，按照通常的理解，除非經由特別規定放寬或限制所適用的範圍，否則一般性的法律一概會把其疆域內的所有人民納入其管轄之下。在教會法的情形也是類似的，除非特別指明限制適用範圍，否則也適用於所有教會成員。對特定法律適用範圍有疑問時，對其適用範圍的詮釋一概都是建立在這種一般性的原則上。在此值得注意的是，儘管包括奧斯丁在內的法學家們有時候會有這樣的表達方式：法律被指示給（be addressed to）民眾們。（「被指示給大眾」Austin, op.cit. p.22）但是我們不應混淆，而把這樣的表達方式與那種面對面加以「指示」的情況聯想在一起。（原注4）後者其實在法律運作中並不存在，而且使用此用語的人其實心中也沒有這麼想。命令人們去做一些事乃是某種形式的溝通。這種形式的溝通確實會帶出加以「指示」的意味，好比首先要能夠吸引他們的注意，或者要想辦法先吸引他們。可是，爲人們制訂法律卻並不需要如此。因此，搶匪用「把錢交出來！」這句話來表達他希望銀行職員照著他的話去做的願

22

望，並且實際地「指示」那個職員；換言之，他有做出一個動作，而這個動作通常被理解爲確實足以喚起職員對其話語的注意。如果他什麼也沒做，只在一個空蕩蕩的房間裡面說：「把錢交出來！」，他事實上沒有對銀行職員說任何話，當然，也就更不可能命令他去做任何事情。我們僅僅會描述說那個搶匪只不過在喃喃自語。制訂法律在這點上有別於命令別人做某些事情，這是我們在使用這個簡化模型時應該考慮到的。確實，法律被制訂出來後應該盡快地讓它所適用的人群知道。若不這樣做，立法者的用意絕對會被大打折扣，也因此法體系中經常以特別的規範，來確保法律確實被公布在大眾面前。但是，即使這項動作還未完成，甚至完全還沒有去做的時候，法律就可說是完整的法律了。除非有特殊的相反規定，否則就算被影響的人們得自己去弄清楚制訂了什麼法律，適用在哪些人身上，仍然不影響法律生效。所以，當有人說法律「被指示給」人們的時候，他們的意思只不過是：這群人乃是這項法律所適用的對象，也就是法律欲使之爲一定行爲的人群。如果我們使用「被指示給」如此的字眼，我們可能因此忽略制訂法律與面對面地下命令之間的差別，進而混淆以下兩個不同的問題：「法律適用的對象是誰？」與「法律對誰公布？」[3]

除了「普遍性」這項特徵，我們必須在搶匪情境中加入另外一項基本的特徵，好使我們的法律模型更具說服力。在搶匪情境中，搶匪相對於銀行職員而言，占據了某種優勢或支配的地位；這是因爲他有能力對於銀行職員施加暫時的威脅，而此威脅已足夠迫使職員去作他想要職員做的事情。

3 關於普遍性的各種解釋，比較 Friedrich Hayek, *Law, Legislation, and Liberty*, Vol. I（University of Chicago Press, 1973）, chap. 2; Lon L. Fuller, *The Morality of Law*（rev. edn., Yale University Press, 1969）, 46 ff.; Timothy Endicott, 'The Generality of Law' in Luis Duarte d'Almeida, Andrea Dolcetti, and James Edwards eds., *Reading The Concept of Law*（Hart Publishing, 2013）。

除了這種短暫的脅迫性的支配優勢以外，這兩個人中間沒有其他任何的優劣階級關係。不過這對搶匪所要達到的目的來說已經足夠。「把錢交給我，不然我要開槍了！」這道面對面發出的命令隨著情境結束而終止。搶匪並沒有對銀行職員發出「持續性的命令」（standing orders），想要讓群眾不斷地遵守（雖然他有可能對他的手下發出這樣的命令）。但是法律很明顯地具有「持續性」這項特徵。因此，我們若要使用以威脅爲後盾的命令來說明法律是什麼，就必須想辦法把這項特徵呈現出來。

因之，我們必須假定，這些一般化命令所適用的對象們，大致上相信不服從的行爲必定導致制裁的執行，而且不只是在命令剛剛發佈的時候而已，乃是要一直持續到該命令被撤回或取消爲止。我們可以說，這個持續地相信不服從會導致制裁的「信念」，使當初的命令能持續保持其活力。只不過我們將會看到，如此簡化的說法很難用來分析法律的持續性這項獨特的特徵。實際上，若要使此種信念得以存在，還必須有很多因素同時存在才行，而這些因素恰恰是搶匪情境中所沒有的。其中最要緊的一點是，如果沒有大多數人自願的遵行，以及大多數人對於制裁違法者的同心協力，執行制裁的力量仍然無法存在。

無論這個相信「不服從會導致制裁」的信念從何而來，我們必須從中抽繹出另一項必要的特徵，把它加入搶匪情境，以使該模型更接近眞實的法律情境。我們必須假定大部分的命令在多數的時候都能被服從，不論服從的動機是什麼。我們在此遵循奧斯丁的用語，稱之爲「普遍服從的習慣」（a general habit of obedience）。正如他所注意到的，我們必須留意，這個觀念其實十分模糊而不精確。到底要有多少人遵守多少一般化命令，遵守多久，才構成法律？這個問題之難以有肯定的答案，就如到底少了幾根頭髮才算禿頭這個問題一樣。儘管沒有肯定的答案，但是普遍服從的事實構成「法律」以及「搶匪情境」的重大區別。短暫地支配他人，很自然地被視爲與法律運作相對的極端。相較之下，法律較爲持久且較爲確定（settled）。並且，對他人施加短暫的脅迫性力量，在大多數法律體系內都構成刑事犯罪。現在，把「普遍服從的習慣」這個簡單但稍嫌模糊的觀念，加到以威脅爲後盾的一般化命令上面，是否就足以呈現出法體系確定而持續的特性，有待我們進一步的思索。

透過對簡單的搶匪情境添加一連串的特徵，我們得到「以威脅爲後盾，而被普遍服從的一般命令」這樣的概念。若把這個概念與各種法律加以比對，顯然最接近於刑事法律。有許多種法律表面上看起來確實與刑事法律相差甚遠，可是我們將逐步考察，看看這些法律是否其實是與刑事法律同一種類型，但加以複雜化或隱藏的版本。然而，且不談其他種類的法律，就算是刑法，若我們想要使用「一般命令，普遍遵守」的模型來理解其特徵，需要進一步檢視關於「發佈命令者」的問題。現代國家法體系有兩個很重要的特徵，一是在一定的領土範圍內享有至高（supremacy）的權力，一是**獨立**（independence）於其他法體系之外。[4]這兩個特徵尚未被置入我們的模型當中。其實這兩個觀念沒有乍看那樣簡單，但若照常識的看法（或許並非妥當），可以說明如下：英國法律、法國法律以及任何現代國家的法律，對於居住於劃定在一定地理範圍內的人民之行爲加以規範。在此領域內，有許多不同的個人或團體，會發佈以威脅爲後盾的一般命令並且得到普遍的遵守。但是我

4 參見 Joseph Raz, *The Concept of a Legal System*（2nd edn., Oxford University Press, 1980）chap. 1。

們應當從這些個人或團體中（比如倫敦市議會或行使委任立法權的一位部長）區分出從屬的立法者，以對照於享有最高權力的「女王議會」（the Queen in Parliament）。我們可以用簡單的慣用語彙來表達這種從屬關係：女王議會在制訂法律時並不慣常地服從任何人，而從屬的立法者在法律規範的範圍內，可以說是做爲女王議會的代理人來立法。如果他們沒有被置於此種從屬關係下，英國就會有許多法體系並存。就是因爲女王議會在英國領土內享有最高的立法權，我們才能在英國國內擁有一個內含最高與從屬之等等層級的單一法體系。

女王議會所擁有的這個否定性特徵，由於習慣上並不遵守他人的命令，於是也粗略地表達出「獨立性」的概念，這個當我們談到不同國家有不同的法體系時所提及的觀念。蘇聯的最高立法機構並不慣常地服從女王議會。無論女王議會制訂了什麼關於蘇聯的法律，都不會成爲蘇聯法律的一部分（儘管會成爲英國法律）。僅僅當蘇聯立法機構慣常地聽命於女王議會時，這種情況才會發生。

到目前爲止，我們得出了以下關於法律的簡單說明，並將於接下來的篇幅中加以檢驗。這項說明就是：任何法體系都包含某些人或團體所發佈之以威脅爲後盾的命令，這些命令大致上受到服從，且被規範的群體必須大體上相信，當違反這些命令時，制裁將會被執行。這些人或團體必須是對內至上，對外獨立的。如果我們按照奧斯丁的用法，稱此至高且獨立的個人或群體爲「主權者」，則所謂法律，就是主權者或其下的從屬者所發出的，以威脅爲後盾的一般命令。

第三章

法律的多樣性

現代法體系中（例如：英國的法律）有各式各樣類型的法律，如果我們將這些不同類型的法律，與我們在上一章中所建構之脅迫命令的簡單模型相比較，就會發現其間有許多相異之處。（原注1）的確，並非所有的法律都在責令人們去做或不要去做某些事。如果將法律分為兩種類型，一種是授予私人權能去訂立遺囑、契約或婚姻的法律，另一種是授予官員權力的法律，例如：授予法官審判權、授予行政首長規則制定權，或是授予市議會自治法規（by-laws）的制定權等。這樣的分類難道不會產生誤解嗎？的確，並非所有法律都是被制定出來的，也不全然是像我們這個一般命令的模型一樣，是某人欲求的表達。慣例（custom）就不是如此，而慣例在大多數的法體系中的地位，雖然是次要的，但確實占有一席之地。的確，即使是刻意制定出來的法律，未必只是下達給他人的命令，成文法不也經常拘束立法者他們自己嗎？最後，法律的制定一定要確實地表達立法者真正的欲求、意圖或願望嗎？如果投票贊成某一個法規的那些人，並不知道該法規所指為何（如同英國財政法〔English Finance Act〕中許多條款的必然情形），那這個正式通過的法規就不算是法律嗎？

26

這些是許多可能之異議中最重要的幾個。顯然為了處理這些異議，原初的簡單模型有必要做修正。而當這些異議和這個模型調和之後，我們可能會發現以威脅為後盾之一般命令的觀念，已變得面目全非了。

我們所提及的這些異議，可以歸類為三個主要的類別。第一類是關於法律的內容，第二類是關於法律的起源模式，第三類則是關於法律的適用範圍。無論如何，所有的法體系似乎都包含了這三類問題點的一個或多個，而與我們所設定之一般命令模型有所不同。本章將分別考慮這三種類型的異議，並且於下一章提出更為根本的批判，亦即撇開關於內容、起源模式和適用範圍的這些異議不

27

談，整個關於習慣地服從最高且獨立主權者的概念，是一種誤導，因爲在任何眞實的法體系中絕少有與此相符應者，而這樣的設想正是這個模型所依賴的。

第一節　法律的內容

就刑法而言，我們不是服從就是不服從，而刑法規則所要求的，被稱爲「義務」（duty）。（原注2）如果不服從，就會被說成是「違反」法律，這樣的行爲在法律上被視爲「錯誤的」、「義務的違反」或是「違規」（offence）。刑法所具備之社會功能在於，設定和界定在刑法適用範圍內的人們，必須去避免或必須去做的某些行爲舉止的類型，不管他們的願望爲何都要遵守。法律對於違反刑法者施以刑罰或「制裁」（sanction），乃爲人們提供放棄違法活動的動機（不論刑罰還能達成什麼其他的目的）。從所有這些面向看來，至少在刑法及其制裁，與以威脅爲後盾之一般命令的模型之間，有著強烈的類比。在這個一般命令和侵權行爲法之間也有某種類比（雖然有許多重要差異）。侵權行爲法的主要目的，就是使個人因他人之行爲所遭受的損害，能夠獲得賠償。在此，決定什麼樣的行爲構成可訴追之錯誤的規則，也是課予人們避免這些行爲的「義務」，不論他們的願望爲何。這些行爲本身被稱爲「義務的違反」，而損害賠償或其他法律上的補救措施，則稱之爲「制裁」。但是也存在著某些重要類別的法律，是以威脅爲後盾之命令所完全無法類比的，因爲它們發揮著相當不同的社會功能。規定使契約、遺囑或婚姻有效成立的法律規則，不會不顧人們的意願，而要求人們以某種方式來行動。這種法律並沒有課予義務。相反地，這些法律藉由授予個人以法律權力，透過特

定的程序和滿足某些條件，在法律的強制性架構中創設權利和義務的結構，而爲他們提供了便利。（原注3）

28

藉由上述方式，法律授予個人權力，而使他們能夠以契約、遺囑、婚姻等等的形式，來形成他們與其他人之間的法律關係，而此正是法律對社會生活的偉大貢獻之一；如果我們用以威脅爲後盾之命令來代表所有法律，這個法律的特徵就被忽略掉了。授予這種權力的法律和刑法之間，在功能上的根本差異，很大程度上反映在我們談論這種授予權力之法律的方式上。（原注4）在訂立遺囑的時候，關於見證人的人數，我們可能「遵從」（comply）或不遵從《遺囑法》第九條的規定。如果我們未遵從該規定，我們所立之遺囑並非是「有效」（valid）創設權利和義務的遺囑；這個遺囑是「無效」（nullity）的，不具有法律「強制力」或「效果」。然而，雖然這個遺囑無效，我們未遵從該法律條款這件事，卻不是對任何義務的「違反」，也不是「違規」，而且以這些用語來思考這件事將會引起混亂。

如果我們考察一下各式各樣之授予私人法律權力的法律規則，我們發現這些規則也可以分爲幾種類型。在訂立遺囑或契約背後的規則，是關於運用這個權力的人所必須具備的能力或最低限度之個人資格（例如：成年或意識清醒）。其他規則詳細規定了運用此種權力的方法和形式，決定遺囑或契約是否可以口頭或書面的方式來訂立，以及如果是以書面方式的話，那麼執行和證明的形式爲何。另外尚有一些規則界定了個人能夠以這樣的法律行爲（acts-in-the-law）創設之權利和義務的類型、以及期限的長短等。例如：關於契約之公共政策的規則，或者是反對以遺囑或贈與來積聚財富的規則。

稍後我們將考慮法學家們將兩種類型的法律等同視之的觀點，也就是將提供便利或權力的法律（這些法律表達：「如果你想要做這事，則這就是做這事的方法。」）等同於刑法（這種法律就像以威脅爲後盾的命令一樣表達了：「做這事，不論你願意與否！」）。然而，在這裡我們將考慮另外一個類別的法律，這個法律也是授予法律權力的，但是相對於我們前面所討論的那些法律，這裡所談的權力具有公共性質或官方性質，而非是私人性質的。我們將從國家組織的三大部門中舉出這類法律的例子，也就是司法、立法和行政，這樣的分類雖然稍嫌粗略，卻是慣例上的區分法。

我們首先考慮在法院運作背後的那些法律。就法院的情形而言，有些規則規定法官審判管轄權的主要對象和內容，或者是如我們所說的，這些規則給予他對某些類型案件的「審理權力」。有些規則規定司法職務的任命方式、資格、以及任期等。另外尚有一些規則設定正確司法行爲的基準，以及決定在法庭中必須遵守的程序。這種形成像是司法法典（judicial code）的規則，可見諸一九五九年的《郡法院法》（*County Courts Act*）、一九〇七年的《刑事上訴法院法》（*Court of Criminal Appeal Act*），或者是美國法典第二十八篇（Title 28 of the *United States Code*）。遵守這些各式各樣有關法院組成及其正常運作的條款，是十分有助益的。乍看之下，似乎這些規定極少是要法官應該做什麼或不應該做什麼的命令；因爲，雖然法律沒有理由不可以用特別的規則，在刑罰之下禁止法官逾越他的審判管轄權，或是禁止他審理牽涉其金錢利益的案件，但是課予這種法律義務的規則，對於那些授予法官司法權力和界定其審判管轄權的規則而言，是附加上去的。因爲授予這種權力之規則，其目的並非是阻止法官做出不當的行爲，而是界定法院之有效判決的條件和限制。（原注5）

詳加審視一項規定法院審判管轄權範圍的典型條款，是具有啓發意義的。我們可以用已修正之

《郡法院法》中的一個條款作爲簡單的例子，該條款授予郡法院審理有關回復土地之訴訟的審判管轄權。這個條款的措辭與「命令」式的措辭相差甚遠，該條款的措辭如下：「對於地方稅額之年度淨值未超過一百英鎊的土地，因其回復而涉訟者，郡法院有聽訟和決定的審判管轄權。」（Section 48, I.）

如果一位郡法院的法官逾越其審判管轄權，審理一件年度淨值大於一百英鎊之土地回復的訴訟，並且作成關於這個土地的命令，這位法官與訴訟當事人都沒有「違規」（commit an offence）。然而，這個情形與下述有關私人的情形卻完全不同，即私人因爲沒有遵從有效行使法律權力之要件，而致使他的作爲「無效」。如果一個想要訂立遺囑的人，忘記簽名或忘了爲他的遺囑找到兩個見證人，他所寫的東西是不具法律地位或效果的。然而，即使法院的命令明顯違反審判管轄權，法院的命令卻不能這樣地被看待。顯然即使該法院就法律而言不應該作成這個命令，但爲了公共秩序的利益，法院的決定仍應具有法律權威，除非遭到上級法院撤銷。因此，除非這個命令因爲逾越審判管轄權，而以上訴加以排除，否則它持續是具有法律實效性的命令，在當事人間將受強制執行。但是它在法律上是具有瑕疵的：因爲沒有審判管轄權，這個判決應該（liable）以上訴來排除或「撤銷」（quash）。我們必須要注意到，在英國一般所說的上級法院對下級法院之命令的「廢棄」（reversal），與因爲缺乏審判管轄權而對命令加以「撤銷」之間，有著重要的差異。如果一個命令被廢棄，那是因爲下級法院對於案件所適用的法律，或所宣稱的事實被認爲是錯誤的。但是因爲缺乏審判管轄權而被撤銷之下級法院的命令，可能在法律和事實這兩方面都是沒有瑕疵的。錯誤並非是下級法院說了什麼或下了什麼命令，而是它針對本案表示意見和下命令這件事本身。它做了某件它在法律上未被授權去做的事，而其他法院可能被授權去做這件事。爲了公共秩序的利益，逾越審判管轄權所作的決定，直到上級法院撤銷爲止是持續有效的，除了這個複雜情形之外，是否遵從審判管轄權的規則，與是否遵從爲使私人有效行使法律權力而設定要件的規定，是一樣的。用「服從」和「不服從」等語詞來表達遵從之行爲和規則之間的關係顯然是不恰當的，使用這些語詞來形容類似於命令的刑法規則，會更爲適切。[1]

授予下位立法者立法權力的成文法，除非我們加以扭曲，同樣也是一種不同於一般命令的法律類型。在此，亦如私人權力之運用，遵從由授予立法權力之規則所規定的條件，就如同西洋棋遊戲中的「一步棋」的步驟；它具有可以用規則來界定的後果，而這個體系使人們能夠達成這個後果。立法是在行使一種法律權力，它可以有效地創設權利與義務。未遵從授權規則使得所作的事，不產生效果，就目的而言也是無效的。

與法院審判管轄權背後的規則相較，在立法權力運作之背後的規則更具多樣性，因爲必須針對立法權的許多不同面向加以規範。所以，有一些規則規定立法權可能行使的主要項目；其他規則規定立法機構成員的資格或身分；另有一些規則規定立法的方法和形式，以及立法機構所需遵循的程序。這些只是相關問題中的一些，若看一下那種授予和界定下級立法機構或規則制定機構之權力的

1 關於授予權力的法律，哈特修正了他的觀點，見‘Legal Powers’, chap. 8, *Essays on Bentham: Jurisprudence and Political Theory*（Oxford University Press, 1982）。對授予權力的規則的更多討論，參見Joseph Raz, *Practical Reason and Norms*（2nd edn., Oxford University Press, 1990）97-106，Joseph Raz及D. N. MacCormick的座談會‘Voluntary Obligation and Normative Powers’（1972）*Proceedings of the Aristotelian Society*, supp. vol. xlvi, 59。論公權力，見G. H. Von Wright, *Norm and Action*（The Humanities Press, 1963）chap. 10; Eugenio Bulygin, ‘On Norms of Competence’（1992）11 *Law and Philosophy* 201。

法規，例如一八八二年《地方自治團體法》（*Municipal Corporations Act*），將會有更多的發現。未遵從這種規則的後果可能並非總是一樣的，但是總會有一些規則，若是沒有遵從它們的話，立法權力的運用是無效的，或者像下級法院的決定一樣，是應該被宣稱爲無效的。有時候，必備程序已被遵守的證明，就內部程序的事項而言，在法律上可能是具有決定性的；有時候，如果不符合法定資格的人，參與了立法程序的話，則在把這種行爲定爲犯罪的特別刑法規則之下，他們可能要負擔刑責。雖然部分地被這些複雜的情形所掩蓋，但是授予並界定立法權行使方式的規則，與類似以威脅爲後盾之命令的刑法規則之間，有著重大的差異。

在某些情形中，把這兩大類型的規則合而爲一，是很可笑的。如果一項法案在立法機構中，獲得必要的多數贊成票而正式地通過了，那些對該項法案投贊成票的人，並非是「服從」了這項需要多數決通過的法案，而投反對票的人也沒有所謂服從或不服從這項規則；當然，如果該項法案沒有獲得必要之多數贊成，因而沒有被通過，情形也是一樣的。這些規則在功能上的重大差異，使得那些適用於刑法有關行爲的用語，無法在這裡使用。

對構成現代法體系之各式各樣的法律做完整而詳細的分門別類[2]，以免落入所有法律規則都必須化約到單一類型的偏見，這項研究仍有待完成。以相當粗略的分類方式，區分授予權力的法律，與課予義務且類似於以威脅爲後盾之命令的法律，我們這樣做只是個開端。但是這樣做也許已足以表明：法體系的某些獨特特徵，在於以授予法律權力規則之形態，爲公私法律權力之運用制定規定。如果這種獨特的規則並不存在，將會缺少某些我們社會生活中最爲熟悉的概念，因爲這些概念在邏輯上預設了這種規則的存在。正如同如果沒有以威脅爲後盾之命令的這種強制性刑法，就沒有犯罪或違規，因此也就沒有謀殺或竊盜一般，如果不存在授予權力的規則，則買賣、贈與、遺囑或婚姻也就不會存在；因爲買賣、贈與、遺囑或婚姻等這些事情，就像法院的命令和立法機構的立法一樣，正是存在於法律權力的有效運用。

然而，在法理學之中對於統一性（uniformity）卻有著強烈的渴望：但是由於這個渴望絕非是聲名狼藉，我們必須考慮兩個支持它且曾爲偉大的法學家所贊同的論證。這些論證乃在表明：我們所強調之法律多樣性的區別，如果不是虛構的，也只是表面的，使用以威脅爲後盾之命令的觀念來分析授予權力規則，「終究」可以像利用它來分析刑法規則一樣地好。就像大多數在法理學長期持續的理論一般，在這些論證中也包含了部分的眞理。在我們所區別的兩種法律規則之間當然存在著一些相似之處，在這兩種情形之中都須參酌規則，而將行動批評爲或評估爲在法律上是「對的」或是「錯的」。關於訂立遺囑之授予權力規則，與在刑罰之下禁止侵犯人身之刑法規則，兩者皆構成了一種標準，即特定行動能夠據此加以批判性地評價。將這兩者作爲規則來談論，其中的含意很多。進一步言之，重要的是要了解到，授予權力的規則，雖然與課予義務、並近似以威脅爲後盾之命令的規則有所不同，但兩者總是有所相關；因爲授予權力規則所授予的權力是這樣的一種權力：制定課予義務的一般規則，亦即對某些特定人課予義務，若不如此他們不會遵守這些規定。這在下述的情形中是最爲明顯的，即當所授予的權力是我們通常所說之立法權的情形。但是，就像我們將會看到的，這在其他法律權力運用的情形上也同樣是眞實的。在某種較不精確的程度上，我們可以

2 更細緻的分類見A. M. Honore, 'Real Laws' in P. M. S. Hacker and J. Raz eds., *Law, Morality and Society*。

這樣說：如果說像刑法一般的規則是課予義務的，則授予權力規則就是創設義務的方法（recipes）。

無效作為一種制裁

第一種論證用來表明這兩種規則的一致和顯示其同屬脅迫命令，這個觀點堅持「無效」的概念，也就是當權力之運用的某些必要條件未被滿足時，所產生的「無效」。（原注6）這個論證極力主張，無效就像附著於刑法上的刑罰，是一種對於違反規則而由法律所強制執行之惡的威脅或制裁；然而這個論證承認，在某些情形中，這樣的制裁可能只是輕微的不方便。有人認為正是可以從這個角度來看待下述情形，這個情形就是當一個人想要基於契約的約束力，對契約對造以法律強制執行契約上的約定時，他卻懊惱地發現，由於該契約沒有蓋印，並且相應於他認為對造應負的義務，他並沒有表明要負擔相對的義務，致使這個書面約定在法律上是無效的。同樣地，我們會將規定沒有兩個見證人之遺囑是不生效力的規則，想成是為促使遺囑人遵從《遺囑法》的第九條，就如同我們因為想要避免監禁而被促使服從刑法一樣。

沒有人能夠否認，在某些情況之中，無效與對交易生效期待落空之類的心理因素，有著諸如上述的聯繫。但是將制裁的觀念擴及於無效則是混亂的一個來源（和一個徵象）。對此有一些次要的異議是眾所皆知的，因而在許多情況之中，對於沒有去滿足某些產生法律效力之要件的人來說，無效可能不是一種「惡」。譬如說，一個法官對其命令的效力可能沒有實質上的利益，因而漠不關心；而當事人中的被告發現其被起訴之案件中的契約，因為他尚未成年，或他在某些契約的書面備忘錄上沒有簽名，因而該契約對他並沒有拘束力，他可能不認為這種情況是一種「惡的威脅」或是

「制裁」。但是，撇開這些可以用某種巧妙的安排來調和的瑣碎之事不談，有著更重要的理由使得無效不能被當成是附著於一項規則的懲罰，這個懲罰是避免人們去做該規則所禁止之活動的誘因。在刑法規則的情形中，我們能夠確認和區別出兩個東西：該規則所禁止的某個行爲類型，以及意圖阻止該種行爲所加上的制裁。但是，在這個觀點之下，我們如何能思考像未滿足法律形式要件的約定這種社會活動？這些活動不同於刑法所欲阻止的行爲，也就是說，規定契約之法律形式的法律規則，並非是設計來壓制某些行爲的。這些規則只是使得約定無法獲得法律上的承認。將下述事實視爲一種制裁則更爲荒謬的：即一項立法措施因爲沒有獲得多數贊成而未獲得法之地位。將這個事實當成是刑法的制裁，就好像是將遊戲的得分規則想成是用來取消除了踢進球門或奔回本壘之外的所有動作。如果眞的這樣做的話，這將是所有遊戲的終結；然而，只有當我們將授予權力規則想成是讓人們依某些方式來行爲舉止，並且加上無效來作爲服從的動機，我們才能夠使這種規則類似於以威脅爲後盾的命令。

認爲無效乃類似於刑法之惡的威脅或制裁，這種想法所帶來的混淆可能會以另外的形式呈現出來。就刑法規則的情形而言，即使沒有懲罰或其他惡的威脅，也應該要有這樣的規則★，這在邏輯上是可能的，也是可欲的。當然，這樣的說法可能被辯駁，認爲這些規則將不再是法律規則；然而，我們可以清楚地區分禁止特定行爲的規則，和違反這項規則將會強加施行之刑罰的規定，並且假定在沒有後者的情形中，前者仍然可以存在。在某種意義下，我們能夠去除制裁，而仍舊保留原

★譯按：指刑法中禁止或誡命某些行爲的規則。

先用制裁來維持之明瞭的行爲標準。但是在邏輯上，我們卻不能區分要求遵從特定條件的規則（例如：有效遺囑的證明）和所謂「無效」的制裁。就這個情形而言，如果沒有遵從必要的條件未必會導致無效的話，這個規則本身也不能被理解成是存在於沒有制裁的情形之中，即使它是非法律規則，亦是如此。無效的規定是這種類型之規則本身的一部分，而附屬於課予義務規則的懲罰卻非如此。如果未將球踢進球門並不意謂著「無效」（即未得分）的話，則得分的規則就不能被說成是存在的。

上面我們所批判的論證，企圖藉由「擴張」制裁或惡的威脅的意義，將法律行爲的無效（當未遵從授予權力規則而發生的效果）囊括在其中，來顯示授予權力規則與脅迫命令在根本上的一致。以下我們將要考慮的第二個論證採取了不同的、而確實可說是相反的路線。這個論證不再企圖說明授予權力規則是脅迫命令的一種，而是否認這些規則具有「法」的地位。爲了將這些規則排除出去，這個論證「縮小」「法」這個字的意義。在不同法學家之中，這個論證或多或少顯得極端，但其一般的形式主張，那些以不嚴謹的方式或以流行的語言模式，所指稱爲法律之完整規則的東西，實際上是強制性規則不完整的片段，只有強制性規則才是法律「眞正的」規則。

授權規則作為法律的片段

這個論證的極端形式，甚至否認以通常語詞來表達的刑法規則是眞正的法律。這就是凱爾生所採取的論證形式：「法律就是規定制裁的主要規範。」（*General Theory of Law and State*, p.63）（原注7）沒有法律禁止謀殺，只有指示官員在特定情況下對謀殺著施加特定制裁的法律。從這個觀點來看，通常被視爲一般公民行爲指引的法律內容，不過是像下述規則的前提或「條件子句」（if-clause），亦即這項規則並非是對一般公民的指示，而是對官員的指示，並且在特定條件被滿足的情況下，該規則命令官員施加特定的制裁。以這個觀點來看，所有眞正的法律都是要求官員施加制裁之條件句式的命令。它們全部都是這樣的形式：「如果任何X種類的事被作爲、或不作爲、或發生，則施加Y種類的制裁。」

藉由對前提或條件子句一再詳盡的闡述，每一種類型的法律規則（包括授予和界定公私權力之運用方法的規則）皆可以在條件句的形式中獲得重述。所以，《遺囑法》中要求兩名見證人的規定，就成了對法院眾多不同指令的共同點，指示法院對違反遺囑條款而拒絕交付遺產的遺囑執行人，施加制裁：「若且唯若遺囑的條款正式的被見證★，以及若……，則必須對他施加制裁。」☆同樣地，規定法院審判管轄權範圍的規則，也就成了在法院施加任何制裁之前必須滿足之條件的共同點。就授予立法權力和界定立法之方法與形式的規則而言（包括憲法中關於最高立法機構的規定），亦是如此，這些規則也能夠被重述和展示爲特定之共通條件的規定，即當這些條件（及其他條件）具備時，法院就必須施加在成文法中所規定的制裁。因此，這個理論要我們將實體從模糊的形式中解脫出來；這樣我們將看到，諸如：「女王議會所制定的就是法律」，或美國憲法關於國會立法權力之規定，這些憲法之形式只不過是規定了法院必須施加制裁的一般條件。這些形式在本質上乃屬「條件子句」，不是完整的規則：「如果女王議會制定了……」或「如果國會在憲法規定的

★ 譯按：即遺囑的條款有兩名見證人。

☆ 譯按：即遺囑執行人若違反經見證之遺囑條款而拒絕交付遺產，則將受到制裁。

權限內制定了……」皆是條件的形式，就指示法院對某些類型的行爲施加制裁或懲罰的大量指令而言，這些條件是共通的。

這是一個困難而有趣的理論，它的目的在於發現隱藏在一般形式和語言中，而被模糊掉的眞實而統一的法律本質。在我們考量這個理論的缺陷之前，必須要注意到，在這個極端的形式中，這個理論包含著對法律之原初設想的轉變，我們原初是將法律設想爲以制裁之威脅爲後盾的命令所構成，當命令不被服從時，將強制執行制裁。相反地，現在的中心概念是指示官員去施加制裁的命令。就這個觀點而言，沒有必要對每一項法律的違反皆訂有制裁；需要的是，每一項「眞正的」法律都應當指示某種制裁的適用。所以，可能會有這樣的情形，即無視如此指示的官員將不是該處罰的；當然，在許多的法體系中，這常常是實際存在的情形。

誠如我們所言，這個一般理論可以在兩種形式間採取較不極端的形式。在較不極端的形式中，至少在下述的那些規則的情形中，保留了將法律作爲指示一般公民的以威脅爲後盾的命令的原初設想（許多人直覺上認爲這種設想是更可接受的），即在常識的觀點下，那些主要是涉及一般公民的行爲，而非僅僅是涉及官員的規則。在這個較爲溫和的觀點下，刑法規則本身即是法律，並不需要將之改造成其他完整規則的片段；因爲它們已經是以威脅爲後盾的命令了。然而，在其他的情形則需要改造。對這個理論和較爲極端的理論而言，授予私人法律權力的規則就僅僅是眞正之法律——以威脅爲後盾的命令——的片段。這些眞正的法律可以藉由提出以下的問題來發現：法律命令什麼人去做那些如果不遵從就會被施以懲罰的事情？當這個問題被確定時，諸如《一八三七年遺囑法》中有關證人的那些規則，和其他授予私人權力與界定有效運用這些權力之條件的規則，皆可

37

以被改造成某些條件的規定，而在這些條件下，會出現在懲罰威脅下的法律義務。因此這些規則就成了以威脅爲後盾的命令或課予義務規則之前提或「條件子句」的一部分。「若且唯若遺囑已由遺囑人簽名並且由兩名見證人以特定方式見證，以及若……則遺囑執行人（或者其他法定代理人）應該要執行該遺囑之條款。」同樣地，如果某些事情出現、被說或者被完成（例如當事人已成年、在契約上蓋印或承諾約因），有關契約成立的規則也將成爲只是命令人們依契約行事之規則的片段。

將授予立法權力規則（包括關於最高立法機構的憲法規定）加以改造，致使將這些規則描繪成「眞正」規則的片段，這樣的做法可以依照我們在第五十頁於這個理論之較極端的版本的情形中所闡釋的方式來加以實現。唯一不同的是，在較溫和的觀點下，授予權力規則被描繪成是以制裁爲威脅而命令一般公民去做某事之規則的前提或條件子句，而非被描繪成僅僅是（就像在較極端的理論中）指示官員施加制裁之指令的條件子句。

這個理論的兩個版本，都企圖將法律規則顯然相異的多樣性，化約爲一個單一形式，並宣稱此單一形式可以表現法律的眞正本質（quintessence）。這兩個版本雖然是以不同的方式，但都將制裁作爲核心的重要要素，但是如果我們能夠說明沒有制裁的法律是完全可以想像的話，這兩個版本都將失敗。然而，這個一般性的異議必須稍後再述。在此我們要討論的是對這個理論的兩種形式之具體批判：爲了換取令人愉悅的統一性，這兩者皆以太高的代價來，即它們將所有法律皆化約爲某種單一型態；而其所付出的代價就是，扭曲了不同類型的法律規則所具有之不同的社會功能。這對這個理論的兩種形式來說都是眞實的，而且對其極端形式所要求的改造刑法之情形，是最爲顯而易見的。

扭曲作為統一性的代價

由上述的那種改造所導致的扭曲是值得考慮的，因爲它揭露了法律的許多不同面向。雖然有許多的技術可以用來控制社會，但是刑法所特有的技術是藉由規則將某些類型的行爲，指定爲引導整體社會成員的標準，或者是引導社會中特定階級的標準：在沒有官員的協助或介入的情形下，這些成員或階級被期待理解這些規則，並了解到這些規則適用於他們以及要去遵從這些規則。只有當法律被違反，使得法律的這個最初的功能無法發揮時，相關的官員才會去確認違反法律的事實，並且施加具有威脅性的制裁。與個別之面對面的命令（例如：正在執行交通勤務的警察之類的官員，可能下達給機車騎士的命令）相較，刑法此項技術的獨特之處在於，它讓社會的成員去發現規則，並且在行爲上遵從這些規則；雖然規則所附加的制裁提供了他們一個遵從的動機，但是就這個意義來講，社會成員是自己「適用」規則於自身。很明顯地，如果我們專注於要求法院對違法情形施加制裁的規則，或將此作爲主要的考量，則我們將會隱匿了這種規則獨特的運作方式；因爲要求法院施加制裁的規則，是爲這個體系的主要目的受挫或失敗時所做的準備。這些規則的確是不可或缺的，但它們只是作爲輔助之用。[3]

刑法的實體規則如同它們的功能（以及在廣泛意義下的它們的意義），不僅引導運作著刑罰體系的官員，並且引導在與官方無涉之生活中活動的一般公民；這個觀念無法被消除，除非是拋棄法律作爲社會控制之方法這個極爲重要的特徵，或是將其特有的性格加以模糊化。罰金作爲犯罪的懲罰之一與對某個行爲課稅是不相同的，（原注8）雖然這兩者同樣皆是指示官員對人民課予金錢的損失。這兩個觀念的區別在於，罰金包含著義務的違反（即以違反義務的形式，違背爲引導一般公民的行爲而設立的規則）；而課稅卻沒有這樣的意含。實際上，這個一般而言是清楚的特徵，在某些情形可能會變得模糊。課稅可能不是爲了國家收入的目的，而是以徵稅的方式抑制這些活動，雖然法律並沒有將這些活動「犯罪化」，而明白地指示這些活動必須被放棄。相反地，對於支付得起罰金的犯罪人而言，由於對金錢蔑視，這些罰金可能是如此之小，而他們樂於支付。在這樣的情形下，罰金也許被覺得只是「課稅」，因此就經常去「違規」，而之所以如此，正是因爲在這些情形中，這樣的認知消失了：即規則（例如像大部分的刑法規則）必須被嚴肅地視爲行爲標準來看待。

對於我們所考慮的那種理論的贊同意見中，有時候會有這樣的主張：將法律改造成爲指示施加制裁之指令的形式，問題便獲得了進一步的澄清，因爲這個形式使得關於法律上的「壞人」所想要知道的所有一切變得相當清楚。[4]這也許是眞實的，但是對於這個理論而言，似乎並非一種適當的

3 參見Hans Oberdiek, 'The Role of Sanctions and Coercion in Understanding Law and Legal Systems'（1976）71 *American Journal of Jurisprudence* 21; Joseph Raz, *Practical Reason and Norms* 157-62; John Finnis, *Natural Law and Natural Rights* 266-70; Grant Lamond, 'Coercion and the Nature of Law'（2001）7 *Legal Theory* 35; Frederick Schauer, 'Was Austin Right After All? On the Role of Sanctions in a Theory of Law'（2010）23 *Ratio Juris* 1。法律「授權」強制性的觀念，見Ronald Dworkin, *Law's Empire*, chap. 3, esp. 92-4。

4 William Twining, 'The Bad Man Revisited', 1972, 58 *Cornell Law Review* 275。Stephen Perry主張哈特的理論不足以說明這個觀點，見'Holmes versus Hart: The Bad Man in Legal Theory' in Steven J. Burton ed., *The Path of the Law and Its Influence: The Legacy of Oliver Wendell Holmes Jr.*（Cambridge University Press, 2000）。經濟學者將法律整體視爲一種誘因機制，見Richard Posner, *Economic Analysis of Law*（8th edn., Aspen Publishers, 2010）；*The Problems of Jurisprudence*（Harvard University Press, 1990）。最爲複雜的解釋，見Lewis A. Kornhauser, 'The Normativity of Law', 1999, 1 *American Law and Economics Review* 3。

辯護。爲什麼法律不同樣地關心那些自願去做規定之事的「感到困惑的人」或「無知的人」（只要能夠被告知法律是什麼）？或者關心那些「希望安排自己事務的人」（只要能夠被告知該如何去做）？當然，瞭解法院適用制裁時是如何運作法律，對於理解法律是相當重要的。但是我們不應該因爲這樣的瞭解，就認爲在法院中發生的事即是我們該去理解的全部。法律作爲社會控制之方法的主要功能，並非是見於私人的訴訟或是刑事的追訴，這些雖然極爲重要，但仍舊是補救體系失靈的輔助性措置。法律的這種主要功能是：在法院之外，法律以各式各樣的方式被用來控制、引導和計畫我們的生活。

上述極端形式的理論所做成之輔助性功能和主要功能的倒置，我們可以將它與以下對於遊戲規則的想像，做一個比較。一位理論家在檢視板球或棒球的規則時，可能會宣稱他發現了隱藏在規則的語彙和傳統主張間的統一性（即主張某些規則主要是針對選手，某些主要是針對工作人員（裁判和計分員），另一些則是針對兩者）。這個理論家可能會說：「所有的規則實際上就是指示比賽的工作人員在特定條件下做特定的事。」球擊出去之後的特定動作構成「得分」，或者球被接殺而導致「出局」，諸如此類的規則，實際上只是對於比賽的工作人員所下的複雜指示；在前者的情形是，指示計分員在計分簿上記下「一分」，而在後者的情形是，指示裁判命令出局的人「離開球場」。對此必然會招致的抗議是，透過這樣的轉換而強加在這些規則的統一性，隱藏了這些規則運作的方式，也隱藏了選手在目的性活動中使用這些規則的方式，以及因此模糊了這些規則在這個共同運作的（雖然是競爭的）社會事業（即這個遊戲）中的功能。

較不極端的理論形式不去碰觸刑法和其他所有課予義務的法律，因爲這些法律已經與脅迫性命令的簡單模型相一致。但是它將所有授予和界定法律權力運作方式的規則，化約到這個單一的形式。此處亦不能避免受到與極端形式之理論同樣的批判。如果我們只是從被課予義務之人的觀點來看法律，並且將法律的所有其他面向皆化約爲課予義務之精巧條件的地位，則我們是將一些重要的要素當成了只是附屬性的東西，這些要素至少與義務一樣是法律的特質，以及對社會而言具有與義務一樣的價值。如果我們要理解授予私人權力的規則，則我們必須從那些運用法律權力之人的觀點來看它們。如此，這些規則就像是強制性控制之外，由法律引進社會生活的額外要素。這是因爲擁有這些法律權力，使得在私領域的公民成爲了私領域的立法者，如果沒有這樣的規則，這些公民將只是義務的負擔者。在契約、信託、遺囑和其他能夠建立權利義務的結構範圍內，他被授予決定其法律關係的權限。爲什麼以這種特別方式來使用，並提供這樣巨大而特別便利的規則，不應該被承認是有別於課予義務的規則呢（其實義務的產生，也是藉由上述之權力的運用而部分地被確定）？在社會生活中，人們以不同於課予義務規則的方式，思考、談論和使用這種授予權力的規則，並且以不同的理由加以重視。還有什麼其他標準能夠檢驗其性質上的差異呢？（原注9）

在公共領域中，將授予和界定立法與司法權力之規則，化約成產生義務之條件陳述的作法，同樣有曖昧不清的缺點。那些運用這些權力而作成權威性法規和命令的人，是基於某種目的來使用這些規則，這種行動完全異於義務之履行或對強制性控制之順服。將這種規則描述爲只是義務 規則的片段或部分，這種作法將會遮蔽法律及其架構中可能之活動的獨特性格。因爲將以下的這種規則引進社會，就像輪子的發明對社會一樣，是重要的一大進步，這種規則使得立法者能夠改變和添加義務規則，並且當有人違反這些義務規則時，法官能夠作一決定。這不僅是重要的一步；並且相當程度上，可以認爲這也是從前法律（pre-legal）世界進入法律世界的一大步，我們將在第四章對此加以論述。

第二節　適用範圍

顯然在所有各式各樣的法律之中，刑法與脅迫命令的簡單模型是最爲接近的。然而，甚至在這些法律中，也有某些特質因爲這種模型而被忽略，我們將在此節考察這些特質。除非我們擺脫這種模型的影響，我們將無法理解這些特質。以威脅爲後盾的命令本質上是一種願望的表達，即他人應該要做或放棄做某些事。當然，採取這種完全的涉他形式（other-regarding form）的立法是可能的。在某些體制中，掌握立法權力的專制君主可能總是被認爲豁免於其所制訂之法律的範圍；甚至在民主體制之中，也可能制訂這樣的法律，即該法律不適用於那些制訂它們的人，而只適用於該法律所指示的特別階層。但是，法律的適用範圍始終是法律詮釋的問題。在詮釋上，那些制訂法律的人可能被排除。當然，現在制訂的許多法律皆對法律的制訂者課予法律的義務。不同於僅是以威脅來命令他人去做事，立法完全地可以有這樣的自我拘束力。對於立法，並沒有什麼本質上是涉他的。這個法律現象只有在下述的情形中才會令人感到困惑，即我們在上述的那種模型的影響下，認爲法律總是由在法律之上的某個人或某些人，爲其他臣服該法律的人所設置。（原注10）

這種對法律制訂之垂直的或「由上而下」的圖像，其簡明性（simplicity）相當吸引人，但是只有藉由以下的區分設計，它才能與現實相調和，即立法者的官方身分是一個人格，而立法者的私人身分是另一個人格。在以官方身分行動時，立法者制訂了對他人（也包括立法者在「私人身分」中的自己）課予義務的法律。這樣的說法並沒有什麼可以非議的，但是如同我們將在第四章看到的，這個不同身分的觀念，只有從不能化約爲脅迫命令之法律的授予權力規則的角度來看，才是可以理解的。同時，必須注意到的是，這個複雜的設計實際上完全是不必要的；沒有這個設計，我們也能夠說明立法的自我拘束性。因爲我們必須拿出在日常生活或法律中皆能夠使我們對立法的自我拘束性有更佳理解的東西。那就是約定（promise）的運作，對於理解法律的許多特徵而言（雖然不是全部），這個約定的模型在許多方面都遠比脅迫命令的模型更加的好。

承諾約定就是說出某種對要約人創設義務的語詞：爲了使語詞擁有這種效果，如下的規則就必須存在著，即其規定如果適當的人在適當的情況下使用這些語詞（例如：理解其地位之精神健全的人，並且在沒有任何壓力的情形下），則那些使用這些語詞的人就應該有義務去做這些語詞只是他去做的事。因此，當我們承諾約定時，我們利用特定的程序，藉由課予自己義務和授予他人權利來改變我們自己的道德境況；依照法律人的說法來講，就是我們運用了規則所授予的「一項權力」來做這件事。在要約人的人格「之中」（within）區分爲二，其一是以義務創設者的身分來行動，其二是以負義務者的身分來行動：並且將之想成是某人命令他人去做某事，這樣的作法確實是可能的，但卻沒有幫助。

同樣地，對於理解立法的自我拘束力而言，我們也不需要這個設計。因爲，和做出約定一樣，法律的制訂預設著支配制訂過程之特定規則的存在：依循這些規則所規定的程序，並且由經過這些規則授予資格的人所說出或寫下的語詞，爲這些語詞明示或暗示之範圍內的所有人創設了義務，而負義務的這些人可以包括那些參與立法程序的人。

雖然有這個類比來說明立法自我拘束的性格，但是在做出約定和法律的制訂之間當然還有許多差異。支配後者的規則更爲複雜，而且沒有屬於約定的雙邊性格（bilateral character）。通常並不存在這樣的人：即他處於受約人的特別地位，並且對於約定的履行擁有特別的（如果不是唯一的）請求權。就這些方面而言，在英國的法律上，其他一些賦予自我義務的形式，提供了與立法之自我拘束更接近的類比，例如：聲明自己是他人之財產的受託人，而自我賦予義務。然而，一般而言，藉由考慮這種創設個別法律義務的私人方式，使我們對於制定法律的立法有最佳的理解。

對於脅迫命令或規則的修正，最需要的就是對立法有個新的設想，即立法就是引進或修正社會應普遍遵守的一般行爲標準。立法者不必然就像是對他人下達命令的人：在定義上，某個處於他自己所下達之命令範圍外的人。他就像是約定的提出者，運用了規則所授予的權力：通常他可能（而要約人是必須）是處於這些權力的範圍中。

第三節　起源模式

雖然我們也強調脅迫命令與成文法間的差異性，目前爲止，我們將對法律多樣性的討論限縮在與脅迫命令有顯著相似點的成文法上。法律的頒佈就像命令的下達，是一項有意的、可預期的行爲。那些參與立法的人有意識地運作制定法律的程序，正如同下達命令的人有意識地使用某種形式的語詞，來確保他的意圖得以被確認和被遵從。因此，以脅迫命令之模式來分析法律的理論就做了如下的宣稱：如果我們將僞裝除去，我們就能夠看到所有的法律與立法的這個相似之處，並且看到其從審愼之法律的創設行爲而獲得法律地位。與這個宣稱最明顯牴觸的法律類型就是習慣；但是在討論習慣「事實上」是不是法律時，由於未能分別兩個不同的議題，通常造成了混淆。第一個議題是，「習慣本身」是不是法律。[5]那種否認習慣本身是法律的觀點，其意義和判斷在於一個簡單的事實，即在任何的社會中，都有許多不是法律的習慣。未脫帽向女士致意，並非違反任何法律規則；除非是獲得法律的承認，否則這樣的習慣並不具有法律的地位。這表明只有在以下的條件下習慣才會成爲法律：特定法體系「確認」（**recognize**）某個類別的習慣爲法律，而這個習慣是這個類別的其中之一。第二個議題就是關於「法律確認」的意義。一個習慣獲得法律的確認，這指的是什麼？難道就像脅迫命令的模式所要求的，有人（也許是「主權者」或其代理人）下達必須遵守這個習慣的命令，因此這個習慣就以類似於立法行爲的方式，獲得了法律的地位？

在現代世界中，習慣並非是一個非常重要的法「源」。立法機關可以透過成文法剝奪習慣規則的法律地位，在這個意義下，習慣通常是一個次要的法源；而且在許多體系中，在決定某個習慣是否符合法律確認時，法院所適用的檢驗標準包含著像「合理性」之類的流動性觀念，而這樣的觀念對於以下的觀點至少提供了某種基礎：在接受或拒絕某個習慣時，法院的裁量幾乎是沒有限制。即使如此，將習慣獲得法律地位，歸因於法院、立法機關或主權者曾經下達如此「命令」的事實，這

5 參見John Gardner, 'Some Types of Law', chap. 3, *Law as a Leap of Faith*（Oxford University Press, 2012）；essays in Amanda Perreau-Saussine and James B. Murphy eds., *The Nature of Customary Law: Legal, Historical and Philosophical Perspectives*（Cambridge University Press, 2007）。德沃金主張哈特對習慣與承認規則的解釋前後不一，見*Taking Rights Seriously* 41-4。

種觀點已使得「命令」一詞被擴大解釋到喪失該理論的重點。(原注11)

爲了呈現這個法律確認的理論，我們必須回顧那個以法律爲脅迫命令之模式中的主權者。根據這個理論，法律就是主權者的命令，或者是主權者擇以代爲下達命令之次位者的命令。在第一種情形中，主權者的命令（「命令」最原本的字義）形成了法律。而在第二種情形中，只有當次位者的命令是爲了執行主權者的某個命令而依序下達時，次位者的命令才會被列爲法律。次位者必須擁有由主權者賦予之代其發佈命令的某種權威。有時這種權威的授予，是藉由明白的指示某部長對特定事項「做出命令」。如果這個理論就此打住，那顯然地它並無法說明事實；所以這個理論就加以擴張，並且宣稱：有時主權者可能會以較不直接的方式來表達他的意志。他的命令可能是「默示的」；在沒有主權者之明示命令的情況下，當他的次位者向他的臣民下達命令，並且對於不服從加以懲罰時，他可能是透過不干涉的方式來表明他的意圖：他的臣民應該要做這些事。

軍隊的例子使我們可以清楚地看到「默示命令」的觀念是可能的。一位依常例服從於長官的中士命令他的士兵去做一些雜役，並且對於不服從者加以懲罰。而將軍知道此事，並且聽任事情持續下去；雖然如果將軍向中士下令停止這些雜役，中士也會服從他，但是他沒有這麼做。在這個情形中，將軍可能會被認爲默示地表達了他的意志：這些士兵應該要做這些雜役。他的能干涉而不干涉，就沈默地代替了下達做雜役的命令。

我們被要求從這個觀點來思考在法體系中具有法律地位的習慣規則。在法院將其適用於特定個案之前，這樣的規則僅僅是習慣，在任何意義上都不是法律。當法院使用他們，並且做成與其一致的強制命令時，這些規則才第一次被確認爲法律。可以干涉而不干涉的主權者，已默示地命令他的臣民服從法官基於先前存在的習慣所「做成」的命令。

這個對習慣之法律地位的說明面對著兩個不同的批判。第一個是，在習慣規則於訴訟上被使用之前，它們是不具有法律地位，這樣的情形並不是「必然的」。認爲這種情形是必然的主張，若非僅僅是教條的，那麼就是未能在某些體系中區別必然的情形與可能的情形。如果以某些特定方式制訂出來的成文法，在法院將其適用於特定個案之前就已經是法律的話，爲什麼某些特定種類的習慣不應該也是如此呢？正如法院將立法者所制訂的是法律，視爲具有拘束力的一樣，法院爲什麼不承認另一種一般性原則：即視某種特定習慣爲法律，並具有拘束力？當特定案件提出時，如果法院適用習慣就像適用成文法一樣，是已經存在的法律，而之所以適用它是因爲它是法律，這種情況有何荒謬之處？當然，有可能在某個法體系中，在法院於其無限制的裁量中宣告某個習慣規則應該擁有法律地位之前，沒有任何習慣規則應該擁有法律地位。但這僅是可能的情形之一，並不排除其他的可能性，因爲在某些體系中法院並沒有這樣的裁量權。如果是這樣的話，如何能夠主張在法院適用之前，習慣規則不能擁有法律地位？

對這些異議的回答，有時僅是一種教條的重申，亦即除非某人下達命令，沒有任何東西能夠是法律。因此，關於上述法院對於成文法和習慣間的平行關係加以駁斥的理由就是，在法院適用之前，成文法已經以「命令」的方式被下達，而習慣卻沒有。較不教條的論證也是不適當的，因爲這些論證包含太多針對特定體系的特殊措置。在英國的法律中，如果某項習慣未能通過「合理的」的檢驗，此項習慣則可能爲法院所拒絕；這件事實有時被用來說明：在法院適用之前，習慣並不是法律。而這樣的說法頂多只是證明了在英國法律中有關習慣的某個東西。如同某些人所主張的，這樣的說法甚至是不能成立，除非以下對兩種不同體系的區別是沒有意義的：一種是，法院只接受某些合理的習慣規則拘束並加以適用的體系，另一種是法院具有無限制裁量權的體系。

關於主張習慣乃因主權者之默示命令而獲得法律地位的理論，第二個批判更爲重要。即使我們承認，直到法院將其強制執行於特定個案之前，習慣並不是法律，我們有可能將主權者的未加干涉，當成是這些規則應該被服從之默示表達嗎？甚至在第六三頁軍隊的簡單例子中，將軍對中士的命令並未加干涉，因爲這個事實而認爲將軍希望這些命令被服從，這並不是一個必然的推論。將軍可能只是想要安撫一名重要的下屬，並且希望士兵們會找出某種避免雜役的方法。無疑地，在某些情況中，我們可以推論將軍想要士兵持續進行雜役，但是如果我們這樣推論，我們所憑恃的證據必須是基於以下事實，即這位將軍知道了這些命令已被下達，而他有時間考慮這些命令，然後決定什麼都不做。對於使用主權者默示表達其意志的概念來說明習慣的法律地位，對這種論點的主要異議是，在任何現代國家之中，少有可能將這樣的認識、考慮以及不干涉的決定歸諸「主權者」，不論我們是將最高的立法者抑或是全體選民確認爲主權者。當然，在大部分的法體系中，習慣是一項次於成文法的法源。這表示立法者「能夠」取走習慣的法律地位，但若未如此做，也不表示立法者不願意除去習慣的法律地位。立法者很少（全體選民則更少）會去注意法院所適用的習慣規則。因此，他們的不干涉不能與將軍對於中士的不干涉相提並論（即使我們有意的從其不干涉，推論出中士的命令要被遵守的意願）。

那麼習慣的法律承認存在於什麼？如果習慣的法律地位不是從法院將其適用於個案的命令獲得，或者不是從最高立法權力的默示命令獲得，那它是從何處獲得法律地位的？在法院適用它之前，它如何能夠像成文法一樣是法律呢？對這些問題的完整回答，只有當我們詳細考察以下學說（我們將在下一章進行）之後才能得到：這個論點是，只要有法律存在，就一定存在著某個或某些主權者，他們所下達的一般性命令（明示的或默示的），就是法律。此時，我們可以將本章的結論摘要如下：

法律作爲脅迫命令的理論，一開始即遇上這樣的異議，即所有體系中都存在著與這個描述不符的多樣性的法律，主要有三個方面。第一、即使是刑法（此與脅迫命令最爲相近），其適用範圍通常也與下達於他者之命令有所不同；因爲這樣的法律可能同時課予制訂者和他者義務。第二、其他的成文法與命令亦不相同，他們並非要求人們去做某些事，而是授予權力給他們；他們並不課予義務，而是在法律之強制架構下，爲法律之權利義務的自由創設提供便利條件。第三、雖然成文法的制訂在某些方面類似於命令的下達，但是有某些法律規則是源自於習慣，並且其法律地位之獲得，並非因爲任何像這樣有意識的法律創設行爲。（原注12）

面對這些異議，爲了替這個理論辯護，捍衛者採取了各式各樣的處置。那個最初以「制裁」爲威脅的簡單觀念，被延伸至包含了法律行爲的無效；對法律規則的觀念加以窄化，以便排除授予權力規則，而使其成爲僅僅是法律的片段；從自我拘束之立法者的單一自然人格之中發現兩個人格；將命令的觀念從意志之言辭表達，擴張至對下位者命令不干涉的「默示」表達。儘管這些處置的構想是如此的精巧，以威脅爲後盾之命令的模型，對於法律所遮蔽的遠比所揭露的來得更多；將各式各樣的法律化約成單一簡單形式的努力，結果是將虛僞的統一性強加於法律。的確，在此尋求統一性可能是一項錯誤，因爲，如同我們將在第五章論證的，法律的一個（如果不是唯一的）區別特質，就在於它融合了不同類型的規則。

第四章

主權者與臣民

對於法律作爲脅迫命令這個簡單模型的批判，迄今我們尚未提出關於「主權者」的問題；據此概念，主權者的一般性命令構成了社會的法律。我們在討論用「以威脅爲後盾的命令」來說明法律的多樣性是否適當時，的確做了以下暫時的假定：即在任何存在著法律的社會中，實際上就存在著主權者，並且藉由服從的習慣，同時以肯定的和否定的方式指出主權者的特質，主權者可能是某個人或某些人，他的命令爲社會的大多數人習慣性的服從，但他對任何其他人並無習慣性的服從。

現在我們必須稍微仔細地考慮這個關於所有法體系之基礎的一般性理論；因爲，不管這個理論如何地簡單，主權學說至少有下述內容：在每一個有法律的人類社會，各式各樣的政治形式之中（不論是民主體制或專制王權），最終皆可發現習慣性服從的臣民，與不對任何人習慣性服從的主權者這種簡單關係。根據這個理論，這個由主權者和臣民所構成的垂直結構，就像人的脊椎骨一樣，是一個擁有法律的社會所不可或缺的要素。當這個要素存在時，我們可以說這個社會（包括其主權者）是一個單一的獨立國家，並且可以談論它的法律；當這個要素不存在時，我們就無法使用這樣的表述，因爲根據這個理論，主權者與臣民的關係形成這些表述的核心意義。（原注1）

這個學說有兩點特別重要，爲了指出在本章中仔細進行的批判思路，我們將在此處以一般用語強調這兩點。第一點是關於服從之習慣的觀念。就作爲主權者之法律所適用對象的那些人而言，「習慣」正是他們必須具備的。在此，我們將探究這樣的習慣是否足以說明大多數法體系的兩個顯著特徵：一是立法權威的**連續性**（continuity），因不同立法者間承繼而擁有之立法權威的連續性；二是法律的**持續性**（persistence），在立法者和習慣性地服從立法者的那些人死去很久之後，法律仍具有持續性。我們所強調的第二點是關於主權者在法律之上所據之地位：相對於他爲其他人創設法律，因此強加法律義務或「限制」予他們，並宣稱他自己在法律上是沒有限制的和不可限制的。在此，我們將探究這個最高立法者在法律上不可限制的地位，對於法律的存在是否必然，以及立法權力之法律限制的有無，是否能夠以習慣和服從這兩個簡單的語詞來加以分析。

第一節 服從的習慣與法律的連續性

服從的觀念有其複雜性，但就像許多其他看起來簡單的觀念一樣，它經常在未經慎思熟慮的情形下被使用。我們將略過之前已經注意到的複雜性，也就是「服從」這個語詞經常暗示著對權威的遵從，而非僅僅是對以威脅爲後盾之命令的順從。即使如此，就算是在面對面下達單一命令的情形中，也不容易精確地說明，在命令的下達和指定行爲的履行之間必須有什麼樣的關聯，使得後者應該構成「服從」。例如：在沒有任何命令的情形下，被命令的人當然也曾做過與命令一模一樣的事，當這是一個事實時，這個事實的相關性是什麼？在法律的情形中，這些困難特別明顯，有一些法律禁止人們去做某些許多人從來就不會想去做的事。直到這些難處被解決之前，對某個國家之法律普遍服從的習慣，這整個觀念一定還會有某種程度的模糊性。然而，就我們當前的目的而言，我們可以想像一個相當簡單的例子，而人們也許會承認這個例子，是關於「習慣」和「服從」等語詞一個相當明顯的應用。

我們假設：有一群人生活在長久以來由專制君主王朝統治的領土，國王雷克斯★藉由以威脅爲

★譯按：Rex意指君王。

後盾的一般性命令來管理他的人民，也就是以這些命令要求人民，去作各種他們若不受到要求就不會去做的事，以及避免去做某些他們若不受到要求就會去做的事；雖然在政權統治之初有些不穩定，但是當動亂平定已久，一般而言，我們可以相信人民是服從於雷克斯的。因爲雷克斯的要求通常是艱鉅繁重的，而冒著處罰之風險去不服從他的誘惑又相當大，就語詞的完整意義而言，我們很難認爲，這樣的服從屬於「習慣」或「習慣性的」。人們的確眞的能夠養成這種對某些法律的遵守習慣：對英國人來講，靠道路的左邊開車也許就是這種習慣的一個典範。但是在法律遇到強烈之不服從傾向的地方，例如：當法律要求納稅時，雖然我們最終還是規律地遵守這些法律，但這卻不具有習慣之未反思的、不費力的、以及根深蒂固的性格。然而，雖然對於雷克斯的服從總是缺少習慣的這個要素，但是它卻具有其他重要的要素。我們說，某個人有某個習慣，例如：早餐的時候看報紙，這表示在過去相當長的一段時間裡，他都是這麼做，而且他也極可能重複這個行爲。如果是這樣的話，那我們可以說在這想像社群中的大多數人，在最初動亂時期之後的任何時刻，他們一直普遍地服從雷克斯的命令，而且極可能繼續這樣做。

必須注意的是，在這個對於雷克斯統治下之社會境況的說明中，服從習慣是每一位臣民和雷克斯之間的個人關係：每一個人皆規律性地去作雷克斯命令他去作的事。如果我們說大眾「有這樣的習慣」，就像斷言人們在週末晚上習慣地到酒館去一樣，這只是意味著大多數人的習慣是趨向群體習慣的（convergent）：他們每一個人習慣地服從雷克斯，正如他們可能每一個人在週末晚上習慣地到酒館去。

我們可以看到，在這個相當簡單的境況之中，爲使雷克斯成爲社群之主權者，其所有必要條件是，人民大衆的個人服從行爲。對他們每一個人而言，他只需要服從；而且只要服從規律性地出現，社群中的任何人皆不需要表達，關於他自己或其他人對雷克斯服從的任何看法，是否正確、適當、或是被正當要求的。顯然，爲了盡可能完全的適用服從習慣這個概念，我們所描述的社會是相當簡單的。這樣的社會很可能太過於簡單，而在任何地方皆不曾存在過，而且它當然也不是原始社會；因爲原始社會對於像雷克斯那樣的專制統治者所知甚少，而且它的成員所關心的通常不只是服從；尚且以作爲所有關係人的姿態，提出有關服從之正確性的看法。雖然如此，但是雷克斯統治下的社會，無疑具有以法律治理社會（a society governed by law）的某些重要徵兆，至少在他活著的時候是這樣的。甚至，它具有某種統一性（unity），使得我們可以稱之爲「國家」（a state）。這個統一性是由以下的事實所構成，即它的成員服從於同一個人，即使他們對於這樣做的正確性，可能沒有任何看法。

現在我們假設，在成功的統治之後，雷克斯駕崩，留下了他的兒子雷克斯二世，且由雷克斯二世開始來發佈一般命令。對於雷克斯一世在世時，人民對他普遍服從的習慣，這個單純的事實本身並不表示，雷克斯二世也將會被習慣地服從。因此，除了對雷克斯一世服從的事實，以及他會繼續被服從的可能性之外，如果我們沒有進一步的東西來繼續討論的話，我們就不能夠說，雷克斯二世的第一道命令是由主權者所下達，因此是法律，但是我們可以說雷克斯一世的最後一道命令是這樣的。因爲到目前爲止，對於雷克斯二世尚未建立任何的服從習慣。依據這個理論，在我們能夠說雷克斯二世現在是主權者而他的命令就是法律之前，我們必須等著瞧，雷克斯二世是否會像他父親一樣獲得這樣的服從。但是並沒有任何東西使他一開始就成爲主權者。只有在我們知道他的命令已經被服從了一段時間之後，我們才能夠說，服從習慣已被建立起來。此時，我們才能夠說，任何之後的命令只要被發佈，即使在被服從之前，已經是法律了。在達到這個階段之前，會有一個無法制定任何法律的過渡時期。

這樣的事態當然是可能的，而且在動亂時期有時的確如此：但是這個不連續的危險是明顯的，且通常是人們所要避免的。然而，法體系的特性之一就在於，即使在絕對王權之中，藉由使從一立法者過渡到另一立法者得以進行的規則，來確保立法權力不被中斷的連續性：這些規則預先規範了繼承事宜，以一般性的措辭，任命或指定立法者的資格，或確定立法者的方式。在現代民主體制中，這些資格具有高度的複雜性，而這與立法機構是由經常變動的成員所構成相關，但是，在適於我們所想像之王國這種較爲簡單的形式中，法律的連續性仍爲其規則本質所必備。如果此項規則規定了長子繼承，則雷克斯二世就有**資格**（title）繼承他的父親。在他父親死亡的那一個時點，他就已擁有立法的**權利**（right），並且我們有好的理由說，當他發佈第一批命令時，在他個人與其臣民之間有時間建立任何習慣服從關係之前，它們已經是法律了。的確，這樣一種關係可能從來就未曾建立。但是他所說的話可以是法律；因爲雷克斯二世可能在發佈第一批命令之後，隨即死亡；來不及活到獲得服從，但是他仍舊可以擁有立法的權利，並且他的命令可以是法律。（原注2）

在透過個別立法者之改變來說明立法權力的連續性時，我們很自然地使用「繼承規則」、「資格」、「繼承的權利」，以及「立法的權利」等等之表述。然而很明顯地，伴隨著這些表述，我們引進了一組新的要素，這些要素無法以對一般命令之服從習慣的角度來加以說明，而我們從這個角度，依照主權理論的方法，建構了雷克斯一世簡單的法律世界。因爲在那個世界裡，沒有任何的規則，也沒有權利或資格，因此更不用說沒有繼承之權利或資格了：此處只有這樣的事實，即雷克斯一世下達了命令，而他的命令習慣地獲得服從。就在雷克斯有生之年，將之構成主權者，並且使其命令成爲法律而言，我們並不需要更多的東西；但是，這樣並不足以說明其繼承者之權利。事實上，當一位立法者繼承另一位立法者時，習慣服從的觀念在兩個雖然相關但卻不同的面向上，無法說明我們在每一個正常法體系中所觀察到的連續性。首先，對一立法者所下達之命令的單純服從習慣，並不能夠授予新立法者任何繼承的權利，以及以自己名義下達命令的權利。其次，服從習慣本身並不能夠提供「新立法者的命令將會獲得服從」這件事任何的可能性，或者說有這樣的預設。如果說在繼承的時刻，必須有著這樣的權利和預設，則在前一位立法者統治期間，在社會的某個地方，一定有著比任何能夠以服從習慣之措辭來描述更爲複雜的、一般的社會實踐：一定有著對這種規則的接受，即授予新立法者繼承資格的規則。

這個更爲複雜的實踐是什麼？什麼是規則的接受？在此，我們必須繼續在第一章中已經概略論述的研究。爲了回答這些問題，我們必須暫時偏離法律規則這個特殊的情況。習慣與規則有如何之差異？我們說，一個群體有著某種習慣，例如：週六夜晚去看電影，和說一個群體有這樣的規則，即進教堂時男士必須脫帽，這兩者之間有什麼差異？在第一章中，我們已經提及某些要素，這些要素在分析這個類型之規則時，必須被帶入，而此處我們必須再作進一步的分析。

社會規則和習慣之間，當然有著類似之點：這兩種情形中所涉及的行爲（例如：在教堂中脫帽）必須是一般的，但未必是一成不變的；此乃意謂，當情況出現時，群體中的大多數人都會重複這個行爲。誠如我們說過的，這是以下短語所蘊含的意思：「他們的行爲彷彿遵循規則一樣。」

（They do it as a rule.）[1]雖然有相似處，但是兩者之間仍有三個顯著差異。（原注3）

首先，對群體而言，成員的行爲在事實上與群體一致（convergence），即足以形成習慣。偏離此規律性行爲，並不必然會受到任何形式的批判。但是這種一般性的趨向群體行爲，或甚至是行爲的同一性，並不足以構成一個規則的存在以要求該行爲：雖然隨著類型不同的規則，會有不同形式的批判與壓力，一般來講，在此種規則存在之處，偏離被視爲將導致批判的過失或錯誤，並且有偏離之虞的行爲也會遭遇要求遵從的壓力。

其次，在此種規則存在之處，不但在實際上有這樣的批判，並且對標準的偏離，普遍地被認爲是受到批判的好理由。在這個意義上，對於偏離的批判被視爲正當的，或是被證立的；當有偏離之虞的行爲出現，從而發生要求遵從標準的情形，亦是如此。而且，除了少數頑固的違犯者之外，批判者與被批判者雙方，皆普遍地接受這樣的批判與要求，認爲批判和要求是正當的，或者是有好理由的。爲了確保群體中有某個規則的陳述爲眞，群體中必須要有多少人以各式各樣的方式，將規律的行爲模式視爲批判的標準？他們必須多常這麼做和做多久？這些並非是明確的事；但是比起一個人頭髮得多麼少才算禿頭的問題，這樣的問題並非特別令人困擾。我們只需記著，群體存在某項規則，與少數人不但違反此項規則，並且拒絕將之視爲自己或他人行爲標準的現象是相容的。

第三個區分社會規則與習慣的特徵，已經隱含在我們之前討論過的內容當中，但是它是如此地重要，以及在法理學中如此經常地被忽視或錯誤地呈現，以致我們在此要仔細討論。在本書中，我們將稱這個特徵爲規則的**內在面向**（the internal aspect of rules）[2]。當某個習慣在社會群體中是普遍的，這個**普遍性**（generality）只是一個關於群體大多數人可觀察之行爲的事實。爲了使這樣的習慣存在，群體的任何成員並不需要以任何的方式想到普遍的行為，或者即使知道所涉及的行為是普遍的；他們仍舊不太需要努力去教導它，或意圖去維持它。只要每一個人自身以其他人事實上也在做的方式，來行為舉止就足夠了。相反地，如果社會規則要存在的話，至少某些人必須將該行為，視為整個群體所必須遵從的普遍標準。社會規則除了外在面向之外，尚有「內在」面向，而外在面向是與社會習慣所共享，並且外在面向表現於觀察者所能夠記錄之規律統一的行為。

這個規則的內在面向，可以從任何遊戲規則獲得簡單的證明。西洋棋的遊戲者並非僅僅是擁有這樣類似的習慣，即以相同的方式移動皇后（Queen）。這一點是外在觀察者所能夠記錄的，可是這個觀察者對於遊戲者對移動棋子的態度一無所知。除此之外，遊戲者對於這個行為模式有著反思

1 對哈特主張規則的「實踐理論」之批評，見G. J. Warnock, *The Object of Morality*（Methuen, 1971）, chap. 4; Ronald Dworkin, *Taking Rights Seriously* 48-58; Joseph Raz, *Practical Reason and Norms* 49-58。後來哈特由命令的觀念提出規則的另一種主張。他認為命令是不容置疑的，例如要「排除或斷絕聽者對做那個行為之利弊的獨立思考」，命令是「獨立於內容的」，「不受該行為本質或特質影響的一種理由」。他表示「一個社會普遍承認命令者的話語為行動不容置疑的理由，就是一種社會規則」。H. L. A. Hart, 'Commands and Authoritative Legal Reasons', chap. 10, *Essays on Bentham*。「獨立於內容的」理由這個概念，哈特闡釋於'Legal and Moral Obligation' in A. I. Melden ed., *Essays in Moral Philosophy*（University of Washington Press, 1958）82-107。觀念開展於Joseph Raz, *The Morality of Freedom*（Oxford University Press, 1986）chap. 2; Leslie Green, *The Authority of the State*（Oxford University Press, 1990）36-42。批評可見P. Markwick, 'Law and Content-Independent Reasons', 2000, 20 *Oxford Journal of Legal Studies* 579。

2 哈特經常交替使用「內在觀點」與「內在面向」。討論一般的概念，見Neil MacCormick, *H. L. A. Hart*, 29-40。討論其中歧異，見Stephen Perry,'Hart on Social Rules and the Foundations of Law: Liberating the Internal Point of View' ,2006, 75 *Fordham Law Review* 1171; Scott J. Shapiro, 'What is the Internal Point of View?', 2006, 75 *Fordham Law Review* 1157。這種方法論在法理論上的重要性，見Joseph Raz, *Between Authority and Interpretation*, chap. 2。對此方法論的批評，見Stephen Perry, 'Interpretation and Methodology in Legal Theory' inAndrei Marmor ed., *Law and Interpretation*（Oxford University Press, 1997）; John Finnis, *Natural Law and Natural Rights*, chap. 1; Julie Dickson, *Evaluation and Legal Theory*（Hart Publishing, 2001）, chaps. 2-4。

批判的態度：他們將此視爲所有參與遊戲者的標準。每一個遊戲者不僅自己以特定方式移動皇后，並且對於所有以那種方式移動皇后之適當性「有所看法」。這些看法可從以下的情形中表現出來：當偏離行爲發生或有發生之虞時，他們會去批判別人和要求他人遵從，並且當受到這樣的批判和要求時，承認其正當性。對於這樣的批判、要求和承認，我們使用著廣泛的「規範性」語言。「我（你）不應該那樣地移動皇后」，「我（你）必須那樣做」，「那是對的」，「那是錯的」。

規則的內在面向經常被錯誤地呈現爲只是一種「情感」問題，對比於外在可觀察的物理行爲。無疑地，當社會群體普遍接受規則，並且以社會批判與遵從的壓力支持規則時，個人可能通常會感受到類似限制或強制的心理經驗。當他們說以某些方式來舉止會「感到拘束」時，實際上他們可能指的是這些經驗。但是這樣的感覺對於「強制性」規則的存在，既非必要，亦非充分。但如果人們接受特定的規則，卻沒有經驗到任何這種強制的感覺，這種說法也並沒有任何矛盾。所必要的條件是，對於特定行爲模式被視爲共同標準，應持有反思批判的態度，而這個態度應在評論中（包括自我批判）表現出來，以及對遵從的要求，和承認這樣的批判與要求是正當的；而所有這些我們在以下規範性術語之中，找到其獨特之表達，即「應當」（ought）、「必須」（must）與「應該」（should），「對的」（right）和「錯的」（wrong）。

這些是區分社會規則與單純社會習慣的關鍵性特徵，記著這些特徵，我們可以再回到法律的問題上來。我們可以假定，我們的社會群體不但擁有規則使某種可見的特定行爲成爲標準，就像關於教堂中脫帽的規則；並且也有這樣的規則，以較間接的方式，就某特定人口頭或書面的言辭，來鑑別行爲的標準。這項規則最簡單的形式可能是這樣，即任何雷克斯所規定的行動（也許是以某種正式的方式），都必須去做。這使得我們最初對雷克斯之單純服從習慣所描繪的情況發生了轉化；因爲在此種規則被接受的情形下，實際上雷克斯不僅僅規定必須做的事，並且他也有權利做規定；並且，人們不僅對其命令普遍服從，同時也普遍接受，服從雷克斯是對的。雷克斯在事實上將成爲擁有立法權威的立法者，也就是說，引進新的行爲標準到群體的生活之中，並且既然我們現在所關注的是標準而非「命令」，則我們沒有理由認爲，雷克斯不應該受他自己立法之拘束。

就所有要點而言，此種立法權威的社會實踐基礎，簡單直接之行爲規則（就像關於教堂中脫帽之規則，我們現在可以將之區別爲單純的慣例規則）的社會實踐是相同的，它們皆以相同的方式有別於一般習慣。雷克斯的言辭現在成爲行爲的標準，因此對其所指示之行爲的偏離，將會遭到批判；人們現在普遍根據他的言辭來證立批判和遵從的要求，並且這樣的證立方式也爲人們普遍地接受。

爲了瞭解如何以這樣的規則來說明立法權力的連續性，我們只需要注意到，在某些情形中，即使在新立法者開始立法之前，很清楚地，已經有個穩固建立的規則授予他（作爲某個階級或世系的一員）可以這麼做的權利。因此，我們會發現，該群體普遍地接受，其言辭必須被服從的人並不限於雷克斯一世個人，而是以特定方式具有資格的人，例如：某個祖先之直系嫡長後代：雷克斯一世不過是在特定時期，具有如此資格之特定的人罷了。不同於對雷克斯一世服從的習慣，此種規則是前瞻性的，因爲它適用於未來可能的立法者，以及現在實際的立法者。

此種規則的接受和存在，在雷克斯一世有生之年，部分表現在對他的服從，並且也表現在承認他於一般規則下所獲得之資格，以及有權利獲得服從。正是因爲在特定時點被群體所接受的規則，可以用這個一般化的方式適用於未來立法者職務之繼承者，該規則的接受提供了我們以下兩種陳述的基礎：即「繼承者有權利立法，即使在他實際上開始這麼做之前」的法律陳述，以及「他極可能地獲得與其前人相同之服從」的事實陳述。

當然，社會在某個時期對規則的接受，並不保證規則的繼續存在。這個社會可能會發生革命，而可能不再接受該規則。這可能發生在雷克斯一世在位的時候，或者發生在新立法者（如雷克斯二世）接位之際。如果這眞的發生了，則雷克斯一世將會失去立法的權力，或者雷克斯二世將不會獲得立法的權利。的確，狀況可能是模糊的，也就是我們不太清楚，我們所面對的只是叛亂或者舊規則的暫時中斷，還是對舊規則全面地廢棄，這中間可能會有混亂的階段。但是原則上，這個問題是清楚的。「新立法者有權利立法」的陳述，預設了在社會群體之中，存在著授予他這個權利的規則。如果我們很清楚，現在授予他資格的規則在其前人有生之年即被接受（此規則亦曾授予此前人資格），則在沒有反證的情形下，我們必須假設，該規則並沒有被廢棄，而仍舊存在著。在遊戲中，我們可以觀察到類似的連續性，當沒有證據顯示，從上一局開始，遊戲規則已改變的情形下，計分員仍舊以通常的方式來評估；而爲新的打擊者記下一分。

對於雷克斯一世和雷克斯二世之簡單法律世界的考量，或許已足以顯示，立法權威的連續性，作爲大多數法體系之特性，乃是建立在這種表達出人們對規則之接受的社會實踐之上，這種接受規則的社會實踐不同於單純習慣服從的簡單事實。我們可以將以上的論證摘要如下。即使我們承認，其一般化命令被習慣地服從的人（例如雷克斯），可以稱爲立法者，並且他的命令可以稱爲法律，對於每一位繼承此類立法者的服從習慣，並不足以說明繼承者的繼承權利，以及所導致之立法權力

的連續性。首先，因爲習慣不是「規範性」的；它們不能授予任何人權利或權威。其次，因爲對某 60
一個人之服從習慣，不能適用於其未來繼任的立法者與目前的立法者（但是那些被接受的規則卻能），或者提供他們同樣的服從。所以，存在著對一立法者習慣服從的事實，並不提供「繼承者有權利立法」這個陳述的基礎，亦不提供「他（繼承者）極可能獲得服從」這個事實陳述的基礎。

但是在此，我們必須注意到一個重點，我們將在下一章中完整地討論這一點。這個重點構成了奧斯丁理論的主要觀點之一。爲了呈現被接受的規則與習慣之間的重要差異，我們假設了一個非常簡單的社會形式。在我們離開主權這個面向★之前，我們必須探究，我們對於授予立法權威規則的接受，在何種程度上可以適用到現代國家。在提及我們的簡單社會時，我們似乎認爲，大多數人不但服從法律，並且理解和接受規定繼承立法者之資格的規則。在簡單社會中，情況可能就是這樣；但是在現代國家裡，無論人民如何守法，若是以爲大眾對於成員不斷變動之立法機關的資格規定，會有清楚的認知，這將是荒謬的。認爲現代社會的人民接受這些規則的方式，就像某個小部落的成員可能接受授予其繼任酋長權威的規則，這個觀點是把一般公民根本不會想到的事情，也就是對於憲法事務的理解，硬塞到他們的腦子裡。我們只要求體系中的官員或專家有這樣的理解；法院負有決定什麼是法律的責任，以及律師是當一般公民想知道什麼是法律時的諮詢對象。（原注4）

這些簡單的部落社會與現代國家之間的差異是值得注意的。然而，在什麼意義上，我們會認爲，女王議會立法權威的連續性（在立法者繼任之變動中被保存下來的），是建立在某個基礎規則或者普遍被接受的規則之上？顯然地，在此處普遍接受是一個複雜的現象，這個現象在某個意義上 61

★譯按：即立法權威連續性的面向。

對於一般公民和官員是有所區分的，他們以不同的方式促成規則的普遍接受，也因而構成法體系的存在。我們可以說，體系的官員明確地承認這種授予立法權威的基礎規則：當立法者依據授予他們權力的規則進行立法時，就展現了他們對此的承認；當法院確認由具資格之人所制定的法律時（作爲他們必須適用的法律），就表現了這個承認，而當專家們依據如此被制定出來的法律，以指引一般公民時，也展現了這個承認。一般公民的接受則大體上表現在，對於這些官方運作結果的默認（acquiescence）。他們遵守著以這種方式制定和鑑別出來的法律，並且也提出請求和運用由法律所授予的權力。但是他們可能對法律的源頭或其制定者所知甚少：關於眾多的法律（the laws），某些人可能只知道它們是「法律」（the law），此外就一無所知了。法律禁止了某些一般公民想要去做的事，並且他們知道，如果他們不服從的話，他們可能被警察逮捕，並且被法官判處徒刑。這一點迫使我們從現實的角度，去思考我們稱之爲「法體系之存在」的複雜現象這個相對被動的面向，而這正是堅持法體系的基礎在於對脅迫命令之習慣服從這種理論具說服力的地方。然而，這個理論的弱點卻在於，它模糊或扭曲了法體系存在之現象的其他相對主動的面向。這個面向主要表現在（但並非全然），體系中官員或專家關於法之制定、法之鑑別，以及法之適用等運作之中。如果我們要看清楚這個複雜的社會現象到底是什麼，我們就必須同時觀察這兩個面向。

第二節　法律的持續性

一九九四年英國有一位婦人被控告，並且以違反一七三五年之《巫術法》爲人算命的罪名被判刑。（*R. v. Duncan*, 1944, 1 KB 713）這個生動有趣的例子其實是一個我們非常熟悉的法律現象：幾個世紀前所制定公布的法規，今天仍舊可以是法律。雖然這是我們所熟悉，但是從將法律設想爲由被習慣服從之人所給之命令的簡單體系這種觀點來看，卻無法理解這種方式之法律的持續性。事實上，我們此處的問題，正好和我們之前所考慮之立法權威的連續性問題相反。我們之前的問題是，在服從習慣之簡單體系的基礎上，立法者之職務的繼承者在其個人獲得臣民的習慣性服從之前，他所制定的第一部法律爲何已經是法律。而此處的問題是，先前死了很久的立法者所制定的法律，如何能夠仍舊是這種社會的法律，亦即此社會已不能再說是習慣地服從於先前的立法者？就像在第一個問題的情形中，如果我們將視野限制在立法者的有生之年，對簡單體系而言，並不會產生任何的困難。的確，這麼做似乎相當不錯地說明了，爲什麼即使《巫術法》的規定延伸及於在法國算命的法國公民，該法仍是英國的法律，而不是法國的法律，雖然該法在那些不幸被帶至英國法院面前的法國佬身上，當然是能夠加以適用的。這個簡單的說明是這樣的，相對於英國存在著對制定《巫術法》之人的服從習慣，法國卻沒有。因此它是英國的法律，而不是法國的法律。

但是，我們不能將看待法律的視野限縮在制定者的有生之年，因爲我們必須去說明的特徵正是，法律比其制定者和習慣地服從於制定者的那些人更爲長命的頑固能力。如果《巫術法》對當代法國人而言不是法律，爲什麼對我們而言它仍舊是法律？當然無論怎麼擴張延伸現在所使用的語言，我們現在二十世紀的英國人都無法被說成是習慣地服從於喬治二世及其國會。就這點而言，現在的英國人和過去的法國人是相同的：此二者皆未習慣地服從於《巫術法》的制定者。《巫術法》可能是該政權唯一存活下來的法案，但是它仍舊是英國現在的法律。對於「爲什麼仍舊是法律？」

62

這個問題的回答，原則上和對「為什麼已經是法律？」這個問題的回答是一樣的。這個回答意涵著，以目前所接受之基礎規則的觀念，取代對主權者服從習慣的簡單觀念，這個基礎規則規定了誰的言辭構成了社會的行為標準，也就是誰有權利立法。雖然現在這種規則必須存在，但是在某個意義上，它的關聯性可以是沒有時間限制的：它可能不只是前瞻的，關係到未來立法者的立法運作，並且它也可能是回顧的，即指涉過去的運作。

從雷克斯王朝的簡單角度來呈現的情況是這樣的，每一個立法者，雷克斯一世、二世和三世，可能都由相同的一般規則授予資格，該規則授予直系嫡長子之在世後代立法的權利。當個別統治者死亡，他的立法作品卻繼續存活；因為它是建立在一個為社會相繼之世代所繼續尊重之一般規則的基礎上，即尊重每一位立法者，不論他是存活在什麼時候。在這個簡單的情況之中，雷克斯一世、二世和三世，每一位皆在相同之一般規則下，有資格透過立法引進行為的標準。但是在大部分的法體系之中，問題並非如此地簡單，因為目前人們所接受之承認過去立法為法律的規則，可能與關於當代立法之規則有所不同。但是，假如有目前對基礎規則的接受，則法律的持續性和以下的事實一樣，並沒有任何的神祕，這個事實就是競賽中第一回合的裁判所作成的決定，即使中途競賽隊伍的成員有所更替，對於最後的結果而言，這個決定和第三回合裁判所作的決定一樣，對於最後的結果都相同地有關係。雖然這並不神祕，但是被接受之規則（此規則授予權威於過去、未來和現在立法者之命令）顯然較對現在立法者之服從習慣的觀念，更為複雜和精緻。我們有沒有可能避開這個複雜性，而透過精巧地擴張脅迫命令之簡單設想的方式來展現，使法律的持續性終究還是建立在，對於現在主權者之習慣性服從之較為簡單的事實上？

對此，霍布斯（Thomas Hobbes）有個天才的嘗試，爲邊沁和奧斯丁所贊同，就是：「立法者並不是那個以其權威將法律最初制定出來的人，而是以其權威使得它們現在繼續作爲法律的人。」（*Leviathan*, chap. xxvi）（原注5）如果我們避開規則的觀念，而採取較爲簡單之習慣的觀念，則立法者之「權威」和「權力」還能夠有什麼區分，是很不清楚的。但是，這個引語所表達的一般性論證則是清楚的。這個論證是這樣的，雖然作爲一個歷史問題，法律的來源或源頭，例如：《巫術法》，是過去主權者的立法運作，但是它在二十世紀的英國之所以擁有法律的地位，是由於現在的主權者將之確認爲法律。這項確認並不採取明示命令的形式，就像現在立法者所制定的成文法一樣，而是主權者意志的默示表達。這一點存在於以下的事實，即主權者對於他的代理人（法院，以及可能是行政機關）強制執行很久以前所制定的成文法一事，雖然能干涉，卻不干涉。

這個理論和先前我們已經討論過的默示命令理論是一樣的，我們之前曾用這個理論來說明某些習慣規則之法律地位，而這些習慣規則似乎並非是由任何人在任何時點所下達的命令。當這個理論被用來說明過去之立法如何繼續被確認爲法律時，我們在第三章對這個理論所做的批判，顯得更爲合適。由於法院擁有廣泛的裁量權去拒絕不合理的習慣規則，所以認爲在法院於特定個案中，實際地適用某個習慣規則之前，該習慣規則並不具有法律地位的看法，可能還有一點道理。但是，認爲在法院實際適用於特定個案，以及現在的主權者默認其強制執行之前，過去的「主權者」所制定之成文法不是法律的看法，就沒有什麼道理了。如果這個理論是對的，就表示法院去執行它，並不是因爲它已經是法律：從現在的立法者能夠撤銷過去的立法，卻沒有行使這項權力的事實，就能做出如此的推論，是相當荒謬的。因爲維多利亞時代的制定法和今天女王議會所通過的制定法，於當今英國當然都具有完全同等的法律地位。即使在法院適用這些制定法的個案出現之前，此二者皆已是法律，而且當這樣的個案出現時，法院既適用維多利亞時代的制定法，也適用現代的制定法，因爲它們已經是法律。此二者皆非只有在法院適用它們之後才成爲法律；它們的法律地位同樣都是來自於以下的事實，亦即就目前所接受之規則下，它們都是由具有立法權威的人所制定的，不管這些人是否仍存活於世。

認爲過去的立法在現今的法律地位，來自於現在的立法者對法院適用該法律之默認，其理論不融貫之處可以從其無法說明以下問題，最清楚地看出來。其不融貫之處就是，這個理論無法說明爲什麼現在的法院應該去區分，尚未被撤銷而仍舊爲法律的維多利亞時代法律，和被愛德華七世所撤銷而不再是法律的法律。顯然地，在作這種區分之時，法院（以及法律人或理解這個體系的一般公民）使用了鑑別法律的基礎規則作爲標準，而這個規則包含了過去與現在的立法運作。換言之，對於這兩個制定法的區分，並非建立在「現在的主權者默示地允許執行其一，而不允計執行其二」這樣的認知之上。

這個爲我們所拒絕的理論，其唯一的優點，就是提出了一個模糊的唯實論式的提醒。這個提醒就是，除非體系內的官員，尤其是法院，接受**過去或現在的**立法運作具有權威性，否則這些制定法將會欠缺某種對其法律地位而言不可或缺的要素。但是這種乏味的唯實論，絕不能被誇大成那些有時名之爲「法唯實論」的理論（Legal Realism，或譯爲法律現實主義），法唯實論式的主要特徵，我們稍後將作詳細討論。（參見本書第七章第二、三節。）某些法唯實論式的理論主張，在法院實際適用之前，沒有任何制定法（statute）是法律。對理解法律而言，關鍵的地方在於以下兩個觀點的差異，即「如果制定法要成爲法律，則法院必須接受規定立法機構如何運作以制定法律的規則」這個眞理，和「直到法院適用於特定個案之前，沒有任何東西是法律」這個錯誤的理論。當然，比起那個我們曾批判過的，對法律之持續性的錯誤說明，法唯實論的某些版本，是更荒謬的；因爲他們完全否認，在法院實際適用之前，任何制定法能夠具有法律的地位，無論它們是由過去或現在的主權者所制定。但是，那種旨在說明法律之持續性，而承認在法院適用之前，現在的主權者所制定的法律已經是法律（而認爲過去的主權者所制定的法律已不是法律）的半吊子唯實論，橫跨了兩種理論★，是最糟糕的一種理論型態，而且顯然十分荒謬，這種騎牆的立場是站不住腳的，因爲我們根本無法區別現在的主權者所制定之法律，和以前的主權者所制定而未被撤銷的法律。在被今天的法院適用到特定個案之前，要麼這兩者皆是法律（就像平常法律人所承認的），要麼這兩者皆不是法律（就像徹底的唯實論所主張的）。

第三節　對立法權力的法律限制[3]

在主權者理論之中，臣民有著一般性的服從習慣，而作爲其互補要素的主權者卻沒有任何的這種習慣。他爲其臣民制定法律，並且是立足於任何法律之外來制定的。對於他創造法律的權力，並

3 哈特檢視邊沁法律限制政府的論點，參考'Sovereignty and Legally Limited Government', chap. 9, *Essays on Bentham*。Raz對奧斯丁的評論，見*The Concept of a Legal System*, chap. 2。Geoffrey Marshall 討論奧斯丁的分析對憲法的意涵，見*Constitutional Theory*（Oxford University Press, 1980）, chap. 1, 3。

★ 譯按：即認爲現在的和過去的皆是法律，與現在的和過去的皆不是法律的理論。

不存在而且不能夠存在任何法律限制。重要的是我們要理解到，在這個理論之中，主權者不受法律限制的權力是根據定義而來的：這個理論簡單地聲稱，只有當立法者習慣服從於另一立法者的命令時，才能夠存在對立法權力的法律限制；但是在這樣的情形中，他就不再是主權者了。如果他是主權者，他就不服從任何其他立法者，因此，對他的立法權力就不能夠存在任何的法律限制。這個理論的重要性當然不在於這些定義及其簡單的必然後果，這些後果並沒有告訴我們任何事實。其重要性在於主張，每一個有法律的社會中，皆存在著具有這些屬性的主權者。我們可能必須看到某些法律或政治體制背後的眞相，因爲儘管這些體制告訴我們，所有的法律權力都是有限制的，而且沒有任何人占據著主權者這種法律之外的地位。但是如果我們堅決地搜尋，將會發現如同這個理論所主張的，存在於體制背後的眞實。（原注6）

對於這個理論事實上的主張，我們千萬不可做出錯誤的詮釋，將此主張詮釋成較弱的或較強的主張。這個理論並非只是認爲，在**某些**社會中可以找到不受任何法律限制的主權者，而是認爲**所有**存在著法律的地方，都意味著這樣一個主權者的存在。另一方面，這個理論並不主張，對於主權者的權力並不存在任何的限制，而只是堅持它並不存在任何的法律限制。所以在運用立法權力之時，主權者可能在事實上會聽從民意，這或許是出於害怕蔑視民意的後果，或許是因爲他認爲自己在道德上必須尊重民意。在這個情形中，可能有許多不同的因素影響著他，而如果對民變之恐懼，或道德的信念使得他改變原先想要做的立法，他的確可能會認爲，並且將這些因素說成是對其權力的「限制」。但是它們並不是法律的限制。主權者並不負有任何法律義務限制它不去作違背民意的立法，而且法院在考量眼前的法律是否來自主權者時，並不會接受這樣的論證，即這個法律由於不符民意或道德的要求，所以不能成爲法律，除非有主權者的命令要求法院採納這樣的論證。

作爲對法律的一般性說明，這個理論引人之處相當的明顯。它似乎以令人滿意的簡單形式，回答了兩個主要的問題。當我們找到獲得臣民習慣性的服從而不對任何人習慣服從的主權者，我們能夠做兩件事。首先，我們能夠從他的一般命令中鑑別出某個社會的法律，並且將之區別於許多其他道德的或只是慣習上的規則、原則或標準，儘管社會成員的生活亦受這些標準的管理。其次，在法律領域之中，我們能夠確定我們所面對的，是一個獨立的法體系，或只是某個更大體系的一個附屬部分。

人們經常聲稱，被認爲是單一連續之立法實體（legislative entity）的女王議會，符合這個理論的要件，而國會的主權就表現在它這麼做的事實中。且不論這個信念有多符合眞實世界（第六章將探討這個信念的某些面向），我們當然可以在想像的雷克斯一世的簡單世界中，相當融貫地塑造出這個理論所要求的一切。在考慮現代國家較爲複雜的情形之前，這麼做是十分具有啓發意義，能夠呈現這個理論的意涵。爲了容納我們在第一節對服從習慣之觀念的批判，我們可以捨習慣而以規則的角度來想像這個情況。從這個立足點出發，我們可以想像一個社會，其法院、官員和公民普遍地接受這個規則：不論任何時候雷克斯下達做任何事的命令，他的言辭構成了群體的行爲標準。一個可能的情況是，爲了在這些命令中，區分那些雷克斯不欲使其具有「官方」地位之「私人」願望的表達，以及其他他欲使其具官方地位的命令，他會採用某種特別的輔助規則，規定他以「君王的身份」立法時，所必須使用的特別方式，以區別於他對老婆或女侍長所下達的私人命令。這種關於立法之方式與形式的規則如果要能達成目的，它們就必須被嚴肅看待，儘管它們有時可能會使雷克斯感到不便。雖然我們可以將它們列爲法律規則，但我們卻無需將它們視爲對他立法權力的「限制」，因爲如果他遵從了必要的形式要求，則沒有任何他想要實現的事項，是他所不能對之加以立法的。撇開「形式」（form）不論，其立法權力的「範圍」，在法律上是沒有限制的。（原注7）

對這個法律的一般性理論存在著一種反對意見，認爲不受任何法律限制之主權者的存在（例如，想像社會中的雷克斯），並不是法律存在的必要條件或預設。爲了證明這一點，我們不需要求助於那些是否應該被稱爲「法律」仍然受到爭議與挑戰的制度。因此，我們不需要從習慣法或國際法的體系來作推論，由於這些體系缺乏立法機構，所以某些人希望否認它們可以被稱爲法律。訴諸這些類型的制度是相當不必要的；因爲不受法律限制之主權者的設想，連許多現代國家的法律性格都無法正確地加以呈現，而在這些社會中，沒有人會質疑法律的存在。這些國家之中存在立法機構，而且有時體系內的最高立法權力也絕非不受限制。在成文憲法中，非但有關於立法之形式與方法的規定（這一些我們可以不認爲是限制），來限制立法者的權能，並且也以強加實質限制的方式，將某些事項全部地排除在立法權能的範圍之外。

此外，在檢視現代國家的複雜情況之前，先瞭解到以下事項是有益的，即在以雷克斯爲最高立法者的簡單世界中，「對他立法權力的法律限制」究竟所指爲何，以及爲什麼這是一個完全連貫的觀念。

在雷克斯的簡單社會中，人們可能接受一項規則（不論是否具體表現在成文憲法之中），這項規則規定如果雷克斯的法律將原住居民排除在領土之外，或規定不經審判得以監禁臣民，則任何這樣的法律都將不具效力，並且，所有違反這些條款的法案都將是無效的，而且所有人都應如此的看待它們。即使我們不願意將這種基礎的憲法規則稱爲「法律」（a law），在這種情形中，雷克斯立法的權力確實屈從於法律性質的限制。與罔顧那些他可能常常遵從（即使是違反他的意願）之民意或普遍道德信念的情形不同，雷克斯罔顧這些限制將使得他的立法無效。法院看待這些限制的方式，與看待其他立法者權力所受之道德或事實上之限制的方式完全不同。儘管存在著這些法律限制，雷克斯在這些限制範圍內所制定的法案確實是法律，而且在他的社會中存在著獨立的法體系。

爲了精確地理解這個類型的限制是什麼，我們必須在這個想像的簡單情境中多做停留。我們可能常常以這樣的說法來表述雷克斯的境況，即他不能制定法律規定未經審判即可監禁臣民；將「不能」的意義，對比「某人負有某種不去做某事之法律義務」的意義，是很有啓發性的。當我們說，「你不能在人行道上騎腳踏車」，我們是在後者的意義下使用「不能」。有效地限制體系中最高立法機構之立法權力的憲法，並不是對立法機構強加義務（或者在反面的情況下，人們認爲無須強加）告誡其不得企圖以某些方式來立法，而是規定任何這類的立法必然是無效的。其所強加者並非是法律義務（legal duties），而是法律上的無能力（legal disabilities）。此處之「限制」所意涵的，不是義務的存在，而是法律權力的欠缺。

對雷克斯之立法權力的這種限制，我們大可稱之爲憲法上的限制：但是它們並非只是不爲法院所關心的慣習或道德問題。它們是授予立法權威之規則的一部分，這個規則與法院密切相關，因爲法院以這樣的規則作爲對經立法制定之法案的效力判準。雖然這種限制是法律上的，而非只是道德或慣習上的，但是限制的存在或欠缺，卻不能以雷克斯是否習慣性地服從他人的角度來加以描述。雷克斯大可服從此種限制，並且從來未曾尋求迴避這些限制，雖然可能不存在任何他所習慣服從的人。他所做的僅僅是滿足了制定有效法律所必須具備的要件。或者，他也有可能嘗試發佈與這些限制不一致的命令，來迴避這些限制；但是如果他這樣做，他並未對任何人不服從；他並未違反任何更高之立法者的法律，或違反法律義務。他確實未能制定（雖然他並未違反）一項有效的法律。相反地，在授予雷克斯立法資格的憲法規則中，如果不存在任何對雷克斯立法權威的法律限制，而他卻習慣地服從於泰倫奴斯（Tyrannus）——鄰國的國王——的命令，雷克斯服從於他人的這個事實，既不會剝奪雷克斯所制定之法案的法律地位，也不表示它們是以泰倫奴斯爲最高權威之單一體系的從屬部分。

上述極易理解的推論證實了許多被簡單的主權理論所遮蔽的重點，而這些重點對於理解法體系的基礎極爲重要。我們可以將這些摘要如下：第一，對立法權威的法律限制，並不是由要求立法者去服從某一個更高之立法者的義務所構成，而是由授予他立法資格之規則中，對其立法方式之限制所構成。

第二，爲了證實係爭法案是法律，我們不必追溯到立法者的法案制定（明示的或默示的），而所謂「主權者」或「不受限制的立法者」，是指擁有法律上沒有限制的立法權威，或不習慣性地服從於任何人的那位最高者。相對地，我們必須證實，這項法律是由某個現存之規則授予立法資格的立法者所制定的，而且該規則中未包含任何對立法的限制，就是不存在著任何會影響這個特定法案的規則。

第三，爲了證明在我們面前有一個獨立的法體系，我們不必要去證明，這個法體系之最高的立法者，在法律上是不受限制的，或他並不習慣地服從任何他人。我們必須去證明的僅僅是，授予立法者資格的規則，並未授予更高的權威給那些在其他領土亦具有權威的人。相對地，立法者不屈從於這種境外之權威的事實，並非意謂在他自己的領土內，他擁有毫無限制的權威。

第四，我們必須去區分在法律上不受限制的立法權威，以及雖然受到限制但還是體系中最高的立法機構。即使雷克斯自己的立法受到憲法的限制，但是他仍舊可以撤銷所有其他的立法，在這個意義下，雷克斯有足夠的理由成為當地法律所認為之最高立法權威。

第五，也是最後一點，儘管是否存在著限制立法者立法權能之規則是具有關鍵性的，相對而言，立法者的服從習慣至多只是具有作為某種間接證據的重要性。立法者並未具有對他人之服從習慣這個事實（如果它是一個事實的話），其唯一的相關性就是有時提供了某種（雖然不是決定性的）證據，即根據憲法或法律的規則，他的立法權威並不從屬於其他人。同樣地，立法者的確習慣地服從於其他某個人的這個事實，其唯一的相關性就是，這是他的立法權威依照規則從屬於其他之立法權威的某種證明。

第四節 立法者背後的主權者

在許多現代世界的法體系中，通常被認為是體系內最高立法機構的實體，其立法權力受到法律限制；然而，正如法律的實務工作者和理論家都會同意的，這種立法機構所制定的法案，在其有限權力的範圍內顯然即為法律。在這些情形中，如果我們想要維持「凡是有法之處，就存在著不能以法律來限制的主權者」這個理論，我們就必須在為法律所限制之立法者的背後，找尋這樣一個主權者。我們現在必須考慮的問題是，是否存在著等著我們去發現的主權者？

我們可以暫時忽略某種每一個法體系都必須以某種形式（雖然不必然是成文憲法的形式）擁有的條款，這種條款乃是關於立法者之資格和立法之「方法與形式」的。我們可以將這些條款視爲對於立法者之同一性和立法時必須做些什麼的具體規定，而非對其立法權力範圍的法律限制；然而，事實上，誠如南非之經驗所示（*Harris v. Donges*, 1952, 1 TLR 1245），我們很難給出一般標準，能夠令人滿意地區別出僅僅是關於立法之「方法與形式」的條款或對立法者的界定，與對立法的「實質的」限制。

但是實質限制的明顯例子可以在聯邦憲法中找到，例如美國或澳洲的聯邦憲法。在這些憲法中，中央政府和州或邦之間的權力劃分，以及某些個人權利，是不能夠以通常的立法程序加以改變。不論是州（邦）或聯邦之立法機構的法案，若聲稱要改變聯邦的權力劃分及憲法所保護的個人權利，或者與其不一致，這些法案將會被認爲是越權（ultra vires）的，就其與憲法衝突的部分，法院會宣告爲法律上無效。這種對立法權力之法律限制最有名的例子，就是美國聯邦憲法第五修正案。其中規定，「未經正當法律程序」，不得剝奪任何人之「生命、自由或財產」；當國會所制定的法律抵觸這些規定，或抵觸其他憲法對國會立法權力所做的限制時，該制定法會被法院宣告爲無效。

當然，對於確保憲法條款不爲立法機構之運作所干涉，有著許多不同的設計。在某些情形中，例如：瑞士的情形，某些關於在聯邦底下邦的權利，以及個人權利的條款，雖然在形式上是強制的，卻被看成「僅僅是政治上的」，或者是訓示規定。在這樣的情形中，法院並未擁有管轄權，以「審查」聯邦立法機構的制定法，並宣告它無效，即使該制定法明顯地與關於立法機構運作之適當範圍的憲法條款相衝突。（Art. 113 of the Constitution of Switzerland）美國憲法的某些條款被認爲會引發「政治問題」，當該個案落在這個範疇中時，法院將不會考慮該成文法是否違反了憲法。（原注8）

凡憲法規定對最高立法機構之通常運作的法律限制之處，這些限制本身可能豁免於但也可能未豁免於某些形式的法律變動。此端視憲法當中關於本身之修正案所做之規定的性質。大多數的憲法都包含了廣泛的修正權力，這些權力若非由不同於一般立法機構的機關來行使，就是由一般立法機構的成員以特別的程序來行使。前一種類型之修正權力的例子，就是美國憲法第五條，規定修正案必須由四分之三的州立法機構，或四分之三的州制憲大會所批准；而後一種類型的例子，就是一九〇九年《南非法》（*South Africa Act*）第一五二條關於修正案的規定。但是並非所有的憲法都包含修正權力，而且有時即使存在著這樣的修正權力，某些限制立法機構的憲法條款卻是在修正權力的範圍之外；在此，修正權力本身是受到限制的。即使在美國憲法之中，也可以看到這一點（雖然有些限制已不再具有實務上的重要性）。例如：該憲法第五條規定，「一八〇八年之前所做成之任何修正案，皆不得以任何方式影響第一條第九項的第一和第四條款，以及在未獲同意的情形下，皆不得剝奪任何一州在參議院的平等投票權。」

當立法機構所受到的限制可以由立法機構的成員透過特別程序加以排除時（如南非的情形），把這個立法機構說成是命令理論所要求之不受法律限制的主權者，是大有問題的。這個理論的困難之處，就在於以下的情形，例如在美國對立法機構之限制，只能由被賦予修正權力之特別機關來排除時，或者這些限制全部處於任何修正權力範圍之外時。

在考量這個理論要如何具一致性地說明這些情形，我們必須回憶起人們通常會忽略的一點，即

73

在闡釋這個理論時，即使在英國，奧斯丁本人也**未將**主權者等同於立法機構。（原注9）這是他的看法，雖然根據流行的看法，女王議會的立法權力是不受法律限制的，因此通常被引爲「擁有主權之立法機構」的典範，與「剛性」（rigid）憲法所限制之國會或其他立法機構相對比。然而，奧斯丁的看法是這樣的，在任何民主體制之中，構成或形成擁有主權之主體的，並不是被選出來的代表，而是選民。因此在英國，「精確地來說，下議院的成員僅僅是，將他們選舉出來和任命他們之主體的受託人而已：因此，主權總是歸屬於國王貴族（the Kings Peers），以及下議院的選舉人。」（Austin, *Province of Jurisprudence Determined*, Lecture VI, pp. 230-1）同樣地，他認爲在美國，每一個州的主權，以及「包括由聯邦所產生之國家的主權，乃屬於形成一個集合體之州政權，而州政權所意指的，並非其通常通常立法機構，而是任命其通常立法機構之公民團體。」（Ibid, p. 251）

由此觀點來看，經常性的立法機構不受法律限制之法體系，與立法機構受到法律限制之法體系之間的差異，似乎僅僅是擁有主權之選舉人選擇如何行使其主權之方式的差異罷了。依照這個理論，在英國共享著主權的選舉人，對其主權唯一的直接行使，就在於選舉出國會代表，並且將主權的權力授予他們。就某個意義而言，這個授權是絕對的，因爲，雖然信託乃在於寄望這些代表不會濫用如此授予他們的權力，但是這種情形中的信託卻只是道德拘束力的問題，並且法院對此道德拘束力的關注，並不如其對立法權力之法律限制一般關心。相對地，在美國以及每一個經常性立法機構爲法律所限制的民主體制，選舉人並未將其對主權權力的行使限制在代表的選舉，而是使代表們受到法律的限制。在此，選舉人可能被認爲是高於通常立法機構之「非通常的和隱藏的立法機構」，而通常的立法機構負有法律的「義務」去遵從憲法的限制，以及在發生衝突的情形中，法院將會宣告一般立法機構的法令是無效的。因此，這個理論所要求之免於所有法律限制的主權者，就存在於選舉人中。

顯然在這個理論的進一步延伸中，原本簡單的「主權者」構想經歷了某種程度的精緻化，如果不算是徹底轉型的話。就像我們在本章第一節中所說明的，將主權者作為「社會大多數人所習慣服從之人」的描述，完全可以適用到這樣簡單形式的社會，即在其中雷克斯是個專制君主，而且對於繼任他而成為下一任立法者之事，並沒有任何的規定。而有如此規定存在之處，由此導致之立法權威的連續性（這是現代法體系的一個顯著特徵）並不能以「服從習慣」這種簡單的角度來加以表述，為了能夠表述，必須要有「被接受之規則」的觀念，在這樣的規則下，繼任者在實際上開始立法和獲得服從之前，即有立法的權利了。但是目前將主權者等同於民主國家之選舉人的作法，無論如何是沒有任何道理的，除非我們賦予「服從習慣」和「被習慣服從之人」這些關鍵字相當不同於它們適用在簡單情形中的意義；而且這個意義只有在暗中引進「被接受之規則」的觀念才會清楚。單單就服從習慣和命令的簡單結構是不足以達成這個目標的。

我們可以用許多不同的方式來說明這種情況。我們可以考慮一種民主體制，在其中除了未成年人和精神異常的人以外，其餘的人都是選舉人，而且這些選舉人本身構成了人口的「大多數」，或者如果我們想像一個由精神健全之成年人所構成的簡單社會團體，而這個團體中的所有人都有投票的權利，在這兩種情況中，可以最清楚地呈現上述的論點。如果我們試圖將這些情形中的選舉人當成主權者，並且適用原始理論的定義，我們將會發現，在此社會的「大多數人」習慣地服從於他們自己。因此，最初分割成兩個部分之清楚的社會圖像：發佈命令而不受法律限制的主權者，和具有服從習慣的臣民，就被以下模糊的社會圖像所取代，即社會中的多數人服從於由多數人或全體所頒佈的命令。當然，在此我們既沒有了原始意義的「命令」（即希望他人以特定方式行爲舉止之意圖的表達），也沒有了「服從」。

爲了應付這個批判，我們可以將社會成員的人格區分爲作爲個人的私人資格（private capacity），與作爲選舉人或立法者的公務資格（official capacity）。這樣的區分是完全可以理解的；並且許多法律和政治現象以這樣的方式來呈現的確是最爲自然的；但是即使我們準備採取進一步的步驟，說以公務資格出現的個人構成了被習慣地服從的**另一個人格**，這樣的區分也拯救不了這個主權理論。因爲說某個團體在選舉代表或發佈命令時，他們並不是「作爲個人」，而是「以其公務資格」來行動，如果我們問這種說法是什麼意思，只有透過以下的措辭才能回答，即他們是由特定規則授予資格，並且他們遵從如何做成有效選舉或法律的規則。唯有指涉這樣的規則，我們才能將這個團體所做的事鑑別爲選舉或法律。將這樣的事情歸屬於將它們「做出」的團體，並非如同我們在將某人之口頭或書面的命令歸屬於他時，使用簡單的自然標準。（原注10）

那麼這種規則的存在指的是什麼？既然這些規則界定了社會成員要發揮作爲選舉人的功能（以及爲了達成這個理論的目的——作爲主權者），所必須去做的事，這些規則本身就不能具有由主權者所發佈之命令的地位，因爲除非規則已經存在並且被遵從，否則沒有任何東西可被當成是由主權者所發佈的命令。

那麼我們能夠說，這些規則正是對人民大眾之服從習慣所做的部分描述嗎？在這樣的簡單情形中，主權者是一個單一的個人，若且唯若他以某種方式，例如：以簽名並經認證的書面，來發佈命

76

令，則社會大多數人服從於他，我們可以說（此處使用之習慣觀念受限於第一節中對此概念的反對），規定他必須以此方式立法的規則，正是對社會之服從習慣所做的部分描述：當他以這種方式發佈命令時，他們習慣地服從於他。但是，在主權者不能獨立於規則之外被確認出來的時候，我們就不能夠以這種方式將規則呈現爲僅僅是社會服從於主權者的條件。這些規則構成了主權者，其不僅僅是我們在描述對主權者之服從習慣時，所必須提到的東西。所以在目前的情形中，我們不能說規定選舉人程序的規則，代表了社會服從於作爲選舉人之自身的條件；因爲「作爲選舉人之自身」並非指涉某個撇開規則而仍得以確認的人格。它是以下事實的濃縮，即選舉人在選舉他們的代表時遵從了規則。我們至多可以說（受限於第一節中的反對），這些規則設定了服從於**被選舉出來之人**的條件：但是這會將我們帶回到這個理論的一個形式，即主權者是立法機構，而不是選舉人，而由以下事實所引起的所有困難仍舊沒有解決，即這樣的立法機構可能受制於對其立法權力的法律限制。

反對這個理論的上述論證，就像本章前一節的論證一樣，在以下的意義上是具有根本性的，即這些論證足以歸結爲這樣的主張：這個理論不僅僅在細部上是錯誤的，並且命令、習慣，以及服從等簡單的觀念，對於法律的分析（analysis of law）而言，是不適當的。相反地，我們所需要的是授權規則的觀念（其授權可能是有限的或無限的），這種規則以特定的方式授予某個人或某些人以遵從特定程序之方式來立法的資格。

除了這個理論所使用的概念不恰當，對於那些想要把一般認爲最高的立法機構可能受到法律限制的這件事實包含進這個理論的嘗試，我們也可以提出一些反對意見。如果在這種情形中要將主權者等同於選舉人，則我們有理由要問，即使選舉人擁有無限制的修正權力，而透過這些權力可以將對立法機構之限制全部地加以排除，則這些限制之所以是法律限制，是否是因爲這些限制乃是選舉人所發佈，而爲立法機構所習慣服從的命令？或許我們可以不再持反對意見，認爲把立法權力的法律限制說成是命令乃是一種錯誤，因而我們可以承認這是加於立法權力上的義務。即使如此，我們能夠認爲這些限制就是選舉人默示地命令立法機構去履行的義務嗎？前兩章對默示命令之觀念所提出的所有反對，在此處更爲合用。未能行使其複雜程度有如美國憲法中之規定的修正權力，根本不是選舉人意願如何的充分表徵，倒是選舉人之無知和冷漠的可靠徵兆。在此處，我們確實離那個「將軍」的情形已經很遠，在該情況中那位將軍似乎可合理地被認爲，是默示地命令他的士兵去做那些他知道中士會告訴他們去做的事。

再者，如果存在著某些對立法機構的限制，而這些限制全部都是在選舉人被賦予之修正權力的範圍之外，那麼從這個理論的觀點來看，我們能說些什麼？這不僅僅是可以想像的，並且在某些情形中它是實際的狀況。在此，選舉人即受到法律上的限制，而且雖然選舉人可以被稱作非常態的立法機構，仍舊不能免於法律限制，因此就不是主權者。在此，難道我們要說，整個的社會就是主權者，而這些法律限制乃是它所默示地發佈的命令，因爲它未能背叛這些限制嗎？這樣的說法將使革命和立法的區別無法維持，而這一點也許就是反駁這個說法的一個充足理由。（原注11）

最後，將選舉人當成是主權者的這個理論，至多只是爲存在著選舉人的民主體制提供一個受限制的立法機構罷了。然而，享有受限制之立法權力的世襲君主（例如雷克斯）的觀念，其權力在該體系中是有限的也是最高的，這並沒有任何荒謬之處。

第五章

法律作為初級規則與次級規則的結合

第一節 嶄新的起點

在前面三章我們已經看到了，把法律視爲「主權者之強制命令」的簡單模型，在許多重要面向上未能呈現某些法體系的明顯特徵。爲了證明這一點，我們無須（如同一些早期的批判者所做的）援用國際法或原始法，兩者是否可被稱爲「法律」仍有爭議，或說仍屬「邊緣」的事例；相反地，我們透過指出現代國家的國內法爲人熟悉的特徵，證明這個過於簡單的理論，連作爲法律之典型事例的國內法的特徵都加以扭曲了，甚或完全沒有加以呈現。

這個理論失敗的主要原因相當具有啓發性，值得再次簡述。第一，我們清楚知道，雖然在各式各樣的法律中，刑事成文法（以刑罰來禁止或責令特定行爲）與由某個人對他人下達之強制性性命令最爲相像，但是這樣的成文法與這樣的命令就以下重要面向而言仍是有差異的，即刑法通常亦適用於那些將它制定出來的人，而不僅適用於接受命令的人。第二，有許多其他種類的法律，尤其是那些授予法律上權力的法律，即裁判或立法的權力（公共權力），或者創設或改變法律關係的權力（私人權力），這些法律無法合理被解釋爲強制性命令。第三，有一些法律規則，其起源模式不同於命令，因爲它們並非透過任何接近「明示之規定」（explicit prescription）的方式而產生的。最後一點，以習慣性地被服從和必然免於所有法律限制的「主權者」這個概念來分析法律，未能說明現代法體系所特有之立法權威機構的連續性，而且擁有主權的人或群體並不能等同於現代國家中的選舉人或立法機構。

我們在批判將法律當作主權者之強制命令的設想時，也檢討了很多圍繞著這個簡單模式的附屬構想，這些構想意在犧牲這個理論的簡單性，想要將其從困境中拯救出來。但是這些構想也是失敗的。其中一個構想，就是所謂**默示命令**的觀念。這個觀念無法適用於現代法體系的複雜現況，而只能用於較爲簡單的情況，好比某個將軍經過審慎考慮之後，決定不干涉其下屬所做的命令。其他的構想，諸如將授權規則當成僅僅是義務規則的片段，或將所有的規則都當成只是對官員的指令，都扭曲了這些規則在社會生活中被談論、被思考，以及實際上被使用的情形。我們無法同意這樣的構想，正如我們無法同意所有的遊戲規則「事實上」都只是對裁判和計分員的指示。爲了要調合立法行爲之自我拘束的性格，與主張成文法僅僅對**他人**發佈命令的理論，這些理論家還區別出立法者的官方身分，主張當立法者以官方身分進行立法時，他是在對**其他人**發佈命令，可是這個立法行爲同時拘束處於私人身分的立法者。這個構想本身是完美無瑕的，但是其中卻正好隱含了，人們必須藉此補充這個簡單理論所缺乏的要素，這個要素就是界定「立法行爲必須踐行何種程序」的規則；只有遵從該種規則，立法者才會具有官方身分，以相對於他們做爲一般人民的私人身分。

因此，前面三章是一個理論失敗的紀錄，而我們顯然需要一個新的起點。不過，這個失敗具有啓發性，值得我們仔細地考慮。因爲在這個理論未能與事實相適的每一個點上，我們至少可以大致上看到，這個理論爲什麼必然會失敗，以及一個較佳的理論說明，必須包含哪些重點。這個理論失敗的根本原因是，其所由建構的要素，即命令、服從、習慣和威脅等等觀念，並不包括，或者說不能透過把這些要素組合起來產生「規則」的觀念，而如果沒有這個觀念，我們就連最基本型態的法律也無法說明。的確，規則的觀念絕不簡單：我們已在第三章中看到，如果我們要周延地處理法體系的複雜性，就需要去區分兩種相關但不同類型的規則。在其中一種類型之規則的規範下（這個類型的規則可以被認爲是基本的或初級的類型），不論他們願意不願意，人們都被要求去做或不做某些行爲。另一種類型的規則在某個意義上則是寄生在第一種類型的規則之上，或者說，對第一種類型的規則而言是次級的；因爲它們規定了，人類可以透過做或說某些事，而引入新的、取消或修改舊的初級類型規則，或者以各式各樣的方式確定它們的作用範圍，或控制它們的運作。[1]第一種類型的規則課以義務；第二種類型的規則授予權力，包括公共的或私人的。第一種類型的規則規範的對象是人們具體的行爲或變動；第二種類型的規則規定了不只是具體行爲或變動的規則，也規定了導致責任或義務的創設或改變所需的相關運作方式。

我們對於「在某特定社會團體中，存在著這二種類型的規則」這樣一個主張已經做了初步的分析。在本章之中，我們不只要進一步加深這個分析，而且我們也將提出一個一般性的主張：奧斯丁以爲他在「強制命令」這個觀念中找到了「法律科學之關鍵」，其實眞正的「法律科學之關鍵」就是這二種規則的組合。我們並不主張，在「法」這個字被「妥當地」運用的任何對象上，就一定會找到這個初級規則（primary rules）和次級規則（secondary rules）的組合；因爲，相當清楚地，「法」這個字被運用的對象十分歧異，它們之所以被稱爲「法」並沒有一個簡單的、統一的道理，反而，它們是因爲與被稱爲「法」的核心事例有著各種非直接的關係（通常是形式上或內容上的類比關係），才被賦予「法」這個名稱的。在本章以及後續章節中，我們將試圖說明，如果能夠理解這二種類型的規則以及二者間之相互作用的話，我們就能釐清「法律」的大部分特徵，而這些特徵在過去十分令人困惑，這些困惑激起了人們想要尋求「法律」這個概念之定義的慾望，但卻又使人們不斷地失敗。我們之所以給與這個要素之結合以核心之地位，是因爲它對於構成法學思想之架構的諸多概念，具有強大的說明力量。至於「法」這個字，爲什麼能夠用在這麼多如此異質的對象上，這是個次要的問題。當我們能夠掌握這些核心要素後，我們就可以開始來處理這個問題。

第二節　義務的觀念

將法律當作強制性命令的理論雖然是錯誤的，但是它的出發點卻是基於對以下事實完全正確的 82
掌握，即凡有法律之處，人類的行爲在某個意義上就不是隨意的，或者說是「具義務性的」。這個理論因爲選擇了這個出發點，而得到很大的啓發。因而，當我們要從初級規則和次級規則間相互作用的角度，來對法律進行全新的闡釋時，我們也將從同樣的想法出發。不過，當我們要踏出關鍵的第一步時，我們必須從這個理論的錯誤中學得教訓。[2]

1 哈特使用「初級規則與次級規則」的區別表示以下差異：一、規範的類型（原文頁碼81：初級規則課予義務，次級規則授予權力）。二、目的（原文頁碼94,97：初級規則管治行爲，次級規則管治規則）。三、社會功能（原文頁碼40-41：初級規則指引行爲，次級規則提供工具）。四、重要性（原文頁碼91,235：初級規則是人類社會的根基，次級規則有價值但非必要）。這些差別見Colin Tapper, 'Powers and Secondary Rules of Change' in A. W. B. Simpson ed., *Oxford Essays in Jurisprudence* 248-68; Neil MacCormick, *H. L. A. Hart* 103-6; Joseph Raz, *The Authority of Law*（Oxford University Press, 1979）177-9; P. M. S. Hacker, 'Hart's Philosophy of Law' in P. M. S. Hacker and Joseph Raz eds., *Law, Morality, and Society* 19-21。

2 對於義務的性質，哈特採用的觀點有待探討，見Edgar Page, 'On Being Obliged', 1973, 82 *Mind* 283。以下分析（原文頁碼86-87）是描述由規則「所產生的義務」，但並非一種證立。要注意對哈特而言，「課予義務的規則」與其他規則的區別是程度問題：視服從的壓力有多大，以及這個規則有多重要。哈特對這個問題的重思可見'Legal Duty and Obligation', chap. 6, *Essays on Bentham*。他在上述文本中處理邊沁的觀點並回應德沃金等人的批評，主張法律的責任「指因負有責任而產生或導致的行動，就此而言行動是適當且必要的或從其而來」。這個說法與其早期主張的連結不明。

讓我們回想一下搶匪情境。A命令B交出他的錢，並且威脅他說，如果不遵從的話，就要射殺他。根據強制性命令理論，這個情境闡明了義務或責任的一般觀念。而我們可以在一個擴大了的搶匪情境中，發現法律義務的觀念：A就是被習慣地服從的主權者，並且其命令一定是一般化的，意即它規定了某個種類的行爲，而非某特定的單一的行爲。之所以有人主張搶匪情境能夠顯示出「義務」（obligation）的意義，是因爲我們確實會把這個情境描述爲：如果B服從的話，他就是「被強迫」（obliged）交出錢的。但是，同樣確實的是，如果我們把這些事實描述爲：B「有義務」（had an obligation）或「有責任」（duty）將錢交出，那麼我們就錯誤地描述了這個情境。所以，從一開始就很清楚，爲了理解「義務」觀念，我們尚需要其他的東西。我們必須區分以下兩種說法的差異，即說某人被強迫（was obliged）去做某事，與說他有義務（had an obligation）去做。第一個說法通常是關於行爲人的信念或動機：B被強迫交出他的錢，如同搶匪情境所示，可能只是意謂，他相信如果他不把錢交出，他會遭受某些傷害或不愉快的後果，所以爲了避免那些後果，他將錢交出。在這種情形中，當行動者不服從時所將發生在他身上的事，使得他本來寧願去做的事（比如將錢保留下來），變得遙不可及。

我們現在進一步考慮另外兩個因素，這兩個因素會使被強迫去做某事的觀念，變得稍微複雜一些。有一點似乎是清楚的，那就是根據普通常識的判斷，如果B所受威脅的惡害，相較於若B去遵從命令所會承受之不利益或嚴重後果來說，是微不足道的，例如：A若只是以捏B一下來加以威脅，則我們應該不會認爲B受到了強迫要把錢交出去。同樣地，如果沒有任何合理的根據認爲，A能夠或有可能實現他所威脅的嚴重傷害，或許我們也不應該說B受到了強迫。雖然在「受到強迫」

這個觀念中暗含著根據客觀常識對傷害發生可能性之合理評估，但是說一個人被強迫服從於某個人，大致上仍然是一句指涉被強迫者之信念或動機的心理學陳述。（原注1）相較之下，說某人有義務去做某事的陳述則屬於相當不同的類型，而且我們可以從許多地方看出兩者的差異。因此，儘管在搶匪情境中關於B之行動及其信念和動機的事實，已經足夠讓我們說B被強迫交出他的皮夾，但這些事實卻**不足以**讓我們說他有義務做這件事；而且此類關於信念和動機的事實，不只不足以使「一個人有義務去做某事」這個陳述爲眞，甚至對它而言根本**不是必要的**。所以，說一個人有義務去做某事，例如：說實話或服兵役，這個陳述可以仍舊是眞，即便他相信（無論合理地或不合理地）他永遠不會被發現違反了義務，並且相信不服從的後果沒有什麼好怕的。更甚者，說某人有服兵役的義務，與他事實上是否去服了兵役，在相當程度上是相互獨立的；相對於此，說某人被強迫去做某事，卻通常帶有這樣的意含，即他實際上做了這件事。

有些理論家（奧斯丁也在其中）或許是看到了，人的信念、恐懼和動機與他是否有義務去做某事，並沒有一般的相關性，因此他們並不以這些主觀事實來界定這個觀念，而是以負有義務之人在不服從時，會遭受懲罰或「惡害」的機會或可能性來加以界定。這種界定「義務」概念的方式，沒有把義務的陳述當成心理學的陳述，而是當成對遭受懲罰或「惡害」之機會的一種預言或評估。對許多後來的理論家而言，這是一個太有意義的創見，因爲它將一個難以捉摸的觀念帶回到現實之中，並且以清楚、可靠一如科學用語的經驗性語言加以重述。的確，在「義務」或「責任」觀念的闡釋上，這樣的作法有時被接受爲除了形而上學的設想之外唯一的替代方案，而形而上學的設想將義務或責任當成是神祕地存在於日常可觀察的現實世界「之上」（above）或「背後」（behind）之不可見的客體。儘管把義務陳述視爲某種預測性陳述可以替代形而上學式的闡釋，但是我們仍有許多的理由加以拒斥，而且事實上，這種看法並非是唯一的替代方案。

根本的反對理由是，預測式的詮釋模糊了以下事實，即凡規則存在之處，違反規則的行爲，不僅僅構成預測敵對反應或法院制裁的基礎，而且也是這種反應和制裁的理由或證立。在第四章中，我們已經注意到這個對規則內在面向疏忽的情形，而在本章稍後之處，我們將仔細地說明。

然而，對於義務的預測式詮釋，有第二個較爲簡單的反對理由。如果「某人負有義務」這個陳述的意義就是，他在不服從的情況下極可能遭受損害，那麼在以下的情形中，說「他負有義務」就會產生矛盾，例如：一個人有義務服兵役，但是由於他已逃出該國管轄權之外，或成功地賄賂了警察或法院，從而他連被逮捕或遭受損害的最小機會都沒有。可是，事實上，這麼說並沒有任何的矛盾，而且人們常常這麼說，而毫無理解上的困難。

當然，在正常的法體系中，絕大部分的違法行爲都會受到制裁，因此違法者經常冒著被懲罰的風險；所以，說一個人有義務，與說在不服從的情形中他極可能遭受損害，兩者經常都是眞的。甚至，這兩個陳述的關聯在某種程度上要來得更強。因爲，至少在國內法體系中，除非一般而言極可能對違法者施以制裁，否則說某人負有義務將只有很少，或甚至是沒有用處的。在這個意義下，這種陳述可以說是預設了，說話者相信制裁體系能夠持續而正常地運作，正如同板球中之「他出局了」這個陳述預設了（雖然不是斷言），球員、裁判和計分員將會以通常的步驟來進行比賽。然而，對於義務觀念的理解而言，相當關鍵的一點是瞭解到，說一個人在某規則下負有義務，和預測他在不服從的情形中極可能遭受損害，兩種陳述是不同的。

顯然我們在搶匪情境中是找不到「義務」的，雖然「被強迫去做某事」這個較爲簡單的觀念，可以用該情境中的要素加以界定。爲了闡明法律義務的觀念，我們必須先理解義務的一般觀念；而要理解義務的一般觀念，我們就必須轉向一個有別於搶匪情境的社會情境，其中存在著社會規則，這個情境在兩個方面可以幫助我們理解「某人負有義務」這個陳述的意義。第一，把某些類型的行爲視爲標準的社會規則，其存在是人們做出義務陳述通常的背景或適當的脈絡，儘管人們並不會將它說出來；第二，這種陳述的獨特運作方式是透過把某人的情況涵攝到規則底下，而把該規則適用到他身上。我們在第四章已經看到了，任何社會規則的存在都包含了規律的行爲模式，以及人們將該行爲當作行爲準繩之獨特態度。我們也已經看到，社會規則的種種特性與單純社會習慣的主要歧異所在，以及不同的規範性字彙（「應該」、「必須」、「應當」）如何被用來引起人們對於此行爲標準和違規行爲的注意，並且用來明確地表達以規則爲基礎的要求、批判或承認。在規範性詞語的類型中，「義務」和「責任」這些詞語形成了一個重要的次類型（sub-class），它們帶著某些其他詞語所無法包含的意涵。因此，對義務或責任之觀念的理解而言，掌握在一般層次上區辨社會規則和單純習慣的要素確實是不可或缺的，但是僅止於此是不足夠的。

說某人「有義務」或「負擔義務」的確是隱含著規則的存在；但是在規則存在之處，被規則當作標準的行爲模式並非總是能夠課予人們義務。「他應該有……」（**He ought to have**）和「他有義務……」（**He had an obligation to**）並非總是可以相互替換的表述，儘管它們在以下的面向上是相像的，即兩者皆暗暗指向既存之行爲標準，或者皆用來從一般規則在特定個案中得出結論。禮儀或正確說話的規則當然是規則：它們不僅僅是眾人偶然輻合而成的習慣或規律的行爲；人們教授這些規則，而且努力地加以維持；我們援引這些規則，以典型的規範性字彙來批判我們自己和其他人的行爲：「妳應該脫掉妳的帽子」，「說『you was』是錯誤的」。但是若有人把「義務」或「責任」這些詞語用在這些規則上，就會使人大惑不解，而這不只是文體上的古怪而已。他將錯誤地描述這個社會情境，因爲雖然義務規則和其他規則的界線在許多點上是模糊的，但是這個區分主要的思路是相當清楚的。

當人們對遵從某規則的一般要求是持續且強烈的，而且對那些違反或有違反之虞之人所施加之社會壓力是強大的時，我們會將此規則當作並說成是課予義務。這種規則可能完全是源自於慣習：對於規則的違犯可能不存在任何集中地組織起來的懲罰體系，或者社會壓力的形式可能只是廣佈的敵意或批評，而未達到身體上或實質上制裁的程度。它可能僅限於在言辭上表明不贊同，或對違規者訴諸他對他違反之規則的尊重；也可能極爲仰賴人們的羞恥心、良心責備和罪惡感等情感的作用。當某規則所施加的壓力是剛剛最後提及的那種壓力時，我們可能會將這些規則歸類爲該社會群體的道德，而在這些規則之下的義務即屬道德義務。相反地，當某規則所施加之壓力主要或經常是身體上或實質上的制裁時，即使這些制裁並非由官員嚴密地加以界定及執行，而是由社會大眾來實施制裁，我們仍會傾向於將這些規則歸類爲原始或初步形式的法律。當然，我們可能在相同之行爲規則的背後，同時發現這兩種強烈的社會壓力；有時，甚至在這個情形中我們可能無法指出，同一個規則背後的兩種社會壓力，哪一個應該是主要的，哪一個應該是次要的。從而我們所面對的是道德規則或是原始的法律規則這個問題，可能就不容易給出答案。但是就目前而言，我們無需爲劃出法律與道德的界線而停留。重要的是，人們對規則背後之社會壓力的重要性或嚴重性的堅持，是這

87

些規則是否產生義務的主要因素。

義務的這個主要特性很自然地帶出另外兩個特性。由強烈的壓力所支持的規則之所以被認爲是重要的，是因爲人們相信，對社會生活的維持，或對社會生活之某些被高度重視之特徵的維持而言，它們是必要的。比如限制濫用暴力這個明顯不可或缺的規則，就被認爲可以產生義務。同樣地，要求誠實或眞誠、要求遵守承諾，或者規定在社會群體中扮演獨特角色或具獨特功能的人必須要做什麼，諸如此類之規則亦可以被認爲產生「義務」，或者「責任」。其次，我們普遍地承認，這些規則所要求的行爲可能對他人有益，但卻可能與負有義務之人心中所願相衝突。因此，義務和責任在特性上被認爲是包含了犧牲或放棄，而義務或責任與利益之間永遠存在衝突的可能性，在所有的社會中，對法律人和道德家而言，都是不證自明的公理。

「義務」（obligation）這個詞彙中，隱含著拘束負義務之人的「契約」（a bond，亦有「枷鎖」之意）這樣的意象，而「責任」（duty）這個詞彙之中則潛藏著債務（debt）的觀念，這兩個觀念都可以從這三個要素的角度來說明，而這三個要素則將課予義務或責任的規則與其他的規則區分開來。（原注2）在這個經常縈繞於法學思考中的意象中，社會壓力就像是一條束縛著那些負有義務之人的鎖鍊，所以他們無法隨心所欲，恣意而爲。這條鎖鍊的另一端有時爲該群體或官方代表所執，他們堅持負有義務之人必須履行義務，否則就要施加刑罰：有時該團體將此權力信託於私人，使其可以選擇堅持負有義務之人必須履行義務，或者要求給付對他而言等值的行爲或事物。第一種情況象徵著刑法上的責任或義務，而第二種則是象徵了民法上的責任或義務，在民法中，我們認爲私領域中的個人有著與義務相對的權利。

雖然我們所想到的這些意象或隱喻是很自然的，或很有啓發性的，但我們不能容許被它們誤導而對「義務」產生錯誤的想法，以爲「義務」之本質在於那些負有義務之人所經驗到的某種壓力感或強迫感。（原注3）義務規則一般由嚴重的社會壓力所支持的事實，並不必然意味著，在規則之下負有義務，就是經驗到強迫或壓力的感覺。因此，對某個詐欺慣犯的以下說法並沒有任何的矛盾，而且可能通常是眞實的，即他有義務支付租金，但是當他使用完畢而未付錢時，他並未感受到任何要付錢的壓力。感覺到被強迫和負有義務是有差別的，雖然它們經常相互伴隨。將此兩者等同起來，導致人們錯誤地以心理感覺的角度詮釋規則的內在面向（第三章曾提及）。

的確，在我們對預測理論的主張作最後處理之前，規則的內在面向是我們必須再次注意的。因爲預測理論的擁護者有足夠的理由可以問道，如果社會壓力是義務規則如此重要的特徵，爲何我們卻如此強調預測理論之不妥；預測理論是透過違規行爲所招致之懲罰或敵視反應發生的可能性來定義「義務」，而賦予這個特徵以核心的地位。或許有人會覺得下述兩種看法的差別是微不足道的：一種看法將義務陳述視爲，對違規行爲之敵對反應發生可能性的預測或評估，另一種看法，也就是我們的看法，認爲雖然義務陳述預設了違規行爲一般而言會遭到敵對反應這個背景，但是其典型的用法並不是去預測這一點，而是去說某個人的情況落在此種規則的規定底下。可是，這個差別事實上並不是微不足道的。的確，除非這個差別的重要性能夠被掌握，否則我們就不能夠恰當地理解，在規則存在之處，整個人類思考、說話和行動的獨特方式，也就不能了解這些思考、說話和行動方式所建構起來的社會規範結構。[3]

以下我們將再次比較規則的「內在」和「外在」面向，藉以說明爲何此區分對理解法律以及任何社會結構而言如此重要。（原注4）當一個社會群體有著某些行爲規則時，這個事實讓人們得以表達許多緊密相關但卻屬於不同種類的說法；因爲針對規則，人們可以站在觀察者的角度，而本身並不接受規則，或者人們可以站在群體成員的角度，而接受並使用這些規則作爲行爲的指引。我們可以將此兩者分別稱爲「外在」觀點和「內在」觀點。從外在觀點所做出的陳述本身也可能有不同類型。因爲本身未接受規則的觀察者可以斷言，某群體接受了規則，因而他可以從外在指涉他們從內在觀點看待規則的情形。但是，不論規則爲何，不論它們是遊戲規則，例如：西洋棋或槌球規則，或者是道德規則或法律規則，只要願意，我們就能夠站在另一種觀察者的地位來看待規則，這種觀察者甚至不以這種方式點出群體的內在觀點。這種觀察者滿足於記錄可觀察之行爲（對規則的遵從部分地展現在這些行爲之中）的規律性，以及進一步地，伴隨違規行而來之敵對反應、譴責或懲罰的規律性。在一段時間之後，外在的觀察者就可能在觀察到之規律性的基礎上，將違規行爲與敵對反應關聯起來，而能夠在相當程度上成功地做出預測，並且評估違規行爲遭遇敵對反應或懲罰的機會。這種觀察者透過這樣的觀察所取得的知識不僅讓人更了解該群體的生活，並且可以使他能夠生活在這個群體中，而不會有不愉快的後果；相對地，一個企圖在該群體中生活，但缺乏此種知識的人，則不免會嚐到苦果。

3 法律義務的說法通常是實踐的（如行動指引）而非理論的（如行動的預測）。哈特認爲要明白這一點，我們需要從接受課予義務之規則的人的「內部」觀點來理解法律。凱爾生主張以「歸責」的方式理解義務和行動之間的關係，見 *Pure Theory of Law* (tr. Max Knight, University of California Press, 1967) 75-81。Raz主張從「超然」的法律觀點來理解，見 *Practical Reason and Norms* 170-7。以下討論亦有所助益 Kevin Toh, 'Raz on Detachment, Acceptance and Describability', 2007, 27 *Oxford Journal of Legal Studies* 403。

然而，如果觀察者眞的嚴守這個極端的外在觀點，並且對接受規則之群體成員如何看待他們自己的規律行爲，沒有提出任何的說明，他就沒有辦法從規則的角度，也不能從建立在規則上的「義務」及「責任」的角度來描述他們的生活。相反地，這樣的描述將是以行爲可觀察之規律性、預測、可能性和徵兆等措辭做成的。對這種觀察者而言，群體中某成員對正常行爲的偏離，將只是敵對反應可能隨之而來的徵兆，而且僅止於此。他的觀點就像是以下那個人的觀點，有個人在交通繁忙的街道上對紅綠燈（行車管制號誌或三色燈光號誌）觀察了一段時間，而只允許自己說：當紅燈亮時，交通極可能會停止。他將燈光當成僅僅是人們將以某種方式舉止的自然徵兆，就像烏雲是將要下雨的徵兆。當他這麼做時，他遺漏了他所觀察的那些人的社會生活的一整個面向，因爲對他們而言，紅燈並非僅僅是其他人將會停下來的一個徵兆，而是要他們停下來的信號（signal），這個信號同時也是他們停下來的理由，因爲他們事實上是在遵守「當紅燈亮時要停下來」這個規則，這個規則使得「紅燈亮時要停下來」成爲行爲的標準和義務。我們若提到這一點，就是把群體看待自己行爲的方式引入我們的說明中，也就是引入了從他們的內在觀點所看到的規則內在面向。

外在觀點可能在相當的程度上呈現了規則在某些群體成員的生活中發揮作用的方式，這些人不接受群體的規則，並且只有在他們判斷不愉快的後果極可能跟隨違規行爲而來時，才會遵守規則。他們的觀點需要用以下的陳述來表達，即「我被強迫去做這件事」，「如果……，我極可能因此而受害」，「如果……，你可能因此而受害」，「如果……，他們將會對你……」。但是他們不需要像「我有義務……」或「你有義務……」之類的表達方式，因爲這些表達方式只有對那些從內在觀點來看待他們自己和其他人之行爲的人，才是必要的。將觀察對象限制在可觀察之行爲規律性上的外在觀點，所不能呈現的，是規則在那些通常是社會多數之人的生活中發揮作爲規則發揮功能的方式。這些人可能是官員、律師或私人，他們在一個接一個的情況中，使用這些規則作爲社會生活中的行爲標準，作爲主張、要求、允許、批判或懲罰的基礎，也就是在所有根據規則運作的常見生活事務中使用規則。對他們而言，規則的違犯不僅僅是預測敵對反應將隨之而來的基礎，同時也是敵視的一個理由。

在任何時刻，任何依照規則（無論是不是法律的規則）運轉的社會生活，皆可能處於以下兩種不同類型的人所構成的緊張關係中。一方面，有一種人接受規則並自願合作以維持規則，並願意從規則的角度來看待自己和他人的行爲；另一方面則是那些拒絕規則的人，他們從外在觀點來看待規則，將之視爲懲罰可能發生的徵兆。任何渴望周延公正地處理此事實之複雜性的法理論，所面對的困難之一就是要同時記得此兩種觀點的存在，避免在界定時遺漏其一。或許我們對義務之預測理論所做的全部批判可以簡單地表示爲：這就是該理論對義務規則之內在面向所做的處理。★

第三節 法律的要素

當然，我們可以想像一個沒有立法機構、法院或任何種類之官職的社會。的確，有許多對原始社群的研究不僅僅主張，這個可能性是已被實現的，而且這些研究也詳細地描述了此種社會的生活，在其中社會控制的唯一手段就是群體對其標準的行爲模式的一般態度，而這正是我們歸屬於義

★譯按：即預測理論遺漏了規則的內在面向。

務規則的特性。此種類型之社會結構通常被稱爲「慣習」式（custom）的社會結構（原注5）；但是我們將不使用這個措辭，因爲這通常意涵著，慣習規則是非常古老的，並且由較其他規則爲小之社會壓力所支持。爲了避免這些意涵，我們將把此種社會結構稱爲課予義務之初級規則（primary rules of obligation）的社會結構。如果某個社會的生活只依靠此種初級規則來維持，則這個社會必須清楚地滿足某些條件，這些條件建立在一些關於人性以及我們所生活之世界的自明之理之上。第一個條件是，這些規則必須以某種形式包含對濫用暴力、偷竊，以及欺騙之限制。人類是會被這些行爲所誘惑的，但他們大體上必須抑制這些行爲，如果人類想要緊密地生活在一起。事實上，在我們所知道的原始社會中，總是可以找到這樣的規則，甚至伴隨著其他各種課予個人種種積極義務的規則，要求人們服務於或貢獻於共同生活。第二，雖然這樣的社會仍可能呈現出我們之前所描述的，存在於接受規則的人和拒絕規則（唯有對社會壓力的恐懼才會使他們遵從規則）的人之間的緊張關係，但是後者顯然只能是少數，假如由體力近乎平等的人如此鬆散地組織起來的社會要維持下去的話：因爲，若非如此，則那些拒絕規則的人所遭受的社會壓力就會小到不足爲懼。這一點也已爲我們對原始社群之知識所肯定，在該社群中，即使有異議分子和爲非作歹者，其他多數人在生活中仍是從內在觀點來看待規則。

對我們現在所要說明的事情而言，以下這點更爲重要。很明顯地，只有因血緣、共同情感和信念而緊密結合，並處於穩定環境的小型社群，始能成功地依賴此種非官方規則的體制而生活。在任何其他的條件下，其結果必定會證實這樣一種簡單形式的社會控制是有缺陷的，並且有必要以不同的方式做補充。首先，這種群體生活所依賴的規則並不會形成一個體系，而只會是一批個別獨立的標準，沒有任何可供鑑別的或共同的標識（當然，它們是特定人類群體所接受的規則這一點除外）。就這點而言，它們近似於我們現代社會中的禮儀規則。因此，如果人們對於規則是什麼，或對於某個既定規則的精確範圍有所疑問，將沒有任何解決這個疑問的程序，不管是訴諸權威性的文本，或者是對此具有權威的官員。因爲，顯然地，這樣一種程序和對權威性文本或人格的承認，隱含著有一種不同於義務規則的規則，而義務規則在我們的假設中是這個群體所唯一擁有的規則。我們可以將僅具初級規則之簡單社會結構中的這個缺陷稱之爲不確定性。

第二個缺陷是初級規則的靜態性格。此種社會所知的唯一的規則變動模式將會是一種緩慢的生長過程：一種曾經被認爲是隨意的行爲，首先變成習慣性或經常性的，然後變成是義務性的；接下來，則經歷反向的衰退過程，起初曾經被嚴厲地處理的偏離行爲開始被容忍，然後就慢慢變得沒有人在乎了。在這樣的社會中，將不存在任何爲適應變動中之環境而刻意變更規則的方法，無論是取消舊規則或引進新規則：因爲，再次地，這樣做的可能性預設了一種不同於「課予義務之初級規則」的規則之存在，然而，在此社會中卻只有初級規則。在一個極端的情形中，此社會中的規則可能在更爲徹底之意義上是靜態的。雖然這種極端的情形或許在任何現實的社群中都不曾存在過，但它卻值得我們加以考慮，因爲對此情形的補救正是法律的性格之一。這個極端的情形就是，在某個原始的社會中非但不存在任何刻意變更一般規則的方法，而且在特定個案中由規則所產生的義務，亦不能透過任何個人的刻意選擇而加以變動或修正。每一個個人將只擁有固定的義務或責任去做或不做某些事。確實，其他人會從這些固定義務的履行當中獲得好處；但是，如果只存在著課予義務的初級規則，這些受益者就沒有任何的權力免除義務人的履行義務，或者將由履行義務所產生的利益轉讓給其他人。因爲免除或轉讓的運作使得個人在課予義務之初級規則底下的原初地位產生了變動，並且爲使這些運作成爲可能，必須存在著與初級規則不同種類的規則。

簡單形式之社會生活的第三個缺陷是，用以維持規則的社會壓力是分散的，因而是無效率的。人們總是會爲一個公認的規則是否已被違反而發生爭議，而且除了最小型的社會之外，在任何社會中，這個爭議將不確定地繼續著，如果沒有一個機構，被授權能夠終局地和權威地確定違規事實。此種終局性和權威性決定機制的闕如必須與其他相關弱點做區分。所謂其他相關的弱點指的是，對於違規行爲的懲罰，以及其他包含實質懲罰或使用武力的社會壓力，並不是由一個特別的機構來執行，而是留給受害之個人或集體大眾。明顯地，由群體無組織地去捉拿並懲罰違規者必然非常浪費時間，並且因缺乏官方獨占「制裁」，所以自力救濟所造成之世仇宿怨可能相當地嚴重。（原注6）然而，法律的歷史清楚地告訴我們，欠缺權威地確定違規事實的官方機構是一個更加嚴重的缺陷；因爲許多社會早在能夠補救欠缺權威決定機制之缺陷前，就已經補救了欠缺組織性制裁機制的缺陷。

最簡單之社會結構的三個主要缺陷，其每一個的補救方法都是，以屬於另外一種類型之規則的次級規則來補充課予義務的**初級**規則。對每一個缺陷之補救方法的引進，本身就可以被當成是由前法律世界（pre-legal world）邁入法律世界的一步（原注7），因爲每一個補救方法都引入許多遍布於法律中的要素；而這三個補救方法一起就足以使初級規則的體制不容置疑地轉變爲法律體系。我們將逐一地考慮每一個補救方法，並且說明爲什麼將法律的特徵描述爲課予義務之初級規則與此種次級規則的結合，是對法律最佳的闡釋。然而在進行逐一的討論之前，我們應該注意到以下幾個一般性的重點。儘管這些補救方法所引進的規則彼此不同，而且也與它們所補充之初級規則不同，但是它們仍有重要的共通特徵，並且以各種不同的方式彼此關聯。因此我們可以說，它們全部處於同一個不同於初級規則的層次，因爲它都是關於初級規則的規則：初級規則所涉及的是個人必須去做或不可以做的行爲，相對地，次級規則都是關於初級規則本身。它們規定了初級規則被確定、引進、廢止、變動的方式，以及違規事實被決定性地確認的方式。

對於初級規則體制的**不確定性**，最簡單的補救方式是引進我們稱爲「承認規則」的規則。（原注8）承認規則會指出某個或某些特徵，如果一個規則具有這個或這些特徵，眾人就會決定性地把這些特徵當作正面指示，確認此規則是該群體的規則，而應由該社會的壓力加以支持。此種承認規則可能以各種樣式存在，包括簡單的或複雜的。在許多早期社會的法律中，它可能不過是記載於某文件上，或刻於某公共石碑上的一分權威性規則的列表或文本。無疑地，從歷史的角度來看，由前法律社會進展到法律社會的這一步可能可以區分爲幾個階段，其中的第一個階段是將本來不成文規則形諸文字。雖然這是相當重要的一步，但卻不是關鍵的一步：關鍵在於承認此書面或刻面中的規則具**權威性**，也就是承認當規則之存在有疑慮時，訴諸此權威性的文件乃是解決疑問的適當方式。（原注9）凡有此種承認存在之處，就存在著一個相當簡單的次級規則，一個鑑別課予義務之初級規則的決定性規則。

在一個已發展的法體系中，承認規則當然是更複雜的；它們可能不是透過單一文本或列表來鑑別初級規則，而是透過初級規則的一般特徵來鑑別規則。這個特徵可能是這些初級規則是由特定機構制定出來的，或者它們被作爲習慣長期地實踐，或者它們與司法裁判的相關性。甚至，若有超過一種一般特性被採納爲鑑別判準，則承認規則也會包含安排優先順序以解決規則間可能發生之衝突的規定，而通常我們讓成文法優於習慣或判決先例，使前者成爲法律之「較優越的淵源」。這樣的複雜性可能使得現代法律體系中的承認規則，似乎相當不同於對權威性文本的單純接受，但即使在這個最爲簡單的形式中，此種規則還是展現了許多法律的特徵。透過提供權威性的標識，它引進了法律體系的觀念，即便此處的法律體系觀念仍在其萌芽的階段：因爲如此一來，規則不再是一群個別沒有聯繫的規則的集合，而以簡單的方式被統一起來。此外，在確認某規則是否在權威性規則的列表上時，我們有了法效力（legal validity）這個觀念的起源。

對於初級規則體制之**靜態**特質，我們將引進所謂的「變更規則」（rules of change）來加以補救。此種規則最簡單的形式就是，授權給某個人或一些人，爲整個群體的生活或其中某一階層的人的生活引進新的初級行爲規則，以及廢止舊的規則。誠如我們在第四章中已經主張過的，正是從此種規則的角度，而不是從強制性命令的角度，我們才能夠理解以立法行爲來制定和廢止法律之觀念。這樣的規則可能相當簡單，也可能相當複雜，因爲所授予的權力可能毫無限制，也可能以各種方式加以設限，而且這些規則除了規定誰是立法者之外，可能還以嚴謹的措辭，界定立法所須遵循的程序。顯然地，在變更規則和承認規則之間，有非常密切的聯繫：因爲凡前者存在之處，後者必然要將立法包括進來，作爲規則的鑑別特徵，雖然承認規則不需要涉及立法程序的所有細節。在承認規則之下，通常官方的證明文書或立法文件將足以作爲立法行爲已完成的充分證據。當然，如果有一個簡單的社會結構，在其中立法是唯一的「法源」，則承認規則將簡單地將立法行爲規定爲法效力唯一的鑑別標示或判準。這就好像我們在第四章中所描述的想像中雷克斯一世王國的情形：在那裡，承認規則很簡單，就是任何雷克斯一世所制定的就是法律。

我們已經頗爲詳細地描述了授予個人權力，讓他們去改變在初級規則下之最初地位的規則。若沒有此種授予私人權力的規則，社會將失去某些法律所能帶來之最重要的便利。因爲這些規則使得遺囑的訂立、契約的簽訂、財產的轉讓，以及許多人們可以自由創設之權利義務結構成爲可能，而這些權利義務的結構乃是法律生活的特徵，當然，初步形式的授權規則當然也是「承諾」這個道德制度的基礎。這些規則與包含在立法觀念中之變更規則的類似性是很清楚的，而且如同近來的理論（例如凱爾生的理論）所顯示的，許多契約或財產制度中令人困惑的特徵，可以透過將契約之簽訂或財產之轉讓視爲個人所行使之有限立法權力，而獲得釐清。(原注10)

對於簡單的初級規則體制中因社會壓力分散而導致的**無效率**，我們所要做的第三個補充是由下述這種次級規則所構成——這種次級規則授權給某些人對於在特定場合中初級規則是否被違反，做出權威性的決定。最基本形式的裁判就蘊含在這種決定機制中，我們把授予權力做出權威性決定的次級規則稱爲「裁判規則」（rules of adjudication）。除了指定誰是裁判者，此種規則也訂定了裁判者必須遵循的程序。就像其他次級規則，這種規則和初級規則屬於不同層次：雖然人們可能透過其他規則而對法官課予裁判義務，藉以強化裁判規則，但裁判規則本身沒有課予任何義務，而是授予司法權力，並將特殊地位賦予那些說明何種義務已被違反的司法宣告。如同其他次級規則，這些規則界定了重要的法律概念：諸如法官或法院的概念、審判管轄權與判決的概念等等。除了這些與其他次級規則的相似處，裁判規則與其他次級規則也有著緊密的連結。的確，有裁判規則的體系必然也有某種初步的和不完全的承認規則。因爲如果法院被授權對違反規則的事實做出權威性的決定，那麼這些決定無可避免會被當作是對規則是什麼的權威性決定。所以一個授予審判管轄權的規則也會是承認規則，因爲人們藉此可以透過法院的判決來鑑別初級規則，而這些判決也將成爲法律的「淵源」。的確，這種與最基本形式的審判管轄權不可分的承認規則，是非常不完全的。不像權威性文本或成文法典，判決可能無法以一般化的措辭來表述，而且如果要把它拿來作爲規則的權威性指示，我們就必須從特定判決中推論出規則，而此推論之可信賴度必定隨著詮釋者的技巧和法官如何保持一致性二者而起伏不定。

顯然很少有法體系會把司法的權力限制在確認初級規則被違犯的「事實」。在一段遲延之後，大多數的體系都看到了進一步集中社會壓力的好處，並且部分地禁止了私人使用身體上的懲罰或暴力的自力救濟。相反地，他們以進一步的次級規則來補充課予義務之初級規則，具體規定了或至少限制了對違犯行爲的刑罰，並且在法官確定違法的事實時，授予他們指示其他官員施用刑罰的獨占權力。這些次級規則提供了體系中集中化的官方「制裁」。

如果我們退回去仔細思索由課予義務之初級規則與承認、變更和裁判等次級規則之結合所產生的結構，我們在此顯然不僅擁有了法體系的核心，就分析令法學家和政治理論家感到困惑的許多現象，也擁有了最強而有力的工具。

不僅是法律專業所關注之特定的法律概念，諸如：義務和權利、效力和法源、立法和審判管轄權及制裁等概念，從此等要素結合的觀點，可以獲得最佳的闡釋。[4] 而且國家、權威和官員等概念（這些概念橫跨法律和政治理論）也需要同樣的分析，如果我們要驅散仍舊籠罩在這些概念周遭的模糊性。爲什麼從初級規則和次級規則的角度所做之分析具有如此的說明力量，其理由不難尋見。圍繞著法律概念和政治概念之大部分的模糊和扭曲，起源於以下事實，即這些概念必然包含我們所謂的「內在觀點」：持有此觀點的人，不只記錄和預測遵從規則的行爲，而且也使用規則作爲他們自己和其他人之行爲的評價標準。在法律概念和政治概念的分析中，我們需要更仔細地檢視這個觀點。在簡單的初級規則體制下，內在觀點以最簡單的形式呈現出來，亦即人們使用這些規則作爲批判的基礎，以及合理化對遵從的要求，與對違規行爲所施加的社會壓力和懲罰。當我們分析義務和責任等基本概念時，有必要提及以此種最初的方式所展現的內在觀點。隨著次級規則體系的加入，人們從內在觀點出發所說的話和所做的事，其範圍被大大地擴張，也變得更多樣化了。新的概念隨著這個擴張而來，我們必須透過內在觀點才能加以分析。這些概念包括立法、審判管轄權、效力，以及大體說來，私領域或公領域的法律權力等觀念。不過要注意的是，始終有一股力量會驅使我們，以日常的或「科學」的事實陳述或預測來分析這些概念。然而這麼做只能呈現出這些概念的外在面向：若要公正地對待它們所特有的內在面向，我們得明白無論是立法者的立法運作、法院的裁判、私人或官員權力的行使，或者其他「法律行爲」，都以不同的方式關聯於次級規則。

下一章我們將說明，如何從承認規則的觀點來重述和釐清法效力與法源的觀念，並找出潛藏於主權學說之錯誤中的眞理。我們將以這樣的警告結束本章：雖然初級規則和次級規則的結合，說明了法律的許多面向而顯得重要，但是這個結合本身無法闡明每一個問題。初級規則和次級規則的結

4 哈特對於從前法律世界過渡到法律社會的方法論，見Neil MacCormick, *H. L. A. Hart*, chap. 9 esp. 106-8。比較John Finnis, *Natural Law and Natural Rights*, chap. 1 esp. 6-18。論簡單社會規則的「缺陷」，見Leslie Green, 'Introduction' to this volume (above, xlix-l)。對哈特所論「承認規則」的批評，見Joseph Raz, *The Concept of a Legal System*, chap. 8, esp. 197-200; Joseph Raz, *The Authority of Law*, chap. 5 esp. 90-7; Ronald Dworkin, *Taking Rights Seriously* 39-45, 62-8。針對哈特就語言學來解釋承認規則，見Ronald Dworkin, *Law's Empire* 31-5。

合爲法體系的核心，但並非全部，而且當我們從中心向外移動時，將必須以後面幾章指出的方式來容納不同性質的要素。

第六章

法體系的基礎

第一節　承認規則與法效力

依照我們在第四章裡頭所批評的理論，一個法體系的基礎建立在以下這個情境：社會群體的大 100 多數成員習慣性地服從由主權者所發佈，以威脅爲後盾的命令，而主權者本身並不習慣性地服從於任何人。對該理論來說，這種社會情境是法律存在的必要且充分的條件。我們業已在一些細節上說明，這個理論無法闡釋現代國家內部法體系一些顯著的特徵。不過，儘管這個理論頗爲模糊而有誤導之嫌，但無論如何，從它在許多思想家心中占有一席之地的事實看來，這個理論確實包含著一些關於法律的重要面貌的眞理。然而，這些眞理唯有透過另一種更複雜的社會情境作爲基礎才能被清楚地闡明，其重要性也才能被正確地評估。此情境就是：屬於**次級規則的承認規則被人們接受，而且被用來辨識課予義務的初級規則**。如果有任何一種社會情境夠資格成爲法體系的基礎，那就是這一種社會情境。在這一章中，我們將討論組成這種情境的各種因素，這些因素在主權理論或其他地方所呈現出來的面貌，往往不是過於片面，就是被誤解，因此我們必須在此加以闡明。[原注1]

在任何一個接受承認規則的地方，民眾與官員就擁有辨別課予義務之初級規則的權威性判準。這些判準可以有各種不同形式，包括：引證權威性的文本（authoritative text）、法規（legislative enactment）、慣習（customary practice）、特定人士所做的一般性宣言（general declarations）或過去特定案件中的司法裁判。我們在第四章所描述的雷克斯一世的簡單法體系中，只有君王訂定的才是法律，沒有任何習慣規則或憲法文件可以對他的立法權施加法律上的限制。鑑別法律的唯一標準，很 101 簡單地就是去查考雷克斯一世立了什麼樣的法律。這種簡單形式的承認規則，會在官員和人民依照這項規則來辨別法律時的實踐中呈現出來。對照之下，現代法體系中的「法源」[1]較爲多樣（原注2），因此相應的承認規則也更爲複雜：鑑別法律的判準是衆多的，通常包括一份成文的憲法，立法機構通過的法案，以及司法的裁判先例。大部分情況下，爲了要解決這些不同判準間的衝突，都會有明文規定這些判準適用的先後順序。英國的法體系正是以此方式訂明「成文法」（statute）優於「普通法」（common law）。

我們必須注意，區分「各判準間的**優先層級**」（subordination）與「各判準由何**導出**」（derivation）這兩個概念是很重要的。因爲這兩者的混淆會導致一個錯誤的觀點，以爲所有的法律基本上或「事實上」（即使是「默許地」）都是立法的產物。在英國的法體系中，成文法優於習慣與判例，因爲習慣法和普通法皆可被成文法剝奪其法律的地位。但是，它們的法律地位（儘管可能有些不確定）並非來自立法權「默然」的行使（'tacit' exercise of legislative power），乃來自於對承認規則的接受，此承認規則賦予習慣與判例獨立但遜於成文法的地位。在這種複雜的階層體系中，一如在前述的簡單情境下，承認規則也可呈現在依照此規則辨別法律的一般實踐中。

在法體系的日常運作中，承認規則極少被明確地陳述爲一項規則，雖然有時候英國的法院會以一般性的口吻，聲明某個法律判準相對於其他判準的地位，好比他們聲明國會的立法（Acts of Parliament）優於其他確定的或潛在的法源。大部分時候，承認規則並未被陳述出來，但是其存在

1 關於法源這個觀念的理論重要性，參見 Joseph Raz, *The Authority of Law*, chap. 3。論普通法與習慣作爲法源，見 Gerald J. Postema, *Bentham and the Common Law Tradition*（Oxford University Press, 1986）；John Gardner, 'Some Types of Law', *Law as a Leap of Faith*。

顯示於（shown）特定規則被鑑別出來的時候，不管此鑑別的行動是由法院、其他官員、還是一般人民或其顧問所做的。當然，由法院來使用承認規則所提供的判準，與由其他人來使用是很不一樣的：當法院判斷某項特定規則可以正確地被識別而成爲法律，而在這個基礎之上做出判決結論時，法院所說的就具有權威性的地位。當然，此地位又是被其他規則所賦予的。就這個性質而言，正如許多其他的性質，承認規則很像比賽中的得分規則。在比賽過程中，決定哪些行爲構成得分（比如棒球中的跑回本壘，或足球中的射球入門等等）的一般化規則很少被詳述出來；相反地，此種一般化規則往往就被裁判或球員直接**使用**，以判定那個特定階段能夠分出勝負。正如在法體系中的情況，在球賽中，官員（裁判或計分員）的聲明也擁有由另一些規則所賦予的權威性地位。但是，進一步來看，在法體系及球賽這兩種情況中都有可能發生一種情形，那就是官員對於規則的權威性適用，與規則中的字句在一般情況下被理解出的意義發生衝突。我們將在後面看到，任何理論若要闡明這樣一套規則體系，也必須同時說明這種複雜的衍生狀況。

在鑑別法體系中的特定規則時，法院或其他人對於未經明述的承認規則之使用，正好表明這是一種內部觀點。使用這些承認規則的人以此表明了他們接受承認規則作爲引導。在這種態度下，人們所使用的語彙自然有別於在外部觀點下所使用的語彙。持內部觀點的人最普通的表達語句就是：「法律規定如何如何……。」這樣的表達方式我們不只可以從法官的嘴裡聽到，也可以從生活在法體系下的一般人口中聽到，當他們要指明法體系中的某個規則的時候。這樣的表達方式，就像比賽中的「出局」或「得分」一樣，是一個人援用他與其他人所共同認爲合於目標的規則，來衡量所欲適用的情況時，所使用的語言。這種與他人共同接受規則的態度，必須被拿來對照於觀察者的態度。所謂觀察者的態度，指的是一個人**從外部**（*ab extra*）記錄「某個社會群體接受此等規則」的這個現象，但他自己並不接受這項規則的一種態度。持這種外部觀點的人，一般會使用的語言並非「法律規定如何如何……」，而是「在英國他們認爲凡是女王議會所通過的就是法律……」這樣的一種表達方式。前面一種陳述我們稱爲**內部陳述**（internal statement）因爲它表明的是一種內部的觀點（an internal point of view），並且乃是由那些接受承認規則，而不多加說明便加以適用於確認法體系內有效規則的人所使用。後面一種陳述我們稱爲**外部陳述**（external statement），因爲它是一個法體系的外部觀察者自然而然會使用的語言，這位觀察者自己並不接受該規則，而僅僅說出他人接受該規則的事實。

103

如果我們能夠瞭解內部陳述乃是，直接使用公認的承認規則而做出的陳述，並且有別於指出「該規則被大家所接受」這個事實的外部陳述，那麼圍繞法律「效力」這個概念的許多困惑便可迎刃而解。因爲，「有效力的」這個詞最常被用在內部陳述中，把未被說出但被大家所接受的承認規則運用於法體系中的特定規則上。說某個既存的規則是有效的，就是肯定它已通過所有承認規則所提供的判準，並成爲法體系規則中的一員。說「某項規則是有效的」這樣的說法若有誤導的地方，也僅僅是在於它或許會稍微減弱該陳述屬於內部觀點的這個特性；因爲，就好比板球選手在場上「出局」這句話，這樣的陳述之所以有效，乃是將說話者及其他人早已接受的承認規則，直接運用於特定案例中的結果，而非清楚地說出這個承認規則是否已經被滿足。[2★]

我們認爲，圍繞法律「效力」這個概念而產生的困惑，乃是出自於法律「效力」（validity）[3]以及法律「實效」（efficacy）[4]之間的複雜關係。（原注3）如果「實效」意味著，一項規範某種行爲的法律規則大部分時候都會被遵守，那麼很清楚地，任何規則的「效力」與其「實效」之間實在沒有必然的關係。除非，該體系的承認規則在其諸判準中包含以下這種有時被稱爲「廢棄規則」（rule of obsolescence）的條款：任何規則如果早已不再具有實效，則不能被視爲該體系內的規則，我們必須把某個特定規則之缺乏實效（inefficacy of a particular rule）（此實效的缺乏可影響也可不影響其效力），以及人民與官員對於法體系之規則普遍的漠視（general disregard of the rules of the system）這兩種情形區分開來。在後者的情形中，人民與官員對於構成法體系之次級規則的漠視，可能如此全面而持久，以致於若是這種情形發生在一個新的法體系上面，我們幾乎可以說它從來沒有成爲某群體的法體系過；這種情形若是發生在一個曾經存在過的法體系上，則我們可以說它已不再是該群體的法體系。在這兩種情況中，運用法體系之規則的內部陳述所需要的正常脈絡或背景都已不存在。在這種情況下，不管是使用該體系內的初級規則來衡量特定人的權利與義務，或者是在該體系內根據承認規則來衡量一個規則是否有效，都顯得失去焦點。堅持要使用一個從未誕生過，或已被廢棄的法體系內的規則，就像是在比賽中，使用一條從未被採用或已被廢棄的得分規則來衡量比賽的進行一樣，除了以下會提到的情況之外，完全是無謂之舉。

一個人若對於法體系內特定規則的「效力」做出內部陳述，這個內部陳述可以說是建立在「這個體系是普遍具有實效的」這個外部陳述爲眞的基礎上。在正常的情況下我們表達內部陳述，必須以法體系普遍的實效爲背景。但是，若因此就說關於效力的陳述「意指」（mean）法體系具有普遍的實效性，這也是錯誤的。雖然假使一個法體系從未成立或者已被廢棄，那麼說這個體系內的規則是有效或無效的，「通常」是無關緊要或無所謂的，但是這樣的說法並非沒有意義（meaningless），也不一定總是無關緊要。就好比教導羅馬法最生動的方法，就是在談到羅馬法的時候，要說得好像它具有實效，並且討論其體系內特定規則的效力，並以之實地解決問題案例。又好比若要恢復一個被革命摧毀的舊社會秩序，並且抵抗新秩序，方法之一就是緊守舊政權下的法效力判準。比如仍然按照沙皇時代有效的繼承規則來主張財產權的白俄人民就是如此。

我們若能認識到外部陳述（法體系具有普遍實效的事實）乃是作爲內部陳述（法體系中某規則是有效的）的背景，我們就能夠採取較適當的角度來看待一種流行的理論，這種理論認爲主張一個規則有效就是預測它會被法院執行，或是預測其他政府官員會依照它採取某些行動。從很多方面來看，這種理論都類似於對義務的預測性分析（predictive analysis），而這是我們在上一章所討論過

2 對哈特而言，承認規則存在於官方慣習。如果一名官員是透過法律所認定，循環論證爲：唯有經過承認規則鑑別的才是法律：唯有經由官員實踐者才是承認規則：唯有經法律賦權的才是官員。分析可見Neil MacCormick, *H. L. A. Hart* 108-20; Michael Bayles, *Hart's Legal Philosophy* 81-3。

★ 譯按：亦即承認規則是否被滿足，滿足承認規則的初級規則是否生效，都不用清楚地說出來。持內部觀點的人會直接把已生效的規則運用在特定案件中而做出內部陳述，根本不用把那些前提拿出來說。好比球場上的裁判會直接做出「出局」或「得分」的判決，而不會自找麻煩地在做出裁判前，先把他所引用的計分規則之所以是有效規則所倚賴的權威性判準拿出來說。

3 哈特將「效力」視爲體系問題。比較 Kelsen, *Pure Theory of Law* 10-15, 193-5。「效力」指具約束力，個人應根據規範而行爲。關於「效力」在法律文本中的不同意義，參見J. W. Harris, *Law and Legal Science: An Inquiry into the Concepts Legal Rule and Legal System*（Oxford University Press, 1979），chap. 4。對哈特所主張「效力」的討論，見Joseph Raz, *The Authority of Law*, chap. 8。不同的「效力」程度，見John Finnis, *Natural Law and Natural Rights* 276-81。

4 哈特對於實效的定義只適用於強制性規則。許可或授予權力的規則之實效呢？見Joseph Raz, *The Concept of a Legal System*, chap. 9; *The Authority of Law*, chap. 5 esp; Gerald Postema, 'Conformity, Custom, and Congruence: Rethinking the Efficacy of Law' in Matthew H. Kramer et al. eds., *The Legacy of H. L. A. Hart: Legal, Political, and Moral Philosophy*（Oxford University Press, 2008）。

並已放棄的。這兩種預測性的理論有著相同的動機，那就是希望藉此避免對「效力」這個概念做出形而上的詮釋，他們認為如果不想把某種神祕且無法由經驗方法來測知的性質加諸於法律的「效力」概念，就一定要把法律的「效力」理解為對於官員未來行為的預測。（原注4）這兩種理論之所以有其可取之處，也是因為同樣一件重要的事實，那就是任何接受規則的人若做出關於效力或義務的內部陳述，他們通常也同時預設了外部陳述（法體系具有普遍實效的事實）的真實性。這兩種理論確實十分相關。但最後，這兩種理論也犯下同樣的錯誤：它們忽略了「效力」概念含有內部陳述的特性，而把它當成只具有外部陳述的性質，以致於把「效力」等同於官員的特定行為。

如果我們能夠注意到在裁判的過程中，法官所說的「某項規則是有效的」這種說法如何運作，那麼預測論的錯誤就十分明顯了。因為法官發出此語的時候，他僅僅是「預設」（presuppose）著，而非「說出」（state）法體系具有普遍實效；很明顯地，他沒有任何想要預測他自己或其他法官行為的意圖。法官所說的「某項規則是有效的」這樣的說法是一項內部陳述，這句陳述乃是在肯定該項規則已符合所有在他的法庭上用來鑑別何者為法律的判準；這樣的陳述所構成的不是一種預言，乃是他裁判理由（reason）的一部分。不過，確實有一種情況，這種情況發生在「一項規則是有效的」這句陳述乃是由一般人民所說出來的時候，此時這句陳述比較接近某種預言。這種情況就是當非官方人員在法庭上說一項規則有效或無效時，若與法官的見解相左，則我們就很有理由預測他應該會收回他的見解。但即使如此，就像我們將在第七章所討論的關於「官方見解」與「規則的字面要求」之衝突的意涵，若我們因此就說：「因為這個一般人民所表達的，關於規則有效無效的陳述，沒有能成功地預測法院會怎麼做，所以這個陳述是錯誤的」；這樣的說法也未免過於武斷。因爲，表達這項陳述的人把這項陳述收回可以有許多理由，不一定是因爲這項陳述是「錯誤的」；同樣，這種陳述也可能有更多錯誤的方式，比這樣的說法所容許的更多。

提供判準以衡量法體系內其他規則之效力的「承認規則」，在某個重要的意義上（這個意義我們待會兒將會說明），可以說是「終極的」（ultimate）規則。並且當數個「判準」彼此間呈現優越或從屬關係時，其中一定有一個是諸判準中的最高者（supreme）。[5]承認規則的終極性（ultimacy）以及諸判準之一所具有的最高性（supremacy）這兩個觀念值得我們注意。但我們有必要把它們與下述這種我們業已反對過的理論劃清界線，就是那種認爲任何法體系，就算它躲在某種法律形式背後，都有一個在法律上不受任何限制的主權立法者的理論。

在最高判準以及終極規則這兩個觀念中，前者比較容易界定。我們可以說某個判定法律效力或法源的「判準」（criterion）是最高的，如果透過它而被鑑別出來的「規則」，在與透過其他判準所鑑別出來的「規則」相衝突的時候，我們仍然會承認它是法體系內的規則；相反地，那些透過其他判準所鑑別出來的「規則」，如果與這個透過最高判準所鑑別出來的「規則」相衝突時，我們就會

5　哈特以「承認規則」一詞指涉提供法體系中其他規則之效力判準的習慣性社會規則，但承認規則本身的效力不受其他規則影響。注意：一、承認規則是法官或其他官員的習慣規則，但非立法和制定法，尤其不是正式憲法。（這樣的憲法必須經承認規則確認。）更多討論見Kent Greenawalt, 'The Rule of Recognition and the Constitution', 1987, 85 *Michigan Law Review* 621; essays in Matthew Adler and Kenneth Himma eds., *The Rule of Recognition and the U.S. Constitution*（Oxford University Press, 2009）；John Gardner, 'Can there be a Written Constitution' in Leslie Green and Brian Leiter eds., *Oxford Studies in Philosophy of Law*, vol. I（Oxford University Press, 2011）；chap. 4, *Law as a Leap of Faith*（Oxford University Press, 2012）。二、哈特表示承認規則「確認此規則是該群體的規則」，是「初級規則的決定性確認」，但不能據此說其判準是完整且確定的。三、哈特認爲每一個法體系都有一套承認規則，關於這點容有質疑，見Joseph Raz, *The Authority of Law* 95-6。

拒絕承認它是法體系內的規則。我們可以對「優越的」（superior）與「從屬的」（subordinate）這兩個觀念，使用我們已經用過的比較級語詞，做一個類似的說明。很清楚地，所謂「較優越的」（superior）或「最高的」（supreme）判準都僅是指出在天平兩端的**相對**位置，絕不隱含著任何在法律上不受限制的（unlimited）立法權力。但是，在法律理論中，「最高的」與「不受限制的」卻十分容易混淆。容易混淆的其中一個理由，是因爲在較簡單的法體系中，「具有終極性的承認規則」、「最高的判準」，與「法律上不受限制的立法者」這幾個觀念往往是重合的。因爲，如果有一個立法者不接受任何憲法上的約束，並且有權立法廢除任何從其他來源產生的法律規則之法律地位，則在此法體系中勢必有這樣一條承認規則：該立法者所立之法乃法律效力的最高判準。根據憲法理論來說，這就是英國的情況。但即使是像美國那種沒有「法律上不受限制的立法者」的體系中，仍然大可包含一條具有終極性的承認規則，提供一整套的效力判準，而其中有一個是最高判準。例如，當其國內正常的立法機構之立法權限，被不受該立法機構修正的憲法所節制，或者當憲法包含一些超出該機構立法權限的條款時，就是如此。所以，在這裡，儘管沒有一個不受法律限制的立法機構（即使對「立法機構」做最寬廣的解釋），但這個法體系仍然包含著一個具有終極性的承認規則，並且在其憲法條款內包含著一個最高的效力判準。（原注5）

我們可以依循一條我們所熟悉的法律推理途徑，藉此便能清楚瞭解承認規則作爲終極規則的意義。如果有人問道：某項規則是否具有法律上的效力？爲了回答此問題，我們必須運用其他規則所提供的效力判準。牛津郡議會所提出來這項單行法規（by-law）是有效的嗎？是的，因爲它沒有逾越牛津郡議會的權限範圍，而且乃是依照衛生大臣（Minister of Health）所頒佈的行政命令

（statutory order）中所規定的程序來提出的。一開始，我們只須知道該行政命令提供了我們藉以衡量該細則之效力的判準。或許實際上並不需要進一步探詢下去；但總會有可以進一步問下去的可能性。我們可以進一步探詢該行政命令是否有效，若要如此，我們便需考察授予衛生大臣該權限的法律。最後，如果要更進一步詢問該法律是否有效時，我們便需訴諸「女王議會所制訂者即是法律」這項規則。然而在此，關於效力的探詢必須停止：因爲我們所觸及的這項規則，儘管跟前面的行政命令和法律一樣，都可以提供判準以衡量其他規則之效力；但是與它們不同的是，我們卻再無法找到另一條規則，可以提供判準來衡量這項規則的效力。

確實，關於這項終極規則，我們可以提出很多問題。我們可以問道：是否英國的法院、立法機構、官員、一般人民眞的都在使用這條規則來作爲終極承認規則？或者，我們剛剛所做的事情，也就是使用已被廢棄的法體系之效力判準所做的法律推理過程，是否其實是無意義的遊戲呢？或者我們也可以問道：以這樣的規則作爲根基的一個法體系到底好不好呢？它產生的好處眞的多於壞處嗎？有沒有堅強的理由來支持呢？有沒有道德上的義務這麼做呢？顯然，這些問題都是極重要的問題；但是，同樣清楚地，當我們問到關於「承認規則」的問題的時候，我們所問的問題，已經跟那些我們之前藉著承認規則之助所回答的，關於其他規則的問題不一樣了。當我們所說的不再是：因爲某項法律符合「凡女王議會通過者即爲法律」這項終極規則，所以它是有效的；而是：在英國不論法院、政府官員、或一般人民，都使用這條最後的規則作爲終極承認規則；當我們這樣說的時候，我們已經從主張法體系內某項規則有效無效的內部法律陳述（internal statement of law），轉換到該體系觀察者（他自己不一定接受該體系）所做的外部事實陳述（external statement of fact）。因此，同樣地，當我們從「某項立法是有效的」，轉換到「該法體系的承認規則十分優越，建立在其上的體系是值得支持的」這種陳述的時候，我們已經從關於法律效力的陳述轉換到關於價值（value）的陳述。

有些強調承認規則之法律終極性（legal ultimacy）的學者，認爲儘管一個法體系內的其他規則之效力可以透過承認規則而被確證，但是承認規則自己的效力卻無法被確證，它的效力是「被假定的」（assumed），「作爲前提的」（postulated），或是一種「假設」（hypothesis）。可是，這種說法極可能造成誤解。法官、律師、或一般公民在法律體系每天的運作中所做的，關於特定規則之法律效力所做的內部陳述，的確帶有若干預設。這些預設就是，人們普遍接受用以鑑別特定規則之法效力的承認規則這件事實。當人們表達法律上的內部陳述時，這表示他們一方面接受該法體系的承認規則；同時，他們把這些可在法體系的外部陳述中被表達出來的事實，隱而未說。這些隱而未說的內容，構成關於法律效力之陳述的正常背景或脈絡，也因此，這些事實被說成是被這些陳述所「預設」。但很重要的是，要看清楚這些所謂被預設的事情，到底是什麼，而不應混淆其性質。這些被預設的事情包含兩個要素。第一，當一個人很嚴肅地主張某既有法律規則，比如說某特定法律，是有效的時候，其實他正同時使用著他所認爲妥當而加以接受的承認規則，來鑑別法律。第二，他所用以評量特定法律之效力的承認規則，不只是他一個人接受而已；他所接受的承認規則同時也被社會普遍地接受，並且在該法體系的一般運作中被採用。如果該預設被質疑，我們大可以從實際的運作中去查證：我們可以看看法院如何鑑別某規則是不是法律，並且看看這些預設在這些鑑別的運作中，是否被普遍地接受或默認。

把這兩個預設描述成是「法效力」（validity）之無法被證明的「假說」（assumption）實在不是很好的說法。我們通常需要用「效力」這個字，而且也只能用「效力」這個字，來回答發生於規則體系**內部**的一個問題，這個問題就是一項規則能否歸屬於該法體系，取決於其是否能夠符合承認規則所提供的判準。這種問題不會發生在提供判準的承認規則本身；因爲承認規則既非有效亦非無效，它就是很單純地因爲妥當而被採用。我們不應把這個單純存在的事實說成：「其效力被擬設但無法被證明」這樣一種奇怪而模糊的說法。打個比方來說，巴黎有一根標準米尺，它是所有以公尺爲單位之測量的終極標準。我們如果說承認規則作爲終極規則其效力乃是被假定的，就好像在說標準米尺的正確性只能被假定，但不能被證明，這豈非荒謬？★

說具有終極性的承認規則之效力是被「假定的」，這樣的說法有一個更嚴重的問題，就是它掩蓋了內部陳述所蘊含之第二個預設的事實性格。無疑地，法官、政府官員與其他人日常的實踐活動乃是承認規則所眞實存在的地方，這樣的實踐活動是十分複雜的。正如我們稍後將看到的，關於這種規則確實的內容及範圍，甚至存不存在的問題，在有些情況下，實在難以有清晰或肯定的回答。但無論如何，把「假定承認規則的效力」與「預設承認規則在司法實踐中的存在」這兩種對承認規則性質的不同解釋區分開來是很重要的，因爲如果沒有區分開來，我們就難以瞭解說這種規則存在到底是什麼意思。

在上一章所描繪的初級義務規則的簡單體系內，「一項規則存在」的這項主張一定是一個本身

★譯按：因爲它根本不需要被證明，也無所謂假定，它是一切需要被證明之測量的終極標準。

並未接受該規則的觀察者所做的外部事實陳述，他檢驗這個規則是否存在的方法，就是去查明一件事實是否存在，這件事實就是：一定的行爲模式實際上是否被接受爲一項準則，並是否具備作爲社會規則所應該擁有的特徵，而能夠與純粹是眾人一致的行爲習慣區分開來。我們現在要透過這個方法，來嘗試著詮釋並檢驗以下這項主張，那就是：在英國存在著一條規則，要求人們在進教堂時要脫帽。透過在社會群體的實踐當中發現一項規則存在的事實，我們就能夠理解承認規則，如同我們所引爲例證的社會規則，其存在乃是一項事實。如果這種規則確實存在於社會群體的實踐當中，我們就沒有必要另外再去討論這項社會規則「有沒有效力」，儘管它到底有沒有價值或合不合意是大可質疑的。因爲一旦它們的存在已被確認爲事實，去肯定或否定它們的效力，或是說「我們假定其效力但無法證明」，都只會把事情弄得更模糊。然而，從另一方面來看，在一個成熟的法體系中就不是如此了。在一個成熟的法體系中，包含著一條承認規則，任何規則都要透過符合該承認規則所提供的判準，才能成爲此法體系的一員。如此一來，「存在」這個字就有了新用法。「一條規則存在」這項陳述，現已不再是它在單純的習慣規則情況下的樣子，亦即不再是一項外部的事實陳述，僅僅說出一種特定的行爲普遍地被接受爲實踐上的標準這件事實。它現在可以是一項內部陳述，運用著被人們接受但未被明確道出的承認規則，因此粗略地說，這句陳述意味著「在符合法體系的效力判準之下，是有效的」。就這方面而言，正如在其他方面一樣，承認規則是不同於體系內其他規則的。主張承認規則存在的說法，只能是一種外部的事實陳述。儘管當體系內其他從屬於承認規則的規則，可以在已被人們普遍漠視時繼續有效，或說繼續「存在」，只因它單單符合承認規則之判準，承認規則存在的型態，卻必須是法院、政府官員和一般人民，在援引其所含判準以鑑別法律時，所爲之複雜但通常是一致的實踐活動本身。承認規則的存在是事實問題。

第二節 嶄新的問題

一旦我們放棄先前的見解，不再認爲法體系的基礎在於法律上不受限制的主權者，以及人民對之習慣性的服從；而認爲法體系的基礎，乃是提供規則體系據以判定效力之判準的終極「承認規則」這個觀念，則一連串迷人且重要的問題便會出現在我們眼前。這些問題相對而言，乃是新問題；因爲當法理學與政治理論持續使用舊的思考方式時，這些問題就會被蒙蔽起來。這些問題是困難的問題，需要完整的回答；我們一方面需要回答一些憲法上的基本問題，另一方面則須理解法律型態（legal forms）如何靜靜地更替和變化。但是，礙於篇幅，我們將僅就這些問題會關係到我們的主張的部分加以研究，而我們的主張就是堅持，在釐清法律的概念時，初級與次級規則的結合必須被擺在核心的地位上。

第一個困難就是分類的問題。作爲鑑別法律之最終標準的「承認規則」無法被歸類於任何描述法體系的傳統範疇，雖然這些範疇經常被認爲已窮盡法體系中所有規則的種類。（原注6）因此，自戴西（Dicey）以降的英國憲法學者向來主張，憲法上大不列顛聯合王國之法體系，部分由嚴格意義下的法律所組成，如成文法、議會命令、判例，部分由慣習（conventions）所組成，諸如純粹的習俗（usages）、協約（understandings）或習慣（customs）。在慣習當中包括著重要的規則，譬如女王對於貴族院（peers）和平民院（commons）合法通過的法案不得拒絕同意；不過，女王並無表示同意的法律義務，因爲法院不承認那是個法律義務。很清楚地，「凡女王議會通過者即爲法律」這條規則不能歸屬於這兩個範疇的任何一種。它不是慣習，因爲它與法院的關係極爲密切，而且法院是用它來鑑別法律；它與所謂「嚴格意義的法律」也並不屬於同一個層次，因爲「嚴格意義的法律」是靠著它被鑑別出來的。就算它被訂定爲法律，也不會使它降爲與成文法同一個層次；因爲，該項立法之所以能取得法律地位，仍然必須建立在承認規則先於並獨立於該項立法而存在的這個事實上面。況且，如我們在上一節所指出的，承認規則的存在必須建立在實際的實踐活動上，這與成文法是不同的。

果如此，有些人就會發出絕望的吶喊：我們怎麼能夠證明那些肯定是法律的憲法基本條款眞的是法？另外一些人則堅持回答：法體系的根基處乃是一種屬於「不是法律」（not law）、「前法律」（pre-legal）、「超越法律」（meta-legal）、或「政治上的事實」（political fact）的東西。這種混亂下的不安乃是一項明證，證明當前所用來描述任何法體系之最重要特徵的範疇，是太過粗糙了。一方面，我們若把承認規則稱爲「法律」，是因爲承認規則提供了鑑別體系內其他規則之判準，可以說，它是法體系內尺度的提供者，也因此，鑑於其重要性，使得它值得我們稱之爲「法律」；另一方面，若我們把承認規則稱爲「事實」，則是因爲主張承認規則存在，就是在對一件實在的事實做一項外部陳述，這件事實是關於在一個有實效的法體系內，規則是如何被鑑別出來的。這兩個面向都值得我們關注，但如果我們只選擇「法律」或「事實」其中之一做爲標籤，則我們就無法窺得全貌。相反地，我們應該記住，具有終極性的承認規則可以從兩個觀點來看：其一是用外部陳述來表達，描述承認規則是存在於體系的實際運作內這個事實；其二是用內部陳述來表達，由其使用者，

在鑑別法律的活動中，表達出其效力。（原注7）

第二個系列的問題，是關於「法體系存在於一個國家或一個社會群體當中」這句話裡頭，所隱藏的複雜性與模糊性。當我們提出這樣的說法時，我們事實上是把一些異質的（heterogeneous）且往往相伴隨的社會事實，以一種壓縮的、簡化的語詞說出來。由於法律與政治思想中的標準詞彙，是在一種會引人誤入歧途的理論的陰影下被發展出來的，所以往往會過份簡化且混淆一些事實。但如果我們摘下由這些詞彙構成的眼鏡，而直接觀察事實本身的時候，我們就可以清楚地看見，一個法體系，就像人類一樣，可以在頭一個階段裡頭尚未出生，在第二個階段裡已出生但尚未完全自母親的看管下獨立出來，而接下來終於成為健康而獨立的存在體，最後則衰老而死亡。在出生和正常獨立的存在之間，以及在生存與死亡之間的這些中間階段，使得我們過去所熟悉的，用來描述法律現象的詞彙全都落得無用武之地。儘管這些演進的過程不免令人困惑，但它們仍值得我們研究，因為它把被我們在正常的情況下自信地宣稱「一個法體系存在於一個國家內」，這種想當然爾的說法所掩蓋住的複雜事實，解放出來。

要能夠切實體認這些複雜性的其中一個辦法，就是看看奧斯丁「服從命令的普遍習慣」這個簡單的命令模式，如何無法呈現，甚至扭曲一個社會要具備一個法體系所需的複雜事實。這個模式或許能夠指出一個必要的條件：亦即，法律所施加的義務或責任必須被普遍地遵從，或者至少不是普遍地被違抗。然而，儘管這個因素很重要，但這個因素也只說明了我們稱之為法體系的「最終成品」的東西，那就是當法體系的影響最後直接施加於特定一般人民身上的時候。但是，在日常運作下，法體系也存在於政府如何創造，如何辨別，以及如何使用、應用法律上。只有當我們無限地擴大「服從」（obedience）這個字的通常用法，以至於它再也無法有意義地含括這些政府的法律運作時，政府與法律之間的關係才能被稱爲是「服從」。當立法者依照賦予他們立法權力的規則在立法時，他們絕非在通常的意義下「服從」這些規則，除非這些規則在賦予權限的同時，有另一些規則來課以遵守的義務。而當立法者沒有依照這些規則行事時，也不能說他們「違法」，他們頂多只是沒有能夠制訂出法律而已。當法官運用法體系內的承認規則，承認某項法律爲有效的法律，並用之於爭端的解決時，「服從」這個詞也同樣無法正確地描述法官的這些作爲。當然，儘管我們面對著這些「服從」所無法精確描述的事實，我們或許仍可以透過一些方法，把「服從」這個簡單術語保留下來。比如，有人可以說，當法官使用判定法效力的一般標準來承認某項法律是否有效時，他事實上是在服從「憲法制訂者」的命令；或者，在無「憲法制訂者」處，他事實上是在服從一種「去心理化的命令」（depsychologized command），也就是沒有發令者的命令。但是，所謂「去心理化的命令」這樣的觀念，就如同「沒有叔父的姪子」一樣，不值得我們認眞看待。我們也許可以對整個政府部門與法律的關係視而不見，把對立法與司法過程中事實上如何使用規則的觀察都放棄掉，而反過頭來，把所有政府部分的實踐情形都想成是一個人（主權者）透過許多代理人或代言人發號施令，而被公民習慣性地服從。但是這樣的想法，要不就是對於複雜事實粗略的速寫，有待進一步的描述；要不，就是一則製造混淆之災的神話。

儘管「習慣性的服從」這個使人欣然接受的簡單詞彙，確實反映了一般公民與法律之間的關係（雖然無法完整地描述），但它卻無法說明一個法體系存在到底是什麼意思，因此這個觀念是失敗的。（原注8）然而，對這個失敗觀念的反動，卻也可能導致另一個極端的錯誤。這個錯誤就是把政府官員的行爲特徵，特別是法官對法律的態度與關係，拿來作爲對社會群體要擁有法體系之必要條件的適當說明（這種描述也無法完整描寫人民與法律的關係），以爲一個社會若要擁有法體系，所有的人都必須像法官一樣，能夠認識並接受鑑別法律所需之承認規則。其結果是以另一個偏頗的想法（整個社會都要普遍地分享及接受決定法律效力判準之「具有終極性的承認規則」，並視之爲有拘束力），取代原先的片面的想法（整個社會都是習慣性地服從法律）。當然，就像我們在第三章中所做的，我們可以想像一個簡單的社會，在其中，關於法源的知識與理解可以在一個社會中無遠弗屆地被傳播。因爲，在這個簡單的社會中，「憲法」是如此地簡單，以致於不只政府官員或律師，連普通公民都可以認識到並接受用來鑑別法律的規則。在雷克斯一世的簡單世界裡，我們大可以承認，大部分人民對這位君主所發之話語的態度，應該比起習慣性的服從還要包含更多的東西。在這裡，極有可能是這樣的情況，那就是儘管一般人民與官員扮演著不一樣的角色，並與被判準鑑別出來的法律規則維持著不一樣的關係，但一般民眾與政府官員都同樣明白、清楚地「接受」了一項承認規則，承認雷克斯的話乃是整個社會有效法律的判準。我們或許可以在一個想像中的社會發現這種情況，但是，若堅持這種在想像中可以存在於簡單社會的情況，總是或者經常存在於複雜的現代社會，則我們所執著的只不過是一則虛構的故事罷了。現代社會的實況無疑是：一般公民有很大一部分（或許是多數），對於法律的結構，或其效力之判準，根本沒有概念。他所遵守的許多特定、個別的法律條文，對他而言，可能只是籠統的「法律」一字而已。而且，他遵守法律可能出於許多不同的理由，在眾多理由中，儘管並非總是，但多半往往是因爲他認爲對他而言這樣做是最有利的。他清楚地知道違反法律普遍來說可能帶來的後果：如果他犯法，會有執行公務的人來逮捕他，有其他的人會審判他，並將他送進監牢。只要通過該法體系法效力判準的有效法律，被大部分的人民所遵守，這好像就是我們要宣稱一個法體系存在，所需的一切證據。

正因一個法體系是初級規則與次級規則的複雜結合，所以上述論據其實不足以描述一個法體系存在時，其中各種角色與法律的關係。它必須對於該法體系中的官員，以及與其相關的次級規則，兩者之間的關係有所描述。[6] 要完整描述一個法體系之存在，除了人民大致上普遍能夠服從法律外，關鍵在於官員也必須共同接受包含法體系效力之判準的承認規則。儘管「普遍服從」這個簡單觀念，適合於描述擁有法體系的社會中，一般公民所不可或缺之最低限度條件，但在此卻顯得不恰當。其不當之處並不是，我們不會用「服從」這個字來形容法院或其他官員看待規則的態度，而這不僅僅是個「語言」的問題。如果必要的話，我們可以找到一些含意更廣泛的表達方式，好比「遵守」（follow）、「遵從」（comply）、或者「符合」（conform to）。這些表達方式同時可以表達出一般人們與法律的關係，比如一般公民回覆國家對兵員的徵集，以及法官們在法庭上鑑別出一個特定法律是法規範時，他們與「凡女王議會通過者即是法律」這項規則的關係。但是如果我們要瞭解一個我們稱爲「法體系」的複雜社會現象存在之最低條件，這些概括性的詞彙只會掩蓋住我們必須掌握的重要區別。

「服從」這個字，之所以無法正確描述立法者在依照賦予他們立法權的規則時所做的立法行爲，以及法庭在遵循已被接受之終極性的承認規則時，所爲的司法行爲，是因爲「服從規則（或命令）」（obeying a rule or an order）這個詞彙的意涵並不要求服從規則的人，心中要認爲該服從的行爲對他自己或對他人而言是正確的行爲；他不需要把服從行爲看成是對於社會群體行爲標準的滿足。他毋須把他的服從行爲看做是「對的」、「正確的」或「有義務的」。換句話說，在接受社會規則，以及任何被視爲規範行爲態樣的一般性行爲標準時，人們對這些規則都抱持某種透過批判而接受的態度，然而對一個僅僅「服從」規則的人而言，其面對規則的態度，是不需要包含任何批判成分的。儘管他可以，但是他不需要與接受該規則規範的人們分享這種「內在觀點」。反之，他可以把該規則視爲僅僅是透過懲罰的威脅來迫使他屈從的一種要求；他的服從可以單純是出於對不良後果的畏懼，或者是出於不經思考的慣性，他不需要認爲他自己或其他人有義務去服從，也無意去批評他自己或其他人背離該規則的行爲。然而，這種僅僅將規則視爲關係個人利害的想法，儘管可以是一般人民所抱持的心態，但卻不能表達出法官在法庭的位子上對於他們所適用的法律所抱持的態度，尤其不能表達法官對於用來判別其他規則效力的終極承認規則所抱持的態度。法官對於他所適用的規則，尤其是承認規則，所應該抱持的態度乃是一種內在觀點，亦即把這些規則視爲正確的司法裁判所應適用的公共的、共同的標準，而不是每一個法官僅僅就其個人而言所應服從的規則。雖然法體系中個別的法庭可能偶爾會違反這些規則，但是這些違反的行爲必須被絕大多數其他的法庭批判，視爲對於共同、公共標準的背離。這種情況的存在不只是關乎法體系是否有效率或其是否健全的問題，這種情況的存在，乃是我們在邏輯上能夠說一個法體系

6 兩個不同問題經常一起出現：一、誰的作爲構成承認規則？二、誰的作爲受承認規則規範？對於第一個問題，哈特有時說是「官員」，有時說是「法官」。Joseph Raz提到適用法律之官員的重要性，例如法官，見*The Authority of Law*, chap. 6。第二個問題則無庸置疑：所有官員皆受承認規則約束。要注意的是，官員的重要性與適用法律並非政治道德的原則。哈特曾表示法院具其影響力是不幸之事，相關討論見Mark Tushnet, *Taking the Constitution Away from the Courts*（Princeton University Press, 1999）。

確實存在的必要條件。如果有法官遵守「女王議會所通過的就是法律」這項規則是僅僅出於一己的考量，不對那些不尊重這項承認規則的人提出批評，法體系特有的統一性與連續性就會消失無蹤。因爲在這個關鍵點上，法體系的統一性與連續性取決於法官對法效力共同標準的接受。在各式各樣的司法行爲以及普通人面對相反的法院命令而必然出現的混亂之間，我們將無法解釋這種情況。我們將會遇到一個反常的現象，這個現象只是因爲加深了我們對那些常常過於明顯而被忽略的東西的理解，才值得我們去思考。

總的來說，一個法體系的存在最少必須具備兩個條件。一方面，那些符合法體系終極判準因而是有效的行爲規則，必須普遍地被服從；另一方面，這個法體系當中提供效力判準的承認規則，加上變遷規則與裁判規則，這幾種所謂的次級規則必須被政府官員實在地接受，作爲衡量官員行動的共同的、公共的標準。一般人民只需要符合第一個條件；他們可以單純地就他自己來考量，而且可以出於任何動機來服從法律，儘管在一個較健康的社會中，一般人民會更進一步接受這些規則，把它們視爲共同的行爲標準，並承認眾人都有義務加以遵守，甚至把這個服從的義務追溯至更上位的尊重憲法的義務。至於第二個條件，則必須被法體系中的官員來滿足。他們必須把這些次級規則視爲政府官員彼此之間的共同行爲標準，並且把他自己或他人偏離規則的行爲評價爲必須被改正的錯誤。當然，當政府官員站在私人的位置上時，他們也要受到初級規則的拘束，而此時，他們也只需對之服從即可。[7]

就此看來，主張一個法體系的存在有如羅馬神話中的雙面門神詹尼斯（Janus），具有兩面性：一方面這項主張意味著一般人民對於初級規則的服從，另一方面意味著政府官員接受次級規則作爲官員之行爲的共同批判標準。對於法體系存在條件的雙重性我們無須驚訝。這只不過表達出法律體系的組合性格。相較之下，一個簡單、缺乏中心（decentralized）、前法律的社會結構就沒有這種雙重性。在這種前法律的社會結構中僅存在著初級規則，而沒有次級規則。既然在這種較爲簡單的社會結構中，沒有分化出「政府官員」這個獨立的階層，因此這些初級規則必須廣泛地被接受爲整個群體的共同行爲之批判標準。如果這種社會的成員沒有廣泛地抱持內在觀點來看待這些規則，則邏輯上來說這些規則就不可能存在。但是，在一個擁有初級規則與承認規則之結合的社會中，把規則接受爲群體共同標準的這種情況就可以僅僅歸屬於官員，而與一般個別的人民僅就其自身的考量來服從、默認規則的情況區分開來。我認爲，「初級規則與次級規則的結合」乃是最能夠幫助我們理解法律體系的方式。在極端的情況下，以使用規範性的法律語言（比如「這是一項有效的規則」）爲特徵的內在觀點，可能眞的只侷限在政府官員當中，也就是說，只有官員會接受並使用法體系中的法效力判準。這樣一個社會可能十分可悲，有如待宰羔羊般地脆弱，而且這隻羔羊可能終究難逃進入屠宰場的命運。可是，我們幾乎沒有理由認爲這樣一種社會不可能存在，也沒有理由拒絕將「法體系」之名賦予這個社會。

7 服從與一般公民的關係是理解哈特對於法律作爲社會建構之看法的重點。他主張法律不只帶來道德風險，且這些風險與其本質有關。見 Jeremy Waldron, 'All We Like Sheep', 1999, 12 *Canadian Journal of Law and Jurisprudence* 169; Leslie Green, 'Positivism and the Inseparability of Law and Morals' (2008) 83 *New York University Law Review* 1035 esp. 1052-4。

第三節　法體系的病理[8]

由此看來，我們必須從社會生活的兩個不同部門中來找尋一個法體系存在的證據。在一個我們可以信心滿滿地說它有法體系存在的社會中，在這種正常、沒有問題的情況下，政府官員與一般人民這兩個部門就其個別對於法律的態度而言乃是可以互相協調的。這裡的意思，粗略地說，就是官員們所接受的規則是被一般人民所普遍遵從的。然而，有時候，官方部門可能會從私人部門中區隔出來，一般人民不再遵守通過法院效力判準檢驗的有效規則。諸如此類的各種可能發生的失常情況，就是屬於法體系的病理；因爲這些失常的情況，代表法體系中複雜而彼此環環相扣的實踐開始崩潰。(原注9)也就是說，當我們從某個特定法體系內部的角度，表達法律的內部陳述時，這些內部陳述所預設的事實已經不復存在。這種崩潰可能肇因於不同的干擾因素。「革命」就是這種情形之一。「革命」是一種群體內部出現不同的力量，主張他們擁有統治權的情況。儘管革命發生時，一定會出現一些違反既存體系內之法律的情形，但是革命所造成的情況，可能僅僅是一群人在未經既有法律授權的情況下，試圖要取代原本的一群人成爲政府官員，而非產生一部新憲法或一個新的法體系。相較之下，如果未經既有法律授權而想要取得統治權的力量，乃是來自於法體系之外時，就是敵國占領的情況。這是另一種法體系失常的情形。至於單純地法律秩序崩潰的無政府狀態，或者無意取得政治權力之盜賊橫行的時候，則是另一種法體系的失常。

在每一個上述情況發生的過程中，無論是在原有的領域中或是在流亡的狀況下，法庭可能仍然持續地運作。此時法庭仍然使用著舊時既存之法體系的法效力判準。那麼，到底在哪一個階段我們

118

可以說法體系已經不復存在呢？這是無法被精確界定的。很清楚地，如果恢復原有秩序的機會很大，或者如果對既存法體系的干擾，僅僅是一個議題未定的戰爭狀態中一個意義未定的事件，則沒有人能夠不加保留地主張法體系已不存在。之所以如此，是因爲「法體系存在」這樣一個陳述的意義範圍，十分地廣泛而抽象，以至於能夠容許相當的干擾。這樣一句陳述無法被短時期內的事態證實或否定。

理所當然，當這些干擾結束，法院與人民之間的正常關係被恢復之後，困難的問題會隨之產生。比如當敵國的占領勢力被驅逐，而原政府從流亡之中回到本國時，或者叛軍所組的政府被打敗時，則在「干擾時期」被敵國或反叛勢力占領的領域內，到底什麼是法律而什麼不是法律就是一個非常困難的問題。針對這個問題，最重要的是，我們必須了解，這可能不是一個關於事實的問題。如果這是一個關於事實的問題，那麼我們要回答問題的方法，可能就是要看這段干擾時期是否夠長，干擾是否足夠徹底，以至於原來的法體系必須被視爲已經消失；我們同時也必須要看看結束流亡後回國的法體系，是否與原來的法體系足夠的相似，以至於可以被看做與原來的體系有所銜接。這些是我們把這個問題當成是事實問題時，所要審視的項目。然而，這也有可能是一個國際法上的問題，或者，雖然聽起來有些矛盾，也有可能是干擾結束之後的法體系的內部問題。就後者來說，情況很有可能是，恢復秩序之後的法體系包含了一項溯及既往的法案，這項法案宣稱該體系一直

8 參閱 John Finnis, 'Revolutions and Continuity of Law', chap. 21, *Philosophy of Law: Collected Essays* Volume IV（Oxford University Press, 2011）。法體系互相影響的可能性，見 Neil MacCormick, *Questioning Sovereignty: Law, State and Nation in the European Commonwealth*（Oxford University Press, 1999）chap. 7。

「是」（或者較坦白的說法是；「被視爲」）該土地領域內的法體系。即使經歷干擾的時期十分地長，這種以溯及既往的法案確認該體系過往存在的情形仍有可能發生。此時，比起我們若把這個問題當作是事實問題，這樣子的宣稱對於我們的問題所做出的回答顯得十分不同。在這種情況下，我們沒有理由說如此的宣稱不能做爲該被恢復之法體系的一項規則，而被該體系內之法院用來處理干擾時期內所發生的事件與交易行爲。

這裡存在著矛盾嗎？如果我們不把法體系中規範其自身在過去、現在、將來之存在狀態的法律陳述，視爲衝突於我們從外部觀點所做的關於法律體系之存在的事實陳述，就不會有矛盾。一個現存的法體系所包含之規範其自身在過去存在狀態的條款，其法律地位確實頗爲令人困惑。因爲這個條款是自我指涉（self-reference）的。★不過，這種條款與一個法體系中主張另一個國家的法體系仍然存在的條款，其實並沒有什麼不一樣，儘管後者比較沒有實際上的後果。比方說，我們事實上很清楚，目前在蘇維埃社會主義共和國聯邦境內實際存在的法體系，不是沙皇政權下的法體系。但如果英國國會通過一項法律，宣稱沙皇時代的俄國法律仍然是俄羅斯領域內的法律，作爲英國法律的一部分，這項關於蘇聯的法律有其意義和法律效果，但是對於目前在俄羅斯境內乃是蘇聯的法體系這件事實，則絲毫沒有影響。這項立法的力量與意義，乃是在決定英國法院處理牽涉到俄國的案件時要選擇什麼樣的法律來適用。

就我們剛剛描述過的那種情形來說，一種與之相反的情形也是存在的。這種令人興奮的法體系變遷模式，發生在一個新的法體系從舊的法體系子宮中孕育而生時——儘管有時候要經過剖腹生產的過程。大英國協最近的歷史，是所謂法體系之「胚胎學」上極佳的研究素材。（原注10）以下就是對這種法體系孕育發展之過程一個簡單的架構式勾勒。一開始，我們會發現有一個殖民地，它擁有當地自己的立法、司法與行政機構。此種憲政結構乃是依照英國國會所制定的法案所建立，因此英國國會保有爲殖民地立法的全副立法權，包括修正或廢止任何殖民地的地方性法律或者任何與殖民地相關的法案，包括涉及殖民地憲法的法案。在這個階段，殖民地的法體系很單純地是一個範圍更大的法體系所屬的部分。這個範圍更大的法體系之終極承認規則是：女王議會所制定的法律就是殖民地的法律。

在整個演進過程的終點，我們會發現這道終極的承認規則已經改變了，因爲英國國會從前爲殖民地立法的權能，已經不再被當地的法院所承認。確實，自殖民母國脫離後，該地的憲政結構大部分仍然能在英國國會所通過的法案中找到其淵源，但現在這只是一件歷史事實。後殖民地時期的法體系不再仰賴英國國會的權威而取得其法律地位，它現在已經紮根於本土。提供法效力終極判準的承認規則，已經不再來自於另外一個國家的立法機構的立法行爲。這個新的承認規則，單純地就是建立在它被司法及其他官方機構接受，而該體系的其他規則被普遍遵守這個事實上。因此，儘管後殖民地法體系的組成、立法方式及當地立法機構的結構，仍然是像殖民地本來的憲法所規定的樣子，可是此時該地的立法之所以有效，不再是因爲該立法機構行使著英國國會的有效立法所賦予的權限。它們之所以有效，是因爲依照當地普遍被接受的承認規則，當地的立法機構的立法乃是終極的法效力判準。

★ 譯按：在這裡，所謂「自我指涉」的意思是說，一個法體系自己規定自己在過去現在或未來的一段時間內的存在狀態，而不是由另外一個更高的權威來規定。事實上，此類規定可能與事實並不符合。

上述法體系的發展型態可能有許多種不同的模式。一種可能的模式是，事實上，母國的立法機構在一段時期之內，除了行使同意權外，從來沒有正式地行使過其優位的立法權來修正或廢止殖民地的法律；嗣後，母國主動放棄對前殖民地的優位立法權。(原注11) 不過，此處我們必須要注意，對於英國法院是否要承認英國國會如此不可挽回地削減自身權力的行爲，是存在著理論爭議的。從另一方面來看，殖民地從母國脫離的過程可能並非如此平和，而是經過了暴力的鬥爭。但無論這個過程是平和或暴力，這種型態的發展最終總是導致兩個獨立的法體系。存在著兩個獨立法體系的主要證據是，在殖民地脫離母國後，人們所接受而適用的終極承認規則，在其諸效力判準當中，不再包含任何指向其他土地領域之立法機構的成分。

殖民地之法體系的變遷，還有另外一種可能性，那就是事實上殖民地的法體系已經從母國獨立出來，可是母國的法體系卻不承認這個事實。(原注12) 我們在大英國協的歷史中也可以找到這種有趣的案例。英國的法律可能仍然規定英國國會擁有，或者說在法律上擁有殖民地的立法權；而英國本國的法院如果面臨英國法律與殖民地法律（事實上現在已不是殖民地）的衝突時，將會依照英國法律的規定來進行審判。在這種情況下，依照英國法律而得出的命題似乎是與事實相反。殖民地的法律並沒有按照它事實上的狀態被英國法院承認，而此事實上的狀態就是：它是一個獨立的法體系，具備著自己本地的終極的承認規則。事實上，存在著兩個法體系，但英國法律堅持只存在著一個法體系。

但是，正因一個是關乎事實的陳述，一個是關乎（英國）法律的陳述，所以這兩個陳述在邏輯上並不會產生衝突。若要把我們的觀點說得更清楚，我們可以說，這個關於事實的陳述是眞實的，但那個關於英國法律的命題，「就英國法來說是正確的」。這個對於事實上的主張（存在著兩個獨立的法體系的主張），以及法律上的命題（只有一個法體系存在的法律命題）所做的區分，我們必須牢記在心。（原注13）因爲當我們在審視國際公法與國內法的關係時，我們也必須做出類似的區分。有些理論因爲忽略了這個區分而顯得十分的怪異。

在結束這個對於法體系的病理以及胚胎學所做的粗略巡禮前，我們必須注意到法體系其他可能的失常狀態。在正常的情況下，當我們從法體系內部的觀點，表達一項內部的法律陳述時，政府官員對於承認規則抱持一致見解的事實乃是被預設的。可是，這項被預設的事實可能部分地消失。可能的狀況是，在特定的憲法議題上，而且通常也僅僅是針對這些議題，政府官員內部之間也發生了分歧，此分歧最終也導致司法機關內的分歧。這種發生在政府官員之間，關於選取哪一種終極效力判準來鑑別法律的嚴重分歧，以一九五四年發生在南非的憲法爭議爲典型的事例（原注14），這個爭議後來到了法院，成爲「哈利斯訴鄧吉斯」（*Harris v. Donges*）一案。（1952, I TLR 1245）在此案中，立法機構針對其本身的立法權限，與法院抱持著不同的看法，因而通過了一項後來被法院宣告爲無效的法案。這項法案被法院宣告無效後，立法機構爲了反制，竟然經由立法創設了一個特別的上訴「法院」，藉以針對宣告其立法無效之一般法院的判決，所提出的上訴加以審理。這個上訴法院，依照合法的程序，接受了上訴，而推翻了原審法院的判決。但是原審法院反過來宣告立法機構創設特別上訴法院的立法無效，因此該上訴法院所做的判決根本不成立。如果不是這個過程後來被劃下句點（因爲南非政府發現，透過立法機關用這種手段來達成目的並非明智之舉），我們就會看到一場關於立法機構之權限，以及有效法律之判準的不同觀點間，無止盡的爭議與擺盪。如此一來，政府官員，特別是司法部門之間的和諧就會消失，而這個和諧乃是在正常的情況下，法體系的承認規則能夠被發現的重要條件。不過，即便如此，在無關於這種高度憲法爭議的事情上，大部分的法律運作仍然如常地進行。除非整個社會都產生了嚴重的分歧，而且法律秩序已經崩潰，否則即便在上述高度爭議的情況中，我們仍然不應主張原來的法體系已經不復存在：因爲「同一個法體系」（the same legal system）這個詞彙的意義範圍是如此廣泛及富有彈性，以至於這個概念無法要求，把所有政府官員在所有法效力判準上皆能維持共識，作爲法體系要維持同一性所需的必要條件。我們所需要的，只不過是把我們到目前爲止所提到的各種情形描述出來，將它們定位爲低於標準的、不正常的狀況，這些狀況包含了一些威脅法體系存在的因素，如此而已。我們不需要說，在這些法體系失常的狀況下，法體系都已不是法體系。

最後的這個提醒，把我們帶到另一個更廣泛的主題的邊緣。這個主題我們將在下一章中處理，它牽涉到一個法體系之終極效力判準所適用的高度爭議性的憲法議題，也牽涉到法體系中較爲「平凡的」法律。在我們理解「規則」時，所有的規則都牽涉到，要把某些情況認定或歸類爲一般性的語詞（general terms）所包含的事例。而在所有的規則所包含的事例中，我們可以區分出清楚的核心事例（在這種事例中規則的適用是無庸置疑的），以及其他事例（對這些事例而言，同時存在著肯定與否定將規則適用於其上的理由）。每當我們把特定的具體情況涵攝於抽象的規則時，總是會同時出現具確定性的核心以及值得懷疑的邊緣。這使得所有的規則都有著模糊的邊緣，或者說「開放性結構」（open texture）★。規則的這種性質，對於用來鑑別法律的終極性承認規則所造成的影響，就如它對於一般特定的法律條文所會造成的影響一樣。法律的這個面向，經常被用來證明以

「規則」這個概念來闡釋法律之不當。在面對法律所必然具有的模糊面向時，如果有人堅持仍然要以「規則」來理解法律，這種立場通常會被貶爲所謂的「概念法學」（conceptualism）或「形式主義」（formalism）。接下來，我們就要來評估這項指控。

★譯按：台灣絕大多數的法理學學術著作都把open texture翻譯爲開放文本。這可能是混淆text與texture這兩個字的結果。texture一字並沒有包含「文本」這個意義。

第七章

形式主義與規則懷疑論

第一節　法律的開放性結構[1]

在任何大型團體中，社會控制的主要工具必定是一般化的規則、標準和原則，而不是個別地對個人所下的特定指示。唯有透過一般化的行爲標準，才能夠在沒有進一步指示的情形下，讓廣大的民眾能夠理解當什麼情況發生時，他們應該要做什麼。因此，如果一般化的行爲標準無法被傳播的話，就不可能有我們現在稱爲「法律」的東西存在。法律的內容所涉及的必須主要是（但不一定要完全是）一整個階層或種類的人、行爲、事物與情況；而法律之所以能夠成功地運作於廣大的社會生活，是因爲社會成員廣泛地有能力將特定行爲、事物和情況涵攝到法條文字所做的一般化分類當中。

傳播一般化的行爲標準有兩個看起來十分不同的方式，這兩個方式使得這些標準在被適用於一連串嗣後發生的情況之前，能夠先被傳播出去。其一是在最大限度上使用一般化的分類詞項（general classifying word）；另一個方法則是在最小限度上使用一般化的分類詞項。第一個方法的典型我們稱之爲立法（legislation），第二個方法的典型則是判決先例（precedent）。我們可以在下面這個非關法律的情形中，看到兩者的區別特徵。第一個方法就像有位父親在做禮拜前告訴兒子：「進入教堂時，每個男人和男孩都必須脫掉帽子。」第二個方法則類似於父親在進入教堂時脫掉他的帽子，並且說：「注意，在這樣的場合中，這是正確的行爲舉止。」

以實例來傳播或教導行爲標準，可以有各種不同的形式，這些形式遠較我們剛剛所舉的情形更爲複雜。（原注1）我們可以把剛才的簡單例子設想爲另一種情況，使得這個例子更接近判例的情形。

如果小孩不是在正要進入教堂這個特定的情況下，被父親告知要將父親進入教堂時所做的事，視為正確行為的實例，而是那位父親事先就認定小孩會將他當作模仿正確行為的權威對象，父親相信小孩將會好好注意他，以學習行為的方式，則例子中的情形與法律上對判決先例的使用就會更為相像。若要更進一步接近法律上對判決先例的使用，我們則必須假定，父親自己及其他人都認為，他是在延續傳統的行為標準，而不是在引進新的行為標準。

以實例來達成傳播目的的各種形式，雖然往往會由傳播者註明「照我所做的去做」（Do as I do），但這種簡單的一般化言詞指示，在指示者本身對自己所要傳達的事情有清楚設想的情況下，仍然會引起廣泛的疑問：必須模仿指示者的動作至何種程度？如果用左手脫帽而不是用右手，可以嗎？動作要慢條斯理，還是快速俐落？帽子要放在椅子下面嗎？在教堂裡帽子不再戴上了嗎？上述問題可說是以下一般性問題的具體形式：「若要做得正確，我的行為在哪些方面必須與他的行為相像呢？」或「更精確地說，到底他的什麼行為可以作為我的指標？」小孩會如此自問。在理解實例的時候，小孩會注意到某些面向，而忽略掉其他面向。當他選擇注意對象時，他是根據他對一般種類事物的常識和知識、大人認為重要的目的，以及他對於相關情況（做禮拜）的一般性質和適於此場合之行為的掌握。

1　一般討論可見 Avishai Margalit, 'Open Texture', 1979, 3 *Meaning and Use* 141。論哈特的「開放性結構」可參閱 Brian Bix, *Law, Language, and Legal Determinacy*（Oxford University Press, 1993），chap. 1。其他關於法律不確定性的資料可見 Kelsen, *Pure Theory of Law* 348-56。德沃金對此的批評可見 *Taking Rights Seriously* 31-9, chap. 4, 13; *A Matter of Principle*（Harvard University Press, 1986）, chap. 5。David Brink 支持德沃金的論點，參閱 'Legal Theory, Legal Interpretation and Judicial Review', 1988, 17 *Philosophy & Public Affairs* 105; Nicos Stavropoulos, 'Hart's Semantics' in Jules Coleman ed., *Hart's Postscript* esp. 88-98。

相對於實例的不確定性，藉由明示的一般化語言（好比「進入教堂時，每個男人都必須脫掉帽子」）來傳播一般化標準，似乎更爲清楚、可靠和確定。在這裡，我們用語詞來表達要用來指導行爲的特徵；這些特徵藉由口語被解放出來，而非與其他性質一起仍然嵌在具體的例子當中。爲了知道在其他的情況中該作些什麼，小孩不用再去猜想大人要他做什麼，或者什麼樣的行爲可被允許；他不再需要去思索：如果要做得對的話，我的行爲要在哪些地方與例子相像？相反地，他現在擁有言詞的描述，他能夠藉以瞭解以後必須作什麼，以及什麼時候必須去作。他只需要去確認清楚的詞彙所包含的事例，將特定的事實「涵攝」（subsume）在一般性的分類項目之下，進而導出簡單的三段論的結論。他不必在自冒風險或進一步尋求權威指示兩者當中進行非此即彼的抉擇。他有一項能夠由他適用到他自己身上的規則。

本世紀法理學的許多內容皆來自對以下重要事實的逐步認知（有時是誇大了這個事實）：以權威性實例（判決先例）來傳播的不確定性，與以權威性之一般化語言（立法）來傳播的確定性之間的區分，遠不及這個天真的對比所顯示的來得清楚。即使我們使用以言詞構成的一般化規則，在特定的具體個案中，該等規則所要求之行爲類型仍舊可能是不確定的。特定的事實情境並非已經自己區分得好好的，貼上標籤表明是某一般規則的具體事例，而在那兒乖乖地等著我們。而且規則本身也不能夠站出來，指定它自己包含的事例。在所有的經驗領域當中（並非只有在規則的領域），一般化語言所能提供的指引是有限的，而這是語言固有的本質。的確，單純的個案可能在類似的脈絡中反覆出現，使一般化的表達用語能清楚地適用其上（如果有某物是車輛的話，那麼汽車必爲其一），但是我們也會遇到其適用與否並不清楚的個案（此處所謂的「車輛」包括腳踏車、飛機或輪式溜冰鞋嗎？）。後面這種其適用與否並不清楚的事實情境持續地被自然界或人爲發明拋到我們面前，它們只擁有單純個案的某些特徵，而不具備其他的特徵。「解釋」規則（canons of interpretation）雖然能夠減少這些不確定性，卻無法完全加以消除；因爲這些規則本身就是指導我們使用語言的一般化規則，而其所利用之一般化語彙本身也有解釋的必要。它們和其他規則一樣，並不能夠提供對它們自己的解釋。在碰到單純個案時，一般化語彙似乎不需要任何的解釋，而且我們似乎可以毫無疑問地，或者是「自動地」確認其所包含的事例。這些單純個案就是那些爲人所熟悉的、在類似脈絡中反覆出現事例，人們對於把分類詞項適用於其上存有普遍的共識。

除非一般化的語彙包含此種爲人所熟悉的、一般而言不可挑戰的個案，否則不可能作爲傳播的媒介。但是由這些人們所熟悉之個案所衍生出來的各種變化，也使得我們必須針對這些變化出來的事例進行再分類，而當我們考慮如何將這些變化出來的事例歸類時，原來的一般化語彙無論何時皆是我們的語言資源的一部分。這就造成了傳播本質上所蘊含的危機：針對某個一般化語彙是否應該被使用在特定事例上，我們會同時遇到贊成以及反對的理由，而且此時沒有任何根深蒂固的習慣或普遍的共識，能夠告訴想要進行分類的人應該或不應該使用這個一般化的語彙。如果想要解決這些疑點，任何想解決問題的人，就必須在可供選擇的方案間進行抉擇。

在這個點上，表述規則且具權威性的一般化語言，只能提供人們不確定的指引，就像權威性的實例一樣。規則的語言本來可以使我們能夠輕易地挑出可確認的事例，但此時這個說法得打個折扣；此時，我們在決定哪些正確的事情該去做時，我們所進行的推理不再以涵攝和三段論結論的推導作爲主要的特徵。相對地，規則的語言現在似乎只界定出權威性的例子，也就是那些由單純個案所構成的例子。雖然規則的語言比起判決先例，對於相關特徵限制得更爲不變與更爲嚴密，但是此時其作用的方式卻可以像判決先例一樣。當我們遇到「禁止在公園中使用車輛這項規則能否適用在一些新情況的組合上？」這個問題時，如果答案並不確定，此時所有要回答這個問題的人所能做的，就是去想想看（就像使用判決先例之人所做的一樣）：當前的個案在「相關的」面向上，是否與單純個案「足夠」相像。此時，語言留給他的裁量範圍可能相當地廣泛，以致於如果他適用了該規則，所得到的結論即使可能不是恣意的或非理性的，但實際上仍是一個選擇。他之所以選擇在一系列的個案上再加上一個新個案，是因爲這個新個案與舊個案相像的地方在法律上是相關的，而其相像的程度也相當充分。在法律規則的情形中，要判斷相似處的相關性和接近度，所需要的標準建立在貫穿法體系的複雜因素上，以及該規則的目標或目的之上。要指出這些種種的特性，就要指出任何在法律推理中特有的或獨特的特性。

無論我們到底選擇判決先例或立法來傳達行爲標準，不管它們在大量的日常個案上，運作得如何順利，在碰到其適用會成爲問題的點上，這些方式仍會顯出不確定性；它們有著所謂的**開放性結構**。至目前爲止，我們把開放文本，特別是在立法這種傳播形式中，視爲人類語言的普遍特徵；爲了使用包含一般化分類語彙的傳播形式來傳達事實情況，邊界地帶的不確定性是我們必須要付出的代價。（原注2）自然語言（natural language），例如：英語，當我們如此使用它時，是無可避免地會有開放結構的。然而，重要的是我們必須去了解，除了我們一定要使用帶有開放結構的語言這個不可避免的事實外，爲什麼我們不能欣然地接受一種關於規則的想法，即便這個想法只是個理想，這個想法就是我們可以把規則訂得十分詳細，以致於它是否適用於特定個案總是可以預先被解決，因

128

而人們在適用規則時，絕不會需要在開放的選擇方案間重新做抉擇。簡單地說，理由就是，我們之所以不得不接受此種抉擇的可能性，是因爲我們是人，不是神。這是人類困境的一個特徵（立法的困境亦是如此），即無論何時如果我們想要使用一般化標準，不含糊地預先規範某個領域的行爲，並且在遇到特定情況時無需接受進一步官方指示，我們總會遇到兩個相關聯的障礙。第一個障礙是我們對於事實的無知；第二個是我們對於目標的不確定。如果我們所生活的世界只具備有限的特徵，而且我們能夠知道這些特徵的所有組合模式，那麼我們對於每一個可能性就能夠預先加以規定。我們能夠制定出，在特定個案的適用上，絕不需我們再做進一步選擇的規則。既然我們能夠知道每一件事情，所以我們就能事先採取措施，並以規則做出規定。而這將會是一個適合「機械化」法學（mechanical jurisprudence）存在的世界。

顯然這不是我們的世界。人類立法者不可能預知未來可能發生之所有可能情況的組合。人類在預知未來上的無能爲力也造成目標的相對不確定性。當我們有勇氣去設計出某項行爲的一般化規則（例如任何車輛皆不得進入公園）時，此時我們在此一般化規則中所使用的語言，決定了要成爲其範圍內之任何事物所必須滿足的必要條件，也自然地呈現出必然位於其範圍內的某些清楚的例子。這些清楚的例子就是典範（paradigm）[2]，就是清楚的個案（汽車、公車、機車）；我們立法的目標到目前爲止是確定的，因爲我們做了某個選擇。我們一開始就決定了，公園中的平靜與安寧必須

2 Timothy Endicott爲哈特對典範個案的理解辯護，見*Vagueness in Law*（Oxford University Press, 2000）chap. 7。德沃金的反對意見參閱*Law's Empire*, chap. 3 esp. 90-4。回應可見Endicott, 'Herbert Hart and the Semantic Sting' in Jules Coleman ed., *Hart's Postscript*（Oxford University Press, 2001）。

維持，即使是以排除這些東西作爲代價。可是，從另一方面來看，除非我們能夠從維持公園平靜的這個一般性目標，聯想到我們最初沒有想到，或根本無法想像的個案（好比是電動的玩具汽車），好讓我們能夠事先加以規定，否則我們的目標在這個面向上仍是不確定的。因爲我們無法預期未來，所以我們尚未解決我們沒有想到的個案發生時所引起的問題：公園中某種程度的平靜，是否該爲孩子們使用這些電動玩具汽車的歡樂或好處而有所犧牲，或者仍舊該加以捍衛之？當我們未能想到的個案眞的發生時，我們將無可避免地面對這個議題。接著，我們就必須在各種利害間做出最能令我們滿意的抉擇，才能解決問題。如此一來，我們就進一步地確定了最初的目標，同時也連帶解決了在規則的目的下，該一般化語彙的意義問題。

不同的法體系或同一法體系在不同時代中可能忽略、也可能多少明白地承認了這樣一種需求：將一般化規則適用到特定個案的時候，有時需要進一步做出選擇。[3]有些法理論之所以背負形式主義（formalism）[4]或概念主義（conceptualism）（原注3）的惡名，就是因爲它們對以言詞表達出來之規則抱有一種態度：想要遮掩選擇的需求並將之降至最低。方法之一就是將規則的意義凍結起來，使得規則中的一般化語彙在適用於每個個案時，都必須擁有相同的意義。爲了把規則的意義凍結起來，我們可以鎖定呈現在單純個案中的某些特徵，並且主張擁有這些特徵是任何事物要納入規則範圍內必須具備的充分必要條件，無論該事物可能還具備或缺乏任何特徵，以及無論以此方式適用規則的社會後果是什麼。這麼做是以對未來個案盲目地預判作爲代價，藉以確保確定性或可預測性，儘管我們對於未來個案的性質一無所知。如此一來確實能夠成功地預先解決問題，但同時也是盲目地解決問題解，而其實這些問題只有在出現並被辨識出來的時候，始能被合理地解決。若要使用此項技術，我們將會被迫把爲了實現合理的社會目標而希望排除的個案包含到規則的範圍內；相反地，如果我們不這麼硬性地界定規則中的語彙，我們的語言中具開放結構的語彙就可以允許我們排除這些個案。因此，我們在歸類個案時的嚴格性與我們要藉規則達成的目標是有所齟齬的。[5]

這個方法若推到極處，就形成了所謂法學的「概念天堂」；當一般化語彙不僅在某單一規則之每一適用情形中，而且是當它出現在法體系之任何規則中，皆被賦予相同之意義時，我們就造就了一個法學的概念天堂，在這個天堂裡，我們再也不需要從各式各樣相關議題的角度，來解釋規則中的詞彙了。

事實上，所有的體系皆以不同的方式，折衷於兩種社會需求之間。第一種需求是：確定規則的意義，使私領域的個人能夠在大部分的行爲領域中，都能夠可靠地把規則適用在自己身上，而無需隨時等候官方對行爲的指示或官方對如何權衡社會議題的指導；第二種需求是把出現於具體個案

3 論規則性決策的本質可見David Lyons, *Forms and Limits of Utilitarianism*（Oxford University Press, 1965）；Frederick Schauer, *Playing By the Rules: A Philosophical Examination of Rule-Based Decision-Making in Law and in Life*（Oxford University Press,1991）, esp. chap. 5; Larry Alexander and Emily Sherwin, *The Rule of Rules: Morality, Rules, and Dilemmas of Law*（Duke University Press, 2001）, chaps. 1, 2。

4 這個詞的其他用法參見Martin Stone, 'Formalism' in Jules Coleman and Scott Shapiro eds., *The Oxford Handbook of Jurisprudence and Philosophy of Law*（Oxford University Press, 2002）。

5 若法律無法爲顯然的法律問題提供唯一正當的解答，就是不確定的。這與唯一解答不明顯或容有異議的疑難的法律案件不同。同樣不同於主張法律事實上決定了司法判決，也就是法律明確但法官可能不明白，或可能明白但不予適用。法律的確定性並不代表決定的可預測性。（Cf. Brian Leiter, 'Legal Indeterminacy', 1995, 1 *Legal Theory* 481.）哈特主張的是法律正當性的確定性。反對意見可見Ronald Dworkin, 'No Right Answer?' in P. M. S. Hacker and Joseph Raz eds., *Law, Morality and Society*; Ronald Dworkin, 'On Gaps in the Law' in Paul Amselek and Neil MacCormick eds., *Controversies About Law's Ontology*（Edinburgh University Press, 1991）。支持意見可見Joseph Raz, *The Authority of Law*, chap. 4。

時，才能被妥當地瞭解和解決的議題，留給資訊充足的官員來進行選擇而加以解決。某些法體系在某個時期中，爲確定性做出太多犧牲，對成文法或判決先例的司法解釋太過於形式，因而無法對諸個案間的相似和相異處合理地加以考慮，而這些相似和相異處只有當我們從社會目標的觀點來加以考慮時，我們才能看得見。相對地，在其他的體系中或同一個體系的其他時期中，好像法院又把太多判決先例中的內容當成永久開放或可推翻的，從而對於立法語言（儘管有著開放結構）所提供的限制，幾乎未予尊重。法理論在這個問題上有一段奇怪的歷史，因爲法理論若不是傾向於忽視法律規則的不確定性，就是將之誇大。爲了避免此種在極端間的擺盪，我們需要提醒自己，人類對於未來之預期無能爲力（此爲不確定性的根源）的程度，在不同的行爲領域中變化很大，而法體系藉由各式各樣相應之技巧來處理人類的這種無力。

有些時候，人們從一開始就會認知到某個需以法律加以控制的領域，其中個案的特徵在具有社會重要性卻無法預測的許多面向上的變化如此之大，以致於立法機構無力預先制定可有效適用於各種個案的規則。[6] 因此，爲了規範這樣的領域，立法機構制定了一般化的標準，然後授權熟悉不同個案類型之行政機關，依照其特殊需求來訂定規則。（原注4）比方說，立法機構可能要求某一種事業要維持某些標準，好比：只依**公平費率**（fair rate）收費，或提供工作的**安全體系**（safe systems）。但是，與其讓個別的企業自行適用這些模糊的規則，使他們冒著事後（*ex post facto*）才被認定違反規則的風險，最好還是先不要對違反規則的行爲施加制裁，直到行政機關以行政命令制定出，對某一種事業而言，什麼叫做「公平費率」或「安全體系」。而此種制定規則的權力可能只有在對特定事業的相關事實進行司法調查，以及聽取對於某管制方式的正反意見之後，才可加以行使。（原注5）

當然，即使是一般化的標準也會有明顯可滿足或不能滿足該規則之要件，而不會引起爭議的事例。某些極端個案，無論其很明顯地屬於或部屬於「公平費率」或「安全系統」，總是自始就能被辨認出來。就「公平費率」而言，在費率無限變化的光譜上的一端，其費率可能高到一個程度，一方面，使不得不購買該生活必需之服務的消費大眾，好像被綁架而必須付出贖金，而另一方面，卻讓企業家賺取龐大的利潤；在另外一端，費率卻如此地低，以致於無法對企業提供經營的誘因。此兩個極端各以不同的方式挫折了我們想透過管制費率所要達成的任何目標。不過還好它們只是一系列情況中的極端，而且在實務上是不太可能遇上的；我們眞的會碰到而需要注意的困難案件則是落於此兩者之間。在這種事業中，我們所能預期到的相關因素很少，這使得我們一開始想要透過「公平費率」或「安全體系」達成的目標變得不確定，也使得我們需要官方來做進一步的選擇。顯然，在這些情況中，制定規則的權威機構必須行使裁量權，而我們不可能把各種個案中所引發的問題當作是，好像有唯一的正確答案，相反地，眞正的答案乃是在許多相衝突之利益間理性妥協的結果。

在某種需要管制的領域中，我們不可能統一地辨認出應該做或不應該做的行爲類型，因而無法

6 在此哈特並非探討是否要有適用於不同情況的規則，而是什麼樣的規則適用於不同的情況。受Henry Hart與Albert Sacks的影響，美國法律人有時會區分「規則」和「標準」，但對哈特來說，標準是規則的一種。參閱 Henry M. Hart and Albert Sacks, *The Legal Process: Basic Problems in the Making and Application of Law* (W. N. Eskridge, Jr. and P. P. Frickey eds., Foundation Press, 1994) 139-41; Pierre J. Schlag, 'Rules and Standards', 1985, 33 *UCLA Law Review* 379。同樣地，所謂的「原則」也包含在哈特的規則概念，他反對就此做分類，如 Dworkin, *Taking Rights Seriously* 22-8。參閱哈特在後記中的說明，亦見 Joseph Raz, 'Legal Principles and the Limits of Law', 1972, 81 *Yale Law Journal* 823; Larry Alexander and Ken Kress, 'Against Legal Principles', 1997, 82 *Iowa Law Review* 739。

以單一的規則加以規範，但是此範圍內所包含的各種狀況，儘管千變萬化，仍然涵蓋了人們共通經驗中的許多熟悉特徵。在這個領域中，我們還有類似的第二種技巧可以使用。在這種技巧當中，法律利用了人們對於什麼是「合理的」（reasonable）所擁有的大致上共通的判斷。這個技巧把衡量各種未被預期到社會目標，以及求取其中合理均衡的任務交給個人，但使個人的決定仍然可以受到法院的糾正。在此情形中，在某項可變的標準尚未被官方界定前，一般人民就被要求加以遵守，並且要等到他們違反了該標準之後，他們才能在事後從法院那裡學到，在特定之作爲或不作爲上，什麼樣的標準是他們必須遵守的。當法院對此類問題的決定被視爲判決先例時，他們對可變標準的具體化，十分類似行政機關被授權行使的規則制定權，儘管兩者顯有不同。

在英美法中，此項技巧最著名的例子就是，在過失案件中所謂的「合理的注意義務」（*due care*）這個標準。[原注6] 這意味著民事（以及少數的刑事）制裁可能適用於，對避免他人之身體傷害未能予以合理之注意的人。但是在具體的情況中，什麼是合理的或應當的注意？當然，我們能夠舉出注意義務的典型例子：交通路口的停、看、聽。但是，所有人都相當地清楚，需要注意的情況千變萬化，而且在「停看聽」之外，尚有許多其他行動是必要的；「停看聽」可能是不夠的，更何況如果「看」不能幫助防止危險的話。我們之所以要採取「合理之注意」這個標準，我們想要盡力確保的是：一、人們會採取預防措施來避免實質傷害。二、我們不希望採取預防措施所帶來的負擔太過犧牲其他值得重視之利益。當然除了要把流血快死的人送往醫院的情形外，停看聽是不會造成什麼犧牲的。但是由於需要注意的可能情況太過多樣，所以我們無法一開始就預見會出現什麼樣的要素組合，也無法預見一旦必須採取預防傷害的措施，到時候必須犧牲什麼樣的利益，或犧牲到什麼樣的程度。換言之，在特定案件出現之前，我們無法精確地考量，爲了減少傷害的風險，我們希望對於其他的利益或價值做出什麼樣的犧牲或妥協。（原注7）直到我們能將確保人們免於傷害的目標，與嗣後的經驗所帶來的可能性擺在一起考量爲止，這項目標仍然會是不確定的；當這些可能性出現時，我們就必須做出決定，當決定做成時，目標才會確定下來。

相對於我們必須採用這兩項技巧的規範領域，大部分的行爲領域自始就可以成功地藉規則加以規範，這些規則要求人們做特定的行爲，而只有在邊緣處才會有開放結構，其本身在內容上並不包含可變的標準。這個領域的特性表現在以下事實：某些可清楚辨別的行動、事件或事態（我們要去避免或要去成就的事）具有實踐的重要性，只有極少數伴隨發生的情況才會促使我們以不同的方式加以處理。最淺顯的例子就是殺人。雖然有各式各樣殺人的情形或方式，我們仍然清楚地制定了一項規則來禁止殺人，而不是設定一個可變的標準（例如「對人類生命的正當尊重」）。這是因爲對我們而言，只有極少數的因素能勝過或使我們修正保護生命之重要性在我們心中的地位。殺人幾乎總是**支配**（dominate）著其他隨之而來的因素，所以當我們預先排除這些因素，而以「殺人」爲規則所禁止的對象時，我們並非盲目地預先判斷了需要彼此權衡的諸議題。不過，當然這項規則也有例外，當通常居宰制地位的因素被其他因素凌駕過去時，例如：出於正當防衛而殺人，以及其他形式之可正當化的殺人行爲。但是這些例外情形爲數極少，並且相對來說，我們能夠非常輕易地把它們確認爲一般化規則的例外。

重要的是，我們要注意到，某些易於辨認之行動、事件或事態在各種因素中的宰制地位，在某個意義上，可能來自成規（conventional）或是人爲的（artificial），而不是因爲它對於身爲人類的我們具有「自然的」或「固有的」（intrinsic）重要性。道路規則規定走哪一邊是無關緊要的；對於財產權移轉之效力的發生（在受到限制的情形下）規定何種形式上的手續也是無關緊要的。在這些事情上，眞正要緊的是，應該要有一個易於辨認而統一的程序，從而在相關問題上有清楚的對錯可言。當法律引入此項程序後，除了極爲少數的例外，堅守這些程序是首要之務；因爲只有很少數的情境特徵會比它重要，所以那些比它重要的特徵可以輕易地被確認爲例外，並且簡單地用一個規則就可加以包含。英國的不動產法就相當清楚地呈現了規則的這個面向。

如同我們已經瞭解的，以權威性例子來傳播一般化規則，帶著一種更爲複雜的不確定性。在不同的體系，以及相同體系在不同時代中，將判決先例承認爲法效力（validity of law）的標準，代表著不同的意義。[7] 英國判決先例「理論」對於使用判例實務的理論描述，在某些點上仍舊具有高度的爭議性：的確，即使在理論當中，「判決理由」（ratio decidendi）、「案件事實」（material facts）、「（法律）解釋」這些關鍵詞，也含有不確定的邊緣地帶。以下，我們將不對判例理論提供任何新的一般化描述，我們將止於簡單扼要地標識出（就像我們在成文法的情形中所做的一樣）其中開放結構之領域，和創造性司法活動的特性。

任何人若要誠實地描述英國法上對判例之使用，都必須爲以下事實保留一席之地。第一、並沒有單一的方法可以制定出一項規則來規定哪個判例是屬權威。雖然如此，我們從大多數已判決的案例所得到的判例，幾乎是無人會加以質疑的。而我們從附註中可以找到的應該都是正確的判例。第二、對於任何從個案中抽取出的規則而言，並沒有任何權威的或獨一無二的正確表述方式。可是，另一方面，當判例與後來個案中的議題相關時，人們對於什麼樣的規則表述方式可以從判例中擷取出來以適用於目前的個案，通常存在著普遍的共識。第三、無論由判例抽取出的規則具有何等權威地位，它與被它所拘束的法院，所行使的以下兩種創造性的或立法性質的活動是相容的。（原注8）一方面，審理後來個案的法院可能藉由限縮從判決先例抽取出來的規則，來達成與判決先例相反的決定，因而為先前的規則定下例外，儘管這個例外情況可能是之前的法院沒有考慮過的，或者如果考慮過，之前的法院也只是保持開放的態度，而沒有明確加以承認。這個把後來的個案與先前的個案相「區別」（distinguish）的過程，旨在找出先前的個案和目前的個案間在法律上有意義的相異處，而且此種相異處的類型無法事先被窮盡地確定下來。另一方面，在追隨先前的判決先例時，法院可能以「沒有任何成文法或判決先例上的依據」為由，忽略先前個案中表達出來之規則所設的限制，因而擴張了規則的適用範圍。雖然英國司法實務上有這兩種與判決先例的拘束力相容的立法活動，但英國的判決先例體系卻在運作中產生出一整個規則體系，其中大量的規則（有較重要的也有較不重要的）與任何成文法的規則一樣地確定。正如法院在「案例性質」（merits）與既有判決先例的要求產生衝突時所宣稱的，這些判例規則現在只能透過成文法才能加以變更。

法律的開放文本意味著，存在著某些行為領域，這些領域如何規範必須由法院或官員去發展，

7 相關文獻豐富，見A. W. B. Simpson, 'The Common Law and Legal Theory' in A. W. B. Simpson ed., *Oxford Essays in Jurisprudence*; Ronald Dworkin, *Taking Rights Seriously* 110-23; Neil MacCormick, *Legal Reasoning and Legal Theory*（rev, edn., Oxford University Press, 1994）; Laurence Goldstein ed., *Precedent in Law*（Oxford University Press, 1987）; Stephen Perry, 'Judicial Obligation, Precedent and the Common Law', 1987, 7 *Oxford Journal of Legal Studies* 215; Frederick Schauer, 'Precedent', 1987, 39 *Stanford Law Review* 571; Susan Hurley, 'Coherence, Hypothetical Cases, and Precedent', 1990, 10 *Oxford Journal of Legal Studies* 221; Larry Alexander, 'Precedent' in Dennis Patterson ed., *A Companion to the Philosophy of Law and Legal Theory*（Blackwell, 1996）; Neil Duxbury, *The Nature and Authority of Precedent*（Cambridge University Press, 2008）。

也就是讓法院或官員依據具體情況，在相競逐的利益（其重要性隨著不同的個案而有所不同）間取得均衡。儘管如此，但法律的生命在很大的程度上，仍然在於藉由意義確定的規則，作爲官員與私領域之個人的指引。這些規則不像可變的標準，其適用並不需要隨著不同的個案而重新作判斷。即使任何規則（無論是成文的或是由判決先例來傳達的）在具體個案的適用上都可能發生不確定性，這個社會生活的顯著事實仍舊是眞實的。但在處於邊際地帶的規則，以及由判決先例的理論所開放出來的領域中，法院則發揮著創造規則的功能。此項功能就像行政機關在將可變標準具體化時所做的。在**判決先例必須遵守原則**（stare decisis）堅定地被承認的體系中，法院的這項功能十分類似於行政機關被授權行使規則制定權。在英國，這個事實在表面上通常是晦暗不明的：因爲法院經常否認任何像這樣的創造性功能，並且堅持成文法之解釋和判決先例之使用的適當任務分別在於尋找「立法者的意圖」（intention of the legislature）和已經存在的法律。

第二節　規則懷疑論的多樣性（原注9）

我們之所以用較長的篇幅探討法律的開放性結構，是因爲從平衡、周延的觀點來瞭解此項特徵是非常重要的。若不能平衡地看待這個法律的特徵，反而加以誇大，就會模糊了法律的其他特徵。在每一個法體系中，皆有廣大而重要的領域開放給法院及其他官員來行使裁量權，以使一開始模糊的標準確定下來，或是解決成文法的不確定性，或是發展和限縮粗略地由權威性判決先例所傳達的規則。縱然這些活動十分重要，縱然它們尚未被充分地研究，但這仍然不可遮掩了以下事實：這些活動發生其中的背景架構與它們最後的產物，都是一般化的規則。這些規則，使個人在無須進一步地求助於官方指示或裁量的情形下，能夠在一個個的個案中，自行加以適用。

當我們想到竟然會有人認眞地懷疑規則在法體系中所占的中心地位，這種看法似乎非常奇怪。但是「規則懷疑論」（rule-scepticism）[8]，也就是主張關於規則的討論是一種迷思的想法，卻能夠有力地打動坦率的法律人。這種想法以「法律僅僅是由法院的決定和對法院決定的預測所組成」這樣的說法遮掩住許多事實。一個以毫不受限縮的形式呈現出來的規則懷疑論，其懷疑的對象因此包含了次級規則和初級規則，必然是不一致的；因爲一個理論不能一方面承認有法院裁判這回事，另一方面卻同時否認任何規則的存在。如我們所瞭解的，這是因爲法院的存在就意味存在著某種次級規則，可以授予在同一個職位上不斷流動之個人以司法審判權，並使他們的決定具有權威性。如果在一個社群中，人們懂得「決定」以及「對決定之預測」等觀念，卻不懂得「規則」的觀念，則此社群終究無法了解「權威性決定」，以及相關的「法院」等觀念。因爲人們的思想中並沒有任何概念可用來區分私人的決定和法院的決定。藉由「習慣性服從」的觀念，我們或許可以試著彌補「決

8 參見哈特的論文'American Jurisprudence through English Eyes: The Nightmare and the Noble Dream', chap. 4, *Essays in Jurisprudence and Philosophy*。哈特之後，最傑出的規則懷疑論是由美國「批判法學」的法律人所寫。具影響力的討論包括Roberto Unger, *The Critical Legal Studies Movement*（Harvard University Press, 1986）esp. 1-14; Duncan Kennedy, *A Critique of Adjudication* [*fin de siecle*]（Harvard University Press, 1997）。對於早期批判法學的評論，見Ken Kress, 'Legal Indeterminacy', 1989, 77 *California Law Review* 283; John Finnis, 'On the Critical Legal Studies Movement', chap. 13, *Philosophy of Law*; Andrew Altman, *Critical Legal Studies: A Liberal Critique*（Princeton University Press, 1990）。Brian Leiter討論哈特的各種規則懷疑論，見'Legal Realism and Legal Positivism Reconsidered', chap. 2, *Naturalizing Jurisprudence*（Oxford University Press, 2007）。

定的可預測性」這個觀念的不足，使它能夠繼續作為法院所應具有之權威性審判權的基礎。但是如果我們這麼做，我們將會發現，為此目的而使用的「習慣」觀念仍然具有我們在第四章中（在該章節中我們以之替代授予立法權力的規則）所揭示的種種不當。

此理論的某些較為溫和的版本，可能會承認，如果存在著法院，那麼就必須存在著構成法院的法律規則，從而這些規則本身就不能只是對法院決定的預測。然而，單單如此承認事實上幾乎不算是有何進展。因為此種理論特有的說法正是：直到法院適用之前，成文法不是法律，而只是法源（sources of law），而此項說法與以下另一個說法卻是不一致的，即唯一存在的規則就是那些構成法院的規則。因為，如果要有成文法，即便在這種理論看來成文法只是「法源」，仍然必須先存在著授予變動相繼之個人以立法權力的次級規則，因而構成法院的規則就不可能是唯一的規則。這種理論確實不否認存在著成文法，它只是把成文法當作是法「源」來援引，而否認在法院適用之前，成文法是法律罷了。

我們所提的這些反駁論點雖然重要，而且就反對輕率的懷疑論而言，可以滿意地被接受，但是它們並不適用於所有形式的懷疑論。規則懷疑論大可從來就不打算去否認授予司法或立法權力之次級規則的存在，也不曾主張這些規則不過是在具體個案中所下的決定或對決定的預測。當然，此種理論最常引證的例子，來自於對於私領域的個人課予義務或授予權利或權力的規則。即使否認規則存在與認為所謂的規則不過是對法院決定之預測的主張，能夠以上述的方式加以限制，但是至少在某個意義上，它還是有明顯的錯誤。因為無可置疑地，在現代國家的某些行為領域中，個人確實展現了我們稱之為內在觀點的廣泛的行為模式及態度。法律在個人生活中的功能不僅僅是作為習慣或預測法院決定或其他官方行動的基礎，而且也被接受爲行爲的法律標準。也就是說，個人不僅僅相當規律地去做法律要求做的事，而且他們也將之視爲行爲的法律標準，在批評別人、證立相互的請求以及承認別人所做之批評或要求時，引用這個標準。以此種規範性的方式使用法律規則時，他們無疑地認爲法院和其他官員將會繼續地以某種規律的、因此是可預測的方式，遵循體系的規則，來做成決定且定其行止，而且個人並不將他們自己限制在外在觀點之中，僅僅紀錄和預測法院的決定或可能發生的制裁。這些都是確確實實可觀察到的社會生活事實。相反地，個人持續地以規範性的語彙來表達他們將法律共同接受爲行爲指引。我們在第三章中已經詳細地檢討過，那種認爲「義務」之類的規範性語彙所意指的不過是對官方行爲之預測的主張。如我們所論證過的，如果這個主張是錯誤的，那麼法律規則在社會生活中的功能就是：被用作規則，而不是對習慣的描述或預測。不過，無疑地，它們是帶有開放性結構的規則，並且在結構開放之處，個人只能去預測法院將如何決定，並據此來調適自己的行爲。

規則懷疑論有一項嚴肅的主張值得我們注意，但這項主張僅僅是關於司法裁判中規則之功能的理論。在這種型態的懷疑論中，我們所提到的所有反駁皆被承認，而它的論點是，就法院而言，規則之開放結構的範圍是不受限制的。所以，認爲法官本身順從於規則或在裁判時「受拘束」是錯誤的，如果不是無意義的話。★法院的行動可能具有足夠的規律性和統一性，使得其他人長期下來能夠將法院的裁判當作規則一般來生活。當法官在裁判時，他們可能會經歷到被強制的感覺，而且這

★譯按：這裡的意思是，規則的意義全面性地屬於開放性結構，因此法院根本不受拘束。

些感覺可能也是可預測的；但是除此之外，並不存在任何能夠被標示爲「規則」的東西，好讓法官來遵守。換言之，沒有任何可以被法院當成是正確司法行爲標準的東西，從而也沒有所謂的「內在觀點」這回事，可以作爲人們接受了規則這個事實的特徵。

此種形式的理論從各種角度中獲得了不同份量的支持。有時候規則懷疑論者是失望的絕對主義者；[原注10]他發現規則一點也不像它們在形式主義天堂中的那樣，或者不像以下那個世界中的那樣，在這個世界中，人類像神一樣能夠預期所有可能的事實組合（因此開放結構並非是規則的必要特徵）。因此，對這類懷疑論者來說，他所設想的規則概念可能是一項無法達成的理想，並且當他發現現實中所謂的規則無法達其理想時，他乃藉由否認任何規則的存在來表達他的失望。因此，法官宣稱在裁判時受其拘束的規則具有開放結構或具有無法預先窮盡的例外的事實，以及法官對於規則的偏離並不會受到實質制裁的事實，這些通常都被用來作爲懷疑論的佐證。這些事實被用來強調：「就規則幫助你預測法官將要做什麼這一點來說，規則才是重要的。這就是它們除了作爲漂亮的玩物之外唯一重要的地方。」（Llewellyn, *The Bramble Bush*, 2nd end., p.9）

此種方式的論證忽視了在眞實生活的任何領域當中，規則的眞實樣貌。懷疑論者認爲我們面對著這樣的兩難：「規則若非像在形式主義天堂中的那樣，其拘束性必須牢固有如腳鐐的束縛，不然就不存在任何的規則，而只有可預測的決定或行爲的模式。」但這個兩難當然是錯誤的。我們承諾隔天去拜訪一位朋友。當日子來到的時候，卻發生了這樣的情形，即如果我們遵守承諾的話，就會棄某個病危之人於不顧。此種情形被接受爲不去遵守承諾的適當理由，但是這個事實並不當然就意味著沒有任何要求遵守承諾的規則存在，而只存在某種人們遵守承諾的規律性。從此種規則具有無法窮盡之例外的事實並不能導出，我們在每一個情況中都要做裁量，而從來就不受遵守諾言的拘束。帶有「某某情況不在此限」之字眼的規則仍舊是規則。

有時候，拘束法院之規則的存在之所以被否認，是因爲論者混淆了以下兩個問題。第一個問題是，一個人以合於某規則的方式行動時，是否顯示了他對於該規則的接受；第二個問題是關於那個人在行動之前或行動時經歷了什麼樣的思考過程。這是個心理學上的問題。通常當一個人接受了一項規則的拘束，並且把該規則當成是某個他和其他人不能自由去更動的東西時，他可以直觀地在某個情況下瞭解規則的要求是什麼，[原注11]並且在沒有先想到規則及其要求的情形下去做那事。當我們下棋時依照規則來移動棋子，或當紅燈時我們在十字路口停下，我們遵守這些規則的行爲通常是對於情況的直接反應，並沒有經過對規則的計算。那麼我們如何證明，某些符合規則的行爲眞的是人們適用規則的結果？其證據在我們把這些符合規則的行爲放在某些情境中後，就可以顯現出來。有些情境先於這些行爲，有些是隨後而來，而有些只有以一般化和假設的方式始能加以陳述。在能夠顯示出我們在行爲中適用了規則的情境中，最重要的情境是，如果我們的行爲遭到挑戰，我們就會引證規則來證立我們的行爲。從而我們對於規則眞正的接受，不僅展現在我們過去曾經，且嗣後繼續承認該規則，並且加以遵從，而且也展現在我們對於自己或他人偏離規則之行爲的批判。在如此或類似的證據之上，我們可以做成以下結論：如果當我們在沒有想到規則的情況下做了遵從規則的行爲之前，我們被要求說出我們要做的正確事情是什麼，以及爲什麼時，我們會（如果誠實的話）引證規則來回應。正是我們在遇到這些情境時的反應，而非行爲時明白地想到規則，構成了區分以下兩種行爲的必要條件，一是眞正地遵守規則的行爲，一是純粹偶然地與規則一致地行爲。

140

也因此，我們才能區分成年之下棋者移動棋子的動作（這是對一項被接受之規則的遵守）與只是嬰孩碰巧將棋子推到正確位子的動作。

這並不是說僞裝或「粉飾門面」不可能辦到或不可能成功。對於一個人是否僅是事後裝作依規則而行動，我們所做的測試就像所有的經驗測試一樣，在本質上是無法避免錯誤的，但並非總是必須如此。可能的情形是，在某社會中，法官們可能先直觀地或者以「第六感」達成決定，然後再從法律規則的目錄中，選擇一項他們僞稱爲與手上案件相符的規則；然後他們宣稱，這就是要求他們做出該決定的規則，雖然在他們的言行中並沒有其他任何的東西能夠顯示，他們將之視爲具有拘束力的規則。某些司法裁判過程可能是像這樣的，但是很明顯地，大多數的裁判都是像下棋者移動棋子一樣，法官若非努力地透過遵守規則來做成決定，有意識地將該規則作爲決定的指引標準，就是以直觀先構想出決定，然後藉由規則來加以證立，此規則法官一開始就有意遵守，並且它與係爭案件的相關性也普遍地被承認。

規則懷疑論最後一個卻是最有趣的形式並不著眼於法律規則的開放性格，或許多裁判的直觀性格，而是著眼於以下事實：法院的決定居於某種權威性之與眾不同的地位，並且就最高法院而言是有終局性的。這個形式的理論（我們將在下一節詳加討論）蘊含在經常由格雷（Gray）在《法的本質與淵源》（*The Nature and Sources of Law*）一書中所附和之荷德利（Hoadly）主教的一句名言：「不，正是任何對於成文或不成文法律的解釋擁有絕對權威的人，才是所有法之意圖與目的的給予者，而不是那個首先寫下或說出它們的人。」

第三節 司法裁判的終局性與不謬性

最高法院對於法律是什麼擁有最後的決定權。當它做成決定時，說法院是「錯的」在體系中並不具有任何效果：沒有人的權利或義務會因此而改變。當然，這個決定可能藉由立法被剝奪法律效果（legal effect），但是必須訴諸於此的這項事實證明了說法院的決定是錯誤的這個陳述（就法律而言）的空洞性格。對這些事實的考量使得去區分最高法院之裁判的終局性（finality）和不謬性（infallibility）的作法似乎是學究式的。這就導向了否認法院在裁判時受到規則拘束的另一種說法：「法院說法律（或者憲法）是什麼，它就是什麼。」（原注12）

這個形式的理論最爲有趣和最具教育性的特徵就是它對於以下兩件事的利用，即「法院說法律（或者憲法）是什麼，它就是什麼」這種陳述的模糊性，與爲了維持一致性，該理論對於非官方之法律陳述和法院之官方陳述間的關係必須給出的說明。爲了理解這個模糊性，我們將先轉到一旁去考量其在遊戲之情形中的類比狀況。許多競爭性的遊戲是在沒有正式計分員的情形下進行的：雖然他們有著相競爭的利益，但是參賽者皆能相當成功地將計分規則適用到特定的個案上；通常他們都會同意他們自己的判斷，而且無法解決的爭議可能是少之又少。在設置正式的計分員之前，由參賽者所做之關於得分的陳述代表著（如果他是誠實的話），他努力地藉由引證在遊戲中被接受之特定得分規則，去評估遊戲的進程。此種關於得分的陳述是適用著得分規則的內在陳述，而且雖然他們預設參賽者一般來講都會遵守規則，並會對於違反行爲提出異議，但是此種陳述卻不是對這些事實的陳述或預測。

就像從慣習體系轉變到成熟的法體系一樣，規定著計分員（其裁定具有終局性）之設置的次級規則加入遊戲之後，為這個體系加入了一種新的內在陳述；因為不像參賽者自己關於得分所做的陳述那樣，計分員的決定由次級規則賦予了一個不可挑戰的地位。在這個意義上，的確，就遊戲的目的而言，「計分員說怎麼樣算是得分，那樣就算是得分」。但是重要的是要瞭解到，得分規則仍舊是和以前一樣，而且計分員的義務就是盡其所能地適用得分規則。如果「計分員說怎麼樣算是得分，那麼樣就算是得分」所指的是，除了計分員以其自由裁量權所選擇適用的之外，對於得分沒有任何規則存在的話，那麼這句話就是錯的。確實可能存在具後述那種規則的遊戲，而且如果計分員的自由裁量權以某種規律性來運作的話，進行這個遊戲可能會有某種樂趣；但它卻是另外一種不同的遊戲。我們或許可以將這種遊戲稱為「計分員自由裁量的遊戲」。

明顯地，因設置計分員而能快速且終極地解決爭議，其好處是有代價的。計分員的設置使得參賽者面臨了一個困境：想要遊戲像以前一樣由計分規則來規制的願望，與關於規則的適用想要有終局權威之決定的願望，在終局決定適用規則發生疑義時，此兩個願望可能會變成是相衝突的目標。計分員可能犯下誠實的錯誤、喝醉了，或者是沒有理由地違反應盡其所能適用得分規則的義務。他可能因為上述這些原因中的任何一個，在打擊者根本沒有移動的情形下，卻記錄為「得分」。為了糾正他的裁決，人們可能會訴諸較高權威的規定：但是這終究會停在某個終局的、權威性判斷之上，而這個判斷也是由難免會犯錯的人類所做成的，從而也會帶有誠實的錯誤、濫用或違反規則等相同的風險。由規則來糾正對於每一項規則之違反是不可能的。

設立一個在規則適用上的終局權威在本質上所具有的風險，在任何的領域中都有可能發生。那些在單純的遊戲領域中體現的風險值得我們加以考量，因爲它們以一種特別清楚的方式顯示出，規則懷疑論者的某些推論忽略了對於理解此種形式之權威（不論設置在哪裡）所必要的某些區別。當正式的計分員被設置，而且他對於得分的決斷具終局性的時候，由參賽者或其他非遊戲之裁判人員所做的關於得分的陳述，在遊戲中是不具任何地位的；它們與遊戲的結果無關。如果它們碰巧與計分員的陳述一致，那當然很好；但如果有所衝突，在計算結果之時它們必然地會被忽略。但是如果參賽者的陳述被歸類爲對計分員裁決的預測，則這些明顯的事實將會被扭曲，因爲當它們與計分員之裁決相衝突而被忽略時，我們如果說這表示這些預測發生錯誤，這樣的說明也是荒謬的。在引入正式計分員之後，參賽者自己對關於得分做出陳述時，其所做的事和之前所做的並沒有什麼兩樣；也就是說，他是盡其所能地引證得分規則來評估遊戲的進程。這也正是計分員（只要他履行了其職務上的義務）所做的事。其間的不同並不在於其中一個是對另一個的預測，而是在於參賽者的陳述是對得分規則的非正式適用；因此相對於計分員的陳述是權威的和終局的，參賽者的陳述在計算結果時不具有任何的重要性。

重要的是注意到，如果進行中的遊戲是「計分員自由裁量的遊戲」，則非正式的和正式的陳述之間的關係將必然地有所不同：參賽者的陳述不僅僅會是對計分員之裁決的預測，同時也只能是這樣。因爲在那個情形中，「計分員說怎麼樣算是得分，那樣就算是得分」本身就是得分規則；參賽者的陳述就不可能只是計分員之正式陳述的非正式版本。那麼計分員的裁決就會是終局的且絕無錯誤的——或者甚至它們是可錯誤的還是不可錯誤的這個問題將是沒有意義的；因爲將不會存在任何東西可以讓他來判斷「對」或「錯」。但是在一個普通的遊戲中，「計分員說怎麼樣算是得分，那麼樣就算是得分」並不是得分規則，這個規則乃是在爲計分員在特定個案中適用得分規則提供了權威和終局性。

我們從這個例子中學到的第二個教訓觸及更基礎的問題。我們之所以能夠區分常態的遊戲與「計分員之自由裁量」的遊戲，是因爲雖然得分規則和任何其他規則一樣，具有必須由計分員做選擇之開放結構的範圍，但是它具有確定意義的核心。這個核心是計分員不能恣意偏離的，當發生偏離時，對參賽者所發表關於得分的非正式陳述，與對計分員正式做出的裁決，構成了判斷兩者正確與否之的標準。也是由於這個意義的核心，使得我們確實可以說，計分員的裁決雖然是終局的，但絕非不可錯誤的。這在法領域中也是同樣眞實的。

在某個點上，計分員所做的某些裁決具有明顯的錯誤這個事實，與進行中的遊戲並非不一致：它們與顯然正確的裁決同樣是算數的；但是對於不正確之決定的容忍與同一遊戲繼續存在之間的相容性，在範圍上存在著一個限度，而這對法律而言是一個重要的類比。人們容忍官方對規則單一的或例外的偏離這個事實並不意味著，板球或棒球等遊戲將不再進行下去。另一方面，如果這些偏離太頻繁，或者如果計分員拒絕使用得分規則，則必定會產生一個臨界點，超過那個限度的話參賽者不再接受計分員偏離常軌的裁決，或者如果他們接受的話，那麼該遊戲就改變了。它不再是板球或棒球，而是「計分員之自由裁量」；因爲這些其他遊戲在定義上的特徵就是，一般來講它們的結果應該要以規則顯明的意義所要求的方式來加以評估，不論其開放性結構留給計分員的空間有多大。在這個想像的情況中，我們應該說，進行中的遊戲實際上是「計分員之自由裁量」，但是在所有的遊戲中計分員的裁決是終局性的這個事實，並不意味著所有的遊戲都是「計分員的自由裁量」這個遊戲。

當我們在評價此種形式之規則懷疑論時（這種懷疑論著眼於法院裁判之獨一無二的地位，也就是在特定個案中對於法是什麼終局的、權威的陳述），在我們的腦海中應該要想到這些區別。較之計分員而言，法律的開放結構留給法院的法律創造權（law-creating power）更為廣闊和更為重要，因為計分員的決定並不會被用來作為制定法律的判決先例。不論法院的決定屬於所有人皆可明白之規則範圍內的問題，或是屬於規則邊界處之可爭議的問題，除非經立法改變，否則法院的決定一直都會是有效的；而且關於法律的解釋，法院也再次地擁有最終的權威發言權。雖然如此，在建立法院體系之後規定法律就是任何最高法院認為恰當的東西的這種憲法，和實際上的美國憲法——或者在此問題上的任何現代國家憲法——之間，仍舊有所區別。

「法院說憲法（或者法律）是什麼，它就是什麼」，如果將這句話詮釋為否認這個區別，則它就是錯誤的。在任何的時刻，法官（即使是最高法院的法官）都是體系的一部分，而這個體系之規則的核心部分的確定性足以為正確的司法裁判提供標準。法院將規則的核心意義視為某種他們在運用權威做出在體系內不容挑戰之決定時，所不能任意加以忽視的東西。任何個別的法官就任職務時就像計分員一樣，會發現有一項規則被建立為傳統並被接受為該職務之行為標準（例如像這樣的規則：女王議會所制定的規定就是法律）。這限制了（同時也允許了）該職務上之人得以進行的創造活動。除非大多數法官皆遵守這些規則，否則這樣的標準無法繼續存在，因為這些標準的存在無論何時都在於人們對它們的接受，以及將之作為正確之裁判標準來使用。但是這樣的情況並沒有使運用這些標準的法官變成這些標準的作者，或是，用荷德利（Hoadly）的話來說，變成可以任意做出決定的「法律制定者」（lawgiver）。對於標準的維持來說，法官的遵守是必要的，但是並不是法官將它們制定出來的。

當然，情況可能變成，在使得司法裁判成爲終局的和權威的這項規則的盾牌障蔽之下，法官們可能聯合起來拒絕既有的規則，甚至不再把最清楚的國會立法（Acts of Parliament）視爲對他們的決定有任何的限制。如果他們多數的裁判都具有此種特性並且被接受，則這將會導致體系的轉型，如同板球遊戲向「計分員之自由裁量」的轉變一樣。但是此種持續存在的轉型可能性並不表示，體系現在就是像如果轉型發生後它所會變成的那樣。沒有任何的規則能夠保證不被違犯或拒絕；因爲對人類來講，去違犯或拒絕它們，在心理學上或物理學上從來就不是不可能的；而且人們如果在足夠長的時間中做得夠徹底的話，規則就會不再存在。但是對於規則在任何時候的存在而言，保證規則不被違反不僅不可能而且不必要。說在某個時刻存在著一項要求法官將國會立法接受爲法律的規則，其含意是，第一，對於這項要求存在著普遍的順從，而且個別法官對之偏離或拒絕的情形少之又少；第二，當這事發生時，它會被壓倒性的多數人當成是嚴厲批判的對象，是一項錯誤，即使若非透過立法（法律僅承認該判決的效力，而非其正確性），在個案中決定的結果就不能被取消（因爲有著關於決定之終局性的規則）。人類可能違背他們的所有承諾，這在邏輯上是可能的：人們可能首先是帶有這樣的感覺，即這是一件錯誤的事，但後來就沒有這樣的感覺了。這時使遵守承諾成爲義務的規則不再存在；然而這並不足以證明現在不存在「承諾應被遵守」這樣的規則，也不足以證明承諾並不是眞的具有拘束力。而此論證若放在法官的情形中（立基於法官精心策劃破壞現存體系的可能性）也不見得更有力。

在我們離開規則懷疑論這個主題之前，最後必須談一談它的正面主張：規則是對法院決定的預測。很明顯的且通常被注意到的是，在這一點上不論蘊含著何種眞理，它至多只能適用在由私領域之個人或其顧問大膽做出的法律陳述。它不能適用到法院本身對法律規則的陳述。法院自己所做的陳述若不是如某些較極端的「唯實論者」（Realist）所宣稱的那樣，是掩護運作無限制之自由裁量的言詞外衣，就是法院從內在觀點出發，關於其眞誠地視爲正確決定標準之規則的表述。從另一方面來看，對司法決定的預測不可否認地在法律中占有重要的地位。

當觸及開放結構的範圍時，對於「在這個問題上的法律是什麼？」這個問題，通常我們所能夠提供之最有利的答案，就是對於法院將會做什麼的謹愼預測。甚至，即使是在所有人都清楚規則的要求之處，對規則的陳述通常也可以呈現爲對法院決定之預測。但重要的是，我們要注意到，主要是在後者的情形中（而在前者的情形中則程度有所不同），此種預測的基礎在於以下的知識，即法院並非將法律規則視爲預測，而是視爲做決定時必須遵守的標準，雖然它們有著開放結構，但卻足以確定地去限制（但不是排除）他們的裁量權。因此，在許多情形中，對法院將會做什麼的預測就像以下我們可以做出的那種預測，好比西洋棋的參賽者將會依對角線的方向移動「主教」：這種預測最終是依賴於對於規則之非預測面向（non-predictive aspect）和規則之內在觀點（也就是作爲由與預測相關之人所接受的標準）的理解上。這只是我們在第五章已經強調過的事實的另一面向罷了：雖然在任何社會團體中規則的存在使得人們有可能做出預測而且通常是可靠的，但是預測和規則卻不是同一回事。

第四節 承認規則的不確定性

形式主義和規則懷疑論是兩個危險的極端——法學理論中的史凱拉和卡力布狄斯（Scylla and Charybdis）★；它們是重要的誇大，能夠在彼此糾正時顯出其價值，而眞理就在兩者之間。爲了詳細地指出這條中間路線的特性，以及爲了展示法院在行使創造性功能（此爲成文法或判決先例中之法的開放結構留給他們的）時所使用的種種類型的推理，有很多內容需要討論，但在此我們暫時無法做到。不過本章所談已足以使我們站在有利的地位，重新開始討論第六章結尾提出的重要議題。這項議題是有關承認規則（也就是法院在鑑別有效的法律規則時所使用的終極標準）的不確定性，而不是特定法律規則的不確定性。特定規則的不確定性與將其鑑別爲體系內規則之標準的不確定性之間的區別，無論在哪一種情況下，並非本來就是清楚的。不過，這個區別在一種情況下是最清楚的，那就是當特定規則是指包含權威性內容的成文制定法的時候。成文法的文字以及它在特定個案中的要求可能是完全明白的；可是人們對於立法機構是否有權力立這樣子的法卻可能存有疑問。有時候，要解答這些疑問，我們只需要去解釋授予立法權力的其他法律規則，並且我們必須確定這項規則是有效的。舉例而言，好比這樣的情形，即下級權威機構所制定之法規的效力發生了爭議，因爲界定下級權威機構立法權力之國會母法的意義產生了疑義。而這只不過是特定成文法的不確定性或開放結構的一個情形，並不會引起任何根本的問題。

與此種普通問題有別的，是涉及最高立法機構本身之法律權能（legal competence）的問題。這種問題牽涉到法效力的終極標準；並且即使在像我們（指英國）這樣沒有成文憲法規定最高立法機構之權能的法體系中，也是發生這些問題。在絕對多數的情況中，「任何女王議會所制定的就是法律」這個表述都是對國會法律權能的適當表達，並且被社會普遍接受爲法律鑑別的終極標準，不管如此鑑別出來的規則其周邊的開放程度可能有多大。然而，儘管這項規則表述完全可以被接受，但是這個表述的意義或範圍卻可能發生疑義；我們可以問道：「由國會制定」是什麼意思，而當疑義產生時，可以由法院解來解決。從法體系的終極規則可以產生疑義以及法院可以解決疑義的這個事實，我們要從法院在法體系中所占的地位，做出何種推論？法體系的基礎就是規定著法效力標準而被接受的承認規則，我們是否要對這項論點做某些修正？

為了回答這些問題，我們在此將考量在英國有關國會主權的一些理論觀點。（原注13）當然，在任何體系中都會有關於法效力之終極標準的類似疑問產生。在奧斯丁理論（即法律在本質上是不受法律束縛之意志的產物）的影響之下，較老的憲法理論家似乎都認爲以下的說法在邏輯上是必然的，即必然存在著作爲主權者的立法機構，所謂的主權者，其意思是說，在它作爲一個連續體（continuing body）而存在的每一個時刻，它不僅免於從外面加諸的法律限制，而且也免於他自己先前立法的拘束。認爲國會是這種意義下之主權者的觀點，現在已經確立了，而且任何先前的國會皆不能夠排除其「後繼者」撤銷其立法的這項原則，構成了終極承認規則的一部分，而法院在鑑別有效的法律規則時也使用著這項承認規則。然而，重要的是我們要瞭解到，沒有任何人可以基於邏輯上的必然性（更不用說是本質上的）說必須存在著這樣的國會；它只是眾多可能制度安排中的一

149

★譯按：兩者都是希臘神話中怪物的名字，在英文中做爲片語，意味兩個同樣危險的選項。

種，而其他的安排同樣是可以想像的，我們也同樣可能將之接受為法效力的判準。在這些其他的可能性當中，另外一個原則可能同樣值得，也許更值得，稱為「主權」（sovereignty）。這個原則就是：國會不應該不具有以不可撤銷的方式來限制其後繼者的立法權能，相反地，他應該擁有此項更為廣泛之自我限制的權力（self-limiting power）。所以，國會在歷史上至少要有一次能夠行使比已確立的理論所允許的更大的立法權能。要求在每一個存在的時刻國會都應該要免於法律限制（甚至包括其本身所做的法律限制）的這個看法，畢竟只是對法律上全能（legal omnipotence）這個模糊觀念的一個詮釋。實際上，它是在以下兩者間做了選擇：在所有問題上不影響後繼國會的立法權能的**繼續性全能**（continuing omnipotence），以及只能夠行使一次之無限制的**自我圈限的全能**（self-embracing omnipotence）。這兩個全能的概念與兩個全能上帝的概念相對應：一方面是這樣的一個上帝，即在祂存在的每一個時刻，祂都享有相同的權力，從而祂不能自己削減自己的權力，而另一方面是這樣的一個上帝，即祂的權力包含了摧毀祂未來之全能的權力。（原注14）我們的國會享有哪一個形式的全能，是繼續性的或自我圈限的？這是一個經驗性的問題，這個經驗性的問題牽涉到事實上是什麼樣的規則被接受為鑑別法律之終極標準。雖然這是一個關於法體系基礎規則的問題，但是它仍然是一個在特定時點上、至少在某些點上，可能有相當確定答案的事實問題。因此，很清楚地，在英國，當前被接受的規則是繼續性的主權，從而國會並不能使其所制定之成文法免於撤銷。

但是，如同每一項其他的規則，國會主權規則在這點上是確定的，並不意味著它在所有點上都是如此。對這項規則而言，仍然有可能發生目前無法分清對錯的問題。這些問題只能夠透過選擇來解決，而這個選擇是由在該問題上具有最終權威性的人做出來的。國會主權規則的不確定性以下述的方式呈現出來。好比，在目前的規則下，我們承認國會不能透過制定成文法，以不可撤銷的方式，將任何議題撤出國會未來的立法範圍；但是我們卻可以在以下兩種情形間做出區分：一項成文法可以擺明了要這麼做，也可以仍舊留給國會在任何議題上立法的開放空間，但是更改了立法之「方式和形式」（manner and form）。後者的情況，比如說，國會可以制訂一項法律要求在某些議題上，除非經過上下議院聯席會議的多數通過，或除非經過公民投票複決，否則沒有任何立法是有效的。此種條款可能藉由以下規定來加以「鞏固」：此項條款本身只有通過同樣的特別程序始能加以撤銷。此種在立法程序中所做的部分變更，與目前的規則（即國會不能以不可撤銷的方式拘束其後繼者）是可以具有一致性的；因爲它所做的並非**拘束**其後繼者，不讓他們過問這些議題，並且將他們對於這些議題的立法權力轉移到新的特別機構。所以我們可以說，關於這些特別的議題，國會並沒有「拘束」或「束縛」國會，或削減其繼續性全能，而是「重新界定」（redefine）國會，以及國會在立法時必須完成何種程序。（原注15）

顯然若這個方法可行的話，國會就能夠運用這個方法達到與既有理論（即國會不能拘束它的後繼者）認爲超越了立法權力的作法一模一樣的結果。因爲限制國會能夠立法的範圍與僅僅變更立法的方式和形式，這兩者之間雖然在某些情形中確實有足夠明顯的差異，但是在效果上這兩範疇是相互重疊的。如果某成文法在確定工程師的最低工資之後，復再規定除非經過工程師工會的決議同意，否則沒有任何關於工程師待遇的法案能夠成爲法律，並且也進一步地鞏固此項條款，則這樣的成文法確實也可能達成所有實際上透過「永遠」固定工資之成文法所能做到的結果，而且也用一種單純的方法完全防止了此條款被廢止。不過，還有一個論證（法律人會承認其具有某種說服力）可以用來顯示，在目前繼續性國會主權的規則之下，後者將會是沒有效果的，而前者不會。這個論證的步驟是由關於國會能做什麼之眾多論點接續組成的，每一個論點都比其前一個論點獲得更少的贊同，雖然之間有某種類推關係。它們之中並沒有任何一個能夠被當成是錯的而加以排除，而也沒有任何一個能夠相當確信地被接受爲對的；因爲我們正在體系之最爲基礎的規則的開放結構領域之中。在此處，任何時刻都可能會產生沒有答案的問題；只有很多答案。

因此我們或許會承認，國會可能以不可撤銷的方式廢除上議院（the House of Lords），從而改變了目前的國會組織法，超出了一九一一年和一九四九年的《國會法》（*the Parliament Acts*）。（原注16）這兩項國會法只規定了某些種類的立法無須上議院的同意，因而某些憲法解釋權威偏向於將其詮釋爲，是將某些國會權力非不可撤銷地授予女皇和下議院。我們可能也會承認，如同戴西（Dicey）所說，（*The Law of the Constitution*, 10th edn., p.68 n.）國會可以藉由這樣的法案，宣告其權力的終結，並且廢止規定未來國會之選舉的立法，以達到全然自我毀滅的目的。如果國會眞的這樣透過立法來自殺，他可能會同時透過某個法案將其所有權力轉讓給某個其他的機構，例如：曼徹斯特市政局（Manchester Corporation）。如果國會連這麼極端的事情都能做的話，那麼它不能做一些較不那麼極端的事嗎？難道他不能結束他在某些議題上的立法權力而將之轉讓給一個新組成的實體（包含它自己和某個其他的機構）嗎？就此而言，《西敏法》（*the Statute of Westminster*）的第四節規定（原注17），任何影響國協會員國（Dominion）★的立法都須經該國的同意，西敏法這項規定不是已經顯示國會可以取消自身的權力了嗎？如果有人竟認爲這個取消自身權力的條款可以在不經會員國的同意之下被廢止，因而恢復英國國會單方面爲會員國立法的權力，這種說法不止如同尚基（Sankey）議員所說，是一種「無關於現實」的「理論」。它甚至可能是個壞理論——或者，至少不會是比其相反理論更好的理論。最後，如果國會能夠藉由自己的行動以這些方式重新架構自己，爲什麼它不能自己規定就某些類型的立法而言，工程師工會的同意是必要的要素？

這個論證的步驟確實可疑，但卻不是明顯錯誤的，而構成這些步驟的某些命題，可能會在某一天法院被要求對其做出決定時，而爲法院所接受或拒斥。那時，我們將會對它們所引起的問題得到一個答案，而且只要該體系存在著，那個答案在諸多答案中就會占有獨一無二的權威地位。法院就會使鑑別有效法律之終極規則在這一點上確定下來。在此，「法院說憲法是什麼，它就是什麼」這句話就不只是意謂：最高法院的特定裁判不能夠被挑戰。乍看之下，這個光景似乎是矛盾的：此時法院正行使創造性的權力，要把終極的法效力判準確定下來，可是授以法官審判權的法律，其效力本身卻必須經過這個終極判準的測試。一部憲法怎麼可以把決定憲法是什麼的權威授予出去呢？但如果我們記著以下這件事，這樣的矛盾就會消失：雖然每一項規則在某些點上可能是可疑的，然而並非每一項規則在所有點上都如此可疑，而這正是法體系存在的必要條件。法院之所以在任何時刻皆具有權威去決定這些涉及終極判準效力之限制的問題，只是因爲在那個時候，那些判準在廣大的法律領域（包括授予司法權威的規定）的適用上並不會產生任何疑義，儘管其精確的範圍和界限容有疑義。

然而，對某些人來講，以這個答案來回答這個問題，可能太過於簡短了。對於法院在基礎規則

★譯按：指大英國協中除了英國本身以外的其他國家，如澳洲、加拿大等。

（其規定了法效力的判準）邊緣之活動的特性，這個回答似乎做了很不適當的描述；這可能是因爲它將這個活動太過於接近地比擬爲日常的情況，比擬爲法院針對特定成文法的不確定處，所行使的創造性選擇。明顯地，在任何體系的日常情況中，法院得以在成文法開放出來的方案間做選擇（即使他們喜歡把這個選擇僞裝成發現法律）以解決問題，似乎很明顯地是法院據以行動之規則的一部分，即使是隱含起來的。但是，至少在欠缺成文憲法的情形下，涉及效力之基礎判準的問題，似乎通常不具有這個一般成文法規則在邊緣處所具有的的性質。如果它有這個性質，我們就可以很自然地說，當相關問題出現時，法院確實已經擁有在既存的規則下解決此類問題的權威。

形式主義者所犯的一種錯誤或許就是以爲，法院推理的每一個步驟都有一般化規則，預先授予其採取此步驟的權威，因此法院的創造性權力永遠都是某種被授予的造法權力。而眞實的情況可能是，法院在解決先前未想像到的、關於基礎憲法規則的問題時，是在問題已經發生並且已做出決定之後，他們對這些問題做出決定的權威才被接受。此即成者爲王（All that succeeds is success.）。我們可以設想一個情況，即爭論中的憲法問題可能會使社會產生太過於根本性的分裂，以致無法以司法裁判來做定奪。在南非，涉及一九〇九年《南非法》鞏固條款（entrenched clause）的議題，一度因爲具有產生嚴重分裂的危險，而無法做成法律決定。可是對那些並非十分重要的社會議題而言，卻可能有非常驚人的、關於司法造法的作品無聲無息地被「嚥了下去」。在發生此種情形之處，人們通常會回顧這個情況，然後說得好像法院本來就有權力去做這件事。但如果對法院擁有該權力的唯一證據是其判決結果的成功，那麼這只是一種虔誠的虛構（pious fiction）。

將英國法院對關於判決先例拘束力之規則的操作，描述爲就像我們剛才所說的，因成功地運用權力而取得這些權力，也許是最爲坦誠的作法。在此，權力因爲成功而事後地獲得權威。因此，在刑事上訴法院於「雷克斯訴泰勒」（*Rex v. Taylor*）一案中做成判決（1950, 2 KB 368.）之前，關於該法院是否可做此裁判，即在涉及人民自由的事項上，其是否不受判決先例的拘束，這個問題似乎是全然開放的。但是那個裁判被做成了，並且被視爲法律般地加以遵從。說法院一直都有如此裁判之固有權力的說法，只是使情況看起來比實際上的更爲整齊的一種方式罷了。在這些十分基礎的事物之邊緣處，我們應當要歡迎規則懷疑論者，只是他不要忘記了，他只是在邊緣處才受到歡迎。並且我們不可對以下事實視而不見：法院之所以能夠對最基礎的規則做出重大的發展，在很大的程度上，是因爲法院在廣大的、核心的法律領域中，接受規則的支配而進行無可置疑的運作，才取得了足夠的威信。

第八章

正義與道德

爲了闡釋法律作爲社會控制的工具的特質，有必要介紹無法以命令、威脅、服從、習俗或普遍性等理念建構的法律要素。人們常常會以簡單的觀念去解釋法律，從而曲解了法律的特性，因此有必要區分普遍習俗的觀念和社會規則的觀念，並且強調社會規則在運作中所透顯的內在層面，是行爲的指導性和決定性的標準。於是我們區分課予義務的初級規則與承認、變遷、裁判等次級規則。本書的主旨在於，許多法律制度的獨特運作方式，以及許多架構起法學思想的觀念，對於它們的闡釋都需要透過這兩種類型的規則，而這兩類規則的結合可以說就是所謂法律的「本質」，儘管我們在「法律」這個詞所正確指涉的對象上，並不總是能夠同時發現這兩種規則的存在。我們之所以認爲初級規則和次級規則的結合是法理論的核心，並不是因爲它們發揮著像字典一樣的功能，而是因爲它們有很強的解釋力。

155

在此將檢視的主張，在關於法律的「本質」、「本性」和「定義」長久以來的討論裡，總是和單純的命令理論（我們已經證明這理論的缺失）互相對立。我們都承認法律和道德之間存在著某種「必然性」的關連，在對「法律」這個概念的分析或闡釋裡，值得把這個關連性放在核心的位置。這種主張的擁護者可能不會想要爭論對單純的命令理論的批評。他們甚至會承認，我們所做的批評是很有助益的進展；而作爲理解法律的起點，初級和次級規則的結合，也確實比以威脅爲基礎的命令重要得多。但是他們會論證說，僅僅如此還不足夠：這些元素還不是最重要的，因爲在我們突顯法律與道德的「必然性」關係之前，法律的理解仍然無法撥雲見日。從這種觀點來看，就「法律」這個名稱是否適於被用來稱呼某些事物而言，有問題的或有爭議的事例，就不只是原始社會的法律或國際法了。我們之所以對於這些制度是否應該被稱爲法律還有疑義，是因爲它們缺少立法機構、

156

具強制力的法院，以及由中心組織所施加的制裁。從這種觀點去看，我們就更有理由質疑某些國內法體系的法律，這些體系空有「法官、警察和立法者」（*juge, gendarme et legislateur*）的構成元素，卻無法符合正義或道德的某些根本要求。用聖奧古斯丁的話說，「如果國家沒有了正義，而只是坐大了的盜匪組織，那麼他們還是個國家嗎？」（《懺悔錄，卷四》）

關於法律和道德的必然關連的主張形形色色，但是總有些語焉不詳。「必然性」、「道德」這些關鍵術語有許多可能的詮釋，然而無論是支持者或是批評者，並不是都區分得很清楚。最清楚的詮釋，或許是和聖多瑪斯的自然法傳統有關的定義，因爲它是這觀念最極端的表現形式。這個詮釋由兩個主張組成：首先，存在有關於眞正的道德或正義的某些原理，儘管這些原理來自上帝，我們還是可能憑著人類的理性去發現，而不需要藉助於天啓；其次，人類所制定的法律如果和這些原理牴觸，就不是有效的法律。「惡法非法。」（*Lex injusta non est lex*）而關於這普遍原理的其他觀點，在道德原理的位階和法律與道德的衝突上，有著不同的看法。有些人認爲道德不是不變的行爲原則，也無法由理性去發現，而是人類對於行爲的態度表現，這些表現無論在不同的社會或個人之間，都會有若干差異。這類的理論通常也認爲，法律與最基本的道德要求之間的衝突，並不足以褫奪規則的法律位階；對於法律和道德的「必然」關連，他們有不同的解釋。他們主張，爲了維繫法律體系的存在，人們對於守法的道德責任，必須有普及的認知（儘管不必是普遍的認知），即使在某些案例裡，更強烈的道德義務可能凌駕守法的道德責任，因而人們應當拒絕服從不道德的法律。

如果要全面評論關於法律與道德的必然關係的種種理論，會使我們陷入道德哲學的討論裡。比較簡要的討論，或許就足以幫助聰明的讀者理性評估這些主張的眞理和重要性。爲此，我們必須重新分割和組織某些盤根錯節的議題，那就是本章以及下一章所要討論的主題。第一個問題在於，如何在道德的一般領域中，去區分出正義這個特殊的觀念以及它和法律之間異常緊密之關係的各種特徵。第二個問題則是，如何從法律規定以及所有其他形式的社會規則和行爲標準，區分出道德律則和原理的種種特徵。這兩個問題是本章的主題；而第三個問題則是討論在何種意義下，以何種方式，人們會認爲法律和道德有關，這個問題我們會在下一章處理。

第一節　正義的原則[1]

在讚美或譴責法律及其執行時，法律工作者最常用的語彙就是「正義」或「不義」，在他們的字裡行間，彷彿正義和道德的觀念在外延上是相同的。我們的確有很充分的理由相信，在對法律制度的批評裡，正義占有很重要的地位；然而我們仍然要注意，正義是道德的一個特殊切面。(原注1) 法律及其執行可能擁有或缺少某些美德。當我們反省道德判斷的共同類型時，很少注意到正義的這個特殊性質。虐待小孩的人，我們通常論斷他的行爲在道德上是**錯誤的**、**壞的**、甚至是**邪惡的**，或是忽視了照顧小孩的道德義務或責任。但是如果說他的行爲是**不義的**，這聽起來就很奇怪。這不是因爲「不義」這個名詞在道德譴責上的力量太薄弱，而是因爲根據正義或不義的觀點所做的道德批評，不僅不同於其他一般性的道德批評，甚至是更個殊的，而在這個特例裡，「錯誤的」、「壞的」或「邪惡的」的批評，顯然很合宜。如果父親恣意選擇其中一個小孩，施以嚴厲的懲罰，卻縱容其他犯了相同錯誤的小孩，或是他懲罰那個小孩，卻沒有查明犯錯的人是不是他，這時候我們就可以用「不義」去批評他。當我們從個人行爲的批評轉向法律批評時，我們或許會贊成規定父母必須讓小孩就學的法律，說這是好的法律，我們也可能反對禁止批評政府的法律，說那是惡法。這些批評通常會以「正義」或「不義」的觀點去表述。另一方面，「正義」也適用於表述支持根據財富分配賦稅的法律；「不義」則適用於表述反對禁止有色人種使用大眾交通工具或公園的法律。和是非善惡相較之下，正義和不義顯然更特殊，舉例來說，我們或許會說某個法律是好的，因爲它是正義的，或者說它是壞的，因爲它是不義的，但是不會說它是正義的，因爲它是好的，或者說它是不義的，因爲它是壞的。

如果我們注意到，用正義或不義的觀點所做的批評，幾乎同義於「公平」和「不公平」，那麼公平顯然在外延上有別於一般性的道德；「公平」通常和社會生活的兩種情境有關。第一個情境和個人行爲無關，而是涉及個人的不同社會階級，當他們的負擔或利益的分配出現問題的時候。第二個情境則是關於補償和矯正已經造成的傷害的主張。當然這些不是以正義或公平爲觀點的評論的唯一脈絡。我們不只會說某些分配或補償是否正義或公平，也會說某個法官是否正義或公平，某個審判是否正義或公平，判決是否正義或公平。

潛藏在正義觀念的這些不同用法的一般性原理在於，每個個體都有權要求平等或不平等的某種相對地位。在滄海桑田的社會生活中，在分配負擔或利益時，我們必須尊重這個原理，當它受到干擾時，也應該努力修復它。因此，傳統認爲正義是**平衡**或**均等**的維持或修復，它的箴言經常會表述

1 John Rawls對正義的探討深受哈特影響，見*A Theory of Justice* rev. edn.（Harvard University Press, 1999）chap. 1, esp. 6-10。對於正義原則的分配性質有個受用的檢視，見David Miller, *Social Justice*（Oxford University Press, 1976）chap. 1。

成像是「等者等之」[2]這樣的句子；雖然我們必須再補充說：「不等者不等之。」因此，當我們以正義之名抗議禁止有色人種使用公園的法律時，我們的批評重點是，這種法律是惡法，因爲在人民使用公共設施的利益分配上，它顯然歧視這些在各種相關的方面都類似的人們。反過來說，如果我們稱讚某個法律是正義的，因爲它排除某些人的特權或是豁免權（例如免稅），我們的想法會是，在特權階級和其他族群之間，並沒有什麼相關的差異可以使他們有權要求差別待遇。然而，這個簡單的例子卻足以說明，儘管「等者等之，不等者不等之」是正義觀念的核心元素，它自身還是不夠完備，在沒有補充原則的情況下，它無法爲行爲提供決定性的指示。這是因爲任何族群的人類和其他人在某些方面可能相似，而在其他方面又相異，在我們明定哪些相似性和差異性和個案「相關」之前，「等者等之」就只能是個空洞的形式。如果我們要使它更具體一些，就必須知道，在什麼時候，那些案子被認爲是相同的，哪些差異和該案有關連。如果沒有進一步的補充說明，我們就無法批評法律或其他社會制度的不義。當禁止殺人的法律處置紅頭髮殺人犯的方式和其他人一樣時，它就不算是不義；是的，如果它有差別待遇，那麼它確實是不義的，而如果它拒絕對於心智正常和精神異常的人做不同的處置，那麼它也是不義的。

因此，正義的觀念在結構上有其複雜性。我們可以說，它包含兩個部分：一、從「等者等之」的規範歸結出來的齊一且恆常的特徵；二、移動的、變動不居的判準，在某個目的下，用以決定這些個案在什麼時候是相似或有差別的。就此而論，正義就像是「眞品的」、「高的」或「溫暖的」這些觀念，它們都暗指某種標準，隨著應用的事物的類別而有變異。長得高的小孩可能和矮個子的成人一樣高，溫暖的冬天溫度可能和清涼的夏天一樣，僞鑽可能和眞鑽一樣是古董。而正義又比這些觀念更爲複雜，因爲在不同個案之間，有關連的相似性的變動標準，不只是隨著主題的不同而有分殊，即使是在同一個主題裡，也時常受到挑戰。

的確，在某些情況裡，人類之間的相似和差異，就法律制度的正義或不義的批評而言，是相當明顯的。當我們談到的正義或不義不是指**法律**本身，而是在個別案件的**適用**（application）時，這個情況又特別顯著。執法者必須仔細考慮的個體之間的同異，是由法律本身去決定的。當我們說那制裁謀殺的法律在適用上是正義的，意思是說，它公平地適用於所有（也只有那些）觸犯該法律的人們；執法者不因偏見或利益而偏離「平等」處置的原則。因此，在訴訟法的某些標準，例如「聽取雙方之詞」（*audi alteram partem*）、「訴訟迴避原則」，都被認爲是正義的要件，在英國和美國，也常常談到「自然正義」（Natural Justice）的原則。因爲這些原則是公正或客觀的保證，用以確保法律適用於所有（且只適用於）那些在相關的方面上同樣觸犯由法律所明確禁止的行爲。（原注2）

正義的這個層面和依照規則進行程序的觀念顯然有密切的關係。的確，在不同的案子裡合乎正義地適用同一個法律，也就是主張同樣的一般性規則可以適用於不同的案件，而沒有偏見、利益或任意性的干擾。體現於執法中的正義和「規則」這個觀念之間的密切關係，誘使某些有名的思想家

2 哈特主張這是一種斟酌討論過的正義，見David Lyons, 'On Formal Justice', 1972, 58 *Cornell Law Review* 833; Matthew Kramer, 'Justice as Constancy', 1997, 16 *Law and Philosophy* 561; John Gardner, 'The Virtue of Justice and the Character of Law', chap. 10, *Law as a Leap of Faith*。德沃金認爲「等者等之」難以維持一致性，但具有「原則一貫性」的理想：「只要可能，被制訂與看見的社會公共標準需保持一貫性，展現單一與一致的正義與公平方案。」*Law's Empire* 219。質疑意見Denise Reaume, 'Is Integrity a Virtue? Dworkin's Theory of Legal Obligation', 1989, 39 *University of Toronto Law Journal* 380; Joseph Raz, *Ethics in the Public Domain* 319-25。

將正義和守法精神等同起來。然而除非我們更廣義地理解「法律」，否則這顯然是個謬誤；因爲對正義的這種詮釋無法解釋：爲什麼以正義爲名的批評不僅限於個別案件的執法問題，甚至也會批評法律本身是正義或不義的。我們有理由承認，雖然禁止有色人種使用公園的法律是不義的，但是在執法上卻是合乎正義的，因爲我們可以做到使只有眞正觸法的人才接受法律的制裁，而且經過公正的審判。

當我們根據這個觀點，從對執法的批評轉而批評法律本身，顯然法律本身無法區分個體之間的同異，而這是法律必須去確認的，如果想要使得法律規則合乎「等者等之」的原理，因而合乎正義的話。但是正好就是在這個點上最容易引起疑惑與爭議。當我們要決定哪些人性特質與對法律之不義的批評相關時，人們在道德和政治觀點上的根本的差異必然導致無法和解的差異和歧見。在前述例子裡，當我們認爲禁止有色人種到公園去法律是不義的，我們的根據是，這些設施的使用分配和膚色差異無關。在現代世界裡，無論是哪種膚色的人類，都有思考、感覺和自制的能力，這個事實將會一般被接受爲各人種之間重要的相同點（儘管還不是普遍被接受），而法律也必須考慮到這點。因此，在文明國家裡，他們幾乎一致同意，刑法（不只是限制自由，而且也保護人們免於各種傷害）和民法（損失的補償）會變成不義的，如果他們因爲膚色或宗教信仰而在負擔和利益的分配上有差別待遇。而如果法律不是因爲這些著名的人類偏見焦點，而是因爲某些顯然無關的因素而有差別待遇，像是身高、體重或美醜，那麼它不僅是不義的，也是可笑的。如果信仰英國國教的殺人犯可以豁免死刑，如果只有貴族階級才能提出誹謗告訴，如果對有色人種的傷害罪刑比對白人的傷害罪輕，在大部分的現代社會裡，都會批評這種法律是不義的，因爲人類本來就應該平等對待，這些特權和豁免權並沒有相關的根據。

儘管現代人們深信這原則，認爲人類基本上有權要求平等對待，但是在有著膚色或種族歧視的法律的社會裡，許多人對這原則仍舊是虛與委蛇。當這些歧視受到抨擊時，他們經常會辯稱，那些受歧視的階級缺乏（或尚未發展出）人類某些本質的屬性；他們或許也會說，儘管他們爲此深表遺憾，但是爲了維護某些更高的價值，他們必須推翻平等處置的正義原則，因爲如果沒有這些差別待遇，那將會危及這些價值。（原注3）儘管大部分人選擇顧左右而言他，但還是有些人的道德觀不願意以這種不誠實的藉口去爲歧視和不平等辯護，而公開反對「所有人類當然應該平等對待」的原則。他們可能認爲人類在本性上就有無法改變的階級區分，有些人在本性上就適合獲得自由，有些人則天生就是奴隸，或者用亞里斯多德的話說，是他人的活工具。我們在亞里斯多德和柏拉圖的學說裡可以看到這些觀點，雖然他們沒有明白爲奴隸制度辯護，而只是暗示奴隸缺乏獨立存在的能力，或是在理解某種善的生活理念上，和自由的人有所差別。（原注4）

因此，隨著個人或社會的根本道德觀的不同，相關的類似性和差異性的判準顯然也經常有差別。這樣說來，臧否法律之正義或不義，可能會遭到不同道德觀的反駁。但是有時候法律在人們眼中有其被設計要實現的目標，此時如果我們考量這個被衆人肯定的目標，就有可能釐清相似性與差異性的問題，使其免受爭議，而這些相似性與差異性是正義的法律必須承認的。如果某個法律的目的是要救濟窮人，那麼「等者等之」的原則就必須考量要求賑濟的人的**需求**。當我們的累進稅率依納稅人財富調整課稅時，也隱約承認類似的需求判準。有時候和法律的執行相關的考量會是個人在某方面的能力。有時候，法律會排除或扣留兒童或是精神病患的選舉權、立遺囑或訂契約的能力，我們認爲這是合乎正義的，因爲我們假定心智正常的成人才能夠理性使用這些能力。這些差別待遇是以顯然相關的理由爲根據，而以膚色或性別爲藉口的歧視則不同；但是在爲女性或有色人種的不平等地位辯護時，他們當然會說，女性和有色人種缺少白人男子所具有的理性思考和決定的能力。他們當然也承認在某方面的同等能力是正義的判準，而在這個法律的例子裡，卻看不到女性和有色人種缺少理性能力的證據，所以也只是推托之詞罷了。

我們至此探討了法律的正義和不義，它可以視爲個體之間責任和利益的分配問題。有些利益是實質的，例如貧窮扶助或食物配給；有些則是無形的，例如刑法保護人們免於身體的傷害，或是法律認可的立遺囑、訂約或投票的能力。我們必須區別廣義的分配與他人造成的傷害的**補償**。（原注5）在這裡，正義和「等者等之」的規範就沒有那麼直接相關，不過也非迂迴，我們可以試著用以下的方法探討。在侵權或民事損害的案件裡，用以補償他人所造成的傷害的法律，可以從兩個理由去認定其不義。一方面，它們可能造成不公平的特權或豁免權。如果只有貴族才可以提出誹謗告訴，如果白人侵犯或傷害有色人種可以沒有刑責，這就是不公平的特權或豁免權。這種法律會直接牴觸補償的權利和責任的公正分配原則。但是法律之所以是不義的，也可能基於另一個理由：儘管沒有任何不公正的差別待遇，對於他人對某人所造成的某種傷害，法律卻可能無法給予任何救濟，他們能做的只是道德上的補償。就此而論，法律可能無法在「等者等之」的原則上合乎正義。 3

這些法律的缺點不在於分配上的瑕疵，而是因爲在補償不道德的傷害上，它們拒絕同等處置。當我們遭到毫無理由的人身傷害，卻沒有人能獲得損害賠償，這樣的社會體系，應該是關於這種不義的拒絕補償的最殘酷情況了。值得注意的是，即使刑法藉由刑罰禁止這種人身傷害，這種不義還是可能繼續存在。儘管這種慘不忍睹的情況並不常見，但是英國法律對於隱私權的侵犯無法給予補償，（原注6）讓媒體廣告從中漁利，而成爲批評者眾矢之的。然而，法律的無法提供道德上應然的補償，也是對於不義的指控理由，他們控訴侵權或契約法在程序上的問題，認爲它們容許「不義的致富」，以不道德的手段犧牲他人的利益。

就損害補償的正義與不義，以及「等者等之，不等者不等之」的原則，都是基於以下的事實：在法律之外，我們有個道德信念，認爲所有受法律約束的人們，都有權要求相互自制傷害人的行爲。如此對等的權利和義務的結構，至少規範了某些比較嚴重的傷害，爲每個社會族群的道德建立了基礎，儘管不是那麼全面性。就其影響所及，它在個體之間創造了一種道德，在某個意義下，可以說是人爲的平等，以彌補自然的種種不平等。當道德律禁止強盜或對他人施暴，即使一個人有足夠的特權和詭詐使他免於懲罰，就道德規範而言他與弱勢且單純的人們地位相當。也就是說，他們在道德上都是平等的。因此，當強權者無視於道德律的存在，利用他的力量去傷害他人，我們會認爲他破壞了道德所建立的平衡或平等的秩序；於是正義要求那爲惡者應該盡可能地修復道德現狀。在單純的竊盜案裡，歸還贓物就可以修復道德的現狀；而其他傷害的補償，也是這個原始觀念的延伸。在身體上傷害別人的人，無論是故意或是過失，我們都認爲是從他的受害者身上奪走某些事物；儘管實際上他沒有眞的這麼做，但這個解釋還不算太牽強：因爲他藉由犧牲他人的利益而獲

3 正義的「形式」的傳統分類與相互關連並不清楚。分配正義與矯正正義的討論可見Jules Coleman, *Risks and Wrongs* rev. edn.（Oxford University Press, 1992）；Stephen Perry, 'On the Relationship between Corrective and Distributive Justice' in Jeremy Horder ed., *Oxford Essays in Jurisprudence*, 4th series（Oxford University Press, 2000）；John Finnis, *Natural Law and Natural Rights* 173-84; John Gardner, 'What is Tort Law For? Part 1: The Place of Corrective Justice', 2011, 30 *Law and Philosophy* 1。

益，即使他只是縱容自己去傷害他人，或是沒有爲了適當預防的責任而犧牲自己的便利。因此，當法律提供正義所要求的補償時，它們是在修復受到妨害的道德現狀，讓受害者和爲惡者都有立足點的平等，因而間接承認「等者等之」的原則。再者，我們也可以想像，有些道德觀在這類的事情上或許沒有把個人放在平等的立足點上。希臘的道德律法禁止外邦人傷害希臘公民，卻容許希臘公民傷害外邦人。在這個情況下，他們認爲外邦人有道德義務去補償對希臘公民的傷害，儘管他們在受傷害的時候無權要求補償。這種道德規則就是不平等的規則，它沒有同等處置受害者和爲惡者。儘管我們對這種觀點感到憎惡，但是對它而言，只要法律能夠反映這差別待遇，「不等者不等之」，那麼它就是正義的。

就此簡短的正義觀點而言，我們僅僅檢視比較簡單的例子，以顯示正義的法律具有的優點。這個價值和法律其他或有或無的價值不僅有所區別，正義的要求甚至會和其他價值產生衝突。當法庭對某個犯罪者量刑時，由於那種犯罪行爲已經蔓延開來，因此判處較其他類似案件更重的刑罰「以儆效尤」。在這裡，爲了公眾安全或社會福祉，顯然犧牲了「等者等之」的原則。在民事案件裡，面對正義和大眾利益的衝突時，如果因爲執行補償的法律可能有舉證的困難、法庭的過度負擔或是不當妨礙司法運作，而使得法律無法矯正某些道德上的錯誤，這時候解決方式會傾向支持後者。儘管人們犯下某些道德錯誤，社會所能承擔的執法可能很有限。反過來說，爲了社會福祉，法律可能會執行某些傷害的補償，儘管從正義的角度去看，它在道德上並不是很站得住腳。當侵權的賠償責任從嚴處分時，也就是說無論是故意或過失，往往是基於上述理由。主張這種賠償責任的人會說，受害者所應獲得的補償，是就「社會」的利益而言；而最簡單的方法，就是讓肇事者負起責任，無論他曾經多麼小心地防範意外的發生。他們通常都會有足夠的錢和機會去投保各種險。當他們這麼辯護時，已經潛在地訴諸社會公眾利益，儘管這在道德上是可接受的、有時候甚至被稱爲「社會正義」，卻有別於最初的正義形式，其原本只是要盡可能地恢復個人之間應有的現狀。（原注7）

在正義的理念和社會利益或福祉之間，我們必須注意一個重要的銜接點。社會變遷或法律，很少能夠符合或促進所有人類的共同福祉。法律只能提供最基本的需求，例如警察的保護或修築道路，才比較接近這理念。在大部分的情況下，法律只能犧牲其他人的利益，以造福某個階級的人民。我們只能犧牲其他的利益，才能去造福窮人；全民強制就學的法律，不只是犧牲那些想要獨立教育小孩的人的自由，甚至在財政上必須減少或犧牲在工業、老人照顧或免費醫療服務上的資金挹注。當你必須在這些爭執不下的選擇中做個決定，你或許可以用「大眾的利益」或「共同的利益」這些理由去辯護。（原注8）這些詞彙究竟意指爲何，似乎不是很清楚，因爲這些爲了共同的利益的不同選擇，似乎沒有什麼衡量且臧否優劣的標準。然而我們卻明白，如果我們的選擇沒有事先考慮到所有族群的利益，那麼我們就會被批評爲黨同伐異，因而是不義的。反過來說，如果在立法前公正地考慮過所有族群的主張，即使結果可能爲其他人們而貶抑某個族群的主張，也可以免於這個責難。

有人或許會認爲這些主張無非是說，在不同族群或利益的衝突主張間所做的選擇，是爲了「共同的利益」；而在決定之前，已經公正考慮過所有族群的主張。無論眞僞，在任何以共同利益爲主旨的立法選擇上，正義顯然是必須滿足的必要條件。我們也看到另一種面向的分配正義，有別於前述的簡單形式。在這裡，所謂正義的「分配」不是某個階級的權利主張者的特殊利益，而是公正地

照顧且考量到各種不同的衝突利益。 4

第二節　道德義務與法律義務（原注9）

正義構成了道德的某個切面，主要是關於各種類別的個體如何受到對待，而不是個體的行爲。這使得正義在對於法律和其他公共的或社會的體制的批評時，顯然特別重要。在所有的德行當中，它是和公眾以及法律最有關係的。但是正義的原則並不僅僅是道德的理念而已；也不是所有以道德爲基礎的法律批評，都會談到正義的問題。我們會譴責某些法律是道德敗壞的，僅僅因爲它要求個人去做一些道德所禁止的事，或者限制個人，使他無法盡他的道德義務。

因此我們需要從一般性的觀點，去描述那些和人類的行爲有關的原理、規則和標準，這些行爲隸屬於道德，且使行爲成爲道德的義務。在這裡，我們面臨兩個困難。第一，「道德」和所有相關或甚至幾乎同義的語詞，像是「倫理」，都有些含混性或「開放性結構」的地帶。有些原理或規則的形式，有人會認爲它們屬於道德範疇，也有人不這麼認爲。第二、即使我們在這點上達成共識，也一致同意某些規則和原理屬於道德的領域，但是當我們談到它們的地位（status）或是和其他人類知識和經驗的關係時，還是會有哲學上的爭議。它們是不是構成宇宙結構的一部分的不變原理，不待人爲，自然天成，卻需要人類的智慧去發現？或者它們只是表現人類經常改變的態度、選擇、要求或感覺呢？而這就構成道德哲學的兩極學說。在它們中間，則有許多複雜且差別細微的變項，哲學家們開展出這些學說，以闡明道德的本質。

在以下的討論裡，我們將避開哲學上的難題。稍後我們將以「重要性」、「豁免於有計畫的改變」、「道德過錯的任意性」及「道德壓力的形式」這四個標題，揭示我們經常稱爲「道德」的行爲原理、規則和標準的四個主要特徵。這四個特徵分別反映某個特殊且重要的功能的不同側面，在個人或社會生活中，這些標準都會表現這個功能。當我們爲了個別的考量、特別是爲了法律的對比或比較而區分那些擁有這四個特徵的事物時，這個功能便可以給予合理的解釋。再者，當我們主張道德擁有這四個特徵時，在關於道德的**地位**或「基本」性格的哲學爭論裡，我們就可以保持中立。當然，大部分的哲學家（儘管不是全部）都會同意，在任何道德規則或原理，這四個特徵都是必要的，雖然對於道德擁有這些特徵的這個事實，他們可能會有非常不同的詮釋或說明。人們或許會反駁說，儘管它們是必要的，但是如果我們要從更嚴格的意義下，去區分道德和其他可能不屬於這領域的某些規則和原理，這些特徵卻也**僅只是**必要條件，而不是充分條件。我們會援引這些反證所根據的事實，但是我們也將採用廣義的「道德」解釋。我們的理由是，這個解釋符合大多數的語言用法，而這個廣義的語詞，也表現出社會和個人生活中的某個重要且判然有別的功能。

我們首先要探討一個社會現象，人們經常稱之爲某個社會的「**既有道德**」，或是現實社會族群中「一般被接受的」、「約定俗成的」道德。（原注10）這些語詞指涉到特定社會普遍接受的行爲標準，有別於支配某些個人生活的道德原理或道德理想，這些道德原理或道德理想不見得被社會中的其他人所分享。[5]社會族群中共有的且被接受的道德，其基本元素包含著我們在第五章所說的、在闡述

4 John Rawls主張正義是社會建構的首要價值，*A Theory of Justice*, rev. edn. 3-4。同樣觀點參見John Gardner, 'The Virtue of Justice and the Character of Law', chap.10, *Law as a Leap of Faith*; Jeremy Waldron, 'The Primacy of Justice', 2003, 9 *Legal Theory* 269。

義務的一般理念時稱爲「課予義務的初級規則」的那種規則類型。這些規則和其他規則的差別在於它們所依恃的嚴密的社會壓力，以及爲了服從而在個人興趣和性向上的重大犧牲。在那一章裡，我們也描繪過某個階段的社會，在那樣的社會裡，這些規則只不過是社會控制的工具而已。我們也提到，在那個階段裡，並沒有像開發程度更高的社會那樣，清楚區分法律規則和道德規則。如果有某些規則主要是藉由對不服從的懲罰威脅去維繫的，而有另一些規則卻是比較迂迴地訴諸對規則的尊重、罪惡感或是悔恨，或許就有可能出現這種區分的雛型。當社會過了這個早期階段，準備從「先於法律的社會」過渡到法律世界，而使得社會控制的工具包括某種規則體系，這個體系中包含了承認、裁判和變更的規則，這時候法律的規則和其他規則的對比就更加涇渭分明。原先透過官僚體系所認定的課予義務的初級規則，現在和其他非由官方認定的規則分道揚鑣。事實上，在我們的社會以及其他臻至這階段的社會裡，有許多類型的社會規則和標準並不屬於法律體系；其中只有一部分的規則被認爲和道德有關，儘管某些法律學者以「道德」這個語詞涵蓋所有非法律的規則。

這些非法律的規則可以用不同的方式加以區別和分類。有些規則的範圍非常有限，只涉及某些很特殊的行爲（如穿著）或是間斷性的、人爲創造的活動（如慶典和遊戲）。有些規則被認爲適用於一般的社會族群；有些則適用於某些次族群，這些次族群或者是透過某些特徵而被歸類爲某個社會階級，或者是爲了某些目的，選擇聚集在一起。有些規則的約束力是以協議爲基礎，並且可能容許任意退出；另外有些規則則不被認爲是來自協議或其他形式的刻意選擇。當規則被破壞時，在某些規則的情況中，破壞規則的人頂多只會被告知什麼才是「正確」行爲（例如正確使用語言的禮貌和規則），在其他一些規則的情況中，破壞規則的人則會遭受嚴厲的譴責和鄙視，或是遭到從群體長期驅離的處分。儘管我們無法刻畫出精確的尺度，但是從各種規則所要求的私人利益犧牲的程度，以及社會要求服從的壓力程度，卻能夠反映各種規則的「相對重要性」。

在所有已發展出法律體系的社會裡，在這些非法律的規則當中，有些規則有著極端的重要性，而它們雖然和法律有決定性的差別，卻還是有許多相似之處。用以表示法律規定之要求的「權利」、「義務」和「責任」，這些語彙只要加上「道德」這個字眼，就可以表達這些規則所要求的行動或自制。在所有社會裡，法律義務和道德義務都有部分的重疊；雖然法律規定的要求範圍比較特定，也比道德多了一些規定詳細的例外。就其特徵而言，道德和許多法律規定一樣，是關於在群體生活中持續重複的情況中，該做什麼行爲，不該做什麼行爲，而不是關於罕見的行爲、或是人爲安排的情況下的間歇性行爲。這些規則所要求的不外是自制或行動，因爲這些規則的實踐不需要任何技術或智識，在這意義下，它們是很單純的規則。道德義務也像大部分的法律義務一樣，都是正常成人能力所及的。遵守道德規定和遵守法律規定一樣，都被視爲理所當然的事，因此，儘管觸犯規定會招致嚴厲的譴責，但是遵守道德義務和守法一樣，並不是特別值得讚揚的事，除非是超乎尋常的良知和堅持，或是拒絕特別的誘惑。道德義務和責任有不同的類別。有些屬於比較明確且持續性的功能或角色，不是社會所有的成員都能擁有它們，例如父親或丈夫對他的家庭的責任。另一方

5 哈特區別「實證道德」和「批判道德」（critical morality）。實證或慣習或約定俗成的道德是被一個社會接受的道德；批判道德則是穩固或正確的道德，是團體應該接受的道德。H. L. A. Hart, *Law, Liberty, and Morality*（Stanford University Press, 1963）17-24。德沃金主張並不是每種社會接受的行爲態度都可算是道德，有些只是討厭或恐懼等等，見 *Taking Rights Seriously* 248-55。W. J. Waluchow 主張有一種實證的「社群建構的道德」，不只是約定俗成，而是由社會機制所預設，見 *A Common Law Theory of Judicial Review: The Living Tree*（Cambridge University Press, 2007）。

面，有些普遍性的責任被認爲是正常成人一生都必須擔負的（例如不可使用暴力），也有些個殊的責任，是因爲和他人發生特別的關係時才必須負擔的（如遵守承諾或回報恩惠的責任）。

最基本的道德規則所承認的義務和責任會因不同的社會而異，甚至在同一個社會裡也會因爲不同的時代而有差別。（原注11）在關於族群的健康和安全的問題上，有些義務會反映出某些錯誤或迷信的想法；在某個社會裡，妻子有責任跳進丈夫的火葬柴堆裡殉葬，而在某些社會裡，自殺是違反道德的行爲。道德規則的多樣性，可能是因應某個社會奇特卻眞實的需要，也可能是因爲迷信或無知。但是當社會的發展階段已經可以區分道德和法律時，它們的社會道德都會包括某些義務和責任，要求他們犧牲私人的性向或興趣。要求犧牲這些私人的性向與興趣是任何想要持續生存的社會所必需的，假使人類以及人類所生存的世界還保有我們所熟悉的明顯特質。社會生活中顯然需要的規則，包括禁止（或至少是限制）使用暴力，要求在和他人相處時遵守某種形式的誠實和誠信，禁止毀壞或強奪他人的實體財物。如果遵守這些基本規則不被認爲是任何相濡以沫的群體或個人之間理所當然的事，我們會懷疑這樣的群體算不算是社會，也確信它不會存續太久。

因此，關於義務和責任的道德規則和法律規則，有非常顯著的相似性，這足以證明它們在語彙上的共同性並非偶然。我們可以歸結其相似性如下。它們的約束力並不需要個人對其義務的同意，而是得自要求服從的嚴厲社會壓力的支持；遵守法律和道德義務並不被認爲是值得褒揚的事，而是對社會生活的起碼奉獻，是理所當然的事。再者，法律和道德所規範的，是支配反覆出現的生活情境裡的個人行爲，而不是特殊的行動或偶發狀況，儘管如此，兩者也都可能包括個殊社會所特有的眞實或幻想的需要，它們也都規定任何能滿足人類族群和諧共存所需要的條件。因此，兩者也都禁止對人身或財物施加暴力，並且要求誠實和誠信。然而，儘管有這麼許多的相似性，對許多人而言，它們之間顯然還是有許多特徵是無法共通的，雖然在法理學史裡已經證明這是最難以說明的部分。

有個理論對於其本質差異做過最著名的歸納說明，它主張說，法律規定只要求「外在的」行爲，(原注12)對於動機、意圖、或行爲的其他「內在」伴隨元素，則是漠不關心，另一方面，道德卻不要求任何特定的外在行動，而只要求善意或正當的意圖或動機。由此我們會歸結出很令人意外的主張，認爲正確理解下的道德和法律不可能有相同的內容；雖然就現狀而言，這主張確實指出某些眞實的線索，但是它還是有很嚴重的誤導。雖然這是錯誤的推論，但是它畢竟是推演自道德的某些重要特徵，特別是道德譴責和法律懲罰之間的重要差別。如果某人做了一些道德律所禁止的事，或是無法履行道德義務，而他卻不是故意的，而且也無法避免，這個理由可以使他免於**道德譴責**；但是在法律或社會習俗的體系裡卻有所謂「嚴格責任」（strict liability）的原則，根據這原則，當人觸犯規定時，即使是非故意或無「過失」，也應該接受懲罰。的確，在道德的領域裡，無論從哪個觀點去看，「嚴格責任」的觀念都是矛盾的，但是在法律體系裡，這卻僅僅是可以開放批評的問題，而不到矛盾的程度。但是這並不意味著，道德只要求善良的意圖、意志或動機。我們稍後會證明，這樣的論證只是混淆了行爲的「辯解」（excuse）和「證立」（justification）的觀念。

173

但是在這個混淆的論證裡卻也影射了某些重要的問題；他們認爲法律和道德的差別和道德的「內在性」與法律的「外在性」的對比有關，這樣含混不清的主張成爲關於法律與道德的不斷重複出現的思辨主題，使得整個討論雲山霧罩，伊於胡底。我們不想就此略過它，相反地，我們認爲它可以簡單說明以下所要討論的四個主要相關特徵，這四個特徵不僅可以區分道德和法律規定，也可以使它有別於其他社會生活的形式。

一、重要性。當我們說，任何道德規則或標準的本質特徵在於，它被視爲必須努力維繫的重要事物，這樣的說法或許聽起來像是含混籠統的老生常談。然而，如果我們要忠實地解釋任何社群或個人的道德，這卻是不可忽略的特徵，雖然我們也沒有辦法說得更精確一些。我們可能有以下的表述方式：第一，有個簡單的事實告訴我們，我們必須堅持道德標準，以對抗強烈的激情本能，懲忿窒欲，不惜犧牲個人的重要興趣；第二，社會所施加的嚴厲壓力，不只是在個別案例中要求服從，而且要訓勉和灌輸道德標準，使它在所有社會裡都成爲理所當然的事；第三，我們也都承認，如果道德標準無法獲得普遍接受，那麼個人的生活就可能會發生重大且不合人意的改變。和道德相較之下，禮儀、態度、穿著的規則和某些法律規定，它們的重要性程度就沒有那麼嚴重。遵守這些規則或許很煩人，但是它們不要求什麼重大的犧牲：他們不會爲了要求服從而施加重大壓力，而如果不遵守或是改變了這些規則，對於社會生活也不會什麼重大的變化。維繫道德律的重要性，大致上可以用大家都容易接受的個人理性的觀點加以解釋；因爲即使這些規則要求犧牲個人範圍的私人利益，但是服從規則卻會保障更要緊的共同利益。規則或者能夠直接保護個人免於明顯的傷害，或者是能夠維繫一個可容忍的、有秩序的社會結構。但是儘管我們可以如此辯護社會道德的合理性，但是這功利主義式的進路並不是到處都通行的；即使它解釋得通，它也不能代表所有人的道德觀念。畢竟，在社會道德中，有很重要的部分是包括關於性行爲的規範，而我們很難想像這些規範的重要性是在於它們所禁止的性行爲對他人有害；這些規範事實上也很難以這個理由去爲自己辯護。雖然現代社會已經不再認爲道德是神所授予的，但是計算對他人的傷害，並不能解釋對於性行爲的道德約制（例如對同性戀的普遍禁止）的重要性。性愛的活動和感覺是如此重要且和每個人的情感相關，因此當性愛的表現偏離可接受的或正常的形式時，人們很容易覺得這是關於生而有之的「羞恥心」（pudor）的重要問題。人們憎恨這些行爲，不是因爲他們認爲那會危害社會，而只是因爲認爲那「違反自然」或是基於他們自身的厭惡感。而如果我們因此就否認這類的社會禁忌，說它們不屬於道德範疇，那就太荒謬了；性愛的道德或許正是平常人的道德觀中最重要的部分。當然，社會可能以「非功利主義」的觀點去看待它的道德，這個事實並不意味著它的規範就可以免於批評和譴責，人們可能被認爲不值得維護這些規範，甚至認爲它們會造成更大的傷害。

我們曾經說過，法律規定可能和道德同樣禁止某種行爲，而和道德相呼應。在這時候，法律無疑地和道德有同等的重要性。然而和道德不同，「重要性」對於法律規定的地位而言並非不可或缺的。我們可能認爲某個法律規定的維繫並沒有那麼重要；然而在它被廢除之前，它還是法律規定。另一方面，如果人們認爲某個規定不再重要或不值得維繫，卻又把它當作社會道德的一部分，那就太荒謬了。我們現在維護某些古老的習俗和傳統，只是爲了懷古，這些習俗傳統過去可能有道德規範那樣的地位，但是這地位也隨著遵守與悖離規範的重要性的幻滅而成泡影。

二、豁免於有計畫的改變。法律體系的一個特色是，人們可以提出新的規則，而透過有計畫的法律制定，改變或廢除舊有的規則，儘管有些法律是透過成文憲法限制最高立法機關的權限而受到保護不致變更。而相對地，道德規則或原理不能用這種方式去更加或廢除。然而，當我說「不能」時，並不是認爲某些可以想像的事態不可能成眞，就像主張人類「不能」改變氣候一樣。相反地，

175

這主張指涉的是以下的事實。當我說「從一九六〇年一月一日起，某某行為是刑事犯罪行為」、「從一九六〇年一月一日起，某某行為不再是違法的」，並且舉出法律制定或廢除的事實去支持我的陳述，這是完全合理的。相對地，如果我說，「從明天起，某某行為不再是不道德的」或「在去年一月一日，某某行為變成不道德的」，並以人為的規則制定去支持我的陳述，這就算不是荒謬，聽起來也夠弔詭的了。如果我說，道德規則、原理或標準應該和法律一樣，可以藉由有計畫的行動去創造或改變，這顯然和個人生活中的道德不一致。行為的標準不能由人為的命令去賦予或褫奪其道德地位，雖然我們日常生活中所說的「制定（法律）」（enactment）或「廢止」（repeal）概念也顯示，法律同樣不能夠透過「命令」來賦予或褫奪其地位。

道德哲學致力於這個道德特性的解釋，認為道德是必須加以承認的「既有的」事物，而不是人為有意的選擇所造成的。但是和解釋有別（作為解釋的對象）的事實本身，並不是道德所獨有的性質。這就是為什麼這個道德特性，儘管非常重要，卻無法單獨作為區分道德和所其他社會規範形式的性質。因為在這方面，任何社會傳統和道德並無二致：傳統也無法由人為的命令去制定或廢除。有個不可考的故事說，英國某個公立學校的校長宣布，下學期開始，高年級的學生要穿著某種服裝，並且成為學校的傳統，這個故事之所以滑稽，是因為「傳統」的概念和人為制定與選擇的概念在邏輯上不相容。規則之成為傳統、繼而失去傳統的地位，是透過規則的形成、遵守、不再遵守和沒落。除了這緩慢且非意志性的歷程以外的規則的產生和消滅，都無法獲得或失去傳統的地位。

道德和傳統不能像法律一樣藉由立法直接去改變，這不表示它們就免於其他形式的改變。儘管道德規則和傳統不能藉由人為的選擇或立法去廢除或改變，但是法律的制定或廢除，卻可能是造成某些道德標準或傳統的改變或沒落的原因之一。如果法律禁止且懲罰像是在蓋伊福克斯日（Guy Fawkes）的夜晚舉行慶典的傳統習俗，這個習俗可能會就此中止，這個傳統也會消失。反過來說， 177
如果法律要求某些階級的人必須服兵役，到最後可能形成傳統，甚至在該法律廢除以後，這傳統還繼續存在。同樣的，法律也可能規定誠實和人道的標準，最後改變且提昇目前的道德；反過來說，法律禁止被認爲是道德義務的習俗，到最後可能使這習俗的重要性消失，因此也喪失它在道德上的地位；但是，法律經常在與根深柢固的道德的戰爭中落敗，而道德規則也會和那禁止同樣行爲的法律繼續並肩而行。

由法律所造成傳統和道德之改變，必須和因法律的制定或廢除所造成的改變有所區分。因爲雖然藉由立法行爲而可能使法律獲得或喪失法律地位，這可以說是制定法所造成的「法律效果」，但是這和制定法對於道德和傳統的最終影響不一樣，因爲它不是偶然的，透過漸進的因果關係所造成的改變。我們總是可以懷疑，清楚、有效的法律制定是否能改變道德，但是我們卻不會懷疑，清楚、有效的法律制定是否改變了法律，從這個事實，我們很容易看到前述的區別。

我們已經看到，道德或傳統的觀念本身和藉由刻意的制定行爲所造成的改變是不相容的，但是這個不相容性又不同於某些體系中藉由憲法的限制條款賦予某些法律的豁免權。這樣的豁免權並不是法律作爲法律的地位中的必要元素，因爲憲法的修正可以撤除它免於改變的權利。道德和傳統之不能有類似形式的改變，和法律之免於立法的改變不一樣，這並不是隨著社會或時代而有不同的。我們從這些語詞的意義裡，就可以看到這點；認爲道德的立法機構足以創造且改變道德的這種想法，違反了整個道德的觀念。當我們討論到國際法時，我們會發現有必要去區分立法機關實際上的 178

欠缺（這可視爲體系的缺陷），以及我們剛剛才強調過的；蘊藏在以爲可以透過制定行爲創造或改變道德規則或標準的這種想法中的根本的不一致性。

三、道德違犯的自主性。過去認爲道德只是關於「內心的」事物，而法律只是關於「外在的」事物，這種觀念部分是對於前述兩種特徵的誤解。但是人們卻經常把它當作道德責任和譴責的重要特徵。如果某個人的行爲，從外部去評判，違反了道德規則或原理，而他又成功證明他不是故意的，而且已經盡可能預防這行爲的發生，他就有藉口免除道德責任，在這種情況下還去責備他，在道德上就顯得很可議。因此，人們會排除道德的譴責，因爲他已經盡他所能了。在任何完備的法律體系裡，多少也都同意這點；因爲犯意（*mens rea*）的一般要件是刑事責任的元素之一，以確保那些無過失的、非故意的、或是在身體或心理上缺乏遵守法律之能力的犯罪者得以免除刑罰。特別是在處以重罪的重大刑案裡，如果法律體系沒有考慮到這點，將會遭到嚴厲的道德譴責。

不過在所有的法體系裡，這些阻卻責任要素也受到許多不同方式的限制。心理事實的證明有實際的或是一般認定上的困難，導致法體系拒絕調查個人的實際心理狀態或能力，反而利用「客觀的測試」，藉此認定被控有罪的個人像所有正常或「理性」的人一樣，都有控制行爲的能力，或是能夠採取事前的預防措施。有些法體系會拒絕承認「意志上」（區別於「認知上」）的喪失能力可以作爲阻卻責任的事由；因而在此種法體系中阻卻責任的事由會被限制於缺乏意圖以及認知的缺陷。法體系在某些犯罪類型上，或許會以「嚴格責任」加以處分，而完全忽略犯意而判刑，除了有時候會加上最低的要求，認爲被告必須具備正常的肌肉控制能力。（原注13）

因此，顯然證明被告無法遵守他所觸犯的法律，並不必然可以排除法律責任；而相反地，在道德裡，「我是不得已的」這句話總是可以接受的辯解，而如果道德的「應然」在這意義下沒有包含「能夠」的概念，那麼道德義務將會完全偏離它的本質。但是我們必須注意，無論如何，「我是不得已的」終究只是個辯解（儘管是很好的理由），而我們也要小心區別「辯解」和「證立」；（原注14）我們前面說過，認爲「道德不要求外在的行爲」的主張，是基於對這兩個概念的混淆。如果善意可以證明那些違反道德律的行爲是合理的，那麼當某人儘管非常小心，卻還是意外地殺了人，他就不必感到悔恨了。我們在檢視這樣的案件時，必須同時考慮因自衛而不得不殺人的情況。後者之所以是被證立的，是因爲在這些情況下，這種殺人行爲不但不是體系所禁止的，甚至是被鼓勵的，儘管它只是關於殺人的一般禁令的例外情況。當某人因爲他不是故意犯錯而被寬恕（excused）時，它所依據的道德觀念，並非因爲法律的方針容許甚或支持它，而是因爲當我們探究犯錯者的心理狀態時，我們發現他缺乏正常的能力去遵守法律的要求。因此，道德的「內在性」面向，並不意味著道德就不是外在行爲的控制形式；這只是說，這是道德責任的一個必要條件，也就是，個人必須對他的行爲有某種形式的控制。即使在道德裡，「他沒有做那壞事」和「他做那事是不得已的」也是有差別的。

四、道德壓力的形式。還有一個足以識別道德的特徵，就是爲了維護道德而施加的道德壓力。這和第三個特徵有密切的關連，同樣也助長了認爲道德是關於「內心」事物的模糊觀念。這樣的道德詮釋有幾個事實基礎。如果說，某個人有意思要違反某個行爲規則，而我們在勸阻他時，只能用身體的處罰或令人不快的後果去威脅他，那麼我們就不可能把這樣的規則當作社會道德的一部分，雖然沒有人會反對把它當作法律的一部分。這種威嚇或許可以說是法律壓力的典型。另一方面，道德壓力的典型乃是教導對規則的尊重，認爲規則自身即具有重要性，而此種道德壓力的施予預設受教者也分享了對規則的觀念。因此，典型的道德壓力（儘管不是唯一的）不只是威嚇或訴諸恐懼和利誘，而是提醒人們行動的道德特徵或道德的要求。你會說：「這會是個謊言，」或是說：「這會違背你的承諾。」在這種道德壓力的背後，我們基本上相信在人的心中，對懲罰的恐懼確實有「內在的」道德類比；因爲我們認定我們的抗議會喚醒他們的羞恥心或罪惡感：他們會受到自己良心的「懲罰」。當然，有時候這些獨特的道德訴求也會伴隨著身體懲罰的威嚇，或是訴諸平常人的利益；偏離道德法規會招致社會各種形式的仇恨，從比較不正式的譴責到社會關係的斷絕或摒棄。然而，訴諸良知，提醒人們道德規範的要求，依賴罪惡感和懊悔的作用，是在支持社會道德時最典型且重要的壓力形式。而認定這些方式是維繫道德的唯一手段，這是由於我們接受道德規則和標準是最崇高的、最重要的，必須維繫的事物。如果那些標準不是以這些方式去維繫，那麼它們在個人或社會生活中，就不會具有像道德義務一般獨特的地位。

第三節　道德理想與社會批評

道德義務和責任是社會道德的磐石，但不是全部。然而，在檢視其他形式之前，必須先討論對於我們界定道德義務的方式的一個反駁。在上一節裡，我們以四個判準去區分道德義務和其他社會標準或規則（重要性、豁免於有計畫的改變、道德違犯的自主性以及道德壓力的形式），在某個意義下，這些都是形式性的判準。它們並沒有直接指涉任何使規則或標準成爲道德的必要條件，也沒有提到它們在社會生活中的作用。我們固然談到，在所有的道德法規裡，多少都會禁止對人身或財物使用暴力，也都要求誠信、公平交易和對承諾的尊重。這些當然都是人性和萬物的自明之理，是人類長久和樂相處所必需的；如果有哪些規則不具備前述的道德重要性和位階，那會是很奇怪的事。規則要求個人利益的犧牲，顯然是人們在世界裡共處時必須付出的代價，而它們所能負擔的保障，是使我們願意和他人相處的最低限度。下一章會證明，這些簡單的事實構成了自然法學說中不容置疑的核心眞理。

許多道德學家希望把道德與人類需求和利益看似清楚的關係，也當作道德的定義，而有別於前述四個判準。(原注15) 他們會聲明，社會的種種規則，除非能經得起以人類利益爲出發點的理性批評，甚至能促進這利益（或許也要以公正平等的方式），否則就不算是道德的一部分。尤甚者，有人還拒絕承認行爲的原理或規則是道德，除非行爲或自制的利益能超越個殊社會的藩籬，擴及所有同樣願意尊重這些規則的人。不過，我們已經特別擴大道德的定義，以涵攝所有具備這四個特徵的社會規則和標準。有些社會規則和標準能夠通過這些檢驗；有些則無法通過，但是可能被譴責爲非理性的、無知或野蠻的。我們這麼做，不只是因爲「道德」這個語詞的用法傾向於廣義的解釋，而是因爲如果我們以更狹義的觀點去審視，會被迫以無法反映現實方式，對某個社會結構中，以相同方式發揮功能的要素再做不必要的區分，這些要素乃是一些人在生活中身體力行的。某些道德禁令所禁止的行爲或許不會傷及他人，但這些道德禁令與其他禁止會傷及他人之行爲的道德禁令同樣受到人們直覺式的尊敬；這種道德禁令與其他較能以理性方式證立的道德規則一起成爲社會上對於一個人的品性的評價標準，並且一起構成一個社會中普遍受到接受的生活圖像，社會期望並預設個人會按照此圖像去經營生活。

但是很重要且不容置疑的，道德不只包括社會群體所承認的**義務和責任**。義務和責任只是道德的磐石，甚至只是社會道德的磐石，而有許多類型的道德超越了特定社會成員所共有的道德。在此，還有兩個道德面向值得我們進一步注意。首先，即使在特定社會的道德裡，在強制性的道德義務和責任的結構以及界定它們的清楚規則外，還有某些道德理想。這些理想的實現不像責任那樣被視爲當然，而是值得讚美的成就。英雄和聖徒是典型的例子，他們的作爲遠超過責任的要求。他們做的不是義務或責任，不是可以要求的事，而如果他們做不到也不會被認爲有錯或被責備。比英雄或聖徒稍遜一籌的人們，在日常生活中表現種種值得稱讚的美德，如勇敢、仁慈、博愛、寬容和貞潔。在社會接受的理想與美德和社會義務與責任的主要強制性形式之間，關連明顯。許多美德是某種能力和性向，超越責任的要求範圍，像是關心他人的利益或犧牲個人利益。仁慈和博愛就是這類的美德。而其他的美德，像是節制、寬容、勇敢或正直，在某個意義下則是輔助的美德；它們是性格的特質，面對誘惑或危險時，顯現在對責任超乎尋常的奉獻或對道德理想的追求。

至於其他的道德領域，更使我們超越特定社會所承認的義務和理想的侷限，而臻至對於社會本身的道德批評中所援用的原則和理想；然而即使在這裡，也和道德的原始社會形式有著密切的關連。當我們無論審視我們或其他社會的道德時，我們總是有許多可以批評之處；從我們的知識去看，這些道德或許是不必要的壓抑、殘忍、迷信或無知。它也可能禁錮人類的自由，特別在是宗教的辯論或實踐，或者對人類不同生活方式的實驗裡，即使只是爲了保障他人無足輕重的福祉。特別是，若干社會的道德只會保護某些階級免於傷害，卻讓奴隸和農奴任由主人擺佈。這些批評當然可能被承認是「道德」批評（雖然也有人會駁斥這種批評），其中蘊含一個假設，認爲社會的體制，包括被接受的道德，必須滿足兩個形式條件，即**合理性**和**普遍性**。在這些批評裡顯然蘊含著，社會體制不應奠基在可能證明有誤的信念之上，其次，道德透過行爲或自制的要求而保護人們免於傷害，應該及於所有願意遵守這道德約束的人們。因此，對社會的道德批評，像是自由、博愛、平等和幸福的追求等標語，之所以具有道德特色，正是在於它要求改革，以滿足合理性和普遍性的要求，無論是藉由現實社會道德中某些已被承認的價值（或許是不適當的），或是那些去蕪存菁、擴而充之的價值。[6]

當然，儘管以自由或平等之名對於已被接受的道德或其他社會體制所做的批評可以被承認爲道德批評，但這個事實並不表示基於其他的價值對於這些批評所做的反批評就不是道德的批評。有人反對對自由施加約束，卻也有人認爲犧牲自由以換取社會經濟的平等或安定是合理的。著眼不同的道德價值的評價差異，可能完全無法和解。它們或許就是極端不同的社會理想，並且構成對立政黨的道德基礎。民主的偉大正在於它在這些不同的價值中容許實驗和可修正的選擇。

最後，並不是所有超越既有社會的義務和理想的道德範疇，都需要以社會批評的方式呈現。更要記住，道德也有其私人面向，表現在個人對理想的認知上，他不需要和別人相同或批評別人，更不需要符合社會整體。有人終其一生追求英雄的、浪漫的、藝術的、學問的或禁慾的（儘管有些爭

6 參閱 Patrick Devlin, *The Enforcement of Morals*（Oxford University Press, 1965）；H. L. A. Hart, *Law, Liberty and Morality*; Ronald Dworkin, *Taking Rights Seriously*, chap. 10; Robert P. George, *Making Men Moral: Civil Liberties and Public Morality*（Oxford University Press, 1993）, chap. 2。

議）理想。也有人會說，我們說那是道德，是因爲個人所追求的價值至少可以類比於社會所接受的某些道德。不過這當然不是內容的類比，只是形式或功能的類比。因爲在個人生活裡的理想和社會裡的道德，它們的功能是一樣的。它們都是最重要的，以至於實踐與追尋它們感覺像是種責任，必須犧牲其他利益或慾望；雖然有人會反悔，但是如果認爲可以藉由審愼的選擇而調整、改變或淘汰理想，那未免荒唐了些。最後，偏離這些理想同樣也會受到良知、罪惡感和懊悔的「懲罰」，就像社會道德的主要訴求一樣。

第九章

法律與道德

第一節　自然法與法實證主義

法律與道德之間有許多不同類型的關係，我們無法適當地揀選任何關係作爲法律與道德間**唯一**的關係。重要的是，我們必須區別那些主張法律與道德相關與否的說法，所意指的許多不同事物。法律與道德之間的某些關連是難以否認的，但是這種無庸置疑的關係卻可能被誤認爲另一種容有疑義的關係存在的徵象，甚或被誤以爲就是那一種關係。我們無法否認，任何社會或時代的法律發展，事實上都會受到特定社會群體裡約定俗成的道德和理想深遠的影響；此外，當然也會受到個人所推動的啓蒙道德批評形式所影響，這些個人的道德視域遠超過當時社會所能接受的。但是我們不應該非法引用這個事實，藉以證明一個不同的命題：法律體系**必須**和道德或正義有特別的符合關係，或是**必須**奠基在人們普遍接受守法是道德上的義務。再者，即或這個命題在某個意義下爲眞，我們不能因此推論說，法體系中特定法律的有效性判準，無論是外顯或內隱的，都必須和道德或正義有關。

185

關於法律與道德的關連還有許多其他問題。本章只討論其中兩個問題，雖然這兩個問題與其他問題亦有牽連。首先是自然法（原注1）和法實證主義（原注2）的問題。這兩個名詞常常出現在關於法律和道德的許多不同主題裡，但這裡所說的法實證主義，僅僅是主張無論從任何意義而言，法律都不必複製或滿足道德的要求，儘管事實上它們經常這麼做。不過正因爲抱持這種觀念的人們對於道德的本質不是沉默以對、就是看法不同，所以我們有必要分別檢視對於法實證主義的兩個駁斥形式，才能夠辨明法律並釐清道德及兩者的關係。[1]其中一個形式顯然就是自然法的古典理論[2]，這

186

種理論認爲人類行爲有若干原則有待人類理性去發掘，而人爲制定的法律必須遵循這些原則，才是有效的。另外一個批評則沒有這麼理性主義的道德觀，對於法律效力和道德價值之間的關係也有不同的解釋。我們將在本節以及下一節討論第一個批評。

從柏拉圖到現代，關於人類理性是否能發現人類行爲的規範，有許多正反意見的討論，他們彼此的攻訐像是在說：「如果你無法發現，那是因爲你瞎了眼。」而對方通常會回答說：「是你在做夢。」沒錯，認爲理性可以發現正確行爲的原的主張，通常沒有發展出任何獨立的學說，只是長期附庸在對於自然的（生物或無生物）普遍概念下。這個觀點在許多方面都和現代世俗思想關於自然的概念相衝突。對於批評者而言，自然法理論似乎是源自某個古老且根深柢固的混淆，而現代社會早已戰勝這個混淆；對於支持者而言，這種批評只是吹毛求疵，忽略了更深層的眞理。

對於那些認爲人類理性可以發現正當行爲的法則的主張，現代許多批評者認爲那是奠基在「法則」的這語詞的單純歧義性，當人們揭露這歧義性時，自然法就不攻自破了。穆勒（John Stuart

---

1 哈特曾在演講中表示：「法律與道德間沒有必然的關聯。」Positivism and the Separation of Law and Morals, 1957, 71 *Harvard Law Review* 593, at 601 n. 25。這樣的說法令人困惑，因爲哈特顯然提到法律與道德間兩個必要的連結。對此探討可參見John Gardner, 'Legal Positivism: 5½ Myths', chap. 2, *Law as a Leap of Faith*; Matthew H. Kramer, 'On The Separability of Law and Morality', 2004, 17 *Canadian Journal of Law and Jurisprudence* 315; James Morauta, 'Three Separation Theses', 2004, 23 *Law and Philosophy* 111; Leslie Green, 'Positivism and the Inseparability of Law and Morals', 2008, 83 *New York University Law Review* 1035。

2 延續哈特的觀點並帶有新多瑪斯主義者（neo-Thomist）的想法，參閱John Finnis, *Natural Law and Natural Rights*; Mark C. Murphy, *Natural Law in Jurisprudence and Politics*（Cambridge University Press, 2006）。比較 Nigel Simmonds, *Law as a Moral Idea*（Oxford University Press, 2007）。論自然法與實證主義的關係，見John Finnis, 'The Truth in Legal Positivism', chap. 7, *Philosophy of Law*。論自然法道德理論、法律解釋理論及自然法的法理學理論，見Philip Soper 'Some Confusions about Natural Law', 1992, 90 *Michigan Law Review* 2393。

Mill）（原注3）就是這樣批評孟德斯鳩，孟氏在其《法意》（*Espirit des Lois*）的第一章裡，很幼稚地解釋爲什麼日月星辰這樣的無生物以及動物會遵守其「本性的法則」，而人類卻不這麼做，反而墮落犯罪。穆勒認爲這透露一個長久以來的混淆，也就是那形構自然的軌跡和規律性的法則，和要求 187 人類某種行爲模式的法律，此兩者始終被人們混爲一談。前者可以由觀察和推論發現到，可稱爲「描述性的」，科學家就是這樣去發現這些法則的；而後者卻無法這樣去建立，因爲它們不是對事實的陳述或描述，而是對人類行爲的「規範」（prescriptions）或要求。因此，我們可以很容易地回答孟氏的問題：人們可以破壞規範性的法則，而它仍然是法則，因爲這只是意味著人類沒有照著他們被告知的去做；但是說科學家所發現的法則能不能被破壞，那是沒有意義的。如果星辰違反那描述其規律運動的科學法則，那麼這些法則並沒有被破壞，而是失去了「法則」的頭銜，必須重新建構。除了在「法則」上的差異以外，其他相關的語詞，如「必須」、「有義務」、「應該」、「應當」等，也都有相似的體系上的差異。於是，根據這觀點，自然法的信念可以化約爲相當單純的謬誤：它沒有察覺到那些帶有「法則」的概念之間的意義差別。主張自然法理論的人，似乎無法辨別「你有義務（bound to）去服兵役」和「如果北風吹來，一定會（bound to）很冷」這兩句話中「bound to」的不同意義。

邊沁或穆勒對於自然法的抨擊最爲嚴厲，他們經常批評對手因爲混淆了法則的不同概念，才會相信所觀察到的自然規律性是宇宙的神性統治者（上帝）所規範或授予的。根據這樣的神權觀點，萬有引力定律和十誡（上帝頒布給人類的律法）之間，就像布雷克史東（Blackstone）所說的，它們唯一的差別只是人類以及所有的受造物被賦予理性和自由意志；不同於無生物，他們可以發現或

188

違反神的規定。（原注4）然而，主張自然法的人並不一定要相信有個宇宙的神性的統治者或立法者，即使他們相信有上帝，也不一定要以這信仰爲其學說的邏輯基礎。自然法中所指涉的「自然」概念，以及它的極力泯除規範性法則和描述性法則的差別（這差別對於現代社會卻是既明顯又重要的），都是源自古希臘相當俗世化的思想。自然法學說之所以一再出現，是因爲它主要訴求的就是要釐清神的權威和人類的權威，儘管現在人們很難再接受它的術語和太過形上學式的主張，但就道德和法律的理解而言，它還是包含著很重要的眞理。我們試著把這些眞理從那些形上學的背景中抽離出來，以更簡單的語言重新去描述它們。

對於現代俗世思想而言，無生物和生物的世界，動物和人類，都只是不斷重複的事件及變遷的一幕，印證著某種規律性的關連。而人類從其中某些現象發現且描繪出自然的法則。就這現代的觀點而言，所謂的觀察自然，就是發現其中一部分現象的關係，建構出規律性的知識。偉大科學家的理論並不一定是單純反映某個可觀察的事實、事件或變化；它們之所以偉大，經常是在於抽象的數學公式，而和可觀察的事實並沒有直接的對應關係。它們和可觀察的事實或變化的關係，僅僅在於，從這些公式可以演繹出某些普遍原則，確實指涉可觀察的事件，並且可以接受證明或否證。宣稱可以擴展我們對自然的理解的科學理論的價值，究其極，取決於其預測未來事物的能力，而這是奠基在對於規律性事件的普遍化上。因此，對於近代思想而言，萬有引力定律以及熱力學第二定律，都是自然的法則，它們不只是從觀察事物的規律性資料得到的數學結構。

自然法學說是較早的自然觀念的一部分，根據這觀念，可觀察的世界不只是這些規律性的一幕，自然的知識不只是關於規律性的知識。相反地，在他們的觀念裡，所有可以名狀的存在事物，人類、生物和無生物，都不只是要追求自我保存而已，而是會追求某種合適存在的狀態，某種善，或是「目的」（end, *telos*, *finis*）。

這是自然的目的論概念（teleological conception），認爲萬物都會趨向自身最完美的層次。任何物種趨向其獨特且適當的目標的各個階段，都是規律性的，可以用那描述事物變化、行爲或發展模式的普遍概念去形構。就此而言，目的論的自然觀和現代思想並無二致。差別在於，根據目的論的觀點，在某物身上有規律地發生的事件，並**不只**是規律發生而已，它是否眞的發生，是否應該發生，這樣發生是不是**好事**，這些問題都應該納入考慮。（除了某種「隨機」產生的罕見怪物）普遍發生的事在目的論觀點之下，如果可以被認爲處於朝向合宜的目標邁進的階段，就可以被說明並同時被評價爲好的，或應該發生的。因此，事物的發展法則就應能同時證明其應該如何與事實上如何規律地行爲或變遷。

這樣抽象的陳述似乎讓人覺得這種自然思考模式很奇怪。倘若我們舉一些現在經常用來描述生物的方式，或許就不會那麼訝異，因爲我們在描述生物的發展時，還是會反映出目的論的觀念。櫟子長成櫟樹並不只是規律性發生的事，有別於櫟子的腐爛（這也是規律性發生的事），它是朝向生長的狀況，而從這個角度去看，我們可以解釋或判斷其中各個階段是好是壞，也可以指出其各部分組織和結構變化的「功能」。如果櫟樹要獲得「充分」且「本有」的發展所需的濕度，就需要葉子的正常生長，而葉子的「功能」就是提供這個需要。因此我們會說，葉子的生長是「自然應該發生的事」。就無生物的作用或運動而言，這種說法似乎有些牽強，除非它們是人類爲某種目的製造的東西。如果有人認爲石頭落地就像是倦鳥歸巢一樣，是實現某種合宜的「目的」或是回到它「本來

189

190

該去的地方」，這種想法是不是有些好笑？

理解目的論的自然觀時有個困難：正因爲它幾乎抹去關於規律性事件的陳述和關於應然事件的陳述之間的差異，它也混淆了人類有意識實現的目的和其他生物或無生物之間的差異，而這差異對現代思想是非常重要的。目的論的世界觀認爲，人類和其他事物一樣，都會趨向那些爲他設定的適合生存的特定狀態或目標，而人類不同於其他存在者的意識行爲，並不是人與萬物的根本差異。人類特定的目的或善，和其他生命一樣，部分是生物成長和身體力量之發展的條件；但是作爲人類特有的元素，這些善和目的卻也包含著思想和行爲中所體現的心智和個性的發展和優越性。儘管如此，從目的論的觀點看，這個合適狀態並不是因爲人類的需求才成爲善或目的，而是因爲它已經是他在本性上的目的，所以他才欲求它。

再者，我們在談到人類的問題時，也常常會以不同的形式表現出目的論的觀點。它潛在於我們對某些事物的認定上，我們會認爲某物是人類的需要，而滿足這需要是件好事，我們也會認爲某物造成人們痛苦，是某種傷害或損失。儘管有些人會爲了要自殺而拒絕進食或休息，但是我們還是認爲進食和休息不只是規律的行爲或是偶然的欲求。食物和休息是人類的需要，即使有人在需要時拒絕了它們。因此我們不只說飲食和睡眠是所有人的本性，我們也會說所有人都應該進食和休息，做這些事是好的。在人類行爲的判斷裡，「本性」的力量不只使這些判斷有別於僅僅反映習俗或人類規範的判斷（「你必須脫掉帽子」），這些習俗或規範的內容是思想或反省無法發掘的；這些判斷也不僅僅是判斷爲了達成特殊目標所需要的手段，有時候你需要它，有時又棄之如敝屣。當我們思考生物組織的「功能」，以及這些功能與單純因果屬性之間的關係時，也會有這樣的觀念。我們會說，心臟的功能是血液循環，但是不會說癌症的「功能」是置人於死。

我們粗略舉了這些例子，以說明在對人類行爲的思考裡，還是存在著目的論的元素；這些例子是取自人類和其他動物共有的低層次生物性事實。我們很容易就可以觀察到這些思考和表現模式的理由：他們隱然假設著，生存是人類行爲的本有目的，而這假設奠基在一個單純的偶然事實，大部分的人在大部分的時候都希望繼續活下去。我們說某些行爲在本性上是善的，指的是生存所需的；人類需求、傷害和生物組織的功能的觀念，都是建立在這簡單的事實上。如果我們的思考到此爲止，那麼我們就會得到很薄弱的自然法理論：因爲這觀念最古典的解釋就是「自我保存」（*perseverare in esse suo*），這僅僅是關於人類和善的錯綜複雜和爭議性的概念中最低層的基底；亞里斯多德還加上與利害無關的人類知性的陶冶，聖多瑪斯則增添了對上帝的認識，這兩者所代表的價值或許會有些爭議。但是其他的思想家，如霍布斯和休姆，卻傾向於更務實的觀點：他們從自我保存的謙卑意圖裡，發現了賦予自然法以經驗性的善的必要元素。「沒有個體間的合作，人性就不可能存在：而如果沒有平等和正義的法則，就不可能有合作。」（休姆《人性論》，第三部第二章，〈論正義與不義〉）

這個簡單的思想事實和法律與道德的特質有很大的關係，而可以擺脫那目的論觀念較有爭議的部分，也就是，許多人關於生活的目的和善的想法可能大相逕庭。再者，在談到自我保存時，我們也可以拋棄那些對現代思想而言太過形上學的觀念，這些觀念認爲，自我保存是天生就有的，人類必然會欲求它，因爲這是他們本有的目的。相反地，我們認爲這只是可以違反的偶然事實，一般而言，人類會欲求生存，而所謂自我保存是人類的目的，只不過是說人們欲求它。然而即使以常識的觀點去思考，自我保存在人類行爲和我們對行爲的反省上還是有特殊的地位，就像在自然法的主流學說裡賦予它的重要性和必然性一樣。因爲自我保存不只是說，大部分的人即使活得在悲慘可憐，都還是希望活下去，它甚至反映在我們藉以描述世界的思考和語言的整個結構裡。如果我們抽去希望存活的概念，那麼諸如危險和安全、傷害和福祉、需求和功能、疾病和治療的概念，就會失去原義；因爲它們都是以自我保存爲目的的描述和評價方式。

我們可以用其他比較簡單的、沒有那麼哲學化的方式，去證明自我保存的目的是必要的，我們將直接進入人類法律和道德的討論，把這個觀念當作討論的預設；因爲我們所關心的，是那些爲了持續存在而設的社會體制，而不是那些自殺俱樂部。我們想知道，在那些社會體制裡，是否有些可以列爲能夠透過理性去發現的自然法，而它們和人類法律與道德的關係又是什麼。談到人類應該如何共同生活時，我們必須假設，一般而言，他們的意圖是要生活下去。我們反省某些關於人性和世界的明確概念（甚至是自明之理）時，我們發現，只要它們是合理的，那就意味著，其中包含社會組織賴以有效運作的某些行爲規則。這些規則確實構成所有社會的法律和道德習俗中共同的元素，雖然這些社會都從這元素發展出不同形式的社會控制。在這形式上，我們也發現，在法律和道德中，許多規則是個別社會所特有的，顯得是恣爲的選擇。這普遍被接受的行爲原則，奠基在關於人類、自然環境和意圖的基本眞理上，我們可以視其爲自然法**最低限度的內容**[3]，而與那些關於自然

3 除非其本身爲具普世價值之事物的「最低限度的內容」，否則任何規則體系都不是法體系。對於哈特主張的修正，參閱 Neil MacCormick, *H. L. A. Hart* 92-9; John Finnis, *Natural Law and Natural Rights*, chap. IV。對於法律必要內容的不同取徑，見 Joseph Raz, *Practical Reason and Norms* 162-70。

法之過於誇張的、爭議不斷的理論建構相對照。在下一節裡，我們將從五個自明的原理去檢視人性的顯著特性，而那不起眼的、卻十分重要的最低限度的內容，便是奠基在這特性之上。

第二節　自然法最低限度的內容（原注5）

檢視我們所提出的自明之理，以及它們與法律和道德的關係時，要先明白在法律和道德的情況裡，我們所提到的事實可以解釋在以自我保存爲目的時，爲什麼法律和道德必須包含某些特定內容。這個一般性的論證要說的很簡單，就是如果沒有這些內容，法律和道德就不能推動人類在群體生活中自我保存這個最基本的意圖。缺少這些內容，人類就沒有理由自願去遵守任何規定；如果沒有基於共同利益而自願維繫的合作規則，也就不可能強迫那些不願意遵守的人去服從。我們必須強調在自然事實與法律和道德規範的內容之間，就上述意義而言所有明顯的理性關連，因爲在自然事實與法律或道德規範之間，有許多其他可能且重要的關連形式。心理學和社會學可能發現（或已經發現），除非滿足某些身體的、心理的或經濟的條件，也就是說，除非小孩在家庭中能夠得到溫飽和教養，否則不可能建立任何法律體系或道德規範，或者說在這種情況下，只有符合某些類型的法律才能夠成功運作。自然條件和規則體系之間的這種關連，不是以**理性**爲媒介；這種關連並不是要在規則的存在，與人們清楚意識到的意圖或是規範目的之間建立起關係。幼兒的溫飽大可以是一個社會發展或維繫其道德或法律規範的必要條件，甚至是其**動因**（cause），但它不是人們爲什麼要這麼做的理由。因果的連結並不一定會和目的或有意識的意圖相衝突；的確，前者或許比後者更爲重要且根本，因爲它們可以解釋爲什麼人類要有這些目的或有意識的意圖，而自然法理論正是以人類這些有意識的意圖與目的爲出發點。這類的因果關連並不是奠基在自明之理上，也不是以目的或有意識的意圖爲媒介：心理學、社會或其他科學，利用普遍化的方法或理論，以觀察或實驗（如果可能的話）爲基礎，以建立此因果關連。因此，就以下將要說明的自明之理而言，這些因果關連和某些法律與道德規定的內容是有類型上的差異。

一、人的脆弱。法律與道德的共同要求，大部分不是要求人們要主動的貢獻，而是要求行爲的自制，而它們通常表現爲否定形式的禁令。對社會生活最重要的禁令，就是禁止殺人或造成身體傷害的暴力使用。我們可以用一個問題突顯這些規定的特性：如果沒有者些規定，那麼對於我們人類而言，要任何其他的規定又有什麼意義呢？這樣誇張的問題，它的力量來自一個事實，人們有時候會有攻擊他人的傾向，也通常容易受到身體的攻擊。但是儘管這是自明之理，卻不是必然的眞理；因爲過去的世界可能不是這樣，將來的世界也可能不是這樣。有些物種，它們的身體結構（包括皮骨骼或甲殼）讓同類或其他沒有能力攻擊他們的動物無法攻擊他們。如果人類不會受到彼此的傷害，那麼法律和道德最特別的規定「不能殺人」，就會失去一個明顯的理由。

二、近乎平等。人類在身體的力量、敏捷度、甚至是智力上，都有所差異。然而在理解法律和道德的不同形式時，有一個重要的事實，那就是，沒有任何的力量差距，足以使某個人不藉助合作，就能夠主宰或壓迫他人，而且長達一段時間以上。即使是最強的人也需要睡眠，而在他入睡的時候，他就暫時失去他的優勢。「近乎平等」這個事實，最能彰顯相互自制和妥協的體系的必要性，它是法律和道德義務的基礎。這樣規定自制的社會生活，有時候會很無聊；但是較之讓近乎平等的人類不受約束地彼此侵犯，這種社會生活顯得沒有那麼惡劣、殘忍或粗魯。同樣的，總是會有人既托蔽於它，又要打破這些限制，藉此從中得利。我們以後會說明，這個自然事實，使道德必然發展爲有組織的、法律的控制形式。再次地，世界也可能不是這樣。或許會有個人，他和他人不是「近乎平等」，而是強得他們太多，而且不需要休息，或許是因爲他遠遠超越平均值，或許是大部分的人落後平均值太多。這樣特殊的人，透過攻擊所獵獲的，比透過自制妥協得到的利益要多得多。我們不需要依賴巨人和侏儒的神話去理解「近乎平等」這個重要事實：因爲國際上強凌眾暴的事實，更足以說明這點。我們在下一章會看到，國際法中每個個體之間的不平等，使得它在性質上迥異於國內法，並且限制組織性強制體制的程度。

三、有限的利他主義。人類不是充滿互相殘害的念頭的惡魔，而當我們證明法律和道德的基本規定是自我保存的謙卑意圖的必要條件時，不能因此就誤以爲，人類都是自私的，不會在沒有利益關係下，關心其他人的生活和福祉。但是即使人類不是魔鬼，他們也不是天使；他們是在這兩個極端中間，這使得互相自制的體系既是必要又是可能的。如果人和天使一樣不會傷害他人，那麼就不需要有要求自制的規則。如果人類和魔鬼一樣充滿破壞的念頭，不管是否會傷害自己，那麼這些規則就根本不可能存在。事實上，人類的利他主義既有遠近親疏之別，也不是經常性的，而侵犯他人傾向如果沒有得到控制，其頻繁的程度將足以危害社會生活。

四、有限的資源。人類需要食物、衣服和居所，而這些資源並非無限豐盈，相反地，人們時常感到匱乏，需要耕作或從自然取得，或是需要用人造的工具去建造；這些都只是偶然的事實。但僅僅這些事實就足以使財產制度以及相關規定成爲必要的（儘管不必然是私有財產）。最簡單的財產形式，就是排除非「所有人」進入或使用土地、取走或使用物資的規定。如果要種植莊稼，就必須確保不讓非相關的人進入或使用農地，而在長成、收穫到食用的食物前，也必須確保不讓他人取走。生活隨時隨地都依賴這些起碼的自制。當然，這也不是必然如此。人類的構造有可能像植物一樣，從空氣中擷取養分，也不需要種植，而可以無限豐盈地生長。

我們至此所討論的規則都是**靜態的**規則，意味著這些規則所要求的義務及其範圍，都不能由個體去改變。但是，除了最小的團體以外，所有社會都必須發展分工以獲得適當的物資，這分工則是需要**動態的**規則，因爲它們讓個體能夠創造義務及其範圍。這其中包括轉讓、交換或出售其產品的規則；因爲這些交易需要隨時更改原始的權利義務的範圍，而這些原始的權利義務定義了最簡單的財產權形式。此外，分工合作的必要性，以及互助合作的永恆需求，也是使得社會生活中其他動態的或創造義務的規則的成爲必要的因素。這確保承諾的承認成爲義務的來源。藉由這體制，人們得以透過口頭或書面的文字，因他沒有履行約定事項而接受責備或懲罰。因爲利他主義不是無限的，我們就更需要經常性的自我約束的行爲程序，以對人們彼此未來的行爲創造最起碼的信任，以保證合作所必需的可預期性。當我們的交易或合作計畫涉及相互的勞務，或者協議交易或出售的貨物無法當場交付時，顯然最需要這種信任。

五、有限的理解和意志的力量。使那些尊重個人、財產和承諾的規則在社會生活中有其必要性的事實，其實非常單純，這些規則與人類社會生活間的相互裨益也十分明顯。大部分的人都能夠了解且犧牲暫時的直接利益，以遵守這些規則的要求。他們或許是基於各種不同的動機，才遵守這些規則：有些人謹慎地計算回報值得這些犧牲，有些人是無私地關心他人的幸福，有些人認爲規則本身便值得遵守，在奉獻中找到他們的理想。可是，另一方面，這些趨向服從的動機，所依賴之對長期利益的理解以及善意的力量，卻不是每一個人都有的。人們有時候會偏向他們眼前的私利，而且如果沒有特別的監視和懲罰的組織，許多人都會向這誘惑屈服。不過，相互自制的好處如此的明顯，使得在強制體系下自願合作的人數和力量，通常都比作姦犯科的烏合之眾要大得多。然而，除非在雞犬相聞的小社會裡，如果沒有強制性組織可以規範那些心存僥倖、只想獲得而不願盡義務的人，那麼遵守這體系將會是很愚蠢的事。於是，我們需要「制裁」，不只是作爲服從的動機，而已也是個保證，讓那些自願守法的人不會被那些不守法的人犧牲掉。如果沒有這保證，守法就有變成弱肉強食的危險。因爲有這樣持續的危險，所以理性要求的是在強制體系中的**自願**合作。

我們也必須注意，人類之間「近乎平等」的自然事實，對於體制性制裁的功效非常重要。如果某個人的力量比其他人都要大得多，而不需依賴他們的自制，那麼犯罪者的力量就可能凌駕在法律和秩序的捍衛者之上。在這種不平等的狀況下，制裁的手段不可能奏效，甚至有反得其害的危險。因爲在這種情況下，如果社會生活不是基於相互自制的體系，而只是間歇性地運用力量去對抗少數犯罪者，那麼唯一可行的體制，將會是弱勢者依附在強權之下，以期得到他們的「保護」。當然，因爲資源的有限，這會造成若干權力中心的衝突，每個族群都圍繞著他們的「強人」：強人彼此間或會有戰爭，雖然敗戰風險的制裁可能撐起不穩定的和平。接下來，在一些「強權者」不願爲之大動干戈的議題上，就會產生一些規則來加以規範。在此，我們仍然不需要以巨人和侏儒的神話去理解「近乎平等」的邏輯，以及它對法律的重要性。國際中強國和弱國的巨大差異已經說明得很清楚。幾個世紀以來，國家之間的懸殊差距，使得體制的制裁變得不可能，而法律也只得侷限在非

「重大的」議題上。至於如果每個國家都擁有核子武器，是否能夠平衡國力的不平等，制定更接近 199
於國內刑法的控制形式，還有待觀察。

我們所討論的簡單的自明之理，不僅揭露了自然法學說的眞諦，就理解法律和道德而言也非常重要。因爲這些自明之理說明了爲什麼那些純粹形式的、沒有考慮到特殊內容和社會需求的法律或道德的定義，是不適當的。這個觀點對法理學的最大助益，或許是讓我們避免某些會造成誤導的二分法，這些二分法經常混淆了關於法律特質的討論。舉例而言，傳統上人們會問，是否所有的法體系都**應該**有制裁的規定，當我們以這個單純的自然法觀點去看，問題就可以得到嶄新且更清楚的詮釋角度。我們將不必在兩種不恰當的基本選擇中游移：一方面，有人說「法律」或「法體系」這些語詞的意義本身就包含了要有制裁；另一方面，有人說大部分法體系有制裁規定就「是一個事實」。這兩個選擇都無法令人滿意。即使沒有核心的制裁機構，我們也不能根據任何一成不變的原則，認爲這樣的體系沒有「法律」，而我們也有很好的理由說某個體系有「國際法」，即使他們沒有任何制裁機構。另一方面，我們也要明白，在國內法裡，制裁有其必要的地位，如果我們要滿足人類的最低限度的意圖。人類及其環境相關的自然事實和人類求生存的基本意圖，使得國內法體系的制裁規定既是可能的，又是必要的，而在這背景下，我們可以說，這是**自然的必然性**（natural necessity）；而對於人身、財產和承諾所需的最低限度的保障，作爲國內法不可或缺的特徵，正是出自這種「自然的必然性」。對於法實證主義者的主張「法律可以有任何的內容」，我們也可以用這種方式去回答他們。這是重要的眞理，亦即對於法律或其他社會體制的適當描述，在定義和一般的事實陳述之外，我們還要爲第三種陳述的範疇保留空間：這些陳述旨在指明人類和其所生活的世界 200

之偶然地，而非邏輯上所擁有的明顯特質。

第三節　法律效力與道德價值

作爲法律和道德的基礎，相互自制的體系所提供的保障和福祉，在不同社會裡的普及程度亦有所差異。如果在一個國家中，某些階級的人儘管願意遵守相對的規定，但其他人還是拒絕提供基本的保障給他們，如此一來就違反了道德和正義的原則，而這些道德與正義的原則是受到現代國家承認的（至少在口頭上）。一般認爲，在這些基本需求上，人類有權要求同等對待，我們不可以只是以其他人的利益爲由，就合理化差別待遇的作法。

但是法律和社會既有的道德，顯然不需要將最低限度的保障和福祉擴及所有人，而有些社會事實上也沒有這麼做。在奴隸制度的社會裡，統治階級無法理解「奴隸也是人，不只是利用的工具」，儘管這些統治階級對彼此的主張和利益可能有著最佳的道德敏銳度。當哈克（Huckleberry Finn，馬克吐溫《哈克歷險記》中的人物）（原注6）被問到蒸汽船爆炸時是否傷及任何人時，他回答說：「沒有任何人受傷，只是死了個黑鬼。」莎莉姑媽說：「眞是不幸中的大幸，這種事常常會有人受傷。」這是許多人的道德觀。而當哈克付出了慘痛的代價後，才發現，當統治階級之間的彼此關心延伸到其他人時，可能會被認爲嚴重違反道德，甚至會引起一切道德罪惡所遭致的後果。就在不久之前的納粹德國和南非，就是很令人遺憾的例子。

雖然某些社會的法律有時候會超越既有的道德，但是一般的法律還是以社會道德馬首是瞻，甚至殺害奴隸都可能被認爲只是浪費公共資源，或者是侵犯奴隸主人的財產。即使在反對奴隸制度的社會，種族、膚色或宗教的歧視，也會產生某種法律體系和道德觀，不承認所有人都有權要求最低 201 限度的保障和福祉。(原注7)

人類歷史中有太多悲劇顯示，一個社會要能夠生存必須給予**某些人**一個相互自制的體系，但不幸的是，這樣的體系卻不必擴及所有人。我們在討論制裁的可能性和必要性時強調過，如果一個規則體系要有強制力，就必須有足夠的人們自願遵守它。倘若沒有出於自願的合作，藉以創造出權威，就不可能樹立法律和政府的強制力。但是以權威爲基礎的強制力，可以有兩種執行方式。它可以只針對犯罪者，這些人儘管享有規則的保護，卻自私地破壞它。它也可以用鎮壓的方式來控制那永遠處於劣勢的被統治族群；相對於統治階級，這些被統治族群或大或小，取決於統治階級是否善用強制力、團結和紀律作爲工具，或者是顢頇無能而無法組織這些族群。受壓迫者對體系沒有任何忠誠可言，只有恐懼而已。他們是體系的受害者，而不是獲利者。

我們在前幾章強調過一個事實，那就是法律體系的存在是個社會現象，它總是表現爲兩個面向，務實的我們必須兼顧這兩個面向。它包括自願接受規則時所採取的態度和行爲，以及僅僅是服從和勉強同意時比較單純的態度和行爲。

因此，法律社會裡有某些人，會從內在的觀點，把社會的規則視爲既定的行爲標準，不只是預期執法者對於犯罪行爲的可能制裁而已。但是也有些人，因爲他們是罪犯或是體系下無助的受害者，體系必須以強制力或威脅將這些標準強加在他們身上；他們之所以在乎這些規則，只是因爲它是可能的懲罰來源。這兩個元素的平衡取決於許多不同的因素。如果那要求人們服從的體系，能夠 202

眞正公平地滿足所有人的重要利益，它就能夠獲得且長久維繫人們的忠誠，這體系也就是穩定的。另一方面，它也可能是狹隘且排他的體系，只考慮到統治階級的利益，它越是提高潛在的威脅，就越會行高壓統治，而且越不安定。在這兩個極端間，對法律的這兩種態度有形形色色的組合，甚至經常出現在同一個人身上。

對於這個面向的反省，揭露了一個震聾發聵的眞理：從形式簡單的社會，其課予義務的初級規則只是社會控制的工具，發展到法律的世界，有中央組織的立法機構、法庭、執法者和制裁手段，這是付出了許多代價才獲得的成果。成果是我們對於變化、確定性和效率的適應力，這是非常可觀的；而代價則是中央集權有被用來壓迫那些服從規則的人們之虞，而這不是比較單純的規則體制所做得到的。因爲這風險已經成爲現實，而且一再發生，所以如果有人主張，除了我們前面說過的自然法的最低限度內容以外，法律還**必須**符合某些道德，這時候我們就要特別小心檢視這些主張。許多這樣的說法，不是沒有搞清楚法律與道德之間所謂必然關連的意義，就是在指出某些重要的事實時，卻誤以爲那就是兩者的必然關係。我們在本章結束前，要檢視這主張的六種形式。（原注8）

一、**權力和權威**。人們常說，法律體系必須奠基在道德義務感或對體系的道德價值的信念上，因爲它不能僅僅是建立在某人支配他人的權力上。我們在前幾章強調過，在理解法律體系的基礎和法律效力的理念時，以威脅和服從的習性爲後盾的命令是不恰當的。我們在第六章花了很長的篇幅討論過，爲了說明這些命令，它們需要有個被接受的承認規則的觀念；但是我們在本章看到，強制力存在的必要條件，還需要至少有體系中的某些人自願合作且接受它的規則。在此意義下，法律的強制力確實預設其被接受的權威。但是「只以權力爲基礎的法律」和「被接受爲具有道德約束力的法律」的這種二分法，並不能窮盡一切。許多遭法律強制的人們不僅不認爲它具有道德約束力，甚至那些自願接受體系的人，也不一定認爲這是他們的道德義務，儘管這樣的體系十分穩定。事實上，他們對體系的忠誠可能基礎許多不同的考量：長期利益的計算；對他人無私的關懷；不經反省的習慣或傳統的態度；或者只是想要跟著別人走。當然，那些接受體系權威的人，可以審視他們的良知，雖然在道德上他們不能接受這體系，但是爲了許多理由，還是決定繼續這麼做。

這些顯而易見的事實，可能會因爲人們以同樣的語彙去表達他們所認識的法律和道德義務，而被會混淆。那些接受法律體系的權威的人，從內在的觀點去看待它，當他們在說明它的要求時，會以規範性語言（normative language）的內在陳述去表現，而這語言是法律和道德所通用的[4]：「我（你）應該」、「我（他）必須」、「我（他們）有義務」。然而當人們以內在陳述表達法律的要求時，這不見得是一種**道德判斷**（moral judgement）。在不附加其他但書的情況下，任何人以這種方式談到他自己或他人的法律義務時，其他人會設想認爲沒有道德的或其他的理由反對他這麼做。然而這並不能證明，某些規則除非被接受爲道德義務，否則就不能被承認爲法律義務。其他人的設想奠基在一個事實上：如果你有個決定性的理由（無論是否和道德相關）將凌駕你的法律義務，則你去承認或指出該法律義務，是沒有意義的事。

二、道德觀對於法律的影響。在每個國家的法律裡，隨處可見社會既有的道德和更廣泛的道德理念對法律影響甚鉅。這些影響或者是透過突兀的、公開的立法程序成爲法律，或者是沉默平和地

4 對於爲何法律和道德共享「義務」、「權利」、「自由」這些語彙，不同的解釋可見 Joseph Raz, *The Authority of Law*, chap. 8。哈特的回應則在 *Essays on Bentham* 153-61。

透過司法程序影響法律。在美國和其他的體系裡，法律效力的最終判準明顯地體現了正義的原則或實質的道德價值，在英國和其他體系裡，對於最高立法機關的權限沒有任何限制，但其立法卻同樣嚴守正義和道德。法律反映道德的方式不可勝數，人們的研究至今都無法窮盡：成文法或許只是法律的外殼，要求借助於道德原則去實現；各種可行使的契約或許會受限於道德和公平的概念；民事和刑事的賠償責任可能因爲一般的道德責任觀念而有所調整。「法實證主義者」不能否認這些都是事實，也不能否認，法律體系的穩定性部分地依賴於法律和道德的這些對應。如果所謂的法律與道德的必然關係指的就是這事實，那麼我們也就必須承認它的存在。

三、解釋。（原注9）如果法律要適用在具體的個案裡，它就需要解釋，當我們藉著務實的研究，廓清障翳司法程序之本質的種種神話，那麼，就像我們在第六章裡所看到的，在法律的開放性結構裡，有很大的空間是留給創造的活動，有些人稱之爲立法性質的活動。在法條和判例的解釋裡，法官並不囿限在盲目任意的選擇中，也不限於根據既有意義的「機械性」規則演繹。他們的選擇經常是取決於一個假設，認爲他們所解釋的規則有合理的目的，因此人們制訂規則不是要用規則去行不義之事，或是違反固有的道德原則。司法判決，特別是關於憲法的高層次問題，經常涉及道德價值間的選擇，而不只是援引某個特別顯著的道德原則；只有傻瓜才會相信，當法律的意義有疑問時，道德總是可以給予清楚的答案。在這點上，法官的選擇可能既非任意性，也不是機械性的；通常就在這裡法官所具備的司法德行可以被呈現出來，這些被期待於法官的德行是司法判決所特有的，這也說明了爲什麼有人不願意把這種司法行爲稱作「立法」。這些德行是：權衡選擇時的公正和中立；考慮到影響所及的每個人的利益；以某些廣爲接納的普遍原則作爲判決的推論基礎。當然，因爲這些原則不勝枚舉，所以我們無法**證明**某個判決才是最正確的：但是如果它是詳徵博引的、公正的選擇的合理產物，也就可以讓人接受。在法官公平地針對相互競爭的利益做判斷時，其思維過程有著可稱爲「權衡」與「平衡」的特性。

很少人會否認這些元素（同樣也可以稱爲「道德」）在使判決被接受時的重要性；而規範解釋活動之籠統且變動不居的傳統或規條（在大部分的體系裡支配著解釋），也經常模糊地包含了這些元素。但是如果有人要提出這些事實，以作爲法律與道德的**必然關係**的證據，那麼他們也要記住，犯罪者和守法者幾乎也接受同樣的解釋原則。從奧斯丁到現在，那些主張這些道德元素必須**指導**判決的批評者，也都曾經發現，立法過程經常是昧於社會價值、「不自覺的」或是論證不當的。

四、法律的批評。有時候認爲法律和道德有必然的關係的主張，只不過是說**好的**法律體系都必須在某些要點上，如前面段落所提到的，符合正義或道德的要求。有些人會認爲這是自明之理；但是這絕非套套邏輯（tautology，或稱同語反覆），事實上，在哪些道德標準可能適用、或需要符合哪些要點的問題上，總是可能有歧見。好的法律必須符合的道德，是否意指著社會族群所接受的道

5 哈特主張，「法律效力的最終判準明顯地體現了正義的原則或實質的道德價值」，他稱之爲柔性法實證主義：現在通常稱爲「安置命題」（incorporation thesis）或包容性的法實證主義（inclusive legal positivism）。值得參考的討論可見K. E. Himma, 'Inclusive Legal Positivism' in Jules Coleman and Scott Shapiro eds., *The Oxford Handbook of Jurisprudence and Philosophy of Law*。對哈特立場的批評可見Joseph Raz, *The Authority of Law*, chap. 3; Raz, *Between Authority and Interpretation*, chap. 7。包容性法實證主義的主張可見Jules Coleman, 'Negative and Positive Positivism', 1982, 11 *Journal of Legal Studies* 139; Jules Coleman, *The Practice of Principle: In Defence of a Pragmatist Approach to Legal Theory*（Oxford University Press, 2001）chap. 8; W. J. Waluchow, *Inclusive Legal Positivism*（Oxford University Press, 1994）。德沃金對哈特的批評於*Taking Rights Seriously* 345-50；他對Coleman的評論見'Thirty Years On', 2002, 115 *Harvard Law Review* 1655。

德，即使這道德是建立在迷信上、或是沒有顧及奴隸或受統治者的福祉和保障？我們被啟蒙的道德標準，是否應該建立在事實的理性信念上，並且同意所有人都有權要求同等對待和尊重？（原注10）

法律體系必須對管轄範圍以內的所有人提供基本的保障和自由，在法律論述裡這個主張一般而言已經被視爲一個原則。即使人們言行不一，至少口頭上還是會承認它。而那些不接受人類平權觀念的道德理論，在哲學上甚至會被證明帶有內在的矛盾、教條主義或是非理性成分。如果是這樣，那麼承認這些權利的開明的道德，就有資格稱爲眞正的道德，而不只是許多可能的道德其中之一。我們在這裡無法探討這些主張，但是即使我們接受它們，也不能改變或混淆以下的事實：儘管有些具有初級規則和次級規則的特殊結構的國內法體系，藉由公然地違反規則而嘲弄這些正義的原則，但不可否認他們卻也長久存在著。那麼，主張惡法非法到底有什麼好處呢？我們以下就要討論這一點。

五、形式合法性和正義的原則。（原注11）人們或許會說，在某些要點上符合道德和正義的好的法律體系，以及不符合的法律體系，這兩者的區分是不可靠的，因爲只要有公開宣布且合法適用的一般化規則去控制人類的行爲，就必然會實現最起碼的正義。[6]我們在前面分析正義的理念時指出，正義的最簡單形式（法律適用中的正義），不過是堅持所有不同的人都必須適用同樣的一般化規則，不因偏見、利益或恣意而有所偏倚。英美法律人都熟知的程序標準，稱爲「自然正義」，就是要保障這個公正性。因此，再討人厭的法律，都必須公正地適用，我們在法律一般化規則的適用觀念上，至少看到了正義的幼芽。

同樣可稱爲「自然的」正義的起碼形式，還會在其他面向中顯現，如果我們眞正要探討社會控制方式的內容（遊戲和法律的規則）的話，這些社會控制主要包含有行爲的一般標準，這標準是所有階級的人都能夠互相溝通的，而他們也都被認定無需進一步的官方指示，就可以理解和服從這些規則。如果這些社會控制要能實行，就必須滿足某些條件，這些條件是：規則必須是可理解的，也在大部分的人能夠遵從的範圍，而且，一般而言，它們不能溯及既往，雖然有時候會有例外。這意思是說，對於大部分的法律而言，那些因爲犯法而被懲罰的人，原本都有能力和機會去遵守它們。這樣規則控制的方式，和法律學者稱爲「形式合法性原則」（principle of legality）的正義要求有密切的關係。有一位法實證主義的批評者注意到了這些規則控制所必然蘊含的面向，認爲這些以規則進行控制所必然要遵守的標準可以構成法律和道德間的必然關係，而建議這些面向應該稱爲「法律的內在道德」。再一次地，我認爲，如果法律與道德的必然關係就是這個意思，我們或許可以接受。但是很不幸地，符合於這些標準的法律體系仍然可能非常邪惡。

六、法律效力和抵制法律。[7]無論他們的觀點有多麼粗疏，法實證主義的法律學者很少會否認

6 富勒的解釋影響深遠，*The Morality of Law* rev. edn.（Yale University Press, 1969）46-91：哈特的評論在 'Lon L. Fuller, "The Morality of Law"', *Jurisprudence and Philosophy*, chap. 16。論哈特與富勒之間的爭論，可見Peter Cane ed., *The Hart–Fuller Debate: 50 Years On*（Hart Publishing, 2010）。Raz討論法律的規則與自然法的關係，*The Authority of Law*, chap. 11。德沃金重新闡釋其自然法價值的理論 'Hart's Postscript and the Character of Political Philosophy', 2004, 24 *Oxford Journal of Legal Studies* 1, 23-37。

7 未致力保障正義的法律是無效的，見Robert Alexy, *The Argument from Injustice: A Reply to Legal Positivism*（Bonnie L. Paulson and Stanley L. Paulson trs., Oxford University Press, 2002）。論服從法律的道德要求，見Joseph Raz, *The Authority of Law*, chaps. 12-15; A. J. Simmons, *Moral Principles and Political Obligations*（Princeton University Press, 1979）; Leslie Green, *The Authority of the State*; W. A. Edmundson, *Three Anarchical Fallacies: An Essay on Political Authority*（Cambridge University Press, 1998）。

前述五個子題所討論的法律與道德的關係形式。當法實證主義者說：「法律的存在是一回事，其優缺點則是另一回事。」（Austin, *The Province of Jurisprudence Defined*, Lecture V, pp. 184-5）「國家的法律不是個理想，而是實際存在的事物，它不是應然的，而是實然的。」（Gray, *The Nature and Sources of the Law*, s. 213）「法律規範可以有任何內容。」（Kelsen, *General Theory of Law and State*, p.113）他們的口號究竟關心的是什麼？

有些特定的法律在道德上是邪惡的，卻以意義明確的方式制定，且滿足公認的體系效力判準；這些學者就是要清楚且忠實地陳述因這種現象所引發的理論和道德的問題。他們認爲，在思考這些法律時，誘導人們拒絕承認它們是「法律」或具有「效力」，只會使理論家和被迫遵守它們的不幸官員或公民們更加混淆。他們認爲面對這個問題時，有比較簡單平實的資源可以更加切題地探討所有知識和道德的考量。我們應該說：「這就是法律，但是它太過不義了，因此無法適用或服從。」

在革命或動亂之後，體系裡的法官必須考慮如何處置前朝遺民或官員以合法形式所犯的道德罪行，這時候對立的觀點顯得特別吸引人。社會覺得他們罪有應得，然而爲了將他們入罪，公然地制定溯及既往的法律，使前朝許可、甚至是規定的行爲變成犯罪，這不僅困難且令人反感，甚且是不可行的。在這些情況下，人們很自然地會以 *ius, recht, diritto, droit*（都是「法」、「正義」的意思）這類自然法理論常掛在嘴邊的法律語彙，去發掘道德的潛在意義。人們會說，我們不能承認教唆或容許不義的法令是有效的，或是具有法律性質，即使制定這些法律的體系對於立法機關的權限並沒有限制。戰後的德國，在回應納粹統治的不義及其崩解所留下來的嚴重社會問題時，自然法理論便以這種形式再度流行起來。（原注12）過去在納粹帝國，有些告密者爲了自私的目的，檢舉他人觸犯那不合理的法律，我們應該懲罰這些告密者嗎？在戰後的德國法庭上，我們能夠將這些告密者加以定罪，說明這些惡法違反自然法，因而是無效的，所以因觸犯這些法律而將受難者羅織入罪是不合法的，而促使當時的政府對受難者提起訴訟的行爲，本身就是個犯罪行爲嗎？（27 July, 1945, Oberlandesgericht Bamberg, 5 *Söddeutsche Juristen-Zeitung*, 207；詳細討論見 H. L. A. Hart, Legal Positivism and the Separation of Law and Morals', 71 *Harvard L. Rev.*, 1958, 598; L. Fuller,'Positivism and Fidelity to Law，同前揭，p. 630。對該判決的正確解釋，見本章附注。）就道德上不義的規則是否可以稱爲法律，這個問題看起來很單純，但是支持與反對者兩造之間的爭辯卻始終是雲山霧罩。的確，我們關心的是有沒有其他道德決定的方式，以決定不需要適用或服從那些在道德上不義的規則，或是在辯護時引用它們：但如果認爲此處的爭論只是用語上的爭執，這是一種很錯誤的想法。如果你對爭辯的雙方說：「是的，你是對的，在英文（或德文）裡，關於這種事，正確的說法是去用你所用的語言，」沒有人會感到滿意的。儘管法實證主義者或許會指出，在英語的用法裡，「法律規則太過不義而無法遵守」這句話並沒有矛盾，況且，從「法律規則太過不義而無法遵守」，我們無法演繹出「它不是有效力的法律規定」，幾乎沒有任何法實證主義的對手會認爲這樣就可以把問題打發掉。

顯然如果我們把這問題當作是語言的問題，那麼我們就無法把握到重點。眞正重要的，是如何比較廣義與狹義的法律概念或不同規則分類方式的價值，這些規則屬於社會上普遍有效實行的規則體系。如果我們要在這些概念之間作個理性的選擇，那應該是因爲其中某個概念有助於我們的理論探究、促進或澄清我們的道德推理，或兩者皆是。

廣義的「法律」概念包含狹義的「法律」概念。如果我們採取廣義的概念，會使我們的理論探討從整體去考量，把所有在初級和次級規則的體系裡形式上有效的規則都稱爲「法律」，即使某些規則違反社會自身的道德、或我們可能主張的開明或眞實的道德。[8]如果採取狹義的概念，我們會把牴觸道德的規則排除在「法律」之外。顯然地，在對於法律的理論或科學研究裡，我們無法從狹義的概念得到任何成果：這會使我們排除某些法律，即使它們具有法律其他的組成特質。把這些規則的研究丟給其他領域，當然只是更加混淆，也沒有任何歷史或法學研究會這麼做。如果我們採取廣義的概念，我們可以在這概念之下調和對於任何違反道德的法律之特徵及其社會影響的研究。因此，在理解初級與次級規則的體系裡社會控制方式的發展和潛在可能時，狹義的概念會使我們不可避免地混淆且莫衷一是。對於「法律」這個語詞用法的研究會不可免地包含這個用語如何被濫用的研究。

在道德思維中，狹義概念到底有什麼優點呢？在思考違反道德的要求時，「這在某個意義下仍然是法律」是否好過「這是太過不義而無法遵守或適用的法律」？當道德要求人們不要遵守時，是否會讓人更義無反顧地違背法律？有什麼更好的方法去解決納粹帝國遺留下來的問題呢？理念當然有其影響力，但是教育或訓練人們接受狹義的法律概念，拒絕承認有效卻不道德的法律，這似乎無法使人在面對威脅或組織威權時更堅定地抗拒邪惡，或者更明白蘊含在規則要求裡的道德意含。只要人類可以得到其他人的合作支持以宰制其他人時，他就會把法律當作工具去使用。邪惡的人會制定邪惡的法律，而其他人會去執行它。如果人們要能夠洞察政府的權力濫用，他們最需要的是記住，承認某個規則有法律效力，在是否要加以遵守的問題上，並不是決定性的關鍵，而無論政府體系有如何崇高的威嚴和權威光環，它的命令最終仍必須接受道德的檢驗。人們應當相信，他們可以在官方體系之外，找到最後的思想資源，來解決他們是否應該服從法律規則的問題。那些認爲法律規則可能是違反道德的人，反而比較容易接受這樣子的信念，而那些認爲不道德的法律規則不能稱爲法律的人，則可能反而比較不容易接受這個信念。

廣義的法律概念說「這是法律，只不過是不道德的」，這個概念的另一個優點在於，拒絕承認違反道德的規則具有法律效力，會過度簡化它們所涉及的道德問題的多樣性。老一輩的思想家，如邊沁和奧斯丁，主張法律的實然與應然之別，部分是因爲如果人們沒有做此區分，很可能不顧社會成本而遽下判斷，認爲某些法律無效而不應該遵守。但是除了這種無政府狀態的危險（這危險可能被高估了），還有另一種過度簡單化的可能。如果我們縮小觀察的範圍，只考慮到被要求遵守不義規則的人們，我們就可能把下面這件可能很重要的事情當作無關緊要的小事，那就是當他看到法律規則的不道德，就很輕易地拋開該法律規則，而根據道德的要求去做時，他到底認不認爲他面對的是有效的「法律」規則。但是在是否要遵守的道德問題之外（我是否要去做這壞事？），我們還有蘇格拉底式的服從問題：我是否要服從那因我違抗法律而對我施加的懲罰，或是要逃跑？以及戰後

8 有些學者認爲哈特主張法律的實證概念有助「促進與釐清道德意圖」，但哈特並未表示此主張有助穩固他的分析論證，認爲那不過是補充考量或對那些指控廣義的法律概念具政治危險性者的回應。一般文獻混淆了法律的概念應該要能夠帶來道德上好的結果與法律的內容應該要能夠帶來道德上好的結果。比較 Neil MacCormick, 'A Moralistic Case for A-Moralistic Law', 1985, 20 *Valparaiso Law Review* 1; Thomas Campbell, *The Legal Theory of Ethical Positivism*（Dartmouth, 1996）；Jeremy Waldron, 'Normative (or Ethical) Positivism' in Jules Coleman ed., *Hart's Postscript*; Liam Murphy, 'The Political Question about the Concept of Law' in ibid。

德國法庭所面對的問題：「我們是否要懲罰那些在當時被惡法許可的犯罪行爲？」這些問題會引發許多關於道德和正義的難題，我們需要個別去思考——不能憑藉拒絕承認惡法的效力，就想要一舉解決這些問題。對於困難且複雜的道德問題，這種方法太過粗糙。

當法律的概念可以區分法律是否有效和是否合乎道德的問題時，我們就可以看到這些不同問題的複雜結構和多樣性；相反地，否定惡法的效力的狹義概念會使我們看不到這點。我們或許承認，德國告密者爲了自私的目的，根據不義的法律將人羅織入罪，確實是道德所不容的事；然而道德卻也告訴我們，國家只能懲罰觸犯法律明令禁止的行爲。這是「法無明文不爲罪」（*nulla poena sine lege*）的原則。如果爲了避免更大的惡而犧牲了這原則，那麼我們必須清楚辨明我們所面臨的選擇。我們不應把溯及既往的懲罰裝飾地好像是對一般違法行爲的懲罰。至少就單純的法實證主義學說而言，我們可以說惡法亦法，但在極端的情況下必須對於不同的惡做出選擇時，我們也不會把其中的道德難題掩蓋起來。

第十章

國際法

第一節 疑惑的來源

在本書中初級規則及次級規則的結合這個想法被賦予極重要的地位，它可以被視爲兩種極端看法間的中庸之道。因爲法理論通常從兩個角度來理解法律，有時從簡單的觀點把法律看作是以威脅爲後盾的命令，有時則從道德的複雜概念來談論法律。道德與命令這兩個層面和法律當然有很多密切的關聯；但就像我們所看到的，一直有一種危險的思考方式，過分強調它們之間的相似性，而忽略那些法律與其他社會控制的重要區別。從這個我們採爲核心的觀點出發，其好處是可以看到法律、強制與道德間的多重關係，並且重新思考他們就何種層面而言是必要的。

雖然初級及次級規則的結合的想法具備這些優點，而且，把初級與次級規則的存在作爲使用「法體系」這個表達方式的充分條件，也十分符合我們平常對「法體系」這個詞彙的用法，但這並不表示我們對「法律」這個字詞必須如此定義。這是因爲我們無意去指出或規範「法律」（law）或「法律的」（legal）這些詞的使用方式。這本書的目的是在於釐清法律的「概念」，而非「法律」這個詞的定義。就定義而言，人們很自然地就會期待定義能夠提供一些如何使用這些語彙的規則。在上一章，我們探討了一些德國案例，在這些案例中法官認爲某些規則因其在道德上是邪惡的，因此不應被賦予有效法律這個名稱，即使這些規則屬於某個初級及次級規則所構成的現行法體系中。雖然我們最後還是拒絕了這種主張，但這並不是因爲我們認爲凡屬於這個體系的都必須被稱作法律，也不是因爲這種主張違反了習慣用法。相反地，我們拒絕這種主張，是因爲這種做法藉由排斥那些違反道德正義的法律，以縮小有效法律這個概念所能涵蓋的範圍，而這麼做並無益於理論上的探

213

214

討，或對道德的深度思考。因此，我們需要一個更寬廣的概念，它可以包含如此多的用法，並且容許我們把規則視爲法律，即使這些規則非常的不道德。

在此，國際法提供了相反的例子。雖然國際「法」這個表達方式符合過去一百五十年來我們對法律這個詞的使用慣例，但由於國際社會中缺乏立法機關、具有強制司法權的法庭、及集中組織的制裁，這些原因或多或少都使得法學家們對國際法的法律屬性感到疑慮。缺乏這些機構使得國際法對各個國家而言，就像形式簡單的社會結構：這種社會結構僅僅由課予義務的初級規則所構成，當我們發現這種社會時，通常我們會把它對比於已發展的法律體系。國際法是否應被稱爲「法」確實是可議的，因爲國際法不僅缺乏次級規則中的變更規則與裁判規則以提供立法機構和法院，而且也沒有統一的承認規則來認定法律的「淵源」以及辨別法律規則的一般性判準。正因國際法與一般法律之間的差異非常明顯，所以「國際法眞的是法律嗎？」（原注1）這樣的質疑很難被置之不理。在此，我們不會簡單地僅以「這就是現行的使用慣例」這樣子的說法，來駁斥上述的懷疑；同樣地，我們也不會因爲初級與次級原則的結合，是我們稱呼某種社會結構爲具有「法律體系」之必要且充分的條件，所以就贊同上述的質疑，認爲國際法不是法律。相反地，就像在德國案例一樣，我們應該更進一步探討上述懷疑的詳細性質，我們要問：使用國際法這個廣泛的一般用詞，就實踐上或理論上的目標而言，是否會造成阻礙？

關於國際法的特質，雖然有人會以較短的篇幅處理，但我們將以這一整章來加以探討。對那些人而言，「國際法眞的是法律嗎？」這個問題之所以發生或持續存在，只是因爲人們把一個有關字義的瑣碎問題，誤解爲是個關乎事物本性的嚴肅而重大的問題，他們認爲國際法與國內法的區別是明顯且眾所週知的，唯一有待解決的問題在於我們是否應遵循現行慣例，稱國際法為「法」；而這個問題應留待個人自行決定。但這樣處理問題的方式實在太簡短了。的確，使得理論家們遲遲不願意把國際法視為法律的眾多原因中，有一個原因是因為人們就為何一個同樣的字可以被用來稱呼許多不同的事物這件事情上，所持有的觀點是太過簡單甚至荒謬了。法理學研究者通常都忽視了具分類作用之一般性語詞所賴以決定其外延的指導原則所具有的多樣性。無論如何，對國際法的質疑，事實上有比字的錯誤使用，更深層和更有趣的原因。更何況，「我們是否該依循現行慣例？」的思考方式，把對國際法的質疑簡化成正反兩種選擇，但事實上，還有其他的思考方式，可以釐清和檢視那些現行慣用語使用的原則。

如果我們處理的是專有名詞的問題，上述那個簡化問題的方式很適當。萬一有人問起，那個名叫倫敦的地方是否**真的**是倫敦？我們只需要提醒他這個使用慣例，然後留待他自行決定是否依循慣例，或者另取一個他喜歡的名字。這時候如果有人問起倫敦是依據什麼原則被命名的，以及這個原則是否可令人接受，那會是很荒謬的問題。因為專有名詞的賦予乃是基於人們刻意的約定俗成，可是在任何嚴肅的學科領域中，一般性語詞的外延都有一定的原則或理路可循，儘管這些原則或理路對我們來說可能不太清楚。以目前的例子而言，當人們質疑一般性語詞的外延：「我們知道它被稱作法律，但它真的是法律嗎？」他們真正想尋求的是對這個名詞使用原則的進一步釐清，並檢討其是否妥當。關於國際法的法律性質，我們將考慮兩個引起疑惑的主要源頭（原注2），以及理論家們為解決疑惑所採行的步驟。這兩種懷疑的形式，都起因於人們將國內法視為「什麼是法律」之清楚的、標準的典範事例，而將國際法這種不是那麼標準的事例與之對照。第一種懷疑植根於深信法律基本上是一種以威脅爲後盾的命令，並且把國際法上的規則與國內法上的規則兩者加以對比。第二種懷疑則是基於一種模糊的信念，認爲國家根本不能做爲法律義務的主體，並且把國際法上的主體與國內法上的主體兩者加以對比。

第二節　義務與制裁

剛剛我們所提到的疑慮，在國際法專書的開頭幾章裡，經常以另一種問題的形式提出，那就是「國際法如何具有拘束力?」（原注3）雖然人們偏好這種問法，但這個問題卻是混淆不清的。在我們處理這個問題之前，必須先解決另一個答案也並不清楚的先決問題。這個問題就是：「整個法體系具有拘束力」是什麼意思?當我們說法體系中的某項規定對某人有拘束力，這在意義上還算清楚，也是律師很熟悉的說法。換句話說，這項法律是有效的，且在這有效的法律之下，這個人負有責任或義務。除此之外，在一些情況下我們也會遇到這種較爲概括的問題。在某些特定情況下，我們可能不確定某個法體系是否能夠被適用在某個特定個人身上。這種不確定的情況可能發生在衝突法（國際私法）或國際公法中。就前者而言，我們可能會問，是否英國法或法國法對某項交易中的特定個人具有拘束力；就後者而言，我們或許會問，對被敵軍占領的比利時居民而言，到底是流亡政府所宣稱的比利時法律有拘束力，或者占領國的法令才有拘束力?但在上述兩個例子中，我們所面對的問題，是產生於某法體系（國內法或者國際法）「之內」的問題，而可以根據該體系的規則或原則加以解決。在這種提問中我們並不需要去探討規則的一般屬性，而只要探討在某些特定狀況中，規則對特定個人或交易的範圍與適用性。很清楚地，「國際法有拘束力嗎？」、「國際法如何具有拘束力？」和「什麼使得國際法具有拘束力？」這類問題屬於不同的層次。它們所質疑的並非適用性的問題，而是國際法的一般法律地位。這些質疑若以下列的問題形式提出會更清楚：「像這樣的規則，眞的能有意義地產生義務嗎？」就如本書中所討論的，使人對國際法產生疑慮的來源之一，只是因爲這個體系中欠缺由中央組織的制裁系統。國際法在這一點上不同於國內法，而國內法的規則通常被認爲當然具有「約束力」，而且是法律義務的典範。從這裡出發，接下來的推論就很簡單：假如因爲國際法的體系欠缺中央組織的制裁系統，所以國際法不具拘束力，則把國際法歸類爲法律的觀點就很難站得住腳；因爲，無論一般的語言用法有多麼寬鬆，這麼大的差異是絕對不能被忽略的。因爲所有對法律本質的思考都有一個假設，即法律的存在至少對某些行爲具有規範性。

我們將就這個論點中對國際法體系的疑慮，站在它的方向來思考。換言之，無論是國際聯盟公約第十六條或聯合國憲章第七章，我們都不認爲這些條約使得國際法具備任何相當於國內法中的制裁系統。（原注4）即使是有韓戰之例的存在，或者無論我們從蘇伊士運河事件能夠得到什麼教訓，我們仍將假設，每當制裁的使用關係重大時，聯合國憲章中有關執法的規定，就往往會因安理會某常務理事國使用否決權而失效，因此制裁的規定只能是紙上談兵。

因爲國際法欠缺組織性的制裁，就否認它具有拘束力的論述，其實已經默默地認同了法律根本上是以威脅爲後盾的這種觀點。如我們所見，這個觀點把「有義務」或「有拘束力」視同於「如果不遵守，將遭受制裁或處罰」。然而，就像我們已經討論過的，把這些概念等同在一起的看法，扭曲了所有在法律思想與論述中的責任與義務的觀念。即使國內法能有效率、有組織性地實施制裁，

217

218

我們也必須區別下列兩種陳述的不同意義（理由已在第三章詳述）：一種是外在預測性的陳述，「我（你）可能因不遵守而遭受處罰」；另一種則是內在規範性的陳述，「我（你）有義務去做這件事」，這種觀點把接受規則作爲行爲的指導方針，藉以評斷個人的處境。當然，並非所有規則都會產生義務或責任；但會產生義務或責任的規則通常要求犧牲一些個人利益，並且由對遵守規則的強烈要求，和對偏差行爲的不斷批評所支持。然而一旦我們改變思考方式，放棄對法律的預測性分析，以及作爲此分析之基礎的法律觀念，以爲法律基本上是以威脅爲後盾的命令，那麼我們就沒什麼理由可以堅持，只有以組織性制裁爲後盾的規則才能產生規範性的義務。

然而，我們必須考慮另一種好像很有道理的論證，因爲這個論證並沒有要以受到威脅之制裁的可能性來定義「義務」這個觀念。這種懷疑論者或許會指出，如我們所強調的，國內法體系中有些規定是絕對必要的，其中包括課予義務的初級規則（如禁止使用暴力），和針對這些規則提供強制公權力作爲制裁的規則。假如這些規則和支援這些規則的組織性制裁對國內法而言是必要的，難道這對國際法不也一樣必要嗎？對這些懷疑論者而言，主張這些規則對國際法來說也同屬必要的同時，他們並不一定要堅持這樣的主張必然包含在「有拘束力」或「義務」概念的意義當中。

要回答這個論點，我們必須回到那些有關人類及其所處環境的基本眞理上，這些眞理構成了國內法所由存在的心理和物質條件與環境。在個人所組成的社會裡，每個人體力上的脆弱或強韌的程度都差不多，因而施加於身體的制裁是必要且可能的。爲了不使那些自願遵守法律限制的人反而成爲受害者，制裁是必要的；如果沒有這些制裁，爲非作歹的人將因別人尊重法律反而占了便宜。當人與人彼此居住地非常接近時，人與人之間若非透過公開的攻擊，也可能是透過欺騙來傷害別人，這種傷害別人的機會很多，而加害者逃脫的可能性也很大。所以，除非是在最簡單的社會形式裡，否則不可能僅依賴自然的障礙來嚇阻那些因爲太邪惡、太笨或太脆弱而無法遵守法律的人。然而，因爲人與人之間彼此的體力幾乎相當，再加上遵循一個約束眾人之體系所能爲大家帶來的潛在好處，因此爲非作歹的人不可能在勢力上超越想維護社會規範的人。在這些構成國內法背景的情況下，制裁很可能可以成功地嚇阻爲非作歹的人，而不用負擔太大風險，同時制裁所具有的威脅性，也在自然障礙之外大大地增加了嚇阻的效果。但是，在個人的層次上是天經地義的事情，在國家的層次上則未必成立，而且國際法的事實背景與國內法大不相同，所以國際法對於制裁並沒有類似的需要（雖然國際法有制裁作爲支援也是一件不錯的事），我們也無法期待國際社會之制裁的安全性與有效性。

這是因爲國家之間的侵略行爲，非常不同於個人之間的攻擊行爲。國家之間使用暴力必定是公開的，而且雖然沒有國際警察，侵略者與受害者的關係也很難一直維持，這不同於個人與個人之間在沒有警察的情況下所發生的強盜或謀殺事件。因爲，即使是國際強權要發動一次戰爭，也得爲未知的結果冒很大的風險，何況結局很難以合理的自信來預測。而從另一方面來看，國際間實力相差懸殊，在國際社會中立場相同的國家結合起來，也未必能壓制強權的侵略。所以組織和使用制裁可能冒著可怕的風險，而如此組織起來的制裁所產生的威脅性，卻比自然的嚇阻好不了多少。由於國際法與國內法的背景差異太大，國際法已經發展出一種不同於國內法的形式。以一個現代國家的人口規模而言，假如對犯罪沒有組織性的壓抑和處罰，暴力和竊盜可能時時刻刻都會發生；但在國與國毀滅性的戰爭之間，也會穿插著長年的和平。在戰爭風險的威脅下以及出於國與國間彼此需要的利害考量下，我們可以合理地期待國家之間長久的和平；但這個和平仍然值得以一套不同於國內法的法則來加以規範，（除了其他不同外）儘管這些法則並非以一個中央組織來確保其執行。這些規則所需要的是，被認爲和被談論爲具有強制性；當國際社會中存在著這些規則時，會有一種普遍性的壓力存在，促使國家遵守這些規則；它們是國家主張權利和容許他國行爲的依據，若這些規則被違反，它們也會成爲國家不斷索賠、甚至報復和抵制的正當理由。當國家違反規則時，並非是因爲它們沒有拘束力；相反地，違規的國家仍會極力掩蓋其違反規則的事實。當然我們可以說這些特定規則之所以會有效力，只因爲各國不願意因這些規則所牽涉的議題而起衝突。（原注5）這個說法是有幾分道理，但也因此我們可以從反面看出國際法體系的重要性，和它對人類的價值。到目前爲止，我們已經可以說，儘管在國內法的物質和心理上的事實條件下，組織性制裁是必要的，但是我們不能因此做出如下的簡單推論，以爲在極爲不同的事實背景下，因爲國際社會沒有組織性制裁，所以國際法就缺乏拘束力，而不能被稱爲「法」。

第三節　義務與國家主權

英國、比利時、希臘、蘇俄都有國際法上的權利與義務，其他國際法上的國家主體也一樣。這些國家只是隨機選取的例子，一般人將他們視爲獨立的國家，法律工作者則承認他們爲「主權」國家。（原注6）有關國際法的強制性，最令人困惑的地方之一，是人們一直很難解釋和接受一個國家有主權，卻同時受制於國際法，或在國際法上負擔義務。就某個意義來說，這種懷疑比起因爲欠缺制裁機制而否認國際法效力的說法，要來得極端。因爲以欠缺制裁而否認國際法效力的爭論，只要有一個制裁體系來強化國際法，就可能會解決；但目前對國際法提出這種質疑的人，卻認爲國家擁有主權卻又同時受制於法律，這個說法在根本上就是自相矛盾的。

若要檢視這個反對國際法具強制性的意見，我們就必須仔細探討主權的概念。[1]主權這個概念不適用於立法機關或其他位於國家之內的因素或個人，它僅僅適用於國家本身。每當法理學中出現「主權」（sovereign）這個字眼，總有一個傾向將它與另一個觀念聯想在一起，就是有一個人在法律之上，而他的話對其下屬或臣民而言就是法律。在這本書的前幾章，我們已經看到這個觀念雖有其迷人之處，但不應做爲國內法律體系架構的指導方針；它甚至已經很嚴重地造成國際法理論的混淆。依據這個思考方式，當然有可能把國家想像成是個超人——一個天生無法可管的「存在者」，但卻是它的臣民們法律的來源。從十六世紀以來，國家與君王間象徵性的等同關係，或許一直不斷地強化著這個觀念，而這觀念也已經啓發了無數可疑的政治和法學理論。但去除這些聯想對瞭解國際法是很重要的。「國家」（原注7）這個表達用語，並非指某種天生超出法律範圍之外的人或事，它乃是用來指涉兩件事實：第一，領土上的一群人，生活在一個有組織的政府之下，此政府是由一套法律體系及其特有結構（包括立法機關、法院及初級規則）所規範；第二，政府擁有某種程度上定義模糊的獨立。

當然，「國家」這個字在很大程度上是模糊不清的，但剛剛所談的已足以表達出它的核心意義。例如英國、巴西、美國、義大利這些國家（同樣只是隨手舉例而已），無論在法律上或事實上，都不受任何他們領土之外的官方或個人控制，在很大的程度上屬於獨立的狀態，而在國際法中被列爲「主權國家」。另一方面，聯邦制度下的個別州政府（例如在美國），在很多不同方面必須受制於聯邦政府和憲法的權威和控制。但相較於一個英國的郡，即使是聯邦制度下的州也擁有相當大的自主性，何況我們一點也不會以「州」這個字來稱呼英國的郡。一個郡可能有地方議會，就它有限的區域內遂行立法的功能，但它的權力並不充分，除了在一些較不重要的面向上，仍臣屬於英國國會之下，同時這個郡與其他的郡一樣都服從於相同的法律和政府。

那些共同擁有一個政府組織的不同地域間，除了這些極端情形外，還有很多不同型態和不同程度的從屬或自主關係。從這個觀點而言，殖民地、保護國、宗主國、託管地及邦聯都呈現出分類上的有趣問題。在大部分的情形裡，一方對另一方的從屬關係會以法律形式規定，因此從屬一方的法律，至少在某些特定事務上，最終必須依賴另一方的立法機制。

但在有些例子裡，從屬地域的法律體系並不會顯現出它的從屬性。這可能是因爲它只有形式上的獨立自主，實際上乃是透過傀儡政權被外部統治；或者因爲從屬地域有一個眞正的自治團體統轄內部事務，但不及涉外事務，並且它在涉外事務方面對另一個國家的從屬性，並不需要規定在它的國內法裡。然而，在這些各式各樣的情況裡，一個地域對另一地域的依附關係，並非唯一使其自主性受限的形式。限制因素可能不是像這樣的勢力或政權，而是一個國際權威，它能影響那些彼此同

1 論主權與國際法限制的相容性，見Timothy Endicott, 'The Logic of Freedom and Power' in Samantha Besson and John Tasioulas eds., *The Philosophy of International Law*（Oxford University Press, 2010）。主權與法律規則的關係，見Jeremy Waldron, 'The Rule of International Law', 2006, 30 *Harvard Journal of Law and Public Policy* 15。從各種超越國家權威的不同形式來探討主權問題，見Neil MacCormick, *Questioning Sovereignty*。對主權國家在目前世界的實際權力的懷疑，見*Saskia Sassen, Losing Control? Sovereignty in an Age of Globalization*（Columbia University Press, 1996）。

樣是獨立的地域單位。我們可以想像有許多不同形式的國際權威，及其對國家自主性的不同限制。別的不談，這可能包括一個依照英國國會模式的世界立法機關，擁有無限的立法權規範內部與外部事務；或者是像美國國會的聯邦立法機構，只能針對特殊事項立法，或受限於對聯邦制度下各州特定權利的保護；也可能是一種體制，在其中法律控制的唯一形式，是由被普遍接受的規則所組成，而適用於所有成員；最後，還有一種體制，在其中唯一被認可的義務，是契約或自願性質的，因此國家的獨立自主性，在法律上只被它自己的法律所限制。

考慮這麼多可能性是有幫助的，因爲了解依附性與獨立性的許多可能形式與程度，對回應下列的論點已經邁進了一大步，這論點是：因爲國家是有主權的，所以「不能」受制於國際法的拘束，或者只「能」被某些特定形式的國際法所拘束。因爲在這裡「主權」只不過意味著「獨立」（independence）；而跟「獨立」一樣，「主權」這個概念也是否定式的：主權國家「不」受制於某些特定型態的控制，主權就是其自主的管理領域。如我們所看到的，「國家」（state）這個字詞本身就包含著一定程度的自主性，但那種主張主權國家**必須**是不受任何限制的，或只**能**受限於某些特定型態之義務的論點，說好聽一點，只不過是認爲國家應該不受任何限制的一項主張，而說難聽一點，則只是個不理性的教條罷了。假如實際上，我們發現各國當中有一特定的國際權威存在，就這個程度而言，國家主權是受到限制的，因而它所享有的主權只在國際規則允許的範圍內。因此只有在我們了解國際法的規則之後，我們才能知道哪些國家是擁有主權的，而其主權又到什麼程度；正如我們必須先了解英國或美國的法律，然後才能知道英國人或美國人是否自由，以及其自由的程度。在很多方面國際法上的規則實在是模糊不清，甚且自相矛盾的，以致於人們總是懷疑國家所擁有的獨立自主，遠大於懷疑在國內法規範下公民享有自由的程度。雖然如此，這些困難還是不能證明那個先天的論證（a priori argument）是有效的，那個先天的論證沒有參考國際法的眞實情況，就假設國家擁有絕對的主權，然後依此推論出國際法的一般特性。

無論在國內法或國際法理論中，不加批判地使用主權這個概念，都已經引起類似的混淆，而同樣都需要類似的澄清。這種混淆導致我們相信，在每個國內法體系中**必定**有一個擁有主權的立法者，不受任何法律限制；同樣地，這個混淆也誤導我們去相信國際法**必定**具有某種特質，因爲國家擁有主權，因此除了他們自己外不受任何法律限制。在上述兩種情況裡，相信主權必然不受法律的限制，已經預先判斷了一個需要先檢視眞實狀況才能回答的問題。對國內法而言，這個問題是：在國內法體系裡，所能被認可的最高立法權限是多大？對國際法而言，這個問題則是：在國際法規則的規範下，國家所能得到的最大自主性是什麼？

因此，對這種反對意見最簡單的回答是，它根本顚倒了考慮問題的先後次序。除非我們知道國際法的型態是什麼，以及它們是不是空殼子，否則我們無從知道國家有多大的主權。許多法學上的爭論都來自人們疏忽了這個關於處理問題之順序的原則，而從這個原則出發來考慮那些被稱爲「自願主義」（voluntarist）或「自我設限」（auto-limitation）（原注8）的國際法理論是很有幫助的。這些理論把所有的國際法義務，都當作只是因承諾而產生的自願性義務，藉以嘗試協調國家（絕對）主權與國際法上具拘束力之規則的衝突。事實上，這種理論就像是政治科學中的社會契約理論在國際法的翻版。社會契約理論尋求解釋爲什麼「天生」自由獨立的個人，仍然要受國內法的約束。該理論把遵守法律的義務，當作是一種來自契約的義務，此契約乃是受到約束的社會成員彼此主動締結的，而有時契約締結的對象則包括他們的統治者。在此我們將不討論那些就社會契約論作為一種真正描述社會發展過程的理論所提出的知名反對意見，也不討論社會契約論作為一種有啓發作用的類比時的理論價值。相反地，我們將從社會契約論的歷史中抽出三個論點，用以反駁那些自願主義的國際法理論。

首先，這些理論不能完全解釋，在檢視國際法的眞實特性之前，我們如何知道國家只**能**被自願性的義務所拘束，或者為什麼這個關於國家主權的觀點應該被接受。他們除了那些不斷重複的說法外，還有什麼可以支持這個論點的嗎？第二，聲稱國家基於其主權，只**能**被自願性義務所拘束的論證，內含著不一致性。將國際法視為「自我設限」的理論中，有一些非常極端的論點，認為國家所簽訂的協議或條約，只能看作是它對未來計畫的宣言，即使未能執行也不算是違反任何義務。這個論點雖然與事實有很大出入，但至少其優點是前後一致。這個簡單的理論，堅持國家的絕對主權與任何一種義務都不相容，因此，就和英國的國會一樣，國家不能約束它自己。另一種較不極端的觀點，認為國家可能以承諾、協議或條約使自己負有義務，（原注9）但這觀點與它自己的理論，亦即堅持國家只遵守那些他們自願承擔之義務的理論不一致。因為，為了使文字（無論是口頭或書面）能在某些特定情境（像承諾、協議或條約這些情境）發揮功能，以產生義務和賦予他人可以伸張的權利，一項更上位的規則必須先存在，這項規則就是國家有義務去完成他以適當的文字保證會去做的事。把國際法視為自願性義務的論點，已經預先推定了這項規則的存在，可是這項規則的規範性顯然不能從自我設定義務這個觀念中推得（譯按：因為這會造成循環論證）。

的確，在理論上，國家有義務去做的每一個特定行為，其義務可能因承諾而產生；但是如果這個情況要能夠成立，「承諾產生義務」這項規則必須不透過各國的承諾而直接適用在這些國家上。在任何由個人或國家所組成的社會中，爲了使承諾、協議或條約能夠產生義務，必要且充分的條件是，「承諾產生義務」這項規定，以及詳載相關自我約束之程序的規定，儘管未必得到所有人的認可，但必須是大多數人所認可。個人或國家故意使用這些一般人所認可的程序時，無論是否出於他自己的選擇，都得受到這些規定的拘束。因此，即使在這種最屬自願性的社會義務裡，仍然包含一些有拘束力的規定，這些規定的拘束力不被當事人的選擇所影響。因此就國家而言，這情形與國家主權不受任何規定限制的想法並不一致。

第三，現在要來檢討事實的問題。我們必須區分下述兩種不同的觀點：一個是我們剛剛才批評過的，主張國家只能被自願性義務所拘束的先天性論證；另一個論點是，雖然除了自願性的義務之外，國家仍可能在一個較爲不同的體系裡，被不同的方式所拘束，但事實上在目前的國際法規範下，對國家而言並沒有其他形式的義務存在。當然，目前的國際法體系有可能就是一種完全建立在國家間的合意或共識上的一個體系。不過，對這個可能性表示贊成或拒絕的看法，都可以在法學家的作品中、國際法庭法官的意見中、或者國家的宣言中發現。而我們唯有透過冷靜地調查國家的實際運作，才能判斷這個觀點是否正確。的確，現代國際法絕大部分是條約法，因此很多人嘗試，要把那些表面看來似乎是沒有得到國家事先的同意，就對國家產生拘束力的規則，解釋爲，事實上這些規則確實有得到國家的同意，雖然這個同意可能只是默認或推測出來的。這些企圖把國際法上的義務型態簡化到只有一種的嘗試，雖非全屬虛構，但其中至少有一些會與「默示命令」（tacit command）的概念引起相同的疑慮。我們已在前面檢討過「默示命令」的概念，類似於這些國際法理論上的嘗試，它是一個用來簡化國內法的概念，儘管這個概念很容易就露出破綻。

在這裡我們無法仔細檢視「所有國際義務都必須得到當事人之同意」這個觀點，但我們必須注意這項主張有兩個明顯且重要的例外。首先是一個新國家的例子。毫無疑問地，當一個新的獨立國家誕生，例如一九三二年的伊拉克，以及一九四八年的以色列，它就受到國際法上一般義務的約束，包括那些使條約具拘束力的規則所創造之義務。這種觀點如何解釋新國家所應承擔的國際義務呢？他們認爲這些國際義務，建立在來自「默認」或「推測」的同意，在我看來這完全是他們黔驢技窮時的說法。第二個例子是當國家獲得新土地或經歷領土變化，在國際法規範下隨之而來的新義務。這些國家第一次接受相關國際法規則的規範，在此之前他們沒有機會對這些規則加以遵循或違反，同時也沒有機會可以給予或者保留同意。假如一個國家以前沒有臨海，而後來取得沿海的領土，很明顯地，這改變就足夠促使它去遵守所有與領海及公海相關的國際法。（原注10）除了這兩個例子之外，尚有許多較具爭議的例子，主要是涉及一般或多邊條約對非簽約國的效力。（原注11）但這兩個重要的例外已足夠說明，把所有國際義務都視爲是自願性義務的一般理論，受到太多抽象教條的影響，而太少尊重事實。

第四節　國際法與道德[2]

在第五章我們探討了社會結構的簡單形式，其中只存在課予義務的初級規則，我們也看到，除非是最小的、結構緊密且孤立的社會，否則這樣的社會結構總有重大的缺陷。這種體制必定是靜態的，其社會規則只隨著成長與退化的緩慢發展而改變；規則的確認必定是不確定的；對特定案例違法事實之發現，以及對違規者施加社會壓力的動作也只能是隨機的，真的做下去是又耗時又不具效果。而我們發現包含承認、變更及裁判規則的次級規則是國內法的特性，而且我們若把這三種次級規則看成是補救原始社會結構之缺陷的方法，三者不同但彼此相關，這會是很具啓發性見解。

雖然國際法規則複雜細緻的內容，非常不同於原始社會中的規則，而且國際法學上的許多概念、方法與技巧也與現代國內法相同，然而在形式上，國際法十分類似一個由初級規則構成的體制。法學家們經常認爲，將國際法歸類爲「道德」，可以明確顯示出國際法與國內法這種的形式上的差異。但是很顯然地，以這個方式區分他們之間的差異會引起混淆。

那些認爲規範國際關係的規則只能算是道德規則的論點，有時候是受到老舊教條的影響，這種教條主張任何形式的社會結構，只要不能簡化成以威脅爲後盾的命令，就是屬於某種「道德」。當然，我們不是不可能以這麼廣泛的方式來使用「道德」這個字；（原注12）但如此一來，「道德」這個概念就成了一個觀念上的垃圾桶，裡頭唏哩呼嚕地包括了遊戲規則、社團規定、禮節、國際法與憲法的基本條款，以及那些我們一般稱爲道德的規範和原則，例如對殘忍、詐欺或說謊的一般禁止。反對如此歸類的人則認爲，種種被劃歸爲道德的事物，其間有太多形式上和社會功能上的差異，我們無法想像如此粗糙的分類方式可以滿足任何實用上或理論上的目的。在這個硬是被人擴大的道德

2 關於正義原則在國際領域的適用有個深具影響力的討論，見 John Rawls, *The Law of Peoples*（Harvard University Press, 1999）。亦見 Allen Buchanan, *Justice, Legitimacy, and Self-Determination: Moral Foundations for International Law*（Oxford University Press, 2003）。就遵守國際法以增進國家的自我利益，從現實主義者的角度看國家做了什麼與應做什麼，參見 Jack L. Goldsmith and Eric A. Posner, *The Limits of International Law*（Oxford University Press, 2005）。

範疇當中，我們必須重新標示出那些因而被模糊的舊有區別。

我們有許多不同的理由反對將國際法規則列入道德的範疇。首先，國家之間確實經常彼此責備對方不道德的行爲，或者讚美自己和他人遵循國際道德的標準。無庸置疑地，國家所可能遵循或違反的美德之一，就是遵守國際法。但這並不表示法律就是道德。事實上，我們不難發現，國家彼此之間從道德的角度所做的評價，不同在國際法規則之下，國家之間確認權利義務的方式以及彼此主張權利，要求履行義務的方式。在第五章裡，我們列舉了一些特徵來定義社會道德：其中之一乃是道德壓力的獨特形式，這是維持道德規範的主要方式。這種壓力型態不是訴諸恐懼或以報復相要脅，也不是訴諸賠償的請求，而是訴諸於良心，期待當事人一旦被提醒事關道德原則，便可能因罪惡感的影響，轉而尊重道德，修正自己的行爲。

基於國際法所做的權利主張，則不是以這樣的用詞來表達，當然這些權利主張可能和國內法一樣，可以伴隨著道德訴求。國家之間針對國際法上的爭議事項，所發表的論點絕大多數談的是判例、條約或法學文獻；他們通常不會提及道德上的正確或錯誤，善良或邪惡。因此，北京政府是否有權基於國際法把國民黨政權逐出台灣，這樣的要求與是否符合公平正義、道德上正確或邪惡是非常不同的問題，也需要不同性質的論證加以支持。很清楚地，在國際關係中有一些過渡的領域，介於清楚的法律和清楚的道德之間，這些過渡領域中的規則類似於個人生活中關於禮貌與禮儀的標準。這就是國際「禮儀」的範圍，例如賦予外交使節可以購買供個人使用之免稅商品的特權。

接下來是國際法與道德一個更重要的區別。如同國內法，有一類國際法上的規則經常是無關乎道德的。這一類的國際法規則，其存在可能是爲了方便，也可能是出於必要，其目的則是使某些事

228 229

情受到清楚而確定的規範，而不是因爲這個規則本身有任何道德的重要性。這種規則，往往只是眾多可能性中的一種，即便我們不是採納其中某個規則，其他可能的規則也可以運作地一樣好。因此，法律規則（無論國內法或國際法）通常都會包含許多特定的細節，還有一些武斷的區別，這些法律規定的特徵如果放在道德規則或原則中會顯得渾不可解。的確，我們不可以很教條地以爲社會道德就只能包含某些內容：如同我們在第五章所看到的，一個社會團體的道德可能包含很多，從現代知識的眼光看來，顯得荒謬和迷信的禁止誡命。因此，雖然有點困難，我們還是可以想像有一群與我們信念不同的人，會認爲靠左開車（而不是靠右）有道德重要性，或者當某人被兩個人看到他違反承諾時，他就會感到罪惡，但若只被一個人看到，他就不會有罪惡感。儘管可能有如此怪異的道德，不過，道德領域中仍然（邏輯上）不可能包含，一種被人們認爲隨時可以有替代方案，且不具內在重要性的道德規則。相反地，雖然法律也包含許多具道德重要性的規則，但法律能夠也的確包含著這樣的規則，所以，那些很難被理解爲道德之成分的武斷區分、形式、和極度具體的細節，正是法律中最自然也是最容易被理解的特徵。因爲，和道德不同，法律的典型功能之一就是藉由這些要件，增加公共生活的確定性與可預測性，並且使權利主張的證明與評估能以最有效、最合理的方式進行。對形式與細節的過度重視，已經使法律招致「形式主義」（formalism）及「條文主義」（legalism）的批評；但很重要的是，這些缺陷正是法律某些獨特性質的不當擴大。

基於上述理由，我們會期待國內的法律，而不是道德，告訴我們一個能有效執行的遺囑需要多少見證人；同樣地，我們也會期待國際法，而非道德，告訴我們一艘交戰國的船可以在中立港，因加油或修理停留多少天、或者領海的寬度應該是多少，以及其如何測量。所有這些事情交由法律來規定，是必要也是可令人接受的，只要我們意識到這些規定也可以採取許多不同的形式，並且只是達到某特定目的的眾多手段之一，那麼它們就和一些在個人或社會生活中具有道德地位的規則可以區別出來。當然，並非所有國際法規則都是形式的、武斷的、道德中立的。重點是，法律規定「能夠」是屬於這類的，但道德規範「不能」。

國際法與任何我們自然而然會歸類爲道德的事物，還有另一層性質上的差異。儘管一條要求或禁止某項習慣的法律，最終可能改變一個群體的道德，但由立法機關制定或廢止道德規則的想法，如我們在第七章所見，是很荒謬的。立法機關不能引介一條新法律，然後以絕對命令賦予它道德規範的地位。雖然理由可能不同，但這就像立法機關不能以同樣的手段，給予法律一個傳統慣習的地位。因此，道德並非只是缺少一個立法機關；相反地，藉由人爲的立法命令來改變社會，根本就與道德的概念有所矛盾。這是因爲我們認爲道德是評斷人類行爲（無論是否由立法機構所制定的）的最終標準。這與國際法的明顯差異是很清楚的。規則可能因立法而改變的概念，與國際法的本質或功能並無矛盾之處；至於國際法缺少一個立法機關，很多人認爲那只不過是一個日後有待修補的缺點。

最後，我們必須注意在國際法的理論中有一個與國內法理論類似的論點。我們曾在第五章批評過這個論點，這個論點認爲即使國內法中某些特定的規則與可以與道德發生衝突，但整個法體系的存在仍然建立在一個必須普遍被接受的信念上，即絕大部分的人必須相信有遵守法律規則的道德義務，儘管這個道德義務可以在特別的例外情形中被超越過去。在有關國際法「基礎」的討論中，人們經常提到，國際法規則所能訴諸的最終依據，仍然是國家自己的信念，相信他們有遵循相關國際法規則的道德義務；（原注13）但是，如果這只意味著，國家所承認的義務無法以官方有組織的制裁加以強制執行，那我們似乎沒有理由接受這種看法。當然，我們不是不能想像有一個國家，他把國際法所要求的行爲，視爲道德義務加以執行。例如，國家可能繼續執行一個條約所課予的繁重義務，因爲這個國家認爲如果國際社會對條約的信賴受到破壞，可能對人類造成明顯的危害；或者，承擔這個繁重的義務在這個國家看來其實是公平的，因爲過去當別國肩負這個義務時他也能從中獲益。關於國家到底是出自什麼樣的動機、想法和感覺，認爲他有道德上的義務來執行相關規則，這個問題在此我們不必繼續探討。

然而，雖然國家可能出於道德義務感而去遵守國際法的規則，但很難看出來爲什麼、或者就何種意義而言，它必須是國際法存在的條件。很明顯地，在國家的實際行爲上，我們可以觀察到有些規則總是照常被遵守，即使會犧牲一些代價；國家會依規則提出權利主張；違反規則將使犯規的國家受到嚴厲的批評，其他相關國家並得據此請求賠償或實施報復。要證實國家之中存在著課予義務的規則，這些因素都是必備的要件。要證明任何一個社會存在著具約束力的規則，只要這些規則被認爲是、被說成是、以及事實上如此運作即可。國際法的「基礎」還需要什麼要件？假如需要更多要件的話，爲什麼必須是道德義務呢？的確，除非絕大多數國家接受這些規則，並且自願配合加以維持，否則它們無法在國家之間存在或運作。同時不可否認地，在國際社會中，對違反規則或者想要違反規則的國家，所能施加的壓力通常比較微弱，並且經常是分散，沒有組織的。但就個人而言，那些自願接受明顯更具強制力的國內法體系的人，每個人遵守這個體系的動機可能有極大的差異。對任何形式的法律秩序而言，當人們普遍相信有遵循這項規定的道德義務時，可說是這項制度最健全的時候。雖然如此，遵守法律也可能不是因爲這個動機，而是就長期利益的考量，或者希望繼續一個傳統，或者只是對他人毫無私心的關懷。但無論就個人或國家之間，這些似乎都不能作爲法律存在之必要條件的好理由。

第五節　形式與內容的類比[3]

簡單看來，因爲缺乏立法機關、有強制管轄權的法庭、及具有官方組織的制裁，因此國際法在形式結構上顯得與國內法非常不同。如我們所說的，雖然內容完全不同，國際法在形式上倒比較類似原始法律或習慣法的體制。但是，對那些質疑國際法可以被稱爲「法」的觀點，有些理論家因爲急於加以反駁，便傾向縮小這些形式上的差異，而去誇大在國際法中所能找到的類似國內法的立法功能或其他形式特徵。這些理論家主張，當戰爭以條約的形式結束時，戰敗國據以割讓土地，或承擔義務，或接受自主權的減少，因此戰爭基本上是一種立法行爲；因爲，和國內法的立法行爲一樣，它也是一種強制性的法律改變。現在幾乎沒有人會覺得這種類比方式是好的，或認爲它對證明國際法具備與國內法同樣的「法律」的地位有所助益；因爲國內法與國際法的一個顯著差別正好就是，前者通常不會承認以武力脅迫取得的協約效力，但後者會。（原注14）

這些理論家們還強調了一些比較值得重視的類比，他們認爲國際法之所以可以被稱爲「法」，可以從這些類比看出。他們強調，幾乎所有的國際法院（International Court of Justice）及其前身常設國際法院（Permanent Court of International Justice）的判決，都被當事國充分的執行。他們似乎以爲多強調這個事實，就可以抵銷另一個事實，那就是，與國內法相反，如果沒有國家的事先同意，沒有國家會來到國際法院之前。他們也在強制力的使用上做出類比，他們認爲國內法中依法律規定，並由官方組織的制裁，類似於國際法上的「分散的制裁」（原注15），例如由聲稱其國際法上之權利被剝奪的國家，訴諸於戰爭或強有力的報復。這兩者之間確實有某種類比；但我們也必須考慮另一些同樣明白的事實，才能夠評估這個類比有沒有價值，那些事實就是雖然國內法上的法院具有強制管轄權，可以調查「自助行爲」（self help）的對或錯，並處罰非法的自助行爲，但國際法院卻沒有類似的管轄權。

這些令人半信半疑的類比中，有一些可能因爲許多國家依據聯合國憲章所必須承擔的義務，而顯得較有說服力。然而，任何對這些類比的評估如果忽略掉聯合國憲章實際上被執行的程度，就一點意義都沒有。因爲聯合國憲章有關法律執行的規定可能只是徒具美文，這些規定因爲否決權的行使、強權在意識型態上的分裂及聯盟，而使不上力。有時這些理論家會如此回答，認爲國內法有關執行法律的規定，也可能因一個全面的罷工而癱瘓，但這種說法一點說服力都沒有；因爲在我們對國際法與國內法的比較裡，我們關心的是所存在的事實，而在這裡事實是絕對明顯的不同。

不過曾有人指出一個國際法與國內法在形式上的類比，值得在這兒做一些探討。凱爾生和許多現代理論家都主張，國際法與國內法一樣擁有，也的確必須擁有一個**基本規範**（basic norm）（原注16），或

3 相較於哈特寫作的年代，現在的國際法更爲系統化，參閱 Samantha Besson and John Tasioulas' 'Introduction' to their edited collection *The Philosophy of International Law*，及其引用資源。亦見 Allen Buchanan and David Golove, 'Philosophy of International Law' in Jules L. Coleman and Scott Shapiro eds., *The Oxford Handbook of Jurisprudence and Philosophy of Law*。

者我們所謂的**承認規則**，藉以評斷體系內其他規則的效力，並使得所有規則構成一個單一的體系。持反對意見的人認爲這個類比是錯誤的：國際法僅僅是一組有關義務的個別初級規則，無法以上述方式結合在一起。以國際法律師的一般術語而言，那只是一組習慣法的規則，而賦予條約拘束力的那項規則，就是這組習慣法規則的其中之一。眾所週知地，提出這個論點的那些人，已經發現要從國際法整理出一個基本規範的模式，非常困難。可能有資格成爲這種基本規範的原則中，包括了「條約神聖」（*pacta sunt servanda*）原則。但是大多數理論家捨棄了這個觀點，因爲它似乎與事實不相容，因爲無論我們可以把「條約」這個詞解釋得多麼廣泛，並非所有國際法的義務都是來自條約。所以它已經被另一個較不爲人熟知的原則取代：「國家應依其一貫之行爲而爲之。」（States should behave as they customarily behave.）

關於這些及其他國際法基本規範模式的論點，我們將不討論其是非曲直；相反地，我們將質疑它們的基本假設，那個國際法必須包含基本規範作爲要件的假設。在這裡，第一個或許也是最後一個問題是：爲什麼我們提出這個先驗的假設，並因此預先判斷國際法規的實際特質？我們當然可以想像（或許這也通常是事實），一個社會可能依循著規則生活，這些規則具有拘束力，使其成員負有義務，即使這些規則只是被視爲一群個別規定的組合，並非由任何更基本的規範加以結合或賦予效力。很明顯地，僅僅規則的存在並不必然包含一個基本規範的存在。大多數現代社會中，都有關於禮節的規則，雖然我們不覺得被這些規則施加義務，但當我們談論起這些規則，都會把它們當成是實際存在的；然而我們不會去尋找，也找不到一個禮儀的基本規範，據此衍生出個別禮儀規則的效力。這些規則並沒有形成一個體系，僅只是一套規則，當然這種形式的社會控制非常不方便，如果有一些比禮節更重要的事情是靠這種社會控制方式來規範，對於社會來說就會有極大的不便產生。我們已經在第五章討論過這一點。實際上，當規則被視爲行爲的標準，並以義務性規則所特有的、適當的社會壓力加以維持時，我們還需要什麼樣的特徵來證明它們就是具有拘束力的規則呢？即便在這個簡單型態的社會結構中，缺乏國內法的某些特質（亦即根據該體系某個終極規則，來證明個別規則的效力），這些規則仍然是有拘束力的規則。

當然，關於這些形成一個簡單組合，而不是構成一個體系的規則，我們可以發出許多的疑問。例如，我們可以會問它們的歷史起源，或者促使這些規則發展的偶然影響力。我們也可以問，規則對那些依據規則生活的人有什麼價值，以及他們是否認爲自己在道德上有義務遵守這些規則，或者是出於其他動機而遵守規則？但是，在這個比較簡單的社會型態中，我們不會問：這些個別規則的效力或拘束力是源自體系中哪個終極規則？因爲根本就不會有這樣的規則，也不需要有。這個問題只能發生在比較複雜的體系，例如國內法，其中存在著一個基本規範或者次級的承認規則。因此，以爲一個基本規範或承認規則，是義務性或有拘束力之規則存在的必要條件，是錯誤的假設。一個基本規範的存在並不是必需品，而是奢侈品。在進步的社會體系裡，社會成員不僅零碎地接受個別規定，而是依據其效力的一般判準，接受整套規則。在一個比較簡單的社會裡，我們必須等待，看看一項規定是否會被大眾接受爲規則；而在一個具備基本的承認規則的社會裡，在規則眞正被制定出來之前，我們就可以說它將是有效的，只要它符合鑑別規則的要求。

我們可以用不同的方式表達上述同樣的論點。當個別規則的簡單組合，加入了承認規則，它不僅使散亂的規則成爲體系，使得體系中的規則易於辨認，而且它也使得一種新的陳述形式首度成爲可能。這種新的陳述形式就是有關規則效力的內在陳述。現在我們終於可以用一種新的方式發問：「是體系中哪個規則使得這個規則具有拘束力？」或者以凱爾生的話來問：「在這個體系裡，什麼是規則有效的理由？」此時，我們便可以用基本的承認規則來回答這些新問題。雖然在較簡單的社會結構中，規則的效力無法根據任何較基本的規則加以證明，但這並不表示我們就無法解釋規則的效力或拘束力。這裡頭並沒有什麼神祕之處，好像在簡單的社會結構裡規則的拘束力，只能透過找到基本規範才能解決。就像進步社會裡的基本規範，簡單社會結構下的規則之所以具有拘束力，是因爲它們被接受並如此運作，就這麼簡單。然而，這些關於不同社會結構的簡單事實，很容易因爲對於統一性與體系性的固執探求而被忽略，而這種探求所想要找到的要素卻往往難以找到。

努力要爲各式各樣最簡單的社會結構塑造一項基本規範，的確是件可笑的事。就好像我們堅持，赤裸的原始人必定是穿上了某種隱形的現代服裝。很不幸地，這裡還是可能有一個混淆。我們可能莫名其妙地被說服，把對一件簡單事實的空洞重複，當作基本規則，而這個事實就是，一個社會（無論是由個人或國家所組成）將某種行爲標準視爲義務性規則來加以遵守。這就是那個奇怪的國際法基本規範的情況：「國家應依其一貫之行爲而爲之。」因爲這句話所表達的只不過是，那些接受規則的人必定也遵循著一個規則，那就是，規則都應該被遵守。這只不過是針對有一組規則被國家接受爲拘束性規定之事實，一種無益的重述。

此外，一旦放棄國際法必須包含基本規範的假設，我們需要面對的問題是一個事實：當規則在國際關係中運作時，它們的眞實特質是什麼？儘管對現象的不同詮釋是可能的，但人們大多承認，在國際法上不存在基本規範，以提供國際法效力的一般性準則，並且實際上運作的那些規則並未構成一套體系，而僅僅是一組個別的規則，其中包括提供條約拘束力的規則。的確，在許多重大的事情上，國際關係是由多邊條約所規範的，而有人也主張某些多邊條約對非簽約國也具有約束力。假如這種見解得到廣泛的認可，那麼這些條約的簽訂事實上就是一種立法行爲，因而國際法規則之效力也會有明確的判準。接下來，一項關於法律鑑別的的基本承認規則就會形成，它是一個體系存在的眞實特徵，而不只是對國家遵守一組規則之事實的空洞重述。目前國際法或許仍處於朝向接受某種形式之基本規則的過渡時期，這將使它在結構上更接近國內法體系。假如這個過渡階段完成，人們對國際法與國內法所做的形式上的類比（雖然目前仍很薄弱，甚至令人困惑）就將取得其實質，懷疑者對國際法法律性質的最後質疑，則終將止息。除非這個目標已被達成，否則國際法與國內法較爲有效的類比都是有關功能和內容，而不是形式上的。(原注17) 功能的類比最明顯地呈現在比較國際法與道德的差異（我們在上一節已討論了一部分）；而內容的類比則在於國際法和國內法兩者所共有的原則、概念和方法的範圍，這使得律師的技巧可以在兩個領域間自由轉換。邊沁是國際法這個詞的創始者，當他爲「國際法」辯護時，只簡單地說：國際法可以「充分類比」於國內法。對此，我們可以提出兩個評論：第一，類比是關於內容，而非形式。第二，在內容的類比上，沒有其他社會規範像國際法如此相近於國內法。

後記[1]

238

《法律的概念》在一九六一年首次出版。自此以降，法理學與哲學的關係更加緊密，法理論（legal theory）這門學科在英國及美國也有長足進展。學院中的法律人與哲學家們，對於本書主要論點的支持與批判一樣多，但我仍然願意相信本書對於刺激法理論的發展有所助益。無論如何，雖然我最初寫作本書時，腦中設想的讀者是英國大學生，但此書實際的流傳更爲廣泛，並且在英語世界與翻譯授權國家產生大量批判性的評論文獻。儘管這些文獻大多是法學和哲學期刊上的文章，亦有不少重要的相關書籍出版，而本書的諸多論點被拿來作爲批判的標靶，以及作爲闡釋批判者自身法理論的出發點。

我曾經就某些批判者提出了一些回應，特別是已故的富勒教授（原注1）和德沃金教授（原注2），不過迄今尚未對任何批判者做出一般性的全面回應，因爲我寧願在一旁觀察這場最具啓發性且仍持

1 以下作品根據哈特本篇後記而生：Jules Coleman ed., *Hart's Postscript*。各式文章不只對理解本篇後記有所助益，也有助於瞭解哈特的理論。參閱 Ronald Dworkin, 'Hart's Postscript and the Character of Political Philosophy', 2004, 24 *Oxford Journal of Legal Studies* 1。

續進行中的爭論並從中學習。這場爭論是如此多采多姿，批評者之間存在的差異不下於他們與我的差異。但是在這篇後記中，我將對德沃金教授極力主張的某些批判提出回應，這些批判主要來自他在《認眞看待權利》（*Taking Rights Seriously*）、《原則問題》（*A Matter of Principle*）及《法律帝國》（*Law's Empire*）中的許多重要論述。（原注3）我之所以將焦點擺在德沃金的批判上，是因爲他不僅僅主張本書的理論幾乎都是錯的，也質疑本書所蘊含的關於法理論以及它應該怎麼做的整個設想。多年來德沃金的反對論證大體上是一致的，但是就某些論證的實質內容和表達用語上有重要變更。在他早期論文中占據顯著地位的某些批判，在後來的作品中並未出現，儘管並未被放棄。不過這些早期的批判廣爲流通，並且有相當大的影響。因此我認爲對他早期的批判與後來的批判都做出回應是合適的。

此篇後記較長的第一部分是關於德沃金的論證。而在第二部分，我提及了許多其他批判者的主張，他們認爲我對某些論點所做的闡釋含糊而不精確，且在特定論點上著實不融貫又矛盾。（原注4）在此我必須承認自己的思慮有許多不及之處，批判者們是正確的，所以我將藉著這篇後記釐清本書含糊的論點，並修正不融貫或矛盾之處。

法理論的本質

本書目標是要針對「什麼是法律？」這個問題提供一般性及描述性的理論。這個理論是一般性的，因爲它並不是關於任何特定的法體系或法文化，而是要對「法律」作爲一種複雜的社會和政治制度且帶有規則支配（亦即「規範的」）的面向，做出闡釋和釐清。這個制度儘管在不同文化和不同時代中有著許多不同的形態，甚且還有許多尚待釐清的誤解和迷思，但它仍舊有著相同的一般形式和結構。此項任務的出發點，就是我在本書開頭提到的，任何受過教育之人都普遍擁有的，關於現代國內法體系之顯著特徵的常識。我的說明之所以是描述性的，是因爲它在道德上是中立的，不以任何證立爲目標；它並不尋求透過道德或其他的理由，去證立或推薦我所描述的法律制度的形式和結構；儘管我認爲，如果要對法律提出任何有用的道德批判，清楚理解如何證立法律的形式和結構將是一個重要的開端。

240

我在本書中反覆使用以下諸多概念，作爲實現這個描述工程的方法，好比：**課予義務規則**（duty-imposing rules）、**授予權力規則**（power-conferring rules）、**承認規則**（rules of recognition）、**變更規則**（rules of change）、**規則的接受**（acceptance of rules）、**內在和外在觀點**（internal and external points of view）、**內在和外在陳述**（internal and external statements）、**法效力**（legal validity）。這些概念使我們能夠將注意力集中在某些要素上，藉由掌握這些要素，便可以清楚地分析法律制度和法律實踐，並且能夠回答當我們進一步思索法律的制度與實踐後，所會遇到的關於法律的一般性質的問題。這些問題包括：什麼是規則？規則如何不同於單純的習慣或行爲的規律性？是否存在不同類型的法律規則嗎？規則之間如何產生關聯？規則形成一個體系是什麼意思？法律規則及其所具有之權威，如何與威脅相關，又如何與道德要求有關？（原注5）

描述性和一般性的法理論，與德沃金所設想的法理論（或稱「法理學」，德沃金經常如此稱呼）是兩種根本不同的理論事業。德沃金所設想的法理論部分是評價性和證立性的，並且「指向特定的法文化」。（原注6）（通常是理論家自身所處之法文化，而在德沃金的情形，就是英美法的法文化。）德沃金把在此理解之下的法理論之核心任務稱為「詮釋性的」（原注7），而所謂「詮釋性」就包含了部分的評價性。所謂「詮釋性」的核心任務就在於，找出哪些原則最能「符合」或融貫於法體系中既已確立的法律和法律實踐，同時對已確立的法律及法律實踐提供最佳的道德證立，從而將法律「以其最佳面貌」展現出來。（原注8）對德沃金而言，這樣的原則不僅是法理論的一部分，也是法律本身的一部分。對他來說，「法理學是裁判的總則部分，是任何法律決定之無聲的前言。」（原注9）在他早期的作品中，這樣的原則被定位為「法律最健全的理論呈現」（the soundest theory of law），（原注10）而在《法律帝國》中他將這些原則及由其推論出的特定法律命題（propositions of law），標示為「詮釋意義」下的法律。至於此種詮釋的理論所要詮釋的對象，也就是已確立的法律實踐或法律典範，德沃金稱之為「前詮釋的」（preinterpretive）。（原注11）從德沃金理論的角度來看，法理論家在辨識前詮釋的法律素材上不會有任何困難，也沒有任何必須完成的理論任務，因為這些前詮釋的法律素材的存在，乃是特定法體系中法律人已確立的普遍共識。（原注12）

既然我的法理論設想與德沃金的如此不同，兩者之間存在或可能存在任何重大而有意義的衝突並非理所當然。德沃金作品的許多部分，包括《法律帝國》，致力於闡釋對法律（也就是他所謂的「過去的政治決定」）如何正當化強制力之行使的三種不同理論的相對優點，（原注13）並由此提出法理論的三種不同形式，他分別稱之為「慣習主義」（conventionalism）、「法實用主義」（legal pragmatism）和「作為整全性的法律」（law as integrity）。（原注14）他對於這三種理論型態所做的一切論述令人興味盎然，而且是對評價性、證立性法理學極重要的貢獻。我並不想要爭論他對這些詮釋性觀念的闡述，(原注15)除了一個地方。這個例外就是他認爲我在本書中所提出的法實證理論能夠被重述爲詮釋性的法理論。在我看來，這項主張是錯誤的，我反對任何將我的理論改換爲詮釋性版本的嘗試，以下我將對此提出理由。

然而，在他的書中，德沃金似乎排除了一般性、描述性的法理論，認爲那樣的法理論會造成誤導，或者最多也只是一套無用的理論。他表示「有用的法理論」是「對歷史發展在特定階段中之實踐實況的詮釋性理論」，(原注16)而且他之前曾寫道：「描述和評價的斷然區分使法理論變得衰弱。」(原注17)

我認爲要弄懂德沃金拒絕描述性的法理論或法理學（他所經常稱呼的）的理由不容易。他的核心反對主張是這樣的：法理論必須納入關於法律的內在觀點，這個觀點是法體系之內部成員或參與者的觀點，那些持外在觀察者觀點的描述性理論，無法提供任何對這個內在觀點的適當說明。(原注18)但是事實上，在描述性法理學（如我書中所例示）的計畫中，並沒有任何東西阻止非參與者的外在觀察者，去描述參與者從此種內在觀點看待法律的方式。也因爲這樣，我才在本書中詳細地說明，參與者是以接受法律作爲其行爲的導引和批判的標準，來展現他們的內在觀點。當然，進行描述的法理論家自身並不共享參與者對法律的接受，但是他能夠且應該描述這樣的接受，就像我在本書中試圖做的。爲此目的，描述的法理論家確實必須理解什麼是採取內在觀點，以及在那個有限的意義下，他必須能夠將自己擺到內在者的位置上；但是這樣做並無須接受法律，或共享內在者的內在觀點，或爲其背書，或者以任何其他方式放棄其描述的立場。

德沃金在他對描述性法理學的批判中，似乎排除了外在觀察者以這個描述性的方式，考量參與者的內在觀點的這個明顯的可能性。如同我說的，他將法理學認定爲「裁判的總則部分」，而這必須將法理學或法理論視爲是從司法參與者的內在觀點所看到之法體系的一部分。但是進行描述的法理論家，在沒有採取或共享法體系內部成員對法律之內在觀點的情形下，是可以理解和描述這個觀點的。誠如麥考密克（Neil MacCormick）[原注19] 及許多其他批判者所論證的，即使將法律視爲行爲導引和批判標準中所展現之參與者的內在觀點，必然包含這樣的信念，即對於遵從法律的要求存在著道德理由，以及對於法律的強制性存在著道德的證立，這也將是道德中立之描述的法理學所要記錄的某種東西，卻無需爲其背書或共享之。

我的主張是，德沃金稱爲「詮釋性」的部分評價性的法理論議題，並非是法理學和法理論唯一適當的議題，一般性、描述性的法理學也具有重要地位。在回應我如上的主張時，他承認的確如此，並且也表明，他諸如「法理學是裁判的總則部分」的觀察需要加以限縮（qualification），因爲如他後來所說的，這只有「在關於意義的問題上，對法理學而言才是眞實的」。[原注20] 對「法理論唯一適當的形式是詮釋的和評價的」此種看來誇大且如德沃金所稱「帝國主義式」的主張，這是一個重要且值得歡迎的修正。

但我認爲，當德沃金撤回其帝國主義式的主張時，他同時說了下面這段警語，而我對這段話的涵義仍然備感困惑：「値得強調的是，這個問題（關於意義的問題）是何等普遍地存在於一般性理論，例如哈特的理論，所討論的主要議題中。」[原注21] 這段警語與我們的討論脈絡如何發生關聯我並不清楚。我所討論的議題（**參閱本節第二段**）包括法律與強制性威脅的關係，以及法律與道德要求的關係。因而德沃金警語的重點似乎是，在討論此種議題時，即使是進行描述的法理論家也必須面對關於法律命題之意義的問題，而這些問題唯有透過詮釋性的和部分評價性的法理論，才能妥適地予以回答。果眞如此，爲了確定任何被給定之法律命題的意義，即使是描述的法理論家也必須提出和回答這個詮釋性和評價性的問題：「如果這個法律命題是從最能符合且最佳地證立已確立之法律的那些原則所推論出來的，則我們必須賦予這個命題什麼樣的意義？」但是，即使想要回答我所提及之問題的一般性及描述性的法理論家，眞的必須去確定許多不同法體系中的法律命題的意義，我們似乎也沒有任何理由去接受這樣的觀點，認爲必須提出德沃金所稱之詮釋性和評價性的問題才能夠確定法律命題的意義。況且，即使在一般性及描述性的法理論家所必須說明的所有法體系中，法官和律師事實上眞的是以此種詮釋性和部分評價性的方式來解決意義問題，這也無非是一般性及描述性之理論家要去記錄的一個事實，在這個事實基礎上法理論家能夠得出關於法律命題之意義的一般性、描述的結論。因而，如下的看法當然是不對的：認爲因爲這些結論的基礎如此，所以它們本身必須是詮釋性和評價性的，而且在提出它們的時候，理論家的任務便從描述轉變爲詮釋和評價。即使描述的對象是評價，描述仍舊可以是描述。

法實證主義的本質

一、作為語義學理論的法實證主義

德沃金將我的書與早期的法實證主義作區別，好比邊沁和奧斯丁的理論，視之爲現代法實證主義的一部代表性作品。德沃金所持的理由主要是因爲本書拒絕了早期法實證主義者的法命令理論

（imperative theories of law），以及他們對法律的如下的設想，即所有的法律都是由無法律限制的主權立法者所發佈的。德沃金認爲在我的法實證主義版本中，有許多不同於早期法實證主義但亦與之 245
相關的錯誤。這些錯誤當中最爲根本的是，以爲像描述法律權利和法律義務的那些法律命題的眞值（truth），完全取決於顯明的歷史事實，這些事實包括關於個人所持之信念和社會上許多人所共有的態度的事實。（原注22）法律命題之眞值所依賴的事實，構成了德沃金所稱之「法律根據」（the grounds of law）。（原注23）依照他的說法，法實證主義者錯誤地將這些當成是由法官和律師所共享的語言規則所定，而就特定體系特定議題的「法律」，以及一般意義而言「法律」是什麼，這些語言規則支配了「法律」這個詞的使用及其意義。（原注24）從這個法實證主義觀點推論得出，關於法律問題的唯一爭論，就是關於此種歷史事實存在或不存在的爭論；不存在任何的理論爭議或關於什麼構成了法之「根據」的爭議。

德沃金花了許多篇幅批判法實證主義，想要證明有關什麼構成了法律根據的理論爭議，是英美法律實踐的顯著特徵。德沃金不認爲這種理論爭議是由律師和法官所共享的語言規則所定，他極力主張理論爭議本質上就是具爭議性的，因爲它們不僅牽涉到歷史事實，往往也牽涉到具有爭議性的道德判斷和價值判斷。

對於像我這樣的法實證主義者爲何採取這個根本錯誤的觀點，德沃金提供了兩個非常不同的說明。根據他的第一個說明，法實證主義者相信，如果什麼是法律根據不是由規則毫無爭議地加以固定，而是容許理論爭議的爭議性問題，那麼「法律」這個詞對不同的人就意味著不同的東西，因而
在使用這個詞時，人們只不過在各說各話，而不是在對相同的東西做溝通。在德沃金的看法中，法 246

實證主義者的這個信念是錯的。他將不承認存在著爭議性法律根據的論證——此論證是法實證主義的基礎——稱之爲「語義學之刺」（semantic sting），（原注25）因爲它根據的是關於「法律」這個詞的意義的一個理論。而法實證主義者被認爲以此論證作爲基礎。在《法律帝國》中，德沃金著手拔除這根「語義學之刺」。

雖然在《法律帝國》的第一章中，我和奥斯丁被歸類爲語義學的法理論家。在他眼中我的理論是從「法律」的意義得出的顯明事實（plain-fact）式的法實證主義理論，因而苦於語義學之刺。但事實上，在我的書或任何我寫過的東西中，並沒有任何一點支持此種對我的理論的理解方式。所以，就算我以下的理論可能是錯誤的，即已成熟之國內法體系包含著承認規則，以提供法院所須適用之法律的鑑別判準，但我絕未將這個理論奠基在下述的錯誤觀念上，以爲「所有的法體系中都應該存在著此種承認規則」，這個主張是「法律」的意義的一部分；或是奠基在這個錯誤更甚的觀念上，即如果鑑別法律根據的判準不是無爭議地被固定的話，「法律」對於不同人就將意味著不同的東西。

上述這個被記在我帳上的論證的確混淆了概念的意義和適用標準。可是我一點也沒有接受這個論證，我在說明正義的概念時，明白地提及以下事實，那就是雖然一個概念可能有著不變的意義，但是其適用標準可能是變化多端和具爭議性的。事實上，爲了釐清此點，我也在概念和一個概念的許多不同構念（conception）間，與德沃金做了相同的區分；此區分在德沃金後來的作品中很重要。（原注26）

最後，德沃金主張，法實證主義者所認爲法實證主義的理論不是語義學理論，而是對作爲複雜

247 社會現象之法律大體上的顯著特徵的描述性說明，是空虛和誤導之語義學理論的對照。他的論證是，[原注27]法律作爲社會現象的顯著特徵之一，法律人對法律命題的眞值有所爭論，且藉由說出此種命題的意義來「說明」其爭論的主張，所以此種描述性之法理論終究必須是語義學的。[原注28]依我看來，這個論證似乎混淆了「法律」的意義與「法律命題」的意義。據德沃金的說法，法律的語義學理論主張，正是「法律」的意義使得法律依賴於某些特定標準。但是法律命題並非「什麼是『一般意義下的法律』」的典型陳述，而是「什麼是法律」的典型陳述，也就是關於某個體系的法律允許、要求或授權人們做什麼的陳述。所以，即使此種法律命題的意義是由定義或其眞值條件（truth-conditions）來確定的，也不足以導致以下的結論：「法律」的意義使得法律依賴於某些特定的標準。唯有法體系的承認規則所提供的標準和對此種規則的需求，是從「法律」的意義獲得，才是如此。但是在我的作品中，不存在此種論點。[原注29]

此外，在另一個面向上，德沃金也對我的法實證主義做了不正確的闡述。他認爲，我的承認規則理論要求承認規則所提供之鑑別法律的判準只能由歷史事實構成，從而把我的理論當成是「單純事實之法實證主義」[原注30]的一個例子。雖然在承認規則所提供之判準上，我所舉出的主要例子，都是德沃金稱之爲「系譜」（pedigree）[原注31]的東西，亦即這些判準只在乎法律被法律機構採用或創設的方式，而不涉及法律本身的內容。但是在本書與我早期論文〈法實證主義與法律和道德的分離〉（Positivism and the Separation of Law and Morals）[原注32]，我明白地表示在某些法體系中，好比美國，法效力的最終標準除了系譜，還有可能包括正義的諸原則或實質的道德價值，而這些原則
248 或價值可以構成法律之憲法限制的內容。德沃金在《法律帝國》中將「單純事實」之法實證主義歸

於我的名下時，忽視了本人理論中的這個面向。所以，他歸於我的單純事實之實證主義的「語義學」版本，顯然並不是我的，而且我的法理論也絕非任何形式的單純事實之法實證主義。

二、作為詮釋理論的法實證主義

德沃金對單純事實之法實證主義的第二個說明，不是將其當成語義學理論或是基於語言學考量的一種理論，而是企圖將之重構爲德沃金式的詮釋性理論（interpretive theory）之一，他稱之爲「慣習主義」（conventionalism）。根據這個理論（德沃金最終以其具有缺陷而放棄），當法實證主義者轉換爲致力於展現法律之最佳面貌的詮釋性理論家的角色時，他們主張法律的判準由單純、不受爭議的事實所構成，而此處所謂的事實並不像語義學版的法實證主義一樣，是指「法律」這個字彙的用法，而是指法官和律師所共享的信念。這種詮釋性理論版的法實證主義之所以認爲這樣的主張能夠展現出法律的最佳面貌，是因爲此時法律能夠確保某種對法律統治下的臣民而言具有重大價值的東西，亦即國家以其強制力執行法律的時機是按照所有人皆可獲知之顯明事實而定，因此在國家使用強制力之前，每個人都公平地獲得了的警告。德沃金將此稱爲「保護期待的理想」（the ideal of protected expectations）。（原注33）但是對他而言，這個理論的優點最後還是敵不過它的眾多缺陷。

然而，這個將法實證主義轉換爲慣習主義的詮釋主義式說明，對於本人法理論所做的轉換或重構並不值得贊同。在此有兩個理由。第一，如同我已經提過的，我的理論不是單純事實式的法實證主義理論，因爲我的理論允許鑑別法律的諸判準包含價值，而不只是「單純的」事實。第二，也是更重要的一點，德沃金所提出的各種形式的詮釋性法理論都依賴於這樣的預設，即法律和法律實踐的重點或目的在於證立國家強制力的行使。(原注34)然而，我肯定不認爲，也從來不認爲法律有此重點或目的。就像其他形式的法實證主義，我的理論不想要替法律和法律實踐找出重點或目的；所以在我的理論中，沒有任何一點支持德沃金以下的看法（當然，我也不持這個看法），即法律的目的是證立強制力的行使。事實上我認爲，除了導引人類行爲和對行爲提供批判的標準之外，進一步地爲法律探求任何更特定的目的，都只是無用的嘗試。當然，光是說法律具有這兩種目的並不足以把法律從其他具有相同的一般目的之規則或原則區別出來；法律獨有的特徵在於次級規則爲鑑別、變更和執行法律標準所提供的規定，以及法律相對於其他標準的一般優先性。然而，就算我的理論是一種慣習主義形式下的單純事實之法實證主義，而此理論意在保證人們得以普遍地事先獲知法律強制力行使之時機，藉以保護人民的預期，這也不過是表示，我認爲這是法律所具有之特定道德上的優點，但這並不表示法律本身的全部目的就是要實現這一點。因爲法律強制力行使的時機主要是「導引人民的行爲」這項法律的主要功能失靈時候。因此，雖然法律強制力的行使確實是一件重要的事，但這卻只是次要的功能。所以，按理來說，對證立法律強制力之行使並不能夠被當成是法律本身的重點或目的。

德沃金將我的理論重構爲慣習主義的詮釋性理論，而這樣的理論主張，「只有當法律強制力之行使符合人們在慣習中的想法時」，(原注35)它才能取得證立。德沃金能夠進行此種重構的理由，是基於我在這本書的第五章第三節中對法律之要素的說明。在那個地方，我對承認規則、變更規則和裁判規則等次級規則的鋪陳，把次級規則呈現爲對想像中的簡單體系之缺陷的補救，此簡單體系僅具備「課予義務之初級規則」。這些缺陷包括：規則內容的不確定性、規則的靜態性質，以及只藉由廣佈的社會壓力來強制執行規則所造成時間之浪費的無效率性。但是在將次級規則當作這些缺陷的補救方法時，我並沒有在任何地方主張只有當法律強制力之行使符合這些規則時，它才能獲得證立，更遑論我會去主張提供這樣的證立是法律本身的重點或目的。的確，在我對次級規則的討論中，我唯一提到強制力之行使的地方，是將規則的強制執行留給廣佈的社會壓力，而不是由法院管理的有組織的制裁所造成之時間浪費的無效率性。但是顯然地，對無效率性的補救並不是證立。

當然，在課予義務之初級規則的體系加上次級的承認規則，會使個人經常能夠預先確認強制力行使的時機，因而排除使用強制力在道德上的一個障礙，並在這個意義上證立強制力的行使。但是因著承認規則而使得法律的要求能夠確定並使人民能夠預先獲知，這不只對強制力的行使具有重要性，對於使人們能夠理智地按照其規劃運用法律權力（例如訂立遺囑或契約），以及一般而言使人們能夠理智地規畫公私領域的生活，同樣重要。因此儘管承認規則有助於對強制力行使的證立，但不能夠被當成是它的一般重點或目的，更遑論對強制力的行使被視爲法律整體的一般重點或目的。在我的理論中，並未主張對強制力行使的證立有如此的地位。

三、柔性法實證主義

德沃金說我是「單純事實之法實證主義」的理論時，不啻做了錯誤理解。他以爲我的理論不僅要求承認規則的存在及權威要建立在法院對它接受的事實之上（我的理論確實如此主張），同時也要求該規則所提供之法效力的判準只能由他稱爲「系譜」的這種特定種類的單純事實構成，而這些判準只牽涉到法律被創設或採用時的方式和形式（我的理論並未如此要求）。這是雙重的錯誤。第一，德沃金忽略了我明白地表示過，承認規則可以將道德原則或實質價值包括進來，作爲法效力的判準；所以我的理論是所謂的「柔性法實證主義」（soft positivism），而不是德沃金版的「單純事實」之法實證主義。第二，我的書中並沒有任何一處表示承認規則所提供之單純事實的判準，一定只能是系譜式的判準；反而，它們可以是對立法內容的實質限制，好比美國憲法中關於建立國教的增修條文第十六條，或是關於剝奪投票權的增修條文第十九條。

以上的回應並未觸及德沃金最根本的批判。在回應其他採取某種形式之柔性實證主義的理論家時，(原注36) 德沃金對柔性法實證主義做了重要的批判，而如果他的批判是有效的話，也將適用於我的理論，所以在此我需要做個回應。

德沃金最爲根本的批判是，柔性法實證主義的主張與法實證主義者心中一般的法律「圖象」（'picture' of law）之間，有著深層的不一致。柔性法實證主義容許法律的鑑別取決於法律內容與道德或其他價值判斷是否一致的這種爭議性問題，但一般來說，法實證主義者內心深處的法律圖像在本質上，卻是想要提供可靠的公共行爲標準，這些標準可以透過確定無疑的單純事實加以確認，而無須依賴於爭議性的道德論證。(原注37) 爲了證實在柔性法實證主義與本人理論其餘的部分之間存在此種不一致性，德沃金引述了我對承認規則的說明，亦即我認爲在先於法律的想像體系中，以習慣型態存在之課予義務的初級規則具有不確定性這個缺陷，而承認規則可以補足這個缺陷。

在我看來，對柔性實證主義的這個批判似乎誇大了以下兩點，即一個想要維持自身主張一致性的法實證主義者，對法律標準之確定性所須要求的程度，以及如果法效力判準包含著特定道德原則或價值，所將導致的不確定性。當然，承認規則的重要功能確實是要提升我們探求法律時的確定性。如果承認規則所引進之對法律的測試判準，不僅僅在某些案件中會引發爭議性的問題，而且在所有的或大部分引用該判準的案件中都會引發問題，則它將無法發揮此項功能。但是，不計任何代價犧牲其他價值來排除所有的不確定性，並不是我對承認規則所設想的目標。我在本書曾明白表示，或者至少我希望明白地表示，承認規則本身以及其所鑑別出來之特定法律規則，容有可爭辯之不確定的「邊緣地帶」（penumbra）。（原注38）我也曾論證，即使法律可以被設計成能夠預先解決所有關於其意義的問題，這樣的法律被採用後也經常會與其他法律應該重視的目標發生齟齬。（原注39）法律的邊際不確定性是應該被容忍的，甚至對許多法律規則來說是應當受到歡迎的。因爲當遇到未能預見的案件時，我們能夠在法律的邊際不確定性所容許的空間中，確認判決相關的問題，因而能夠合理地加以解決，最後在充分考量相關資訊與議題後作成司法判決。唯有當我們把承認規則提供確定性的功能當成至高無上且凌駕一切時，在法律判準中包含爭議性之道德原則或價值的這種柔性法實證主義，才能被視爲有著內在的不一致性。因此，總的說來，此處所涉及的根本問題是，缺乏集中化的組織，且其規則乃是以慣習型態存在的體系，若想要進化到由法體系提供大致上可預先確認，因而較爲可靠與確定的行爲指引，人們在接受此種進步的同時，對隨之產生的不確定性所能夠容忍的範圍或程度。

德沃金對於我的柔性法實證主義的內在一致性所做的第二個批判，引出了關於法的決定性（determinacy）和完整性（completeness）之不同且更爲複雜的議題。我在本書中所提出的觀點是這樣的，即由承認規則所提供之判準以一般性詞語鑑別出來的法律規則和原則，通常有著我經常所稱的「開放性結構」，所以當一項給定的規則適用於特定案件，卻無法決定答案爲何時，此時法律就是部分地未確定的。這種所謂的「疑難案件」（hard cases）之所以「疑難」，不只因爲在這種案件中理性且資訊充足法律人之間對於法律上正確的答案爲何可能意見不一，而且因爲在這樣的案件中法律基本上就是不完整的：對於此種案件中的爭議問題，它並沒有提供任何的答案。這些爭議問題在法律上並沒有規定，而且爲了在此種案件中達成判決，法院必須發揮我稱之爲「裁量」（discretion）的有限立法功能。然而德沃金反對法律可能在此意義上不完整，而留下要法官運用創設法律之裁量權去塡補的漏洞。他認爲這個觀點是從下述事實所做的錯誤推論，即斷言法律權利或法律義務存在的法律命題可以具有爭議性，因此理性且資訊充分的人之間對之仍有可能產生不一致的意見，而當他們的意見眞的不一致時，通常沒有任何的方法終局地證明它是眞的或是假的。這樣的推論之所以錯誤，是因爲當法律命題具有爭議性時，仍然可以有藉以確認法律命題眞假的「議題相關事實」（facts of the matter），而且雖然它的眞或假不能夠被證明，但是主張某法律命題爲眞的論證，仍舊可以評價爲比主張其爲假的論證更好，反之亦然。因此，區別「有爭議性的法律」和「不完整或未確定的法律」，對德沃金的詮釋理論而言，是相當重要的。因爲根據德沃金的理論，法律命題只有在以下的條件下才是眞的，即如果在結合其他前提的情形下，它是從原則推論出來的，而且這些原則既最佳地符合法體系的制度歷史，同時也提供了該歷史之最佳的道德證立。因此對德沃金來講，任何法律命題的眞值皆依賴於能夠提供最佳證立的道德判斷，而既然對他而言，道德判斷在本質上是具有爭議性的，因而所有的法律命題也都是爭議性的。

對德沃金而言，其適用包含著爭議性道德判斷的法效力判準，在觀念上並不會造成任何理論上的困難；在他的看法，此種判準仍舊可以是待判法律之眞正的測試判準，因爲此種判準所具有之爭議性與判準之眞假所憑藉的事實的存在（在許多的情形中是道德事實），兩者完全是相容的。

但是德沃金主張，除了我們在上述（本節第一、二、三段）討論過的不一致性，容許法效力判準部分是道德測試判準的柔性法實證主義，還有第二種不一致性。柔性法實證主義不僅與法實證主義者希望法律可以確定地被鑑別出來的法律「圖象」不一致，也不同於他認爲法實證主義者希望「法律命題的客觀基礎」，(原注40)得以獨立於任何具爭議性的、牽涉到探討道德判斷之地位的哲學理論。因爲唯有道德判斷的眞假所依賴之客觀道德事實確實存在著，道德判準才能測試待判法律。可是認爲存在著此種客觀道德事實的看法，本身就是一個具爭議性的哲學理論；如果不存在此種事實，則我們若告訴法官要適用此種道德測試判準，法官也只能夠把它當成是在要求他遵守對道德的最佳理解及道德要求，以及遵照由法體系對此所加之任何限制的情形下，運用造法的裁量權。

我仍舊認爲法理論應該避免涉入探討道德判斷之一般地位的哲學理論之爭，並且就像我在本書所做的一樣（參閱原文頁碼168），應該對下述問題保持開放：道德判斷是否具有德沃金所稱之「客觀的基礎」？無論對這個哲學問題的答案是什麼，法官的義務都是相同的，那就是對任何他可能必須做出決定的道德議題，做出最佳的道德判斷。不管在做此種判決的時候，法官是依照（在法律所加之任何限制之下）道德在**創造**法律？還是接受道德判斷的導引，透過對法律的道德測試，揭露對既**已存在的**法律之最佳詮釋？這兩種說法並沒有什麼區別實益。當然，就像我主張的，如果法理論對道德判斷之客觀基礎的問題保持開放，則柔性法實證主義就不能單純地被定位爲是一種容許道德原則或價值成爲法效力判準的法實證主義理論，因爲如果道德原則和價值是否具有客觀基礎是一個開放問題的話，那麼以下的問題也必須保持開放，即就主張與道德原則或價值的一致，可以成為對既存法律的測試判準的「柔性法實證主義」來說，這種判準是否眞能發揮測試法律的效果？或相反地，它只能夠為法院指出方向，要求法院以符合道德的方式來**創造**法律？

必須注意的是，某些理論家，特別是拉茲（Joseph Raz），主張，無論道德判斷的地位可能是什麼，只要法律要求法院在做法律決定時適用道德標準，它就因而賦予了法院裁量權，並且指示他們在制定新的法律時，須根據他們最佳的道德判斷；當法律如此指示時，它並不因此使得道德變成既存的法律。（原注41）

規則的本質

一、規則的實踐理論

在本書的許多地方，我點出了法律的內在和外在陳述，以及法律的內在和外在面向的區別。為了說明這幾種區分及其重要性，我選擇不以檢討法體系這種同時包含被制定的和慣習式的規則的複雜情形作為開頭（參閱原文頁碼 56-7），而是檢視較為簡單的情形（規則之內在和外在的區別對其亦適用），即任何或大或小的社會團體所具有的習慣類型的規則，我稱之為「社會規則」。我對這些規則所做的說明以所謂規則的「實踐理論」為人所知，認為團體的社會規則是由某種形式的社會實踐所構成的。此社會實踐包含了以下兩部分：大部分團體成員規律地遵從的行為模式，以及對於此種行為模式的一種規範性態度，我稱之為「接受」。所謂「接受」的態度表現於團體成員長期的一種心態，視該行為模式為他們未來行為的指引，也將該行為模式作為批判標準，以正當化成員對其他人須加以遵守的要求和各種促使人們遵守的壓力形式。社會規則的外在觀點就是觀察者的觀點，他觀察他們的實踐；內在觀點是此種實踐的參與者的觀點，他接受規則爲行爲的指引和批判的標準。

我的社會規則實踐理論受到德沃金廣泛的批判。如同我提過的，他對於社會學家對群體的社會規則所做的外在描述，以及群體參與者爲了評價和批判自己和他人行爲而訴諸規則的內在觀點，做了一個雖類似但事實上在許多方面是相當不同的區分。（原注42）德沃金對於我最初對社會規則的說明提出的某些批判，對理解法律而言，確實是正確且重要的。因此以下我將指出我認爲對我最初的說明所必須做出的重要修正。

首先德沃金認爲，我的說明忽略了以下兩者的重要差異：在團體的慣習性規則中所展現出來的**慣習性共識**（consensus of convention），以及在團體個別成員之主動一致的實踐中所展現出來的**獨立信念的共識**（consensus of independent conviction）。如果團體對規則的普遍遵守，是其個別成員接受規則的部分理由的話，此規則就是慣習性的社會實踐；相對地，像團體共享的道德那樣的主動一致的實踐，不是由慣習所構成，而是由團體成員普遍地持有相同但獨立的理由，且大家都基於這樣的理由來行動。

再者，德沃金也正確地主張，我對於社會規則的說明，只能適用於在上述意義下的慣習規則。這大大地限縮了我的實踐理論的範圍，而且我並不認爲它對道德（不論是個人道德或社會道德）的說明是健全的。儘管如此，這個理論對慣習式的社會規則的說明仍是可信的。這些社會規則，除了一般的社會慣習（這些社會慣習可能被認爲具備或不具備法律強制力），也包括了包含承認規則在內的某些重要的法律規則，而承認規則事實上就是一種司法上的慣習規則，只有在法院加以接受並加以實踐，用以鑑別法律和適用法律時，它才能夠存在。相反地，被制定出來的法律規則能夠被承認規則所提供的判準鑑別爲有效的法律規則，它們可以從被制定出來的那一刻起，而在眞正被人們實踐出來之前，就以法律規則的姿態存在，從而實踐理論不能適用於它們。

德沃金對於規則之實踐理論的中心批判是，該理論錯誤地將社會規則當成是由它的社會實踐所構成，因而將此種規則存在的陳述當成只是一種描述外在社會學事實的陳述，這個陳述意味著規則存在的實踐條件被滿足了。（原注43）德沃金認爲，這種解釋即使是最簡單的慣習性規則所具有的規範性格都無法解釋。因爲這些規則確立了行爲的**義務**和**理由**，當人們批判自己或他人違反規則的行爲和要求自己或他人爲特定行爲時（就像通常發生的那樣），可以訴諸這些規則。規則的這個賦予理由和確立義務的特徵，構成了它們特有的規範性格，並顯示出，不像實踐理論所主張的，僅僅基於人們社會性的實踐和態度這種事實的事態（factual state of affairs），就能構成社會規則的存在。德沃金認爲，只有在存在著「特定的規範事態」（normative state of affairs）的情形下，具有這些特有特徵的規範規則才能夠存在。（原注44）我發現這些加了引號的字眼頗爲含糊：從上教堂做禮拜的規則（男性在禮拜時必須脫帽）（原注45）這個例子的討論來看，德沃金所指的規範事態似乎是，就規則所要求的事而言，存在著好的道德理由或證立。所以他論證道，雖然在禮拜時脫帽之單純的規律性實踐不能構成規則，但我們可以創造對未照規則脫帽之行爲之各種懲罰的方式，也可以讓人們對禮拜時脫帽這件事情產生一些好的期望，這些期望成爲促使人們遵守禮拜時脫帽這個規則的好理由；從這兩方面著手，我們可以證立對此項規則的實踐。如果這就是德沃金所指的，爲了保證規範規則之存在所必備的規範事態，則他對於社會規則存在條件的說明，對我而言，似乎是太過於強烈了。因爲它似乎不但要求把規則當作行動義務之來源以及爲其行動提供理由的參與者必須相信，對於遵守規則，存在著好的道德理由或證立，並且也同時要求，實際上一定存在著這樣的理由。很顯然地，一個社會可能有著爲其成員所接受，但在道德上卻是邪惡的規則，諸如：禁止特定膚色的人種使用公共設施，比如公園或海水浴場的規則。一個比德沃金的主張稍弱的條件是，只要在以下的情形中，社會規則就是存在的，即參與者必須**相信**，對於遵守規則，存在著好的道德理由。就作爲社會規則存在的一般性條件而言，甚至這個稍弱的條件也仍然太強。因爲某些規則之所以被接受，可能只是出於人們對傳統的順從，或想要與他人一樣的願望，或相信社會最能夠知道什麼是對個人有利的。人們在持有這些態度時，不是不能同時多少清楚地認知到這些規則在道德上是可議的。當然，慣例規則在道德上可以「是」而且可以「被相信是」正確的和正當的。但是，當以下問題出現時，即那些接受慣習規則作爲行爲導引或批判標準的人爲何這麼做時，我看不到任何的理由有必要從眾多可能的答案（參閱原文頁碼 203,232）中，獨獨挑選出「相信所遵守的規則在道德上可以被證立」，作爲唯一可能或適當的答案。

最後，德沃金表示規則的實踐理論即使是限制在慣習規則之上，還是必須被放棄，因爲它不能容許這樣的情況，即慣習規則的範圍可能受到爭議，從而成爲歧見的戰場。（原注46）他並不否認，存在著某些不受爭議的規則，這些規則由規律的實踐和人們對其之接受所構成，但是他主張，如此構成的規則只包含了相對來說較不重要的情形，例如：某些遊戲的規則。在本書中，我認爲像作爲法體系之基礎的承認規則這麼重要且鮮少爭議的一項規則，正好就是由法院之一致的實踐所構成的，亦即法院一致地將它接受為適用法律和執行法律的導引。德沃金反對這一點，他極力主張，在疑難案件中，法官之間經常發生關於法律在某個問題上怎麼說的理論爭議，而這些爭議顯示出大家原本所以為法官們對於承認規則不加以爭議和法官們普遍加以接受都只是幻覺。當然，此種爭議的頻率和重要性是不容否認的，但是訴諸它們的存在而以之作為反對實踐理論對承認規則之可適用性的論據，這麼做的根據是對規則之功能的誤解。德沃金說法的預設著，承認規則必定要在特定個案中完全決定其法律效果，因此只要訴諸由承認規則所提供的判準或測試，就能夠解決在任何個案中所引起的任何法律議題。但這是錯誤的設想：承認規則的功能只在於，確定在現代法體系中正確的法律決定所必須滿足的一般條件。承認規則最常以這樣的作法來達成此項功能，即提供德沃金稱為系譜的效力判準，這種判準並不指涉法律的內容，而是指涉法律被創設或採用的方式和形式，但是誠如我說過的（參閱原文頁碼 250），除了系譜，承認規則也可以提供這樣的測試判準，即不與法律被當作事實看待的內容相關，而是關於它們與實質道德價值或原則的一致性。當然，在特定的個案中，對於此種測試判準是否被滿足了這個問題，法官們可能意見不一致，而承認規則中的道德測試也無法解決這樣的爭議。對於此種測試判準之存在是否被司法實踐所確立，法官們可能意見是一致的，雖然他們對於在特定個案中，那些測試判準要求的是什麼，可能意見不同。我們若以此方式來看待承認規則，則規則的實踐理論完全是可適用的。

二、規則與原則

長久以來德沃金對這本書的眾多批評中，最著名的就是，他指出這本書錯誤地主張法律僅僅是由在適用上「全有或全無」的規則所組成，而忽略了另一種在法律推理與裁判上扮演重要且突出之角色的法律標準，也就是法律原則。有一些同樣也發現這個缺點的評論者認爲，這個缺點或多或少是一個獨立的缺點，也就是說，我可以在不放棄或不大幅修正本書主要論點的前提下，把法律原則包括進來，使其與法律規則共同成爲法體系的成分。但是，德沃金，作爲發起這類批評的第一人，始終堅持除非放棄本書的主要論點，否則法律原則無法被納入我的法理論當中。如果我要承認法律也由原則組成，根據他的看法，我就無法前後一致地維持下述主張，這些主張包括一個法體系中的法律，乃是由法院的實務所接受的承認規則所提供的判準所鑑別出來的；在既存而外顯的法律無法導出特定決定的案件中，法院行使著眞實的但其性質乃是在填補空隙的造法權限或裁量；法律與道德之間不存在重要的、必要的、或概念上的聯繫。這些論點不只對我的法理論來說是關鍵的，而且通常被視爲構成現代法實證主義的核心；所以要拋棄這些論點可是件非同小可的事情。

在這一小節我的回答裡面，我將從各個面向加以審視，那個認爲我忽略了法律原則的批評，並且我想要證明無論這個批評是如何地有效，這個批評都可以被容納進我的法理論當中，而整體而言不會對我的法理論造成任何嚴重的後果。然而，現在我當然要先承認，我在書中確實在裁判過程以及法律推理這個主題上，而且特別是在我的批評者稱爲法律原則的這個主題之論證上，著墨太少。如今我同意原則在這本書中僅僅被輕描淡寫是一個缺陷。

但是到底是什麼東西被我所忽略，而導致批評呢？什麼是法律原則？法律原則與法律規則有何不同？法律專業人士所使用的「原則」一字通常包括很廣泛的理論以及實際的論據，而只有其中的一些才與德沃金所要討論的議題相關。就算「原則」這個詞彙被限制於僅僅代表行爲的標準，包括在進行裁判時法官的行爲標準，我們也能夠發現有各種不同的方式可以把規則與原則加以對比。不過，我想所有批評我忽視了原則的批評者都同意，原則至少有兩種特性能夠與規則區別開來。第一個特性是「程度」：相對於規則而言，原則較爲廣泛、一般或不具體，這個特性顯示在一個現象上，那就是許多被當作個別存在的規則可以被視爲同一個原則的體現或例證。第二個特性是，既然原則多少都清楚地指向某種意向、目標、權利或價值，因此從某個觀點來說，原則乃是被視爲一種值得去追求、去堅持的事物。它不僅僅給予其具體化的規則以說明及理由，而且對這些規則的證立至少也能發揮些許作用。

從某個觀點來看，原則具有廣泛性以及可欲性（desirability）這兩個特性。這兩個特性能夠說明原則在與規則的關係中，所扮演的說明性及證立性的角色。除了這兩個相對來說無可爭議的特性之外，原則還有第三個特性，這個特性在我看來乃是一個程度問題，但在德沃金看來，卻十分關鍵，因而不只是程度的問題。根據德沃金的看法，規則在適用規則的人的推理當中，以一種「全有或全無」的方式運作。這個意思是，如果一項規則是有效而能夠被適用於一個案件當中，那麼這項規則就「確保」（necessitate）了或決定性地確定了其法律效果或結論。（原注47）他給了一些規則的例子，好比在高速路上限定最高時速爲六十英里的法律規則，或者規範遺囑的做成、證明、與效力的制定法，比如規定遺囑一定要有兩名見證人的簽名，否則無效的制定法上的規則。對德沃金來說，法律原則不同於這種以全有或全無的方式運作的規則，因爲當原則被適用在案件中時，原則並不「確保」一個決定，而僅只是指向或有利於某種決定，或者是道出某種可以被凌駕的理由，這個理由可以被法院納入考慮以使其傾向某個方向。爲了方便，我將原則的這個特性稱爲「非決斷性」（nonconclusive character）。關於原則的非決斷性，在德沃金所舉的例子中，某些內容較爲特定，比如「法院應當仔細審查（汽車的）買賣契約，看看消費者以及公共利益是否受到公平的對待」。（原注48）而有一些在內容上則十分廣泛，好比「任何人不得從其違法行爲中獲利」。（原注49）事實上，許多美國憲法針對國會權力以及州立法所設定的限制，比如美國憲法增修條文第一條、第五條和第十四條，都是以非決斷性原則的方式運作的。（原注50）根據德沃金的看法，法律原則不同於法律規則，因爲法律原則具有重要性的面向（a dimension of weight），（原注51）而不是以有效或無效的方式運作，因此當某個法律原則與其他較重要的原則發生衝突時，該原則可以被凌駕過去，導致它無法在該案件中決定裁判結果；可是這個原則仍可保持完整的存在，有可能在其他的案件中，勝過其他較不重要的原則。另一方面，規則不是有效就是無效，沒有這種重要性的面向。因此如果規則彼此衝突，根據德沃金的看法，只有其中之一能夠繼續有效，而在競爭中落敗的規則必須被調整，使其能與另一項規則一致，而在該案件中落敗的規則就不再適用。（原注52）

我看不出有什麼理由可以接受這個法律原則與法律規則之間的尖銳對比，或者認爲如果一項有效規則可以適用在某個案件中，則不同於原則，它總是能夠確保該案件的結論。我們沒有理由認爲一個法體系不能夠承認一項有效規則確實可以被適用而確保某種結論，儘管有可能另一項被評斷爲更重要的規則也被適用在同一個案件中。因而在某案件中，因爲與另一項更重要的規則衝突而落敗的規則，就如同原則一般，可以在另一個案件中勝過較不重要的規則，進而決定該案件的結論。（原注53）

因之，對德沃金來說，法律由全有或全無的規則以及非決斷性的原則所組成，而他不認爲這個區別是程度問題。不過，我不認爲德沃金的立場在這件事情上面可以保持一貫。他最早所提出的例子隱含著，一個規則可以與原則衝突，而原則在此種競爭中有時候會贏而有時候會輸。他曾引用「瑞格斯訴帕碼」（*Riggs v. Palmer*）這個案件。（原注54）在此案中，「任何人不得因其違法行爲而獲利」這個原則，勝過了規範遺囑效果的制定法條文，一個謀殺被繼承人的繼承人不得繼承遺產。這是一個原則勝過規則的例子，但是這種競爭結果的存在正好證明了規則並不是以全有或全無的方式運作，規則有可能與可以凌駕它們的原則發生衝突。就算我們可以把這種案件描述爲（就如德沃金有時候指出的）並非規則與原則間的衝突，而是說明與證立系爭規則的原則以及其他原則間的衝突，規則的全有全無性質與原則的非決斷性質間的尖銳對比也會消失無形，因爲這意味著即便依照規則本身的內容用語，它應該被適用在某個案件當中，可是如果此規則背後的證立原則會被其他原則所凌駕的話，這項規則仍然無法決定該案件的結論。這種情況（德沃金同樣也曾提到）同樣地發生在當某個含意本已清晰的規則有了新的詮釋時，原則可以爲此新的詮釋提供理由的場合。（原注55）

這個認爲法體系由全有或全無的規則與非決斷性的原則所組成的主張，如果我們承認這個區分只是個程度問題，其中所蘊含的不一貫性可以被補正過來。就幾近決斷性的規則而言，除了少數例外情況（此時其條文可能與其他更重要的規則發生衝突），絕大部分的時候如果一個案件滿足其適用要件就可以確保此案件的法律結論；當然，幾近決斷性的規則，以及大致上僅僅指向一個決定而往往無法確保該決定的非決斷性原則，兩者之間仍然存在著合理的對比。

我當然認爲非決斷性之原則的存在，是裁判過程以及法律推理的一個重要特徵，而這個特徵應該以適當的用語將其標識出來。在發覺並展現出這個特徵的重要性，以及說明其在法律推理中所扮演的角色這件事情上，德沃金居功厥偉，而對我來說，沒有能夠強調出原則的非決斷性，也是一個嚴重的錯誤。但是當我在使用「規則」這個詞的時候，絕無意主張法體系只由「全有或全無」或幾近決斷性的規則所組成。我不只關注我稱爲「易變動的法律標準」的東西（variable legal standards）（或許這樣的說法並不恰當）（參閱原文頁碼 130-3）★，我還嘗試說明爲什麼有些種類的行爲不適合以易變動的標準來規範（參閱原文頁碼 133-4），好比「相當的注意」這個法律概念，而適合以幾近決斷性的規則來禁止或要求所有同樣的特定行爲，而這類的行爲絕對不在少數。這就是爲什麼我們有禁止謀殺或竊盜的規則，而不是只有要求人們應當尊重人的生命財產的抽象原則。

原則與承認規則

德沃金主張，呈現於法院實務中的承認規則所提供的判準，無法幫助我們鑑別出法律原則，而既然原則是法律的基本要素，因此承認規則的主張應該被放棄。依照他的見解，法律原則只能被建構性的詮釋鑑別出來，這些法律原則乃是作爲一整套獨特原則之一，這整套原則最適合、也最能證立法體系中既有法律的整個制度史。顯然不論在英國或美國，沒有任何法院曾經明白地採取這樣一個含括整個法體系的整體性法律鑑別判準（a system-wide holistic criterion），德沃金也承認，不同於他所虛構的理想法官「海克力斯」（Hercules），沒有任何眞實生活中的法官能夠做到建構一個包含國家中所有法律的詮釋。不過在他的看法中，要理解法院所做的事情，最好的方式仍然是把法官

★ 譯按：哈特此處所指，在我國法學中稱爲「不確定法律概念」。

看作是在一定的範圍內「模仿海克力斯」，而且他認爲這樣看待他們的裁判，才能夠揭露其中「隱藏的結構」（hidden structure）。（原注56）

對英國的法律人而言，透過有限的建構性詮釋來鑑別出原則，其中最有名的例子就是艾特金法官（Lord Atkins）在「唐納修訴史帝文森」（*Donoghue v. Stevensen*）一案中，（原注57）提出前人未曾提出過的「鄰人原則」（neighbour principle），認爲該原則隱含在多種不同規則中，這些原則分別在不同情境下建立起**注意義務**這個制度。

我不認爲從這麼有限的實例中，我們就能夠推導出如下的結論：理解法官的最好方式，就是將他們視爲在模仿海克力斯所做的，以整個法體系爲考察範圍的全體性（holistic）建構性詮釋。不過，此處我要提出的批評是：過分執著於建構性詮釋使得德沃金忽略一件事實，那就是許多法律原則的地位不是來自於其內容（此內容乃是對於既存法律的詮釋），而是來自於德沃金稱爲「系譜」的東西；也就是它們透過一個公認的權威性淵源被創造或採用的方式。他的過分執著導致犯下雙重錯誤：第一，以爲法律原則無法被其系譜所鑑別；第二，以爲承認規則只能提供系譜式的判準。但這兩種想法都是錯誤的。他的第一個想法之所以錯誤，是因爲原則的非決斷性或其他的性質，都無法排除原則可以被系譜式的判準鑑別出來。很清楚地，成文憲法、憲法修正案、或成文法中的條文，都可以像原則一般地，以非決斷性的方式來運作。這種方式就是，在裁判中，這些條文僅僅爲裁判提供理由，而這些理由不是決定性的，有可能在個案的情形中被其他規則或原則所提供的更強的理由所超越。德沃金自己就看見了，規定國會不可侵害言論自由的美國憲法增修條文第一條，正應被如此詮釋。（原注58）還有些法律原則，包括一些普通法中的基本原則，像是「沒有任何人可以從其違法行爲中謀利」，正是被「系譜」判準鑑別出來成爲法律的。儘管這些理由在一些案件中可能被其他不同訴求的理由所超越，法院在各領域的不同案件中，不斷地引用這些原則爲必須加以考量的裁判理由。看過這些系譜式判準鑑別出法律原則的例子之後，我們可以說認爲把原則包含到法律當中，就得要放棄承認規則的論證，是不會成功的。事實上，我在下面將證明，把原則包括進來不但與承認規則的學說不發生衝突，甚至還必須接受承認規則才行。

如果我們承認，事實上也必定要承認，至少存在著一些法律原則可以被承認規則所提供的系譜式判準「捕捉」或鑑別爲法律，則德沃金的批評必定要減弱爲一個較溫和的主張，那就是：存在著許多無法被系譜式判準鑑別的法律原則，因爲它們在數量上太多、太具有流動性、太容易被改變或修正，以致於除了歸屬於一套前後一貫的原則（這套原則最適合也最能證立該法體系的制度史以及實務運作），別無其他方法可以把它們鑑別爲法律原則。乍看之下，這個詮釋性判準（interpretive test）不像是承認規則所能提供的判準，但是，正如一些評論者所言，一個複雜的「柔性法實證主義」，是可以包括這種由內容而非由其系譜來鑑別原則的判準的。（原注59）從上面所討論過的理由看來，一個包含詮釋性判準的承認規則，在鑑別法律時，確實無法確保在德沃金眼中，一個法實證主義者所會期望的確定性（certainty）。但是，把詮釋性判準說成是傳統法律承認模式的一部分，對其法律地位而言，仍然是個不錯的理論說明。因此，肯定原則是法的一部分與主張承認規則兩者之間，並非如德沃金所主張地彼此毫不相容。

我在上面兩個段落中的論證已經足以說明，接受原則作爲法律的一部分與承認規則之間並不會發生衝突，就算德沃金認爲他所提出的詮釋性判準是鑑別這些原則唯一適當的判準。但是，我認

265

266

爲，我們可以接受一個更強的結論，那就是：法律原則若要被詮釋性判準鑑別出來，則承認規則是必要的。這是因爲，任何靠著德沃金的詮釋性判準而進行的法律原則鑑別過程，其起點乃是我們必須能夠確定一些既存法律中的特定範圍，好讓這些原則能夠加以符合與證立。因此，使用詮釋性判準預設著能夠先辨識出既存的法律，而這之所以可能，必須要有承認規則先把法律的淵源，以及各種法律淵源間的優越、從屬關係先辨別出來。法律規則與實務運作二者，乃是欲鑑別其中內含或隱藏之原則的詮釋工作的起點，在《法律帝國》這本書的用語中，這個起點叫做「前詮釋的法律」（preinterpretive law）。德沃金對於前詮釋的法律所做的種種說明顯示出，要能夠辨識出這些「前詮釋的法律」，某種類似於本書所提倡，用來鑑別法律之權威性淵源的承認規則，乃是有必要的。我的看法與德沃金最主要的不同在於，我把法官之間對於鑑別法律淵源的判準所持的一般合意，歸諸於他們對於提供該判準的規則的共同接受，而德沃金則避談「規則」，寧願只談同一個詮釋社群的成員所分享的「共識」（consensus）（原注60）、「典範」（paradigms）（原注61）、「假說」（assumptions）（原注62）等等。當然，正如德沃金所說明的，有兩種共識必須加以區別，一種是「獨立信念的共識」，意指許多人獨立地持有共同的信念，「與他人相同」並非其中成員所以持守該信念的原因；而另一種是「慣習性共識」，在此種共識中「與他人相同」是其中成員持有該信念的原因。的確，我在本書中把承認規則視爲是建立在司法部門的慣習性共識上。這一點至少在英美的法律實務中確實如此。英國法官之所以會把國會立法（或者是美國法官之看待憲法）視爲優於其他法律淵源者，其所持理由之一，的確包含他的司法同僚以及他們的前輩們都這麼做的這件事實。德沃金曾經說過，法律優位性的主張乃是法律史上一件明瞭的事實，這個事實限制了法官個人信念所能發揮的作用，（原注63）他也說「詮釋性的態度無法持續，除非同一個詮釋社群的成員，關於何者可被算爲實踐活動的一部分，享有至少大致上相同的預設」。（原注64）因此，我可以得出如下結論，無論規則與德沃金所說的「假說」、「共識」、「典範」之間還有什麼差異，他對於司法活動中鑑別法律淵源的說明，實質上與我是相同的。

然而，我與德沃金的理論之間仍然存在著巨大的差異。因爲，德沃金一定會反對我把他用於鑑別法律原則的詮釋性判準，視爲在某些法體系中，被習俗性的承認規則所包含的某種特定判準，這種判準的存在與權威建立在法院對其之接受上。在他看來，這會全然誤解並貶低他的「建構性詮釋」學說，他這個學說是用來把法律的最佳道德面貌呈現出來，這個過程他認爲乃是包含在法律的鑑別過程中。這種詮釋在他的設想中不是一種辨識法律的方法，好像是由特定法體系中的法官和律師所接受的習俗性規則所要求的。相反地，他認爲這亦是除了法律領域外許多的社會思想及社會實踐的核心特徵，顯示出「各種形式的詮釋中，存在著深刻的聯繫」，包括文學領域甚至自然科學領域中的詮釋。（原注65）然而，即使這種詮釋性判準不僅僅是由習俗性規則所要求的一種法律鑑別形式，而與其他領域中的詮釋有所牽繫或連結，事實仍然是：如果存在著任何法體系，在其中德沃金的全體性、詮釋性判準確實被用來鑑別法律原則，在該體系中，該判準仍然可以來自習俗性的承認規則。但既然不存在著眞正使用這種全體性判準的法體系，而只存在著像英國法和美國法這種法體系，在其中建構性詮釋，就像「唐納修訴史帝文森」這個案件裡面一樣，沒有能夠被完全地使用以鑑別隱含的法律原則，那麼剩下來唯一的問題，就是這種案件的運作，是不是以適用習俗性的承認規則所提供的判準爲主？有沒有其他的方式可以用來理解這種案件的運作？而如果有其他的方式，其法律地位爲何？

法律與道德

一、權利與義務

我在本書所主張的是，雖然法律與道德之間存在著許多各式各樣的偶然性連結，但是在「內容」上，法律與道德彼此並不存在概念上的必然連結；因而，道德上邪惡的法律，仍然可以是有效的法律規則或原則。「法律與道德分離」這項主張的其中一個面向是：法律上的「權利」和「義務」，可以不需要道德上的理由，或者說，不需要具備道德力量。德沃金則反對這個論點，他認爲法律權利及義務若要存在，至少需要具有初步的道德根據（prima-facie moral grounds）。所以，他認爲「法律權利必須被理解爲道德權利的一種」，而且這個想法在他的法律理論中是一個「關鍵」的要素（原注66）；他也說，與他相對的法實證主義者活在「法律本質論的奇特世界」裡（原注67），在這個世界裡頭「法律權利與義務，不需要任何道德根據或力量」的想法是既定的，法實證主義者在加以分析之前就深信不疑。儘管他這麼說，我仍然認爲瞭解一般性、描述性的法理學對於理解法律是十分重要的；藉此我們也才能瞭解到無論德沃金的一般性詮釋法理論有多少優點，他對於「法律權利與義務不需要任何道德力量或證立」這個主張的批評仍是錯誤的。我的主張乃是基於如下的原因：作爲關鍵點的「法律權利」與「法律義務」，決定了法律是否得以使用其強制性的資源（coercive resources）來保障或限制私人自由，還是賦予或拒絕私人動用法律強制機制之權能。所以，無論法律在道德上是好還是壞、正義或是不正義，權利及義務都是在法律運作上必須加以注意的焦點，而法律的運作對人類有著極端的重要性，並且獨立於法律的道德評價之外。★因此，「法律權利及義務在眞實世界中，必須具備可以支持其存在的道德根據，才能言之成理」，這句話並不眞實。

二、法律的鑑別

在法律與道德的關聯上，本書與德沃金的理論最大的差異在於「法律的鑑別」。依照我的理論，法律的存在及內容可以靠著其社會淵源（social sources）（比方說立法、司法裁判、社會習慣）被鑑別出來，而不需訴諸道德，除非被鑑別出來的法律自己規定它被鑑別時，須包含道德的標準。德沃金的詮釋理論，相反地，認爲每一個法律命題在指明法律在某個議題上的呈現時，必然包含道德判斷，因爲依照他的全體性詮釋理論（holistic interpretive theory），法律命題只能在下述情況下爲眞，那就是當它乃是從一套原則導出（當然還有其他前提），這套原則最妥善地呼應於所有已被其社會淵源鑑別出來的既存法律，並且爲其提供最佳的道德證立。因此，這個全體性詮釋理論有著雙重功能：它既鑑別法律，又爲之提供道德證立。

這就是我對德沃金在《法律帝國》一書中引進「詮釋的」法律及「前詮釋的」法律這個區分之

★ 譯按：原文 So whether the laws are morally good or bad, just or unjust, rights and duties demand attention as focal points in the operations of the law which are of supreme importance to human beings and independently of moral merits of the laws。後面的形容詞關係子句 'which are of supreme importance to human beings and independently of moral merits of the laws' 在文法上其所形容的對象可以是 the operations of the law，也可以是 legal rights and duties as focal points，此處無法明確區分，意義上似乎兩者都說得通，因此附原文說明，見教於讀者。

前，所發表過之理論的概述。★法實證主義認爲，法律的存在及內容可以不用訴諸道德而被鑑別；而德沃金的理論被視爲是法實證主義之外的另一項選擇。可是他的理論就其早先的內容來看，恐怕難以避免如下的批評。若透過社會淵源被鑑別出來的法律在道德上是邪惡時，爲其提供最佳證立理由的「原則」，必須是合於該法律的原則中最不邪惡的。但這些最不邪惡的原則其實沒有予以正當化的力量，而且對於「可算是法律的法律」（what can count as law）而言，☆也無法構成任何道德限制或約束；因爲，既然無論是多麼邪惡的法體系，這些原則都可以被適用，那麼認爲鑑別法律時一定要訴諸這些原則的主張，就與認爲鑑別法律無須訴諸道德的法實證主義理論沒什麼兩樣了。不只是在道德上最正當的原則，即便僅僅根據德沃金所稱之「背景道德」（background morality）（原注68）而言算爲正當的原則，都有可能爲可算是法律的法律提供道德限制或約束。我並不反對這樣的命題，因它完全與我所認爲，法律可以被鑑別而無須訴諸道德的主張完全相容。

在他後來所做的關於詮釋以及前詮釋之法律的區分上面，德沃金承認，確實可能存在著極邪惡的法體系，對於其中的法律我們不可能找到道德上可接受的詮釋。遇到這種情況時，他說，我們可以訴諸他所謂的「內部懷疑論」（internal scepticism）（原注69），來否認這樣的體系是法律。但是既然我們用於描述此情況的資源是如此地具有高度彈性，◆我們就不一定非導出這樣的結論不可，▲反而，我們可以說，無論法體系多麼邪惡，仍然是在「前詮釋」意義下的法律。（原注70）所以，我們即使面對最邪惡的納粹法律，也無須被迫宣稱它們不是法，因爲它們儘管比起道德上可接受之政權之下的法律，在內容上有所分別，但是二者仍然享有許多相同而明顯的法律特徵（比如，制訂法律的方式，裁判與執行的方式）。由此看來，在許多場合以及許多目的之下，我們都有足夠的理由忽略道德上的不同，而跟法實證主義者一樣，主張這樣的邪惡體系仍然是法律。對此，爲了表明他對其詮釋理論的堅持，德沃金只願意將之作爲補充性的說明：這樣的邪惡體系只有在前詮釋的意義上才是法律。

我發覺德沃金這種對於語言彈性的訴求，以及基於語言之彈性，所做之「詮釋」與「前詮釋」法律間的區分，與其說是削弱，不如說是承認了法實證主義的主張。因爲，他的主張只不過傳達了這樣的訊息，那就是他堅持，儘管在描述性的法理學中，法律可以無須訴諸道德而被鑑別出來，然而，對於證立性詮釋法理學而言，法律的鑑別總是包含著對於「何者能夠正當化既有法律」的道德判斷。這樣的訊息並未，也意不在提供任何理由，能促使法實證主義者放棄他們描述性的架構，甚至，這樣的訊息尚須被打折扣，因爲法律可能邪惡到必須端出「內部懷疑論」這道菜，此時對該法律的詮釋既不包含道德判斷，而且，德沃金理解中的「詮釋」也要被放棄。(原注71)

德沃金對其詮釋理論的進一步修正，大大地影響到他對「法律權利」的說明。在他最初的全體性的理論（holistic theory）中，法律的鑑別及其證立，都被視爲導自一套獨特的原則，這些原則最妥當地呼應於整個法體系內的既存法律，並且爲他們的證立提供最佳的理由。就像我曾說的，這些

★ 譯按：意指德沃金在《法律帝國》之前的理論立場，主要指他在《認眞看待權利》中的主張。

☆ 譯按：此處之所以不乾脆說「法律」，而說「可算是法律的法律」，是因爲這裡所談的是「邪惡」的法律。而邪惡的法律到底「是不是」法律仍是爭點，所以哈特暫時用這個較爲不確定的語詞，表達可能可以被當作法律的那個事物。

◆ 譯按：這裡的「資源」是指語言上的「資源」，意指我們可以用來描述該現象的語言其實很多，不一定非得拘泥於某一種表達方式。

▲ 譯按：所謂「這樣的結論」，是「此法體系中的法不是法」。

原則有雙重功能。但是既然法體系內的既存法律可能邪惡到一個地步，不可能有詮釋能夠證立其中的法律，德沃金便說這兩重功能會分開來，只讓法律上的原則被指認出來，而不再關乎道德。★但這樣子的法律（極邪惡的法律），無法建立任何具有初步道德力量的「權利」，儘管德沃金宣稱「初步道德力量」是所有法律權利都要具備的。然而，就像德沃金後來所承認的，即使當法體系邪惡到一個地步，以致於整體而言沒有任何詮釋能夠在道德上加以證立，但仍然可能存在一些情況，在其中我們可以妥當地說個人仍擁有一些法律權利，而這些法律權利仍具有初步的道德力量。（原注72）這種情況發生於，當這種法體系包含著不受該體系普遍性之邪惡影響的法律時（比如關於訂立或履行契約的法律），個人仍可依照這些法律來規劃其生活或安排其財產。為了處理這種情況，德沃金修正了他原本的想法，以為具有初步道德力量的法律權利及義務必須來自一個一般的法律詮釋理論，並承認這樣的情況構成獨立於他的一般理論之外的「特殊理由」，能把具有一些道德力量的法律權利加諸於個人。

司法裁量（原注73）

我在這本書中提出的法理論與德沃金的理論最尖銳且最直接的衝突，來自於我的一個主張。這個主張就是，在任何法體系中，一定存在著某些未受法律規範的案件，在這些案件中從法律無法導出特定的決定，也因此法律乃是部分地不確定或不完整的。如果在這些案件上，如同邊沁曾經大聲疾呼，法官仍應做出決定，不應放棄審判權或把法律未規範的爭議點丟給立法機構去決定，他就必須行使他的裁量或爲該案件造法，而非僅僅適用已存在的既定法律。因此，在這種法律所未規範的案件中，法官同時創造新法並適用既存的法律。在此，既存法律賦予並也限制著法官造法的權限。

我所提出的「法律乃是部分地不確定或不完整，而且法官針對法律的這種特性應該行使其有限的造法裁量權限以塡充法律的漏洞」這幅法律圖像，被德沃金批評是對於法律及司法論理的一種錯誤說明。他主張，不完整的不是法律本身，而是法實證主義者心中的法律圖像。他自己提出的關於法律的「詮釋性」說明，才能描繪出完整的法律圖像。他對法律的詮釋性說明中，認爲法律不只包括外顯的（explicit），可以經由其社會淵源被鑑別出來既定法律，而且也包括內含的（implicit）法律原則，這些原則一方面最適合於外顯的法律，或最能與其一致；另一方面則能爲外顯的法律提供最佳的道德正當性。在此種詮釋性的觀點下，法律從不會不完整或者不確定，因此法官從不會有跨越到法律之外，行使造法權限以作成裁判決定的機會。因而，在透過社會淵源被鑑別出來的法律無法決定某種裁判的「疑難案件」中，法院可以訴諸這些內含的原則及其中所蘊含的道德面向，來決定如何裁判。

很重要的是，在部分未受法律規範的案件上，我所劃歸給法官的造法權限與立法機構的立法權是不同的：不只因爲法官的造法權限比起立法機構自由的立法權受到許多限制，因而縮小了他可選擇的範圍；並且因爲法官的權力乃是用來處理特定的具體的案件，因此他無法使用該權力造成大規

★譯按：參照本小節「法律的鑑別」第一段最後一行。

模的改造與引進新的法律條款。所以法官的造法權力一方面僅僅是用來塡補空隙，一方面也受到許多實質的限制。但無論如何，總是存在著既存法律無法導出正確裁判結論的地方，此時法官就必須要行使其造法的權力。不過，他不可以恣意地行使這項權力。他必須有一般性的理由來正當化他的裁判決定，而且他必須像一位誠心的立法者般地，根據他自己的信念和價値來做出裁判。當法官滿足了這些條件，他就有權按照他自己的標準和理由來做出沒有法律可以導出的結論，在此同時，他的決定可以與其他法官依照他們各自的標準和理由所做出來的結論相異。

針對我對法院行爲所做的說明，認爲在法律未完整規範的案件中，法院行使著受到限制的裁量權，德沃金提出三個主要批評。第一個批評是，我的說明是對「疑難案件」的司法過程與法院行爲的錯誤描述。（原注74）德沃金透過法官與律師用來描述法官任務的語言，以及司法決策過程的現象學（phenomenology）來說明這一點。依照他的說法，當法官對案件進行裁判時，以及律師試圖影響法官使他作出對其有利之判決時，即便是在前所未見的案件中，也不會說法官是在「創造」法律。就算是在最疑難的案件中，法官的意識，也並不會像法實證主義者所言，在裁判的決策過程中會經歷兩個完全不同的階段：第一個階段是，法官發現既存的法律無法導出特定裁判；第二個階段是，法官捨棄既存的法律而開始重新並且溯及既往地，根據他認爲最好的方式爲當事雙方創造法律。德沃金認爲眞相並非如此。相反地，他認爲律師們對法官申言的方式，表示律師認爲法官所在乎的，就是要去發現並執行既存的法律；而就法官而言，他們的論述方式，就好像法律是一個沒有間隙的權利體系，在其中每一個案件都有一個解決方案，等待著法官的「發現」，而非「發明」。

無庸置疑地，我們所熟悉的司法裁判過程所使用的語言修辭，確實會助長以下的想法，那就是認爲在一個已發展的法體系中，不存在未受規範的案件。然而，這樣一種想法是否應被認眞看待呢？當然，在歐洲存在著一個久遠的傳統以及原則，也就是「權力分立」。這個原則所強調的就是立法者與法官之間的區分，在這個原則之下，人們也堅持當法律是清楚的時候，法官永遠應該做法律的「傳聲筒」，而不應該創造法律或塑造法律。但很重要的是，我們應該要區分法官或律師在法庭上所使用的形式上的語言，以及他們退下法庭之後所表達的，關於司法裁判過程具反思性的一般性陳述。好比德高望重如美國的荷姆斯法官（Oliver Wendell Homles）與卡多佐法官（Cardozo），英國的麥克米倫法官（Lord Macmillan）、賴德克里夫法官（Lord Radcliffe）或里德法官（Lord Reid），以及其他許多優秀的法律人，包括在學術界或實務界，都堅定地認爲存在著法律未完整規範的案件，法官對之擔負無可逃避但屬塡補性質的造法任務，在這些案件中法律無法告訴我們應該採取哪一種決定。

法官有一個重要的援引法律的方式，可以解釋爲什麼有人會抗拒法官乃是同時在創造及適用法律這樣的說法，也可以闡明司法與立法造法的主要差異點。法院時常強調，在審理未受規範的案件時，他們會透過類比（analogy）的方式，援引既存的法律或判例，以確保他們所造的新法，儘管是新的法，仍能與既存法律中所蘊含的原則以及基礎原理相互一致。確實，當某些法律或判例在個案中遇到無法確定的狀況時，或者當法律沉默時，法官不會就把他們的法律書推到一旁，然後開始立法，不去尋求現存法律的指引。法官們在審理這種疑難案件時，經常會按照人們對於該等法律的理解，援引相當範圍內各項法律所體現和表達的一般性原則，或者一般性目標或意旨，爲當下的疑難案件中指出確定的答案。的確，這就是構成德沃金司法裁判理論之特色的「建構性詮釋」理論的核心。然而，儘管使用「類比」的方式來處理疑難案件，會削減法官造法的程度，但它並不會完全消除造法的成分，因爲在任何一個疑難案件中，不同的原則會導出彼此競爭的類比適用的方式，而法官必須像一位誠心的立法者般，按照他所認爲什麼是最好的，來就這些不同的方式做出選擇，而非依照任何現存法律所規定的優先順序來做出選擇。只有當既存法律能夠提供一套特殊的高階原則，這些原則會規範在疑難案件中彼此競爭的低階原則相對的比重或優先順序，法官造法的成分才會不只被削減，而是被完全消除。

德沃金對我的司法裁量論所做的另一項批評，並不是說我對司法裁判過程的說明乃是一項錯誤描述，而是說我在爲一種不民主且不正義的法官造法形式背書。（原注75）法官通常不是透過選舉產生的，而有人認爲，只有由人民選舉產生的代表才能夠擁有造法的權力。對於這項批評可以有很多回答。我認爲，法官之所以要被賦予在法律所未規範的爭議當中造法的權限，乃是爲了要避免將眾多法律未完全規範的情況交給立法機關來處理所產生的巨大不便，所必須付出的代價；而這個代價並不算太大，假使法官在行使這項權力時受到限制，不能夠制定新的法規或引起大範圍的變革，只能針對特定個案產生的特定議題定下規則。第二，把有限的立法權力委託給行政部門，這是現代民主國家中一個十分普遍的做法，而如果同樣把有限的立法權力委託給司法部門，似乎不會比委託給行政部門有更大的危害。在這兩種委託立法權的型態中，透過選舉產生的立法機構通常保有事後控制的權力，因而當行政部門與司法部門所立的從屬性法規不被立法部門所接受時，立法部門仍然可以加以廢止或修正。確實，好比在美國，當立法部門的權力受到成文憲法的限制，而法院擁有廣泛的司法審查權時，一個民主選舉產生的立法機構可能會發現自己無力扭轉一個司法造法的決定。此時，終極的民主控制就只能透過麻煩的修憲機制來獲得確保了。這也是以法律限制政府權力所必須付出的代價。

德沃金進一步指控，認爲司法造法乃是不正義的，因爲它是一種溯及既往的，或事後的造法，而溯及既往的立法當然通常被視爲是不正義的。但是，溯及既往的造法之所以是不正義的，是因爲這違反了行爲人在行爲當時合理的期望，這個期望就是，行爲的法律後果乃是按照行爲當時已經存在並被知悉的法律來決定。然而，德沃金的這個批評，即便對法院之事後改變或推翻清楚的既存法律而言是成立的，但就疑難案件而言，這個批評似乎沒有什麼關聯。因爲在法律未完整規範的案件中，並沒有清楚的既存的法律來正當化行爲人的期望。

原文注釋（二版）

本書的正文是獨立且完備的，讀者在參閱注釋之前，最好先讀過每一章。下列注釋是爲了讓讀者注意到三種不同事項：一、正文所做之一般性陳述的進一步說明或舉例；二、針對正文中所採用或指涉的某些著述的觀點，做進一步闡述或批判；三、對深入研究文中所提問題的建議。所有參照本書的地方皆以章節來標明，例如：第一章第一節。本書使用了以下縮寫：

Austin, *The Province*：Austin, *The Province of Jurisprudence Determined* ed. Hart, London, 1954.

Austin, *The Lectures*：Austin, *Lectures on the Philosophy of Positive Law.*

Kelsen,General Theory：Kelsen, *General Theory of Law and State.*

BYBIL：*British Year Book of International Law.*

HLR：*Harvard Law Review.*

LQR：*Law Quarterly Review.*

MLR：*Modern Law Review.*

PAS：*Proceedings of the Aristotelian Society.*

第一章

1. 這兩頁中引自 Llewellyn, Holmes, Gray, Austin, Kelsen 等人的每一句話，都是對某個法律面向似是而非或誇大的說法，而就哈特的觀點，這個面向若不是被日常的法律用語所遮蔽，就是被先前的理論家不當的忽視。面對任何重要的法學家時，比較好的做法是，先不要去問他關於法的陳述是眞是假，而是去檢驗：第一、支持他的陳述的理由；第二、他的陳述用來展示的概念或法理論。

以似是而非或誇大的主張來強調某些被忽視的面向，在哲學中亦屢見不鮮。參閱 J. Wisdom, 'Metaphysics and Verification' 載於 *Philosophy and Psychoanalysis*, 1953; Frank, *Law and Modern Mind*（London, 1949）, Appendix VII（Notes on Fictions）。

這兩頁的五個引句所主張或蘊含的理論，分別在第七章第二、三節（Holmes, Gray, Llewellyn）；第四章第三、四節（Austin）；以及第三章第一節（Kelsen），加以檢驗。

2. 此處所指涉的語言特徵，大致上是囊括在第七章第一節之「開放性結構」的標題下來討論。在尋求像「法」、「國家」、「犯罪」等等之一般語彙的定義時，在試圖指出適用（以一般語彙所架構的）規則至特定個案之推理特性時，都要記著這個特徵。強調語言這個特徵的重要性的法學論述有 Austin, *The Province*, Lecture VI, pp.202-7; *Lectures in Jurisprudence* 5th edn., 1885, p.997（Note on Interpretation）; Glanville Williams, 'International Law and the Controversy Concerning the Word "Law"', 22 *BYBIL*, 1945; 'Language in Law'（五篇文章），61 & 62 LQR, 1945-6。關於後者，參閱 J. Wisdom 在以下文章中所做的評論：'Gods' and 'Philosophy, Metaphysics and Psycho-Analysis'，兩篇文章皆載於 *Philosophy and Psycho-Analysis*, 1953。

3. *The Province*, Lecture I, pp.14-18；*The Lectures*, Lectures 22 & 23。義務的觀念，以及「有義務」（having an obligation）與「強制義務」（being obliged by coercion）的差異，在第五章第二節做了詳細的檢視。關於奧斯丁的分析，參閱以下對第二章的注釋。

4. 認爲透過瞭解法律與道德的連結，我們能夠最佳地理解法律這個主張，在第八、九章做了一番檢驗。這種主張採取了很多不同形式。有時候，例如古典的和經院的自然法理論，這個主張與以下主張連結，即基礎的道德特性是人類理性可以去發現的「客觀眞理」；但是許多其他的法學家同樣致力於強調法與道德的相互依賴性，並不限於這個關於道德性質的觀點。參閱以下對第九章的注釋，第三九六頁起。

5. 對英語世界的讀者而言，這個學派最重要的著作是 Hägerström（1868-1939）, *Inquiries into the Nature of Law and Morals* trans. Broad, 1953，以及 Olivecrona, *Law as Fact*, 1939。他們對於法律規則之特性最爲清楚的陳述，是在上述所引 Olivecrona 的著作中。他批判爲許多美國法學家所贊同的法律規則之預測分析（predictive analysis）（參閱 op. cit., pp.85-8, 213-15），應該要與 Kelsen 在 *The General Theory* 中（pp.165ff., 'The Prediction of the Legal Function'）所做的類似批判做比較。爲什麼這兩位許多觀點相同的法學家，對於法律規則的特性卻有如此不同之結論？這是值得研究的。關於斯堪地那維亞學派的批判，請參閱哈特對 Hägerström 上引著的書評，載於 30 *Philosophy*, 1955; 'Scandinavian Realism', *Cambridge Law Journal*, 1959; Marshall, 'Law in a Cold Climate', *Juridical Review*, 1956。

6. 參閱第七章第一、二節論「形式主義與規則懷疑論」，我們檢驗了某些以「法唯實論」（Legal Realism）著稱的主要理論。

7. 關於「簽署」或「簽名」之意義的案例，請參閱 34 Halsbury, *Laws of England* 2nd edn., paras.165-9，以及 In the

Estate of Cook, 1960, 1 AER 689 與所引用的案例。

8. 關於定義之形式與功能的一般現代觀點，請參閱 Robinson, *Definition*（Oxford, 1952）。以透過「種屬和種差」的傳統定義作爲闡釋法律用語的方法，其不妥當之處爲以下文獻所討論：Bentham, *Fragment on Government*（對第五章第六節的注釋），以及 Ogden, *Bentham's Theory of Fictions*, pp.75-104。另參閱 Hart, 'Definition and Theory in Jurisprudence,' *70 LQR*, 1954，以及 Hart & Cohen, 'Theory and Definition in Jurisprudence,' *PAS* Suppl. Vol. xxix, 1955。於「法」這個詞語的定義，參閱 Glanville Williams, op. cit.; R. Wollheim, 'The Nature of Law' 載於 *2 Political Studies*, 1954；Kantorowicz, *The Definition of Law*, 1958，尤其是第一章。關於語詞定義的普遍需求及其分類性的功能（雖然它們在特定情形中的日常使用，並不使人有任何的質疑），請參閱 Ryle, *Philosophical Arguments*, 1945;Austin, 'A Plea for Excuses', *57 PAS*, 1956-7, pp.15ff。

9. 認爲如果我們正確地使用一般語彙（例如：「法」、「國家」、「民族」、「犯罪」、「善的」、「公正的」），則在此語彙所適用的所有個案必定享有「共通的特質」，這個想法是許多混淆的根源。在法理學中，有許多時間和才智徒勞地浪費在嘗試去找到（爲達定義之目的）這個共通的特質。而這個觀點認爲，這個特質是對眾多不同事物使用同一語詞的唯一可敬的理由。（參閱 Glanville Williams, op. cit.。值得注意的是，這個對於一般語詞之錯誤的觀點並不總是包含以下那個進一步的混淆，即「言詞問題」與作者所提之事實問題的混淆）。

對於一般語彙的一些相關個例的不同理解，在法律、道德和政治語彙中特別重要。關於類比，請參閱 Aristotle, *Nicomachean Ethics*, i, ch.6（其指出「善」的不同個例可以用此方式產生關連）；Austin, *The Province*, Lecture V, pp.119-24。關於對核心個案的不同關係，例如健康，請參閱 Aristotle, *Categories*, chap. I 以及在 *Topics*, I, chap.15, ii, chap.9 中對於「同源詞」（paronyms）的舉例。關於「家族相似」的概念，請參閱 Wittgenstein, *Philosophical Investigations*, i, paras. 66-76。請比較第八章第一節關於「公正的」這個語彙之結構的論述。Wittgenstein 的建議（op. cit., para. 66）與法律和政治語彙的分析特別有關。在思考「遊戲」的定義時，他說：「不要說必定會有某種共通的東西，不然它們就不會被稱之爲『遊戲』，而是要去觀察和發現是否有任何對全體都是共通的東西。因爲如果你尋找它們，你將不會發現有任何全體共通的東西，而是發現類似性、關係，以及其整體系列。」

第二章

1. 各種祈使語氣，好比「命令」、「懇求」、「評論」等等，都建立在許多條件上，包括說話的社會情境、說話雙方的關係，以及他們使用影響力的意圖等。對於祈使語氣的分類仍然幾乎是尚未被碰觸的領域。大部分對於祈使語氣的哲學討論是關於：一、祈使語句與指示（indicative）或描述（descriptive）語句的關係，以及把前者化約爲後者的可能性（Bohnert, 'The Semiotic Status of Commands' 12 *Philosophy of Science*, 1945）；二、祈使語句之間是否存在著演繹（deduction）的關係，以及是什麼樣的演繹關係，參見 Hare, 'Imperative Sentences', 58 *Mind*, 1949; *The Language of Morals*, 1952; Hofstader and McKinsey, 'The Logic of IMperatives', 6 *Philosophy of Science*, 1939; Hall, What is Value?, 1952, chap. 6；Ross, 'Imperatives and Logic', 11 *Philosophy of Science*, 1944。對這些邏輯問題的研究十分重要；區分各種各樣的祈使語氣及其所在的社會情境脈絡，也是十分重要的。探討在什麼樣的標準社會情境之下使用文法上的祈使語句，哪些是屬於「命令」、「懇求」、「請求」、「號令」、「指示」、「指引」等等，這項研究不只是在發現語言上的事實，也是在探討在語言當中表現出來的各種社會情境與社會關係的相似與相異處。這個探討的方向對於法律、道德及社會學的研究都非常重要。

2. 祈使語句作爲希望他人應該行動或避免行動之意願的表達：在將語言中的祈使語氣以這個方式作爲標準定位時，要特別注意區分兩種情況。一是，說話者的話語中儘管包含著祈使句，但他只是表達自己希望他人爲某種行爲的願望。他所說的話意在提供一項資訊。另一種情況是，說話者說話的同時意圖影響他人，使他按照說話者所希望的方式去行動。第一種情況適合用指示性語句（**譯按：指示性語句乃是語句中描述事實的部分，區別於語句中表達意向的部分**），而非用祈使性語句來表達。（針對這個區分，參見 Hägerström, *Inquiries into the Nature of Law and Morals*, chap.3, s.4, pp.116-26。）不過說話者說話的意圖在於促使他人按照他所希望的方式去行動，這件事情對於祈使語句的標準用法來說，儘管是必要的，卻不充分。同樣必要的還有其他條件，比方說話者同時希望他說話的對象能夠認知到他的意圖，並且希望對方能夠受到他的影響而行動。針對這個主題（本書並未加以處理）參見 Grice, 'Meaning', 66 *Philosophical Review*, 1957 以及 Hart, 'Signs and Words', 11 *Philosophical Quarterly*, 1952。

3. 在對「祈使語氣」的一般概念進行分析時，我們所面臨的困難之一，就是我們找不到一個共通的字能夠用來指涉命令、號令、請求，以及其他各種祈使語氣的類型；也就是說，我們找不到一個表達方式，可以來表達各種祈使語氣的共同內涵——意欲他人應該或不應該爲某種行爲；類似的情況，也沒有一個單一的字可以表達某人實行或者迴避某種行爲的這個動作。所有存在於自然語言中的表達方式（好比「命令」、「要求」、「服從」、「遵守」）都必然帶著其在日常使用中所處的各種不同情境的特徵。即便是最不被這些特徵沾染的一個表達方式（「告訴某人去做某事」），也蘊含了說話的一方在地位上凌駕聽話者的情境特徵。爲了要描述搶匪情境，我們選擇了「命令」及「服從」這兩個詞彙，因爲去說搶匪命令銀行行員把錢交出來，而銀行行員因而服從了他的命令，這是很自然的說法，並無絲毫不妥。的確，當「命令」與「服從」作爲抽象的名詞時，通常並不會被用來描述這種搶匪情境，因爲「命令」作爲一個抽象的名詞，蘊含著發命令的人擁有某種權威，而「服從」作爲一個抽象的名詞時，也經常被視爲一種德性，而揹匪情境中，並沒有包含這兩個成分。但是在闡述並批判把法律視爲強制命令的法理論時，我們所使用的，作爲名詞的「命令」和「服從」，以及作爲動詞的「命令」和「服從」，並沒有包含權威或者道德上的妥適性在其中。我們這麼是出於方便的原因，我們無意事先論斷任何議題。包括邊沁（*Fragment of Government*, chap.i, note to para.12）及奧斯丁（*The Province*, p.14）都以這種方式使用「服從」這個字。邊沁明白此處所提及的所有困難（參見 *Of Laws in General*, 298 n.a.）。

4. 我在本章第二節所建構的「法律作爲強制性命令」的簡單模型，與奧斯丁在《法理學範圍之劃定》中的學說有以下的不同。

一、用語。在本書中，我使用「以威脅爲後盾的命令」與「強制性的命令」，而非奧斯丁所使用的「號令」。理由我在本文中已經說明。

二、法律的一般性。奧斯丁（op. cit, p.19）區分「法律」與「特定的號令」，認爲一道號令可以成爲法律或規則，如果它「一般性地課予一整個類型的作爲或不作爲的義務」。根據這個觀點，一道號令可以成爲法律，就算這道號令由主權者針對個別的個人所發出，只要這道號令要求這個個人所做的，是一個類型或種類的行爲，而不是要求他做某一個個別的行爲，或者是一套不同的，但個別地被指明的行爲。與奧斯丁不同的是，在本書中所建構的法體系模型裡，命令乃是一般性的，此一般性所針對的不止包括一整個類型的行爲，其所要求的對象，也得是一整個類型的個人。

三、畏懼與義務。奧斯丁經常提到，只有當一個人眞正畏懼懲罰時，他才是受到法律的拘束或者被課予義務（op. cit., pp.15 and 24, and *The Lectures*, Lecture 22, 5th edn., p444。「正因受規範的一方厭惡惡害，或者畏懼惡害，所以他才受到拘束，或被課予義務。」）不過，他的主要學說似乎認爲，我們要能夠說一個人受到拘束或者被課予義務，只需要他違反法律的行爲存在著「招致最輕微的惡害的最小機會」，就足夠了，不管受拘束的人到底怕不怕招致惡害。（*The Province*, p.16）而在法律作爲強制性命令的模型中，我們的設定則是僅需存在著不服從行爲可能遭致所威脅的惡害的一般信念，便已足夠。

四、權力與法律義務。在奧斯丁對於號令與義務的分析中，他一開始的意思是，發出號令的人必須眞的擁有對違反規則的人施加惡害的力量（「能夠而且意欲」），但是後來他把這個要求減弱到只需要存在著施加最輕微惡害的最小機會即可（前引書., pp.14,16）。關於奧斯丁對號令及義務之定義的模稜兩可，參見 Hart, 'Legal and Moral Obligation', in Medlden, *Essays in Moral Philosophy*, 1958, Chapter V., s.2。

五、例外。奧斯丁把宣示性的法律、許可性的法律（permissive laws）（比如，日落條款），以及不完整的法律（imperfect laws），當作他以號令爲要素所建構之法律的一般定義之例外（前引書，pp.25-9）。這點在本章文中沒有加以處理。

六、作爲主權者的立法機構。奧斯丁主張在一個民主政體中，是選民而非他們在立法機構的代表，組成或構成部分的主權者整體，雖然在英國，選民行使其主權的唯一方法，就是去產生他們的代表，並把他們所剩餘的主權都委任給這些代表。雖然他表明「精確地說」，這才是他眞正的立場，但是他也允許自己採取另一種說法（就像所有的憲法學者所說的），那就是國會才識主權的擁有者（前引書，*Lecture* VI, pp.228-35）。在本章文中，我把像國會這樣的立法機構作爲主權者；但請參見本書第四章第四節對於奧斯丁的學說在這個部分的詳細檢討。

七、對於奧斯丁學說的精緻化與修正。在本書的後面幾章，我們會詳細遞檢視一些被用來爲奧斯丁的理論辯護、對抗批評的觀點，雖然這些觀點沒有在本章中被納入我們所建構的模型中。這些想法是奧斯丁自己提出來的，儘管其中一些想法仍然相當初步而簡略。這些想法預示了像凱爾生這些後來的理論家的發展。這些想法包括「默示」的號令這個觀念（參見第三章第三節，以及第四章第二節）；失去效力（譯按：立法因不合法定程序而失效）作爲一種懲罰（第三章第一節）；「眞正的」法律是一種對官員傳達的規則，要求他們執行懲罰（第三章第一節）；選民作爲非常情況下的主權立法者（第四章第四節）；主權者整體的統一性（unity）與延續性（第四章第四節）。任何想要評估奧斯丁的理論的人，都要注意莫理森的一篇文章（W. L. Morison, Some Myth about Positivism, 68 *Yale Law Journal*, 1958）。這篇文章糾正了許多早期學者對於奧斯丁的誤解。也請參閱 A. Agnelli, *John Austin alle origini del positivismo giuridico*, 1959, chap.5。

第三章

1. 對於法律的一般定義，在不同類型的法律規則間有不同的形式及功能差異。本書的論證是，課予義務的規則和授予權力的規則之間的差異，在法理學中具有關鍵重要性。法律可以被理解爲這兩個不同類型之規則的結合。這是本章所強調的法律規則類型的主要區分，但還有許多其他的區分能夠也應該被區分出來。參閱 Daube, *Forms of Roman Legislation*, 1956，其進一步闡述法的分類，思考不同的社會功能，並且通常以語言形式作爲佐證。

2. 爲了將注意力集中在課予義務的規則和授予權力的規則的區別，我們忽略了刑法的義務與侵權行爲法及契約法的義務間的許多差異。有些不忘這些差異的理論家主張，「最初的」（primary）或「在前的」（antecedent）作爲或不作爲義務（例如：依據契約履行某個行動或避免毀謗別人）只是虛構的，唯一「眞正的」義務是發生某些事件後（包括未能履行所謂之最初的義務）的損害賠償或懲罰性補償的義務。參閱 Holmes, *The Common Law*, chap.8; Buckland, *Some Reflections on Jurisprudence*, p.96; 'The Nature of Contractual Obligation', 8 *Cambridge Law Journal*, 1944，對此做了批判。比較 Jenks, *The New Jurisprudence*, p.179。

3. 在英美法中，這兩個語彙現在大致上是同義詞。但是以課予義務來指涉刑事法並不常見，除非是對法的要件做抽象討論，例如將法義務相對於道德義務的分析。或許「義務」這個詞最常見者，還是由法律人用來指涉契約法或其他的情形，例如侵權行爲之後所負的賠償義務，這個情形是一個確定的個人對於另一個確定的個人擁有權利（個人之間的權利）。在其他的情形中，「責任」的使用是較常見的。這就是羅馬法中 *obligatio* 這個字之最初意義（即將特定個人拘束在一起的法律約束）在現代法律英語用法中的延續。參閱 Salmond, *Jurisprudence*, 11th edn., chap.10, p.260, chap.21；比較第五章第二節。

4. 在歐陸的法理學中，授予法律權力的規則有時被指爲「權能規範」（norms of competence），參閱 Kelsen, *General Theory*, p.90; A. Ross, *On Law and Justice*, 1958, pp.34, 50-9, 203-25。Ross 區分了私人的和社會的權能（從而區分了私人的處分，例如契約和公共的法律行動）。他也注意到，權能規範並不規定義務。「權能規範本身並不直接是指令（directives）：它並不將某個措施指定爲義務……權能規範本身並沒有說出擁有權能的人負有行使權能的義務。」（op.cit., p.207）。可是必須注意，雖然他做了這些區分，還是採取本章所批判的觀點，即權能規範能夠化約到「行爲規範」（norms of conduct），因爲這兩種類型的規範都必須「被詮釋爲對法院所下的指令」（op.cit., p.33）。在我們思考對下述種種嘗試的批判時，即試圖取消這兩種規則類型的區別，或者試圖顯示這種區分不過是表面的，我們應該要想到的是社會生活的形式（在其中這個區分似乎是重要的），而不是法律。在道德的情形中，確定個人是否做了一個有拘束力的承諾的規則，授予對個人道德立法的有限權力，從而需要與課予義務的規則作區分。參閱 Melden, 'On Promising', 65 *Mind*, 1956; Austin, 'Other Minds', *PAS* Suppl. Vol. xx, 1946 重刊於 *Logic and Language*, 2nd series；Hart, 'Legal and Moral Obligation' 載於 Melden, *Essays on Moral Philosophy*。從這個觀點來研究任何複雜遊戲的規則，可能會有所助益。有些規則（像刑法）以懲罰來禁止某些類型的行爲，例如犯規或對裁判不敬。有些規則界定了遊戲工作人員（裁判或計分員）的管轄權。有些則再次界定得分的必要要件（例如進球或跑壘）。完成了跑壘或進球的條件，代表邁向勝利的關鍵；未能完成這些條件就未能得分，從那個觀點來看，是一個「無效」（nullity）。在此，初步看來，相應於遊戲中的不同功能，有著不同類型的規則。論者可能會主張，它們能夠且應該被化約爲一個類型，若不是因爲未能得分（「無效」）可以視爲對被禁止之行爲的「制裁」或「懲罰」，就是因爲所有規則都可以被詮釋爲在某些情況下對工作人員所下的行動指示（例如記錄得分或將賽者送出賽場）。然而，以此方式將兩種類型的規則化約爲單一類型，會模糊了它們的特性，使得附屬的部分取代了具核心重要性的部分。以下的問題值得我們思量：在多大的程度上，化約論的法理論（本章所批判者）模糊了不同類型的法律規則在社會活動的體系（這些法律規則也是此體系的構成部分）中所具有之多樣功能。

5. 授予司法權利之規則與課予法官義務之附加規則。雖然同一個行爲可能被當成是逾越審判權（做出應被視爲無效而撤銷的判決），或是在要求法官不得逾越審判權的規則下違反了義務，但是這兩種類型的規則仍舊得以區分。如果能夠獲得防止法官逾越審判權（或者其他使判決無效的行爲）的禁令，或如果對這樣的行爲有所懲罰的話，情況就會如上所述。同樣地，如果在法律上不適格的人參與了正式的訴訟程序，則他可能遭受懲罰，這個程序也會變成無效。關於此種懲罰，參閱 *Local Government Act*, 1933, s.76; *Rands v. Oldroyd*, 1958, 3 AER 344。然而，這項法律規定地方當局的訴訟程序並不因其成員在資格上有所瑕疵，而導致無效（ib. Schedule III, Part5, 5）。

6. 奧斯丁採取這個設想，見 *The Lectures*, Lecture 23，但他並沒有加以發展，參閱 Buckland 的批判，見 op. cit., chap.10。

7. 凱爾生結合了以下理論闡述了這個理論的極端版本，即法的第一次規則是那些要求法院或官員在特定條件下施加制裁的規則，參閱 *General Theory*, pp.58-63 以及（關於憲法）ib., pp.143-4。「因此憲法規範並不是獨立完整的規範；它們是所有法院和其他機關必須適用之法律規範的固有部分。」這個理論限於對法的「靜態」呈現，而非「動態」呈現（ib., p.144）。凱爾生的闡釋也由於以下的主張而變得複雜，即在授予私人權力的規則時，例如訂立契約，「第二次規範」或由契約所創設的義務並「非只是法學理論之輔助性的建構」（op. cit., pp.90 & 137）。但是實質上凱爾生的理論就是本章所批判的理論。較爲簡單的版本，參閱 Ross 的理論，即「權能規範是行爲規範的間接表述」（Ross, op. cit., p.50）。關於將所有規則皆化約爲創設義務規則的版本，參閱 Bentham, *Of Laws in General*, chap.16 以及 Appendices A-B。

8. 法律義務作爲預測與制裁作爲對行爲課稅，關於這兩個理論，參閱 Holmes,'The Path of the Law', 1897，載於 *Collected Legal Papers*。荷姆斯認爲以「犬儒的酸」（cynical acid）來沖洗義務的觀念是必要的，因爲這個觀念已經和道德義務混淆了。「我們用我們取自道德處的所有內容填滿了這個詞語。」（op. cit. 173）但是法律規則作爲行爲標準的設想，並未使得它們與道德標準的一致成爲必要（第五章第二節）。對荷姆斯將義務與以下那種「預言」劃上等號的批判，即「如果他（壞人）做了某些事，將有不愉快的後果加諸身上」（loc. cit.），參閱 A. H. Campbell, review of Frank's 'Courts on Trial', 13 *MLR*, 1950；以及第五章第二節、第七章第二、三節。

由於美國憲法第一條第八項將課稅權授予國會，法院難以區分刑罰與課稅。請參閱 *Charles C. Steward Machine Co. v. Davis*, 301 US 548, 1937。

9. 個人作爲義務的承載者與私領域的立法者。參照凱爾生對於法律能力（legal capacity）與私領域自主性（private autonomy）的說明（*General Theory*, pp.90 & 136）。

10. 關於建立在以下基礎上之法命令理論的批判，即命令或號令只適用於他人，參閱 Baier, *The Moral Point of View*, 1958, pp.136-9。然而，某些哲學家接受下達自己命令的觀念，且甚至在分析第一人稱的道德判斷時使用這個觀念（參閱 Hare, *The Language of Morals*, chaps.11 & 12 on 'Ought'）。關於文中所提之立法與承諾間的類比，參閱 Kelsen, *General Theory*, p.36。

11. 文中所批判的理論是奧斯丁的理論，參閱 *The Province*, Lecture I, pp.30-3; *The Lectures*, Lecture 30。關於默示命令的觀念，以及用它來說明（與命令理論一致的情形下）對法之各種型式的確認，參閱邊沁在 *Of Laws in General*, p.21 中關於「繼受」（adoption）與「容許」（susception）的理論；Morison, 'Some Myth about Positivism', 68 *Yale Law Journal*, 1958；以及第四章第二節。關於對默示命令觀念的批判，參閱 Gray, *The Nature and Sources of the Law*, ss.193-9。

12. 認爲法在本質上是命令，從而是立法者意志或意圖的表達的這個理論，除了本章所提的批判，尚有許多其他批判。某些批判者認爲這個理論要爲以下此誤導的設想負責，即認爲成文法解釋的任務就是搜尋立法者的「意圖」，而無視於一個事實：因爲立法機構是一個複雜的人造團體，所以不僅在發現或製造其意圖的證明時有所困難，而且「立法機構的意圖」一詞也沒有清楚意義。參閱 Hägerström, *Inquires into the Nature of Law and Morals*, chap.iii, pp.74-97。關於立法意圖的觀念之虛構，參閱 Payne, 'The Intention of the Legislature in the Interpretation of Statute', *Current Legal Problems*（1956）; cf. Kelsen, *General Theory*, p.33 論立法者的「意志」。

第四章

1. 本章所檢視的主權理論是奧斯丁在 *The Province* 中所闡釋的理論。我們將他詮釋爲不僅爲法體系的邏輯安排提供了某種形式的定義或抽象的結構，也提出了以下事實主張：在所有存在著法律的社會中（例如英美），我們都可以在某處找到具奧斯丁所界定之屬性的主權者，雖然這個主權者可能被不同的憲法或法律形式所隱蔽。某些理論家對奧斯丁有不同的詮釋，他們認爲奧斯丁並沒有提出這樣的事實主張。（參閱 Stone, *The Province and Function of Law*, chap.2 & 6，尤其是 pp.60, 61, 138, 155。在其中，奧斯丁在許多不同的社群中確認主權者的努力被視爲是與他的主要論旨無關的延伸。）關於對奧斯丁理論的這個觀點的批判，參閱 Morison, 'Some Myth about Positivism', loc. cit., pp.217-22。Cf. Sidgwick, *The Elements of Politics*, Appendix A 'On Austin's Theory of Sovereignty'。

2. *The Province* 中簡短提及了「以繼承的方式取得主權」的人格（Lecture V, pp.152-4），這個提示雖然具有啓發性，卻是模糊不清的。奧斯丁似乎承認，爲了藉由獲得主權之人格間的繼承來說明主權的繼續性，除其「習慣性服從」和「命令」等關鍵觀念，有必要再加上某種東西，但是他從未明確指出這個進一步的要素。對於這個關聯他或稱之爲「資格」（title），或繼承的「權利」（claims），或「正當的」資格（legitimate title），但是從通常的語言使用來看，這些表述暗示著規制繼承之規則的存在，而不僅是對繼任之主權者的服從的習慣。奧斯丁對這些語彙以及他所使用之獲得主權的「類的資格」（generic title）或「類的模式」（generic mode）等表述的說明，在他關於主權者之「確定」性格的理論（op. cit., Lecture V, pp.145-55）中做詳細的解釋。他在此處區分了兩種情形，即主權者是個別地來確認的，例如透過名字；另一情形是主權者是以「符合某個類的描述（generic description）」來加以確認的。因此（以最爲簡單的例子來講），在世襲的君主體制中，這個類的描述可能是：某位先人之「在世的嫡長男性後嗣」；而在國會民主體制中，對於立法機構成員之接續資格的描述將會具有高度的複雜性。
奧斯丁的觀點似乎是：當一個人符合了此種「類」的描述時，他就擁有了繼承的「資格」或「權利」。將這個說明以對主權者之類的描述來表達（如同其實際的情形）並不適當，除非奧斯丁在這個脈絡下所意指的「描述」，是指一項被接受的繼承規則。因爲下列兩種情形是有明確區分的，即第一種情形是，每一個社會中的成員事實上習慣性地服從任何目前符合特定描述的人，以及第二種情形是，人們接受這樣一項規則，即任何符合這個描述的人擁有被服從的權利或資格。上述的區分和以下兩種情形的差異是平行的，即一種情形是，一些人習慣性地以某種方式移動棋子，以及另一種情形是，有些人同樣地移動棋子，但卻接受這樣的規則：這是移動它的正確方式。如果要有繼承的「權利」或「資格」的話，那麼就必須要有對繼承有所規定的規則。雖然奧斯丁關於類的描述的理論明白地揭示了此種規則的必要性，但是它不能取代此種規則的地位。對於奧斯丁未能承認賦予立法者資格的規則這一點所做的批判，參閱 Gray, *The Nature and Sources of the Law*, chap.iii, esp. ss. 151-7。奧斯丁在 Lecture V 中對主權者之統一性和其法人或「社團」（collegiate）能力的說明有著同樣的缺失（參閱本章第四節）。

3. 此處所強調之規則的內在面向在以下章節有進一步討論：第五章第二、三節，第六章第一節，第七章第三節。另參閱 Hart, 'Theory and Definition In Jurisprudence', 29 *PAS* Suppl. vol., 1955, pp.247-50。類似的觀點參閱 Winch, *The Idea of a Social Science*, 1958, chap.ii, pp.57-65, chap.iii, pp.84-94 論「規則和習慣」；Piddington, 'Malinowski's Theory of Needs'，載於 *Man and Culture*, ed. Firth。

4. 在對憲法之接受中（因此就是法體系的存在中），官方和私人對法律規則之不同態度的複雜性，在以下章節中有進一步檢驗：第五章第二節，以及第六章第二節頁。另參閱 Jennings, *The Law of the Constitution*, 3rd edn., Appendix 3: 'A Note on the Theory of Law'。

5. 霍布斯和默示命令理論，參閱第三章第三節及其注釋；另參閱 Sidgwick, *The Elements of Politics*, Appendix A。關於以下這種類似「現實主義」的理論，甚至當前立法機構所制定之成文法在被執行之前都不算是法律，參閱 Gray, *The Nature and Sources of the Law*, chap.4 ; J. Frank, *Law and Modern Mind*, chap.13。

6. 不同於奧斯丁，邊沁主張最高的權力可以被「明白之傳統」（express convention）限制，而且違反傳統所制定出來的法律將是無效的。參閱 *A Fragment on Government*, chap.4, paras.26 & 34-8。奧斯丁反駁主權者之權力可受法律限制之可能性的論證是基於以下的預設，即順從這樣的限制，就是順從於義務。參閱 *The Province*, Lecture VI, pp.254-68。事實上，對立法權威之限制在於喪失能力而不是義務，參閱 Hohfeld, *Fundamental Legal Conceptions*, 1923, chap.i。

7. 將這些規定與對立法權力之實質限制做區分的困難，在第七章第四節有進一步探討。關於主權者能力之「界定」（defining）與「束縛」（fettering）之區分的詳盡討論，參閱 Marshall, *Parliamentary Sovereignty and the Commonwealth*, 1957, chaps.1-6。

8. 關於不允許司法審查的憲法，參閱 Wheare, *Modern Constitutions*, chap.7。包括瑞士（除了州的立法）、法國第三共和、荷蘭、瑞典。關於美國最高法院拒絕審查引起「政治問題」之違憲案，參閱 *Luther v. Borden*, 7 Howard 1 12 L. Ed. 581, 1849 ; Frankfurter, 'The Supreme Court'，載於 14 *Encyclopaedia of the Social Sciences*, pp.474-6。

9. 奧斯丁使用這個觀念避免以下反駁，即在許多體系中，通常的立法機構是受到法律限制的，關於這點請參閱 *The Province*, Lecture VI, pp.222-33 & 245-51。

10. 奧斯丁對主權者的成員經常做以下的區分，即「個別地看待的」和「作爲成員或以其社團的或主權者的資格來看待的」。（*The Province*, Lecture VI, pp.261-6）但這樣的區分包含著規制主權者立法活動之規則的觀念。奧斯丁只有在以令人不滿意之「類的描述」的語彙來分析官方的或社團的資格的觀念時提了暗示（參閱上注2）。

11. 修憲權的有限範圍，參閱美國憲法第五條的但書。在德國基本法中，第一條和第二十條是被排除在第七九條第三項所授予之修憲權的範圍之外的。另參閱：土耳其憲法第一條和第一〇二條。

第五章

1. 關於義務「預測的」分析，參閱 Austin, *The Province*, Lecture I, pp.15-24，以及 *The Lectures*, Lecture 22；Bentham, *A Fragment on Government*, chap.5, esp. para.6 和注釋；Holmes, *The Path of the Law*。對奧斯丁分析的批判見 Hart, Legal and Moral Obligation，載於 Melden, *Essays in Moral Philosophy*。關於義務的一般觀念，請參閱 Nowell-Smith, *Ethics*, 1954, chap.14。

2. 參閱 A. H. Campbell, *The Structure of Stairs Institute*（Glasgow, 1954）, p.31。而 Duty 這個字是來自法文 *devoir*（本分），源自拉丁文 *debitum*（債務）。因此隱含債的觀念。

3. Ross 以兩個要素來分析效力的概念，也就是規則的實效及「人們感受其驅動力的方式，亦即社會的拘束力」。這包含從隨同行為之經驗模式而來之心理經驗的角度來分析義務。參閱 Ross, *On Law and Justice*, chaps.i & ii,; *Kritik der sogenannten praktischen Erkenntniss*, 1933, p.280。關於義務的觀念與感覺的詳細討論，參閱 Hägerström, *Inquiries into the Nature of Law and Morals*, pp.127-200，關於他的論點，參閱 Broad, 'Hägerström's Account of Sense of Duty and Certain Allied Experiences', 26 *Philosophy*,1951; Hart, Scandinavian Realism，載於 *Cambridge Law Journal* ,1959, pp.236-40。

4. 觀察者之外在的預測觀點與接受並使用規則作為指引之人的內在觀點之間的對比，Dickinson 在以下文章中已經提出，雖然他使用不同的語彙：Dickinson, 'Legal Rules. Their Function in the Process of Decision', 79 *University of Pennsylvania Law Review*, p.833, 1931。Cf. L. J. Cohen, *The Principles of World Citizenship*, 1954, chap.3。要注意的是，從外在觀點（也就是未接受其所遵守之社會規則的觀察者的觀點）來看，可以做出許多不同類型的陳述：一、他可能只是記錄那些遵從規則之人的行為規律性，好像它們只是習慣，並未提及這樣的事實，即這些模式被社會的成員視之為正確行為的標準；二、他可能將對於通常行為模式之偏離所產生的敵對反動，記錄為某種習慣性的東西，同樣也未提及此種偏離被社會的成員視之為反動的理由或證立；三、他所記錄的可能不僅是此種可觀察之行為與反動的規律性，也包括社會的成員接受某些規則作為行為的標準，並且他們將可觀察的行為和反動視為規則所要求者或為規則所證立的。重要的是去區分以下兩種陳述，即斷言社會的成員接受某一規則之事實的外在陳述，以即本身接受規則之人所做成之規則的內在陳述。參閱 Wedberg, 'Some Problems on the Logical Analysis of Legal Science', 17 *Theoria*, 1951；Hart, 'Theory and Definition in Jurisprudence', 29 *PAS* Suppl. vol., 1955 , pp.247-50。另參閱第六章第一節頁 102-5 及 109-10。

5. 極少數的社會在缺乏立法和司法機關以及集中之組織性制裁的情形下還能存在。關於最為接近此種狀態的研究，

參　閱 Malinowski, *Crime and Custom in Savage Society*; A. S. Diamond, *Primitive Law*, 1935, chap.18; Llewellyn & Hoebel, *The Cheyenne Way*, 1941。

6. 在某些原始社會中，雖然沒有任何用來執行決定的組織性制裁體系，仍舊有用來解決爭議之裁判的雛型，參閱 Evans-Pritchard 在 *The Nuer*, 1940, pp.117ff. 中所論的「有秩序的無政府狀態」（ordered anarchy），引自 Gluckman, *The Judicial Process among the Barotse*, 1955, p.262。在羅馬法中，遠在以國家機器來執行民事裁判之前，已經有精緻的訴訟體系。一直到帝國晚期之前，如果敗訴的被告不履行賠償責任，勝訴的原告可以對之拘禁或奪取其財產。參閱 Schulz, *Classical Roman Law*, p.26。

7. 參閱 Baier 在 *The Moral Point of View*, pp.127-33 中所論的「法與習慣」（Law and Custom）。

8. 關於法體系之此要素及其與凱爾生之基本規範（Grundnorm）間關係的詳細討論，參閱第六章第一節和第十章第五節，以及該處注釋。

9. 在羅馬，根據傳統「十二銅表法」被設置在市場的銅牌上，以回應平民對於公布法之權威性文本的要求。從可得的證據顯示，十二銅表法似乎不可能脫離傳統的慣例規則太多。

10. 契約、遺囑，以及其他等等作爲立法權力的運作。關於這個比較，參閱 Kelsen, *General Theory*, p.136，其將法律交易行爲（legal transaction）當成「法律創造的行動」（law-creating act）。

第六章

1. 本書的核心論旨之一，就是法體系的基礎並非是由人民普遍地對於不受法律限制之主權者的服從習慣所構成，而是由提供鑑別體系內有效法律之權威性判準的終極承認規則所構成。這個理論在某些方面很像凱爾生的基礎規範概念，更像沙門（Salmond）所主張但未能深入闡述的「終極法律原則」概念。（*Kelsen, General Theory,* pp.110-24,131-4, 369-73, *395-6; Salmond, Jurisprudence,* 11th edn., p.137 and Appendix I）不過本書採取了與凱爾生不同的用語，書中觀點與凱爾生在下述幾個重要的面向上有所差異。

一、到底承認規則是否存在以及其內容爲何，換言之，任何法體系中的效力判準爲何，在本書中被視爲一個經驗上的事實問題，儘管這是個複雜的問題。這個事實是眞實的，儘管通常當一個在法體系內執行任務的法律人說某特定規則爲有效時，他並不會清楚地講出，而是默默地預設承認規則（靠著承認規則，他得以測試特定規則的法效力）作爲法體系內被接受的承認規則而存在著。如果遭到了挑戰，這個原本僅僅被預設但未被說出的承認規則就要訴諸事實，也就是說，要訴諸法體系內法院與官員鑑別他們所要適用之法律時的眞實實踐，才能被確立。而凱爾生把基礎規範稱爲「司法上的假設」（同前書，xv）、「假設的」（同前書，396）、「擬制的終極規則」（同前書，113）、「一個存在於司法意識中的規則」（同前書，116）、「一個擬設」（an assumption）（同前書，396）。如果凱爾生的說法沒有與本書的主張不一致，則凱爾生的種種說法至少模糊了，本書所強調的要點，那就是任何法體系法效力判準的問題乃是事實問題。雖然這是個關於一項規則的存在及其內容的問題，但這仍是個事實問題。參考 Ago, 'Positive Law and International Law' in 51 *American Journal of Internaitonal Law*, 1957, pp.703-7。

二、凱爾生說到「預設基礎規範的效力」。按照本書所主張的理由（本書第一四○至一四四頁），對於普遍被接受的承認規則之有效或無效的問題，若不是指承認規則存在與否之事實問題，是不可能發生的。

三、凱爾生的基礎規範就某個意義來說，永遠有著相同的內容；因爲在所有的法體系內，這項規則就是：憲法，或者是「首先頒布憲法的人」應該要被服從（*General Theory*, pp.115-16）。這項規則雖然看起來統一而簡單，但卻容易造成誤解。如果一項指明各種法律淵源的憲法層次的規則是活生生的現實，體系內的法院和官員眞的按照其所提供的判準來鑑別法律，則這項憲法層次的規則就是被接受而眞實存在的。去說法體系中進一步存在著一項規則，規定著憲法（或者頒布憲法的人）必須被服從，似乎是不必要的反覆。這在沒有成文憲法的地方，好比英國，特別地清楚：在此，除了特定的法效力判準（好比，女王議會的立法）應被用來鑑別法律外，並無「憲法必須被服從」這項規則的容身之處。這項規則已經被接受，因此，去說這項規則應該被服從是十分奇怪的。

四、凱爾生的觀念（*General Theory*, pp.373-5）是，我們在邏輯上不可能把一項特定的法律規則看做是有效的，但同時把一項禁止該法律規則所要求之行爲的道德規則，接受爲在道德上有拘束力的（譯按：也就是說，凱爾生認爲，如果我們認爲一項法律規則是有效的，道德上我們也不可能接受一項與之衝突的道德規則）。但本書對於法效力的說明卻不會得出這樣的結論。我使用「承認規則」這個用語，而不採用「基礎規範」這個用語的用意，就是要與凱爾生關於法律與道德之衝突的觀點有所區隔。

2. 有一些學者把「形式的」或「法律上的」法源與「歷史的」或「現實上的」法源區分開來（Salmond, *Jurisprudence*, 11th edn., chap.v）。這個區分被艾倫加以批評（Allen, *Law in the Making*, 6th edn., p.260）。可是，如果我們把這個區分理解爲「淵源」（source）這個字的兩種意義的區分，這就變得很重要（參見 Kelsen, *General Theory*, pp.131-2, 152-3）。在其中一個意義下（就是「現實上的」、「歷史的」），所謂的淵源就是在某特定時空下，一項既定的法律規則所由產生的因果上或歷史上的影響力：好比在這個意義上，特定的當代英國法律規則的淵源，就是羅馬法或教會法或甚至大眾道德上的規則。可是，當我們說，「成文法」是一種法源時，「淵源」這個字，所指的就不是歷史的或因果的影響力，而是係爭法體系中，被接受的一種法效力判準。由有權的立法機構經立法程序制定爲法律，這是爲什麼一項既定的成文法規則是有效法律的理由（reason），而不僅僅是它存在的原因（cause）。這個針對歷史的「原因」以及特定法律規則有效的「理由」所做的區分，定要倚賴法體系中所包含的承認規則，在其中包含了一些東西（立法機構的立法，習慣的實踐，或判例）被人們接受爲鑑別有效法律的標誌。但是這個對歷史或因果上之淵源以及法律或形式上的淵源所做的清楚的區分，在實際上的實踐中可能被模糊掉。這也是爲什麼像艾倫（前引書）一類的學者要批評這個區分。在一個法體系中，如果成文法是形式的或法律上的法律淵源，法院在審理案件時就必須要援引相關的成文法，儘管法官在解釋法條文字的意義上擁有相當的自由（參見本書第七章，第一節）。但是有些時候，法官擁有比解釋法律更多的自由。當他認爲在一個案件中沒有成文的法律或其他形式上的法源時，他可以倚靠其他的，比如羅馬法上的文摘（the Digest），或者一位法國法學家的著作（參見 Allen, op.cit.,260f.）。法體系並不要求他使用這些淵源，但如果他這麼做，也會被接受爲完全是妥當的。因而，這些淵源在這種情形下並不只是歷史的或因果上的一種影響力，而是被承認爲裁判上的「好理由」。或許，我們可以把這些淵源稱爲「可選用的」（permissive）的法源，以區別於「強制性的」（mandatory）法律或形式法源，比如成文法，也區別於歷史的或現實上的法源。

3. 法效力與實效。凱爾生對一個整體法律秩序的實效，以及一個特定規範的實效做出區分（*General Theory*, pp.41-2, 118-22）。對他來說，只有當一個規範歸屬於一個整體而言有實效的法體系時，這個規範才可能是有效的。同樣的想法他也曾用另一種可能較爲模糊的說法加以表達，他說整個體系具有實效雖然不是法體系中的規則有效的充分條件（*conditio per quam*），卻是一個必要條件（*conditio sine qua non*）。我們現在以本書的用語來表達凱爾生這個區分的重點。法體系大致上的實效並不是法體系的承認規則所提供的一個法效力判準。但是每當法體系的一項規則被鑑別爲體系內的有效法律時，法體系大致上的實效總是被預設著，儘管這並沒有被明確地說出來，而且除非該法體系大致上是有實效的，否則關於法效力的陳述就成爲沒有意義的。本書所採取的觀點與凱爾生在這個點上不同。我在本書中主張，儘管法體系的實效是關於效力之陳述的正常脈絡，但是在特殊的情況下，就算法體系不再具有實效，關於法效力的陳述仍然可能是有意義的。

凱爾生也在廢止（*desuetudo*）這個題目下，討論了一個法體系使一項規則的效力建立在該規則持續之實效的可能性。在這種情況下，（一個特定規則的）實效會成爲該體系之效力判準的一部分，而不僅僅是「預設」。（前引書，pp.119-22）。

4. 效力與預測。關於認爲一項法律有效的陳述就是對於未來法官行爲及其特殊的動機情感之預測的觀點，參見 Ross, *On Law and Justice*, chap. 1 and 2, 哈特的批評參見 Hart, Scandinavian Realism, *Cambridge Law Journal*, 1959。

5. 關於西德與土耳其的例子，參見本書第四章的注釋。

6. 傳統的範疇與憲法結構。關於把法體系內容區分爲「法律」及「慣習」而號稱此區分已窮盡者，參見 Dicey, *Law of the Constitution*, 10th edn., pp.23ff.; Wheare, *Modern Constitutions*, chap.i。

7. 關於把承認規則視爲政治事實的正反意見，參見 Wade, 'The Basis of Legal Sovereignty', *Cambridge Law Journal*, 1955, especially p.189. and Marshall, Parliamentary Sovereignty and the Commonwealth, pp.43-6。

8. 關於對包含著一般公民的服從，以及官員對憲法規則的接受這兩個層次的複雜社會現象加以過度簡化的危險，參見本書第四章第一節，以及 Hughes, 'The Existence of a Legal System', 35 *New York University LR*, 1960, p.1010，這篇文章在這一點上正確地批評了哈特 'Legal and Moral Obligation' in Essays in Moral Philosophy, Meldon edn. 1958 這篇文章的用語。

9. 介於法體系完全正常的存在以及法體系的完全不存在之間，有許多可能的狀態。本書只討論了小部分。從法律的觀點討論革命，參見 Kelsen, *General Theory*, pp.117 ff., 219 ff., 更詳盡的討論見 Cattaneo 所著 *Il Concetto di Revoluzione nella Scienza del Diritto*,1960。敵國占領這種對法體系的干擾有許多種不同的形式，其中有一些成爲國際法上的範疇，見 McNair, 'Municipal Effects of Belligerent Occupation', 56 LQR, 1941。理論上的探討見 Goodhart, 'An Apology for Jurisprudence' in *Interpretations of Modern Legal Philosophies*, pp. 288 ff.

10. 從殖民地到獨立擁有統治權，在 *Wheare, The Statute of Westminster and Dominion Status*, 5th edn. 這本書中有所回顧，這是法理論一個非常值得研究的領域。亦參見 Latham, *The Law and the Commonwealth*,1949。拉森（Latham）首先以基礎規範提出「本土的根」的觀點，詮釋大英國協之憲法發展。亦參見 Marshall, op.cit, esp. chap. vii 對加拿大的著墨，以及 Wheare, *The Constitutional Structure of the Commonwealth*, 1960, chap. 4 on 'Autochthony'。

11. 關於西敏法案第四節的法律上的效果，參見 Wheare, *The Statute of Westminster and Dominion Status*, 5th edn. pp.297-8; *British Coal Corporation v. The King*, 1935, AC 500; Dixon, ' The Law and the Constitution', 51 *LQR*, 1935; Marshall, op.cit., pp.146 ff.; 亦見本書第七章第四節。

12. 關於愛爾蘭自由邦的討論，見 Wheare, op.cit.; *Moore v. AG for the Irish Free State*, 1935, AC 484; *Ryan v. Lennon*, 1935, IRR 170。

13. 事實斷言與關於法體系存在的法律陳述。凱爾生對於國內法與國際法可能的關係（國內法優位或國際法優位）的說明蘊含著這樣的看法，那就是一個法體系存在的陳述一定是一個法律的陳述，這個法律陳述乃是從一個法體系看待另一個法體系的觀點所做出來的，也就是一個法體系接受另一個法體系爲「有效的」，而與自己一起形成單一的法體系。常識總認爲國內法與國際法形成不同的法體系，這種看法隱含著把主張法體系（國內法或國際法）存在的陳述視爲事實的陳述。而這對凱爾生來說是一種無法接受的「多元主義」(pluralism)（Kelsen 前引文；Jones, 'The "Pure" Theory of International Law', 16 *BYBIL* 1935）。參見 Hart 'Kelsen's Doctrine of the Unity of Law' in *Ethics and Social Justice*, vol.4 of *Contemporary Philosophical Thought*（New York, 1970）。

14. 我們能從南非憲政危機學到的法學啓示可參見 Marshall, op.cit. chap.11。

第七章

1. 關於以這些語彙來標識使用判決先例的特點，參閱 Levi, An Introduction to Legal Reasoning, s.1 載於 15 *University of Chicago Law Review*, 1948。Wittgenstein 在 *Philosophical Investigations*（esp. i, ss.208-38）中提出了關於教授和遵守規則的許多重要觀察。關於對 Wittgenstein 的討論，參閱 Winch, *The Idea of a Social Science*, pp.24-33, 91-3。
2. 關於開放性結構的觀念，請參閱 Waismann 在 *Essays on Logic and Language*, i, Flew edn., pp.117-30 中論「可驗證性」。關於它與法推理的相關性，參閱 Dewey, 'Logical Method and Law', 10 *Cornell Law Quarterly*, 1924；Stone, *The Province and Function of Law*, chap.vi; Hart, 'Theory and Definition in Jurisprudence', 29 *PAS* Suppl. vol., 1955, pp.258-64; Positivism and the Separation of Law and Morals, 71 *HLR*, 1958, pp.606-12。
3. 在法律文獻中，與這些語彙幾爲同義詞的有「機械」或「自動」法學、「概念法學」、「邏輯的過度使用」。參閱 Pound, 'Mechanical Jurisprudence', 8 *Columbia Law Review*, 1908 以及 *Interpretations of Legal History*, chap.6。在這些語彙所指出的缺失是什麼並非總是清楚精確。參閱 Jensen, *The Nature of Legal Argument*, chap.i 以及 Honore 在 74 *LQR*, 1958, p.296 中所做書評；Hart, op. cit., 71 HLR, pp.608-12。
4. 關於法律控制的這些形式間的關係和特性，最具啓發性的一般性討論，請參閱 Dickinson, *Administrative Justice and the Supremacy of Law*, pp.128-40。
5. 美國的聯邦管理機關，如州際商務委員會和聯邦貿易委員會，制定了許多規則，以執行「公平競爭」、「正當及合理的費率」等等寬廣的標準。（參閱 Schwartz, *An Introduction to American Administrative Law*, pp.6-18, 33-7。）在英國，行政部門也具有類似的規則制定功能，但是卻沒有在美國爲人所熟悉之對利害關係當事人的正式的準司法的聽審。參閱基於一九五七年《工廠法》第四十六節所制定的《福利規則》，以及基於同法第六十節所制定的《建築規則》。基於一九四七年《運輸法》所設置的運輸法庭，其於聽審反對者之後始解決「收費方案」的權力，則更加地接近美國的模式。

6. 關於注意義務之構成要件的一個具有啓發性的分析，請參閱 Learned Hand J. 在 *US v. Carroll Towing Co.*,1947, 159 F 2nd 169, 173 一案中的意見。關於以特定規則取代一般標準的可欲性，請參閱 Holmes, *The Common Law*, Lecture 3, pp.111-19，對他的批判參閱 Dickinson, op. cit., p.146-50。

7. 關於使嚴格的規則（而非彈性的標準）成爲控制的適當形式，參閱 Dickinson, op. cit., pp.128-32, 145-50。

8. 關於對英國使用判決先例之現代的一般性說明，參閱 R. Cross, *Precedent in English Law*,1961。正文中所指的限縮過程有一個著名的例子，即在 *L. & S. W. Railway Co. v. Gomm*, 1880, 20 Ch.D. 562 一案中，限縮了 *Tulk v. Moxhay*, 1848, 2 Ph. 774 一案中的規則。

9. 關於這個主題的美國文獻以一場辯論的方式來看待，將深具啓發性。因此，Frank 在 Law and Modern Mind（esp. chap.i 以及 Appendix 2, 'Notes on Rule Fetishism and Realism'）中的論證，以及 Llewellyn, *The Bramble Bush* 的論證，都應該從以下文章的角度來思考。Dickinson, 'Legal Rules: Their Function in the Process of Decision', 79 *University of Pennsylvania Law Review*, 1931; 'The Law behind the Law', 29 *Columbia Law Review*, 1929; 'The Problem of the Unprovided Case' 載於 *Recueil d'Etudes sur les sources de droit en l'honneur de F. Geny*, II chap.5 ；以及 Kantorowicz, 'Some Rationalism about Realism' 載於：43 *Yale Law Review*, 1934。

10. 作爲失望之絕對主義者的懷疑論者。參閱 Miller, 'Rules and Exceptions', 66 *International Journal of Ethics*, 1956。

11. 參閱 Hutcheson, 'The Judgement Intuitive' ;'The Function of the "Hunch" in Judicial Decision', 14 *Cornell Law Quarterly*, 1928。

12. 這是 Hendel 在 *Charles Evan Hughes and the Supreme Court*, 1951, pp.11-12 中歸諸美國首席大法官 Hughes 的一句話。參閱 C. E. Hughes 在 T*he Defence Court of the United States*, 1966 edn., pp.37, 41 中，關於法官放下個人政治觀點來詮釋憲法之義務的論述。

13. 參閱 H. W. R. Wade, 'The Basis of Legal Sovereignty', *Cambridge Law Journal,* 1955，對它的批判，參閱 *Marshall, Parliamentary Sovereignty and the Commonwealth*, chaps.4 & 5。

14. 參閱 Mackie, 'Evil and Omnipotence', *Mind*, 1955, p.211。

15. 關於這項區分，請參閱 Friedmann, 'Trethowan's Case, Parliamentary Sovereignty and the Limits of Legal Chang', 24 *Australian Law Journal*, 1950; Cowen, 'Legislature and Judiciary', 15 *MLR*, 1952, 16 *MLR*, 1953; Dixon, 'The Law and the

Constitution', 51 *LQR*, 1935; Marshall, op. cit., chap.4。

16. 關於將這兩項法律詮釋爲授予授權立法形式之權威，請參閱 H. W. R. Wade, op. cit., Marshall, op. cit., pp.44-6。

17. 具影響之權威支持這樣的觀點：這一節規定的制定並不當然就構成對在沒有自制領同意之情形下爲其立法之權力的不可撤銷的終止。請參閱 *British Coal Corporation v. The King*, 1935, AC 500; Wheare, *The Statute of Westminister and Dominion Status*, 5th edn., pp.297-8; Marshall, op. cit., pp.146-7。南非法院在 *Ndlwana v. Hofmeyr*, 1937, AD 229 at 237 一案中，表達了相反觀點，即「自由一旦被賦予，就不能加以撤銷」。

第八章

1. 關於正義是道德的一個特殊切面，亞里斯多德在《尼可馬可士倫理學》（*Nicomachean Ethics*, Books, chaps1-3）中說，正義是關於人際的平衡或比例的維持或修復。近代對於正義的理念闡釋最好的，應屬 Sidgwick, *The Method of Ethics*, chap. 6 及 Perelman, *De la Justice*, 1945。收錄在 Ross, *On Law and Justice*, chap 12。Del Vecchio 的 *Justice* 也有歷史價值，我在 28 *Philosophy*, 1953 撰文評論過。

2. 霍布斯所說的「沒有任何法律是不義的」（*Leviathan*, chap30），正是要以這個側面的正義涵蓋所有正義的理念。奧斯丁表示：「『正當』只有相對性的意義，」而且「這語詞的使用和說話者援引爲比較標準的特定法律有關。」（*The Province*, Lecture VI, p. 260 n.,）。對他而言，如果根據現實道德或上帝律法的「審判」，某個法律可能是不道德的。奧斯丁認爲霍布斯只是說，法律不可能是在法律上不義的。

3. 關於「人類當然有權要求平等對待」的原則位階及其與正義的關連，有許多討論頗有助益，見 Benn and Peters, *Social Principles and the Democratic State*, chap. 5, 'Justice and Equality'; J. Rawls, 'Justice as Fairness', *Philosophical Review*, 1958; Raphael, 'Equality and Equity', 21 *Philosophy*, 1946, 'Justice and Liberty', 51 *PAS*, 1951-2。

4. 亞里斯多德論奴隸制度，見 *Politics*, i, chap. ii, 3-22。他認爲有些人不是「天生」就該是奴隸，對於他們而言，奴隸制度是不義或不恰當的。

5. 亞里斯多德明確區分「分配性正義」和「補償性正義」（op. cit., Book V, chap. 4），儘管大體上他強調的正義理念是必須維持或修復的「正當」或適當的比例。見 H. Jackson, Book 5 of the *Nicomachean Ethics*, Commentary: 1879。

6. 關於「法律是否應該承認隱私權」以及「習慣法原則是否需要承認隱私權」，見 Warren and Brandeis, 'The Right to Privacy', 4 *HLR*, 1890，以及 *Roberson v. Rochester Folding Box Co.*, 1902, 171 NY 538 的反對意見。英國侵權法對隱私權的保護，並不如美國法律來得廣泛。有關英國法，參見 *Tolley v. J. S. Fry and Sons Ltd.*, 1931, AC 333。

7. 關於嚴格責任和詐欺罪中的替代責任（vicarious liability）的討論，Prosser, Torts, chaps. 10 and 11; Friedmann, *Law in a Changing Society*, chap.5。關於刑法嚴格責任的證成，見 Glanville Williams, *The Criminal Law*, chap7; Friedmann, op. cit., chap. 6。

8. 正義和「共同的利益」，見 Benn and Peters, *Social Principles and the Democratic State*, chap. 13，在該文中，尋求共同利益等同於正當的行爲，或是基於公正的精神，考慮到社會所有成員的利益。「共同的利益」和正義的這種等同，並不是普遍被接受的。見 Sidgwick, *The Method of Ethics*, chap. 13。

9. 社會道德的義務和責任，如何有別於道德理想和個人道德，見 Urmson, 'Saints and Heroes' in *Essays on Moral Philosophy*, Melden ed. ; Whitley, 'On Defining "Morality", in *20 Analysis*, 1960; Strawson, 'Social Morality and Individual Ideal' in *Philosophy*, 1961; Bradley, *Ethical Studies*, chaps. 5 and 6。

10. 奧斯丁以「實證道德」（positive morality）這個詞彙區分社會所遵守的實際道德和「上帝的律法」，這又形成了終極的標準，同時檢驗現實的道德和上帝的律法。對於社會道德以及那超越它而又作爲其批判標準的道德原則，這也是很重要的區分。不過，奧斯丁的「實證道德」卻是包含實證法以外的所有社會規則；它涵蓋了禮儀、遊戲、社交的規則以及國際法，也包括我們平常所說的道德。這麼廣義的道德，模糊了太多形式和社會功能上的區別。見第十章第四節。

11. 見第九章第二節，用以限制使用暴力、要求尊重財產和承諾的規則理念，構成自然法的「最低限度內容」，也是實證法和社會道德的基礎。

12. 主張「法律要求外在行爲，道德則不要求」的法學家，是承繼康德對於法律和倫理律法的區分。見 Hastie, *Kant's Philosophy of Law*, 1887, pp.14 and 20-4，〈道德形上學一般導論〉。現代承襲這學說的作品，見 Kantorowicz, *The Definition of Law*, pp. 43-51, 對此的批評，見 Hughes, 'The Existence of a Legal System', 35 *New York University LR*, 1960。

13. 犯意和客觀標準，見 Holmes, *The Common Law*, Lecture 11; Hall, *Principles of Criminal Law*, chaps. 5 and 6; Hart, 'Legal Responsibility and Excuses', in *Determination and Freedom*, ed. Hook。

14. 關於自殺的法律中對此的區分，見 Kenny, *Outlines of Criminal Law*, 24th edn., pp. 109-16。關於其重要性的討論，見 Austin, 'A Plea for Excuses', 57 *PAS*, 956-7, p. 12。類似的區分見 Bentham, *Of Laws in General*, pp. 121-2，討論「豁免」（exemption）和「申辯無罪」（exculpation）。

15. 決定某個規則是否爲道德規則的判準在於，它必須是合理且公正地考量過所有關係人的利益。見 Benn and Peters,

Social Principles of the Democratic State, chap. 2。比較 Devlin, *The Enforcement of Morals*, 1959。

第九章

1. 從古代、士林哲學時期到近代思想，對於自然法觀念汗牛充棟的評論，和「實證主義」這個語詞的歧義性，經常使我們很難看清楚自然法和法實證主義的爭論焦點。我們在文中試著定位其中某個議題。但是如果沒有其他參考文獻，這個討論很難有什麼結果。而對於原始文獻中的語彙和哲學預設的理解是不可或缺的。以下是初階的讀物。Aristotle, *Physics*, ii, chap.8, trans. Ross, Oxford; Aquinas, *Summa Theologica*, Quaestiones 90-7；Grotius, *On the Law of War and Peace*; Proleomena, trans. in *The Classics of International Law*, vol. 3, Oxford, 1925; Blackstone, *Commentaries*, Introduction, s. 2。
2. 在英美文獻中，「實證主義」（或實在主義）指稱以下的若干主張：一、法律是人類的命令；二、在法律和道德、實然的法律和應然的法律之間，並沒有必然的連結；三、對於法律概念的意義研究和分析是個重要的研究，有別於著眼於道德、社會目標或功能的歷史研究、社會學研究或法律的批判評論；四、法律體系是個「封閉的邏輯體系」，從既定的法規，藉由邏輯工具，可以演繹出正確的判決；五、道德判斷不能像事實陳述那樣，藉由理性的論證、證據或證明（「倫理學中的非認知主義」）。邊沁和奧斯丁主張觀點一、二、三，但是不同意觀點四和五；凱爾生主張觀點二、三、五，但是不支持觀點一和四。人們常常認爲觀點四是「分析法學家」的主張，但是沒有什麼充分的根據。在歐洲的文獻中，「實證主義」意指拒絕承認僅僅由理性可以發現人類行爲的某些原則或規定。見 Ago, op. cit., in 51 *American Journal of International Law*, 1957。
3. 見 *Nature, the Utility of Religion and Theism* 中關於「自然」的討論。Bentham, *Comment on the Commentaries*, ss. I-6。
4. 見 Blackstone, loc. cit., and Bentham, *Comment on the Commentaries*, ss. I-6。
5. 對於自然法的經驗式探討，見 Hobbes, *Leviathan*, chaps. 14 and 15; Hume, *Treatise of Human Nature*, Book III, part 2, ss. 2 and 4-7。
6. 馬克・吐溫的小說極爲深刻地探討社會道德觀和個人同情心以及人道主義之間的道德兩難。
7. 對於亞里斯多德而言奴隸是個「活工具」，參見 *Politics*, I, chaps. 2-4。
8. 關於道德對法律之發展的影響，見 Ames, 'Law and Morals' 22 *HLR*, 1908; Pound, *Law and Morals*, 1926; Goodhart, *English Law and the Moral Law*, 1953。奧斯丁也完全承認這個事實的或因果的關連，見 *The Province*, Lecture V, p. 162。

9. 關於道德考量在法律解釋上的地位，見 Lamont, *The Value Judgment*, pp. 296-31; Wechsler, 'Towards Neutral Principles of Constitutional Law', 73 *HLR* I, p. 960; Hart, op. cit., in 71 *HLR*, pp. 606-15; Fuller, ib. 661 ad fin。奧斯丁承認在「衝突的類比」之間有審判的選擇空間，他也批評法官的判決沒有符合功利性的標準，對於的討論見 *The Lectures*, Lectures 37 and 38。

10. 對於法律以及人類平等考量的權利的批評，見 Benn and Peters, *Social Principles and the Democratic State*, chaps. 2 and 5; Baier, *The Moral Point of View*, chap. 8，對於這權利的承認不僅僅是眾多道德觀之一，而且也是眞正道德的決定性特質。

11. 形式合法性和正義，見 Hall, *Principles of Crimninal Law*, chap. I；關於「法律的內在道德」，見 Fuller, op. cit., 71 *HLR*, 1958, pp. 644-8。

12. 對於拉德布魯赫晚期學說的討論，見 op. cit., 71 *HLR*, 1958。某個婦人被控在一九三年的納粹時期告發她的先生是非法剝奪他的自由，我認爲班堡州高等法院於一九四九年六月的判決是正確的，而法院也裁定一九三四年的法律無效，對於這判決的討論，見 64 *HLR*, 1951, p.1005 附注。這個解最近受到質疑，見 Pappe, 'On the Validity of Judicial Decisions in the Nazi Era', 23 *MLR*, 1960。帕普博士的批評很有見的，而我的觀點也必須限定爲假設性的討論。如帕普博士所說（同前揭，p263），在實際的案例裡，州上訴法院接受了「如果法規違反自然法，就可能違法」在理論上的可能性，卻裁定納粹時期的法規並不牴觸自然法；被控非法剝奪自由的婦人，在當時並沒有責任必須告發她先生，而只是基於個人的理由，當然必定也知道這麼做會「違背所有正直的人該有的良知和正義感。」帕普博士對於某個類似案例在最高法院的判決的分析，也值得研究（ib., p. 268 ad fin）。

第十章

1.「國際法眞的是法律嗎？」有人認爲這只不過是個文詞上的問題，卻被誤以爲是有關事實的問題。詳見 Glanville Williams, op. cit., in 22 *BYBIL*, 1945。

2.下列文獻是有建設性的概論：A. H. Campbell, 'International Law and the Student of Jurisprudence' in 35 *Grotius Society Proceedings*, 1950; Gihl, 'The Legal Character and Sources of International Law' in *Scandinavian Studies in Law*, 1957。

3.關於「國際法如何具有拘束力？」這個問題（有時被視爲有關國際法「拘束力的問題」），見 Fischer Williams, Chapters on *Current International Law*, pp. 11-27; Brierly, *The Law of Nations*, 5th edn., 1955, chap. 2; *The Basis of Obligation in International Law*, 1958, chap. I; Fitzmaurice, 'The Foundations of the Authority of International Law and the

Problem of Enforcement' in 19 *MLR*, 1956。關於一個規範體系有或沒有約束力，這些作者並沒有明確討論這種主張的意義。

4. 關於依據國際聯盟公約第十六條的見解，參見 Fischer Williams, 'Sanction under the Covenant' in 17 *BYBIL*, 1936。關於依據聯合國憲章第七章的見解，見 Kelsen, 'Sanctions in International Law under the Charter of U.N.', 31 *Iowa LR*, 1946; Tucker, 'The Interpretation of War under present International Law', 4 *The International Law Quarterly*, 1951。有關韓戰，見 Stone, *Legal Controls of International Conflict,* 1954, chap.ix, Discourse 14。當然，團結爲和平解決方案是否能證明聯合國並未被癱瘓是有爭議的。

5. 國際法被認爲是具有約束力，見 Jessup, *A Modern Law of Nations*, chap. I, and ' The Reality of International Law' , 118 *Foreign Affairs,* 1940。

6. 國家的主權的討論，見 Fischer Williams, op. cit., pp. 10-11, 285-99, and *Aspects of Modern International Law*, pp. 24-6, and Van Kleffens, 'Sovereignty and International Law', *Recueil des Cours*, 1953, I, pp. 82-3。

7. 關於一個國家及從屬國家的不同型態，見 Brierly, *The Law of Nations*, chap.4。

8.「自願性義務」及「自我設限」的理論，主要作者包括 Jellinek, *Die Rechtliche Natur der Staatsverträge*; Triepel, 'Les Rapports entre le droit interne et la droit internationale', *Recueil des Cours*, 1923。極端的看法則是 Zorn, *Grundzüge des Völkerrechts*。對這種「實證論」的批判性討論，見 Gihl, op. cit., in *Scandinavian Studies in Law*, 1957; Starke, *An Introduction to International Law*, chap.I; Fischer Williams, *Chapters on Current International* pp. 11-16。

9. 除非有國家的事先同意（無論明示或默認），否則國際法對該國並不具約束力的見解，被英國法院（*R. v. Keyn* 1876, 2 Ex. Div. 63, 'The Franconia'）及常設國際法庭所採納，見 *The Lotus*, PCIJ Series A, No. 10。

10. 新國家及新近取得領海的國家，見 Kelsen, *Principles of International Law*, pp. 312-13。

11. 一般國際法條約對非簽約國的效力，見 Kelsen, op. cit.,345 ff.; Strarke, op. cit., chap.I; Brierly, op.cit., chap. vii, pp.251-2。

12.「道德」這個詞的廣泛使用，見 Austin on 'positive morality' in *The Province*, Lecture V, pp. 125-9,141-2。

13. 將「遵循國際法的道德義務」視爲國際法基礎，見 Lauterpacht, *Introduction to Brierly's The Base of Obligation in International Law*, xviii, and Brierly, ib., chap.I。

14. 以武力強制作爲條約的立法行爲，見 Scott, 'The Legal Nature of International Law' in *American Journal of International Law*, 1907, at pp. 837, 862-4。批評將一般條約視爲國際立法的觀點，見 Jennings, 'The Progressive Development of

International Law and its Codification', 24 *BYBIL*, 1947, at p. 303。

15. 分散的制裁，見 Kelsen, op. cit., p. 20, and Tucker in op. cit., 4 *International Law Quarterly*, 1957。

16. 有關「公約必須信守原則」(*pacta sunt servanda*) 模式，見 Anzilotti, *Corso di diritto Internazionale*, 1923, p. 40。有關「國家應依其一貫之行爲而爲之」理論，見 Kelsen, *General Theory*, p. 369; *Principles of International Law*, p. 418。對上述觀點之批判性討論，見 Gihl, *International Legislation*, 1937 and op. cit. in *Scandinavian Studies in Law*, 1957, pp.62 ff。主張國際法不具備任何基本規範的完整觀點，見 Ago,'Positive Law and International Law' in 51 *American Journal of International Law*, 1957; *Scienza giuridica e diritto internazionale*, 1958。Gihl 的結論是，即使有國際法院第三十八條之規定，國際法並沒有正式的法源。企圖爲國際法建立「一個最初假定」的論點，似乎會導致類似 Lauterpacht 提出的批評，見 Lauterpacht, *The Future of Law in the International Community*, pp.420-3。

17. 國際法與國內法間的類比，見 Campbell, op. cit. in 35 *Grotius Society Proceedings*, 1950, p.121 ad fin.。有關領土取得、時效、租借、委託、地役等規範的條約之討論，見 Lauterpacht, *Private Law Sources and Analogies of International Law*, 1927。

後記

1. 請參閱我對他 *The Morality of Law* 這篇文章的評論，載於 78 *Harvard Law Review* 1281, 1965，重刊於我的論文集 *Essays in Jurisprudence and Philosophy,* 1983, p.343。〔編著：後記注釋中以引號標示者爲編者所加。〕
2. 請參閱我的下述文章 'Law in the Perspective of Philosophy: 1776-1976' , 51 *New York University Law Review* 538, 1976; 'American Jurisprudence through English Eyes: The Nightmare and the Noble Dream', 11 *Georgia Law Review* 969, 1977; 'Between Utility and Rights', 79 *Columbia Law Review* 828, 1979。上述文章皆重刊於 *Essays in Jurisprudence and Philosophy*。另外參閱 *Essays on Bentham,* 1982 第五章 'Legal Duty and Obligation'，以及在 R. Gavison ed., *Issues in Contemporary Legal Philosophy*, 1987, p.35 中的 Comment。
3. 在後面的注釋中，將此三本著作分別引述爲 *TRS, AMP, LE*。
4. 〔哈特並沒有完成此處所提之第二部分。請參閱編者序。〕
5. H.L.A. Hart, 'Comment', in Gavison, above, n.2, p.35.
6. *LE* 102.
7. *LE* chap.3.

8. *LE* 90.
9. *LE* 90.
10. *TRS* 66.
11. *LE* 65-66.
12. 德沃金提醒我們，對此種前詮釋之法律的確認本身可能包含著詮釋。*LE* 66。
13. *LE* 93.
14. *LE* 94.
15. 要注意的是，某些批判者，例如：Michael Moore 在他的文章 The Interpretive Turn in Modern Theory: A Turn for the Worse?, 41 *Stanford Law Review* 871,1989, at 947-8 中，雖然接受法律實踐在德沃金意義下是詮釋的，卻否認法理論能夠是詮釋的。
16. *LE* 102 ；參照：「對我們而言，法的一般理論就是對我們自己之司法實踐的一般詮釋。」*LE* 410。
17. *AMP* 148 ；參照：「法理論不能夠合理地被理解爲……對社會實踐的中立性說明。」in 'A Reply by Ronald Dworkin', Marshall Cohen ed., *Ronald Dworkin and Contemporary Jurisprudence*,1983。〔後面將引述爲 RDCJ〕, p.247 at 254。
18. 〔*LE* 13-14.〕
19. 〔*Legal Reasoning and Legal Theory*, 1978, 63-4, 139-40.〕
20. R.M. Dworkin, 'Legal Theory and the Problem of Sense', in R. Gavison ed., *Issues in Contemporary Legal Philosophy: The Influence of H.L.A. Hart,* 1987, at 19.
21. Ibid.
22. *LE* 6 ff.
23. *LE* 4.
24. *LE* 31 ff.
25. *LE* 45.
26. 關於此項區分，見 John Rawls, *A Theory of Justice*, 1971, pp.5-6, 10。〔在區分正義的概念和正義的眾多構念時，羅爾斯表示，「在此，我遵照哈特法律的概念 pp.155-159。」（第一版）*A Theory of Justice*, p.5 n.1.〕
27. *LE* 418-19, n.29.

28. *LE* 31-3.
29. 參閱本書原文第二六三至二六四頁，我在該處拒絕了此種理論。
30. 〔此項措辭是 Hart 自己的，並沒有在 LE 中出現。〕
31. *TRS* 17.
32. 71 *Harvard Law Review* 598, 1958, reprinted in my *Essays on Jurisprudence and Philosophy*, see esp. pp.54-5.
33. *LE* 117.
34. 〔*LE* 93.〕
35. *LE* 429 n.3.
36. 參閱他在 *RDCJ* 247 ff. 和 252 ff. 中，對 E.P. Soper 和 J.L. Coleman 的回應。
37. *RDCJ* 248.
38. 〔參閱本書原文第一五九至一六〇頁，一九二至二〇二頁。〕
39. 〔參閱本書原文第一六九頁。〕
40. *RDCJ* 250.
41. J. Raz, 'Dworkin: A New Link in the Chain', 74 *California Law Review* 1103, 1986, at 1110, 1115-16.
42. 〔*LE* 13-14.〕
43. 〔*TRS* 48-58.〕
44. *TRS* 51.
45. 〔*TRS* 50-8; see this book, pp.124-5.〕
46. 〔*TRS* 58.〕
47. 〔*TRS* 24.〕
48. *TRS* 24, 括弧內文引自 *Henningsen v. Bloomfield Motors*, Inc., 32 NJ 358, 161 A.2d69,1960, at 387, 161 A.2d at 85。
49. *TRS* 25-6.
50. 〔德沃金有討論美國憲法增修條文第一條是規則還是原則。*TRS* 27.〕
51. 〔*TRS* 26.〕
52. *TRS* 24-7.
53. Raz 與 Waluchow 強調了這個我沒有注意到的重要論點。見 J. Raz, 'Legal Principles and the Limits of the Law', 81

Yale LJ 823,1972, at 832-4 and Waluchow, 'Herculean Positivism', 5 *Oxford Journal of Legal Studies* 187,1985, at 189-92.

54. 115 N.Y. 506, 22 N.E. 188, 1889; *TRS* 23; *LE* 15ff.
55. 〔德沃金的討論見 *TRS* 22-8; *LE* 15-20。〕
56. *LE* 265.
57. 〔1932〕A.C. 562 .
58. 〔*TRS* 27.〕
59. E. P. Soper, 'Legal Theory and the Obligation of a Judge', *RDCJ* p3 at 16; J. Coleman, ' Negative and Positive Positivism', *RDCJ* p.28; D Lyons, ' Principles, Positivism and Legal Theory', 87 *Yale Law Journal* 415,1977.
60. *LE* 65-6, 91-2.
61. *LE* 72-3.
62. *LE* 47,67.
63. *LE*401.
64. *LE* 67.
65. *LE* 53.
66. *RDCJ*,260.
67. *RDCJ*,259.
68. 〔*TRS* 112, 128, 93.〕
69. *LE* 78-9.
70. 〔*LE* 103.〕
71. *LE* 105.
72. *LE* 105-6.
73. 本節首段的另一個版本爲：

在他長期以來針對司法裁判這個主題所寫的著作中，德沃金始終堅定不移地否定法院在既存法律所未完全規範的案件中，擁有在造法這個意義上的裁量權。的確，他主張除了一些無關緊要的例外情況，並不存在這種所謂法律所未完全規範的案件。正如他那著名的說法，在任何案件中的任何一個爭議點上，關於什麼是法律這個問題，只要這個問題是有意義的，就永遠都會有一個「正確答案」。

儘管他的理論主張看來始終如一，但後來他把詮釋的觀念引進他的法理論中，而且依照他所賦予「詮釋性的」這個概念的特殊意義，他認爲所有的法律命題都是「詮釋性的」。（正如拉茲首先闡明的）德沃金如此的論述發展已經在實質上拉近他與我的立場，承認法院事實上曾經且經常行使造法的裁量權。在德沃金引進詮釋性的概念到他的法理論之前，我們對於司法裁判的說明似乎有著極大的差異，因爲德沃金早期曾經否認所謂的強意義下的司法裁量，並且他認爲永遠有一個正確答案，與他把法官在裁判中的角色定位在辨別並執行既存法律有極大的關連。他的這個見解與我所認爲法官在裁判時經常行使造法的裁量權，顯有衝突。可是他這項早期的見解完全沒有出現在……

74.〔*TRS* 81; cf.*LE* 37-9.〕

75. *TRS* 84-5.

附錄一　哈特生平速寫★

哈特（Herbert Lionel Adolphus Hart，通稱H.L.A. Hart），英國人，於一九〇七年出生於猶太人家庭，並在赤耳頓那學院（Cheltenham College）和布拉福文法學校（Bradford Grammar School）接受教育。之後進入牛津大學新學院（New College）就讀。在牛津大學時期，哈特於古典文學、古代歷史與哲學方面表現傑出，一九二九年以第一名的優異成績畢業。一九三二年，哈特取得律師資格，並在倫敦擔任出庭律師（Chancery barrister），一直到一九四〇年爲止。他擅長於信託法、身分法及稅法。從事法律實務工作期間，新學院曾經邀請他擔任哲學講師，但是他選擇了留在實務界。哈特自己曾經表示，如果沒有這段從事法律實務工作的日子，他不可能成爲一位法學家，至少不會進行法理論和法哲學的探討。☆同時，也由於這個原因，使得哈特的法理論十分貼近法律的實踐。◆

★ 譯按：摘錄自高如應，〈哈特的法律理論——從法概念到司法裁量的理論構成〉。國立台灣大學法律學研究所碩士論文，1998。第一章第四節第一款，頁22, 23。感謝作者同意引用該文，並允許譯者變動文字及增減內容。

☆ 譯按：Juan Ramn de Pramo, "*Harts Concept of Law* nach dreißig Jahren. Ein Interview mit dem Autor," *Rechhtstheorie* 22 (1991), S.393.

◆ 譯按：Neil MacCormick, *H.L.A. Hart*. London: Edward Arnold, 1981. p.2.

二次世界大戰時，哈特於軍事情報單位任職，與在同單位的牛津哲學家萊爾（Gilbert Ryle）及漢普夏（Stuart Hampshire）公餘時間經常討論哲學問題，再度燃起了他對哲學的興趣，尤其是新興的語言哲學。戰後，新學院再度邀請哈特擔任哲學研究員（Fellow）與導師（Tutor），哈特接受了這次的邀請。一九五二年，古哈特（A.L. Goodhart）辭去「牛津大學法理學講座」。一九五三年，哈特被選爲該講座的繼任者，並且在同年五月三十日發表就職講演，題目爲「法理學中的定義與理論」（Definition and Theory in Jurisprudence）。這篇文章引起了哈特與美國法理學家博登海默（Edgar Bodenheimer）關於法學教育問題的一場筆戰。一九五八年，哈特在《哈佛法律評論》（*Harvard Law Review*）上發表題名爲〈實證主義及法律與道德的區分〉（Positivism and Separation of Law and Morals）的論文，文中對德國法理學家拉德布魯赫（Gustav Radbruch）戰後對「法與道德之關係」的理論多所批判，並且在「法與道德的關係」這個主題上展開與哈佛大學法理學教授富勒長達數年的論戰。

哈特的學術生涯，除了上述分別與博登海默及富勒的論戰，可以說就是在一場又一場的論戰中渡過，甚至尚未完成回應美國法理學家德沃金對其批判的文章（後來這篇遺稿由哈特的學生編成本書的後記）就去世了。哈特學術論戰的對手分別是：英國法官德弗林（P. Devlin）、奧地利法理學家凱爾生，以及德沃金。

與德弗林的辯論主要是立法論上的問題、法律與私人道德，尤其是與性道德的關係，應該如何拿捏的問題，哈特從自由主義的立場反對法律過分介入私人道德。★與凱爾生的辯論主要集中在分析法學（Analytical Jurisprudence）與純粹法學（Reine Rechtslehre; Pure Theory of Law）的異同，以及法概念上的問題。而與德沃金的辯論是最爲吸引人，除了時間上長達二十年（1967-1987；至一九九二年去世爲止，哈特都還在思考如何回應德沃金的批判），辯論的主題從司法裁量的問題開始，延伸到法理論、倫理學（關於功利主義）和政治哲學的問題。

一九六八年，哈特辭去法理學講座一職（繼任者即是德沃金），往後四年擔任牛津大學的資深研究員。一九七二年，哈特被選爲布拉斯諾茲學院（Brasenose College）的首長，由於哈特曾於六〇年代學運期間，擔任牛津大學負責自由改革的委員會主席，因此對於學術行政事務並不陌生，在較爲平靜的七〇年代，他仍舊積極參與各種學術活動。一九七八年，哈特自首長退休，於一九九二年去世。退休後至去世前這段期間，哈特仍持續在各方對他的評論中，反覆思考哲學上的立場問題。

★譯按：參見石元康，〈道德、法律與社群——哈特與德弗林的辯論〉，《當代》127:30ff。

附錄二　哈特已出版著作文獻誌★

以下將哈特的著作依出版年序做報表式的整理，供對哈特的法理論和哲學思想有興趣者參考。

1948

Editor of the volume: H.W.B. Joseph, *Knowledge and the Good in Plato's Republic*（London: Oxford University Press, 1948）, vii, p75, and author of "Editor's Preface", p.v.

1949

"The Ascription of Responsibility and Rights," in *Proceedings of the Aristotelian Society* 49:171-194. Repr. in Flew, Anthony ed., *Logic and Language*. First Series.（Oxford: Blackwell, 1951）, pp.145-166, and, in part, in Morris, Herbert ed., *Freedom and Responsibility*.（Stanford: Stanford University Press, 1961）, pp.143-148. Paper read at meeting of the Aristotelian Society, London, 23 May 1949.

"Is there Knowledge by Acquaintance?," *The Aristotelian Society, Supplementary* Volume 23:69-90. Symposium paper read at

★ 譯按：資料來源Stanley L. Paulson, "The Published Writings of H.L.A. Hart: A Bibliography," *Ratio Juris* 8(3):397-406；另外，關於與哈特理論的二手文獻，可參閱Michael D. Bayles, *Hart's Legal Philosophy. An Examination*. Dorfrecht: Kluwer Academic Publishers, 1992。

Joint Session of the Aristotelian Society and the Mind Association, University College of North Wales, Bangor, 9 July 1949.

1951

Book review: Jerome Frank, *Law and the Modern Mind* 6th printing, in Mind, 60 :268-270.

"A Logician's Fairy Tale," *The Philosophical Review*, 60:198-212.

1952

"Signs and Words," *The Philosophical Quarterly*, 2:59-62. Review article on John Holloway, *Language and Intelligence,* 1952.

1953

Definition and Theory in Jurisprudence（Oxford: Clarendon Press, 1953）, 28pp. Repr. in *Law Quarterly Review*（see at 1954, below）, and in *Jurisprudence*（see at 1983, below）. Inaugural lecture, University of Oxford, 30 May 1953.

"Philosophy of Law and Jurisprudence in Britain（1945-1952）," *American Journal of Comparative Law*, 2:355-364.

"Justice," *Philosophy*, 28:348-352. Review article on Giorgio del Vecchio, *Justice*, trans. Lady Guthrie (1952).

1954

"Definition and Theory in Jurisprudence," *Law Quarterly Review*, 70:27-60.（For details, see at 1953, above）.

Editor of the volume: John Austin, *The Province of Jurisprudence Determined and The Uses of the Study of Jurisprudence*（London: Weidenfeld & Nicholson, 1954）, xxxi, 396 pp., and author of both its "Introduction" and a "Bibliography Note,"pp. vii-xxi.

Book review: Wolfgang Friedmann, *Law and Social Change in Contemporary Britain*,1951, in Law Quarterly Review, 70:115-119.

1955

"Are There Any Natural Rights?" *The Philosophical Review,* 64:175-191. Repr. in Jeremy Waldron ed., *Theories of Rights*（Oxford: Oxford University Press, 1984）, pp.77-90.

"Theory and Definition in Jurisprudence," *The Aristotelian Society, Supplementary* Volume 29:239-264. Symposium paper read at Joint Session of the Aristotelian Society and the Mind Association, University of Leeds, 10 July 1955.

Book review: Axel Hägerström, *Inquiries into the Nature of Law and Moral*, trans. C.D. Broad, 1953, in *Philosophy*, 30:369-373.

1956

"Blackstone's Use of the Law of Nature," *Butterworths South African Law Review*, 3:169-174.

"Should the Death Penalty Be Abolished?," *The Listener*, 55,19 Jan. 1956:87-89.

Book review: Hans Kelsen, The Communist Theory of Law, 1955, in *Harvard Law Review*, 69 (1955-56):772-778.

1957

"Analytical Jurisprudence in Mid-Twentieth Century: A Reply to Professor Bodenheimer", *University of Pennsylvania Law Review*, 105, 1956-57: 953-975.

"Murder and the Principles of Punishment: England and the United States," *Northwestern University Law Review*, 52, 1957-58:433-461. Repr. in Punishment（see at 1968, below）. Julius Rosenthal Lecture, *Northwestern University School of Law*, 6 May 1957.

1958

"Positivism and the Separation of Law and Morals," *Harvard Law Review*, 71, 1957-58:593-629. Repr., in part, in R.M. Dworkin ed., T*he Philosophy of Law*（Oxford: Oxford University Press, 1977）, pp.17-37, and , in toto, in *Jurisprudence*（see at 1983, below）. Oliver Wendell Holmes Lecture, Harvard Law School, April 1957.

"Dias and Hughes on Jurisprudence," *Journal of the Society of Public Teachers of Law*, N.S. 4, 1957-58:143-149. Review article on R.W.M. Dias and G.B.J. Hughes, *Jurisprudence*, 1957.

"Legal and Moral Obligation," in A.I. Melden ed., Essays in Moral Philosophy (Seattle: University of Washington Press, 1958), pp. 82-107.

"Legal Responsibility and Excuses," in Sidney Hook ed., *Determinism and Freedom in the Age of Modern Science*, Proceedings of the First Annual New York University Institute of Philosophy（New York: New York University Press, 1958）, pp.81-104. Repr. in *Punishment*（see at 1968, below）.

"Decision, Intention, and Certainty," with Stuart Hampshire, *Mind*, 67:1-12. Repr. in *Freedom and Responsibility*（see at 1949, above）, pp.208-214.

"A View of America," *The Listener*, 59 (16 Jan. 1958): 89-90.

1959

Causation in the Law, with Anthony M. Honore（Oxford: Clarendon Press, 1959）, xxxii, 454 pp.（For the 2nd Edition, see at 1985,below.）

"Immorality and Treason," *The Listener*, 62, 30 July 1959, pp.162-163. Repr. in R.M. Dworkin ed., *The Philosophy of Law*（see at 1958, above）, pp.83-88.

"Scandinavian Realism," *Cambridge Law Journal*, 17, 1959 ·· 233-240. Repr. in *Jurisprudence*（see at 1983, below）. Review article on Alf Ross, *On Law and Justice*, trans. Margaret Dutton, 1958.

1960

"Prolegomenon to the Principles of Punishment," Proceedings of the Aristotelian Society, 60, 1959-60:1-26. Repr. in Peter Laslett & W.G. Runciman ed., *Philosophy, Politics and Society. Second Series*（Oxford: Blackwell, 1962）, pp.158-182, and in *Punishment*（see at 1968, below）. Hart's Presidential address, delivered at meeting of the Aristotelian Society, London, 19 October 1959.

"Acts of Will and Responsibility," in O.R. Marshall ed., *The Jubilee Lectures of the Faculty of Law*, University of Sheffield（London: Stevens & Sons, 1960）, pp.115-144. Repr. in *Punishment*（see at 1968,below）.

"Jurisprudence," in J.O. Urmson ed., *The Concise Encyclopedia of Western Philosophy and Philosophers*（London: Hutchinson, 1960）, pp.143-144. Repr. in revised edn. of *Encyclopedia*（see at 1989, below）.

"Austin's Influence," *Oxford Magazine*, 78:206-208.

Book review: Hermann Kantorowicz, The Definition of Law, 1958, in *The Philosophical Review*, 69:270-272.

1961

The Concept of Law（Oxford: Clarendon Press, 1961）, x, 262 pp. Repr., with addition of "Select Bibliography"（see at 1972, below）, and Second Edition, with new "Postscript"（see at 1994, below）.

"Negligence, Mens Rea, and Criminal Responsibility," in A.G. Guest ed., *Oxford Essays in Jurisprudence*（Oxford: Oxford University Press, 1961）, pp.29-49. Repr. in *Punishment*（see at 1968, below）.

"The Use and Abuse of the Criminal Law," *The Oxford Lawyer*, vol. 4, no. 1（Hilary 1961）:7-12. Repr. in *The Lawyer*（see 1965, below）.

Book review: Dennis Lloyd, I*ntroduction to Jurisprudence: With Selected Texts*, 1959, in *Law Quarterly Review*, 77: 123-125.

"Austin, John," in *Encyclopedia Britannica*, 14th edn. printing of 1961, vol. 2:700-701.

1962

Book review: Richard A. Wasserstorm, The Judicial Decision, 1961, in *Stanford Law Review*, 14, 1961-62:919-926.

"Bentham," *Proceedings of the British Academy*, 48:297-320. Repr. in Robert S. Summers ed., *More Essays in Legal Philosophy*（Oxford: Blackwell, 1971）, pp.18-42; with minor revisions, in Bhikhu Parekh ed., *Jeremy Bentham. Ten Critical Essays*（London: Frank Cass, 1974）, pp.73-95; and, in part, in *Bentham* that is, pp.4-7 of Hart's "Introduction" reproduce pp.299-302 of original（see at 1982, below）. British Academy Lecture（"Lecture on a Master Mind"）, London, 5 December 1962.

Punishment and Elimination of Responsibility（London: Athlone Press, 1962）, 32 pp. Hobhouse Memorial Trust Lecture, King's College, London, 16 May 1961. Repr. in *Punishment*（see at 1968, below）.

1963

"Acts of Will and Legal Responsibility," D.F. Pears ed., *Freedom of the Will*（London: Macmillan, 1963）, pp.38-47.

"Kelsen Visited," *UCLA Law Review*, 10,1962-63, pp.709-728. Repr. in *Jurisprudence*（see at 1983, below）.

"Holmes's Common Law," *The New York Review of Books*, vol. 1, no. 4,17 October 1963, pp.15-16. Review article on Oliver Wendell Holmes, *The Common Law*, ed. Mark DeWolfe Howe, 1963. Repr., in part, in the "Notes" to *Punishment*（see at 1968, below）, and, in toto, in *Jurisprudence* under the title "Diamonds and String: Holmes on the Common Law"（see at 1983, below）.

Law, Liberty, and Morality（London: Oxford University Press, and Stanford, Calif.: Stanford University Press, 1963）, viii, 88 pp. Repr. as Vintage Book（see at 1966, below）. The Harry Camp Lectures at Stanford University, 1962.

"Introduction" to Ch. Perelman, *The Idea of Justice and the Problem of Argument*, trans. John Petrie（London: Routledge & Kegan Paul, 1963）, pp.vii-xi.

1964

"Self-referring Laws," Fritjof Lejman et al. ed., *Festskrift Tillägnad Professor*, Juris Doktor Karl Olivecrona（Stockholm: P.A. Norstedt & Soner, 1964）, pp.307-316. Repr. *Jurisprudence*（see at 1983, below）.

"Duty," in Julius Gould & William L. Kolb ed., *A Dictionary of the Social Science*（New York: Free Press, 1964）, pp. 213-214.

1965

The Morality of the Criminal Law. Two Lectures（Jerusalem: Magnes Press of the Hebrew University, and London: Oxford University Press, 1965）, p.54 The Lionel Cohen Lectures, Tenth Series, Hebrew University, Jerusalem, 1964." Changing Conceptions of Responsibility," pp.5-29, and "The Enforcement of Morality," pp.31-54. The first of these lectures is repr. in *Punishment*（see at 1968, below）.

"The Use and Abuse of the Criminal Law," *The Lawyer*, vol.8 nos.2 & 3（Trinity & Michaelmas 1965）:47-51. A reprinting of the paper that appeared in *The Oxford Lawyer*（see at 1961, above）.

Book review: Lon L. Fuller, *T*he Morality of Law, 1964, in *Harvard Law Review*, 78, 1964-65:1281-1296. Repr. in *Jurisprudence*（see at 1983, below）.

Book review: Barbara Wooton, Crime and Criminal Law,1963, in *Yale Law Journal*, 74, 1964-65:1325-1331.

1966

"Beccaria and Bentham," *Atti del Convegno internazionale su Cesare Beccaria*, Memorie dell'Accademia delle Scienze di Torino, Series 4a, no.9（Turin: Accademia delle Scienze, 1966）. Repr., with revisions only in the last paragraph, in *Bentham* under the title "Bentham and Beccaria"（see at 1982, below）. Lecture, International Conference on Beccaria, Turin, 4-6 October 1964.

"Rettssystemers bestanddeler" [The Elements of the Legal System], in *Tre Rettsfilosofiske Avhandlinger* [Three Essays in Legal Philosophy], by H.L.A. Hart, Johs. Andenaes, and Torstein Eckhoff（Oslo: Universitetsforlaget, 1966）, pp.1-7. Reproduced from the typescript.

"Il concetto di obbligo," trans. Giacomo Gavazzi, *Rivista di Filosofia*, 57:125-140. The English version of this essay appears in Bentham under the title "Legal Duty and Obligation"（see at 1982, below）.

Law, Liberty, and Morality（New York: Vintage Books, 1966）, viii, 88 pp. A paperback reprinting（see at 1963, above）.

1967

"Social Solidarity and the Enforcement of Morality," *The University of Chicago Law Review*, 35, 1967-68:1-13. Repr. in *Jurisprudence*（see at 1983, below）. Contribution to Symposium on the Philosophy of H.L.A. Hart.

"Bentham on Sovereignty," *The Irish Jurist*, N.S. 2:327-335. Repr. in Jeremy Bentham. *Ten Critical Essays*, ed. Bikhu Parekh（see at 1962, above）, p.145-153. A new paper on the same themes appears in Bentham under the title "Sovereignty and Legally

Limited Government"（see at 1982, below）.

"Intention and Punishment," *Oxford Review*, 4, 1967:5-22. Repr. in *Punishment*（see at 1968, below）.

"Varieties of Responsibility," *Law Quarterly Review*, 83, 1967:346-364. Repr., in part, in *Punishment* as the beginning of "Postscript: Responsibility and Retribution"（see at 1968, below）.

"Legal Positivism," in *The Encyclopedia of Philosophy*, ed. Paul Edwards, vol. 4（New York: Macmillan and Free Press, & London: Collier-Macmillan, 1967）, p. 418-420.

"Philosophy of Law, Problems of," ibid., vol. 6:264-276. Repr. in *Jurisprudence*（see at 1983, below）.

1968

Punishment and Responsibility: Essays in the Philosophy of Law（Oxford: Clarendon Press, 1968）, x, p.271. All essays previously published; the numbering scheme is Hart's.

"Preface"

I. "Prolegomenon to the Principles of Punishment",1960.

II. "Legal Responsibility and Excuses",1958.

III. "Murder and the Principles of Punishment: England and the United States",1957.

IV. "Acts of Will and Responsibility",1960.

V. "Intention and Punishment",1967.

VI. "Negligence, Mens Rea, and Criminal Responsibility",1961.

VII. "Punishment and the Elimination of Responsibility",1962.

VIII. "Changing Conceptions of Responsibility",1965.

IX. "Postscript: Responsibility and Retribution," drawn, in part, from the paper in *Law Quarterly Review*（see at 1967, above）.

"Notes," including a partial reprinting, at 242-244, of "Holmes's Common Law"（see at 1963, above）.

"Kelsen's Doctrine of the Utility of Law," in *Ethics and Social Justice*, ed. Howard E. Kiefer & Milton K. Munitz（Albany: State University of New York Press, 1968）, p.171-199. Repr. in *Jurisprudence*（see at 1983, below）.

"Austin, John," in International Encyclopedia of the Social Science, ed. David L. Sills, vol. 1（New York: Macmillan and Free Press, 1968）, p.471-473.

"Duty," ibid., vol. 4:320-324.

1970

Co-editor, with J.H. Burns, of the volume: *Jeremy Bentham, An Introduction to the Principles of Morals and Legislation*（London: Athlone Press, 1970）, xliii, 343pp., and co-author, with J.H. Burns, of its "Introduction," xxxvii-xliii. A volume in the "Collected Works of Jeremy Bentham." Repr. independently of the "Collected Works," with Hart's greatly expanded "Introduction"（see at 1982, below）.

Editor of the volume: *Jeremy Bentham, Of Laws in General*（London: Athlone Press, 1970）, xlii, 342pp., and author of its "Introduction," xxxi-xlii. A volume in the "Collected Works of Jeremy Bentham."

"Jhering's Heaven of Concepts and Modern Analytical Jurisprudence," in *Jherings Erbe. Göttinger Symposion zur 150. Wiederkehr des Geburtstags von Rudolf von Jhering*, ed. Franz Wieacker & Christian Wollschläger（Göttingen: Vandenhoeck & Ruprecht, 1970）, p.67-68. Repr. in *Jurisprudence*（see at 1982,below）.

1971

"Bentham's 'Of Laws in General,'" *Rechtstheorie*, 2, 1971:55-66. Repr., in part, in *Bentham* that is, pp. 105-113 and 126 reproduce pp. 55-62 and 65-66 of the Rechtstheorie paper.（see at 1982, below）.

1972

"Bentham on Legal Powers," *Yale Law Journal*, 81, 1971-72:799-822. Repr. in Bentham under the title "Legal Powers"（see at 1982, below）.

"Abortion Law Reform: The English Experience," *Melbourne University Law Review*, 8, 1971-72:388-411.

The Concept of Law（Oxford: Oxford University Press, 1972）, viii, 263pp. A reprinting, with the addition of "Select Bibliography of Critical Writings" at 257-258（see at 1961, above）. For the Second Edition, see at 1994, below.

1973

"Bentham on Legal Rights," in *Oxford Essays in Jurisprudence*, Second Series, ed. A.W.B. Simpson（Oxford: Clarendon Press, 1973）, p.171-201. Repr. in *Bentham* under the title "Legal Rights"（see at 1982, below）.

"Bentham and the Demystification of the Law," *Modern Law Review*, 36, 1973:2-17. Repr. in *Bentham* under the title "The Demystification of the Law"（see at 1982, below）.

"Rawls on Liberty and Its Priority," *The University of Chicago Law Review*, 40, 1972-73:534-555. Repr. in *Jurisprudence*（see at

1983,below）. Contribution to Symposium on John Rawls's A Theory of Justice.

1976

"Law in the Perspective of Philosophy: 1776-1976," *New York University Law Review*, 51 (1976):538-551. The same text appears in *American Law: The Third Century. The Law Bicentennial* Volume under the title "Perspective of Philosophy"（publ. for the New York University School of Law by Fred B. Rothman & Co., South Hackensack, New Jersey, 1976）, p.417-430. Repr. in *Jurisprudence* under the title "1776-1976: Law in the Perspective of Philosophy"（see at 1982, below）. Lecture, Bicentennial Conference, "American Law: The Third Century," New York University School of Law, 30 April 1976.

"Bentham and the United States of America," *Journal of Law and Economics*, 19, 1976:547-567. Repr. in *Bentham* under the title "The United States of America"（see at 1982, below）. Lecture in the series "1776: the Revolution in Social Thought," University of Chicago Law School.

1977

"American Jurisprudence through English Eyes: The Nightmare and the Noble Dream," *Georgia Law Review*, 11, 1976-77:969-989. Repr. in *Jurisprudence*（see at 1983, below）. John A. Sibley Lecture in Law, University of Georgia School of Law, 14 April 1977.

Co-editor, with J.H. Burns, of the volume: Jeremy Bentham, *Comment on the Commentaries and A Fragment on Government*（London: Athlone Press, 1977）, li, 576pp., and co-author, with J.H. Burns, of its "Introduction," xix-li. A volume in the "Collected Works of Jeremy Bentham." *A Fragment on Government* is repr. independently of the "Collected Works" (see at 1988, below）.

"Utilitarianism and Natural Rights," *Praktika Tes Akademias Athehon: Proceedings of the Academy of Athens*, 52, 1977:162-176. Lecture, the Academy of Athens, 13 December 1977.（See also 1979, below）

1978

"Morality and Reality," *The New York Review of Books*, vol.25, no. 3, 9 March 1978:35-38. Review article on Gilbert Harman, *The Nature of Morality: An Introduction to Ethics*, 1977, and on J.L. Mackie, *Ethics: Inventing Right and Wrong*, 1977.

1979

"Utilitarianism and Natural Rights," *Tulane Law Review*, 53, 1978-79:663-680. Repr. in *Jurisprudence*（see at 1983, below）. A revised version of the Athens lecture（see at 1977, above）. Shell Foundation Lecture, Tulane University School of Law, 10 November 1978.

"Between Utility and Rights," *Columbia Law Review*, 79, 1979:828-846. Repr. in *Jurisprudence*（see at 1983, below）. John Dewey Memorial Lecture, Law School of Columbia University, 14 November 1978.

1980

"Death and Utility," *The New York Review of Books*, vol.27, no. 8, 15 May 1980:25-32. Review article on Peter Singer, *Practical Ethics,* 1980. A new paper on the same themes appears in *Bentham* under the title "Natural Rights: Bentham and John Stuart Mill"（see at 1982, below）.

"El neuvo desafio al positivismo juridico," trans. Liborio Hierro, Francisco Laporta, & Juan Ramon de Paramo, *Sistema*, 36, 1980:3-18.

1981

"The House of Lords on Attempting the Impossible," in *Crime, Proof and Punishment. Essays in Memory of Sir Rupert Cross*, ed. Colin Tapper（London: Butterworths, 1981）:1-20. Repr. in *Oxford Journal of Legal Studies*, 1, 1981:149-166, and in *Jurisprudence*（see at 1983, below）.

1982

Co-editor, with J.H. Burns, of the volume: Jeremy Bentham, *An Introduction to the Principles of Morals and Legislation*（London & New York: Methuen, 1982）, lxx, 343pp., and author of its "Introduction," xxiii-lxx. A reprinting, with Hart's greatly expanded "Introduction," of the volume that appeared in the "Collected Works of Jeremy Bentham"（see at 1970, above）.

Essays on Bentham: Jurisprudence and Political Theory（Oxford: Clarendon Press, 1982）, vi, 272pp. Essays marked with an asterisk appear for the first time in this collection; the numbering scheme is Hart's.

"Introduction," drawn, in part, from "Bentham"（see at 1962, above）, and from "Law in the Perspective of Philosophy: 1776-1976"（see at 1976, above）.

I. "The Demystification of the Law",1973.

II. "Bentham and Beccaria",1966.
III. "The United States of America",1976.
IV. "Natural Rights: Bentham and John Stuart Mill," addresses the same themes as "Death and Utility"（see at 1980, above）.
V. "Bentham's Of Laws in General," drawn, in part, from the paper in *Rechtstheorie*（see at 1971, above).
VI. "Legal Duty and Obligation," English version of an essay that first appeared in Italian（see at 1966, above).
VII. "Legal Rights",1973.
VIII. "Legal Powers",1972.
IX. "Sovereignty and Legally Limited Government," addresses the same themes as "Bentham on Sovereignty"（see at 1967, above）.
X. "Commands and Authoritative Reasons"

1983

Essays in Jurisprudence and Philosophy（Oxford: Clarendon Press, 1983）, viii, 396pp. All essays previously published; the numbering scheme is Hart's.

"Introduction"

1. "Definition and Theory in Jurisprudence",1953.
2. "Positivism and the Separation of Law and Morals",1958.
3. "Problems of the Philosophy of Law",1967.
4. "American Jurisprudence through English Eyes: The Nightmare and the Noble Dream", 1977.
5. "1776-1976: Law in the Perspective of Philosophy",1976.
6. "Scandinavian Realism",1959.
7. "Self-Referring Laws",1964.
8. "Utilitarianism and Natural Rights",1979.
9. "Between Utility and Rights",1979.
10. “Rawls on Liberty and Its Priority”,1973.
11. “Social Solidarity and the Enforcement of Morality”,1967.
12. “Jhering’s Heaven of Concepts and Modern Analytical Jurisprudence”,1970.
13. “Diamonds and String: Holmes on the Common Law”,1963.

14. "Kelsen Visited",1963.
15. "Kelsen's Doctrine of the Utility of Law",1968.
16. "Lon L. Fuller: *The Morality of Law*",1965.
17. "The House of Lords on Attempting the Impossible",1981.

1984

"Arthur Rupert Neale Cross, 1912-1980," *Proceedings of the British Academy*, 70, 1984:405-437.

1985

Causation in the Law, with Tony Honoré 2nd edn.（Oxford: Clarendon Press, 1985）, xxxii, 516pp. For the First Edition, see at 1959, above.

"Oxford and Mrs. Thatcher," *The New York Review of Books*, vol.32, no. 5, 28 March 1985:7-9.

Book review: Ross Harrison, *Bentham*, 1983, in *Mind*, 94, 1985:153-158.

1986

"Who Can Tell Right from Wrong?," *The New York Review of Books,* vol.33, no. 12, 17 July 1986:49-52. Review article on Bernard Williams, *Ethics and the Limits of Philosophy*, 1985.

1987

"Commemt," in *Issues in Contemporary Legal Philosophy. The Influence of H.L.A. Hart, ed. Ruth Gavison*（Oxford: Clarendon Press, 1987）:35-42. Comment on Ronald Dworkin, "Legal Theory and the Problem of Sense," ibid., p.9-12. Papers read at conference on "The Legal Philosophy of H.L.A. Hart," Jerusalem, 13-15 March 1984.

"Between Citizen and State," *Israeli Democracy*,Tel Aviv, 1, 1987:27-29. An interview with Hart, conducted by Yael Tamir-Rafaeli.

1988

"Entrevista a H.L.A. Hart," Doxa, 5, 1988:339-361. Spanish translation of an interview with Hart, conducted by Juan Ramon de Paramo. Repr. in German translation under the title "Hart's Concept of Law' nach dreisig Jahren", *Rechtstheorie* 22, 1991:393-

414.

Co-editor, with J.H. Burns, of the volume: Jeremy Bentham, *A Fragment on Government*, "Introduction" by Ross Harrison（Cambridge: Cambridge University Press, 1988）, xxx, 128pp. A reprinting drawn from the volume that appeared in the "Collected Works of Jeremy Bentham"（see at 1977, above）.

1989

"Jurisprudence," in *The Concise Encyclopedia of Western Philosophy and Philosophers*, revised edn., ed. J.O. Urmson & Jonathan Ree（London: Unwin Hyman, 1989）, p.155-156. A reprinting of the article that appeared in the original edition of the *Encyclopedia*（see at 1960, above）.

1990

Book Review: R.C.J. Cocks, *Sir Henry Maine: A Study in Victorian Jurisprudence*, 1988, and K.J.M. Smith, James Fitzjames Stephen: Portrait of a Victorian Rationalist, 1988, in *The English Historical Review*, 105, 1990:700-702.

1994

The Concept of Law, 2nd edn.（Oxford: Clarendon Press, 1994）, xii, 315pp., with new "Postscript," p.238-276, written by Hart and edited by Penelope A. Bulloch & Joseph Raz. The "Editor's Note," pp.vii-ix, and a note, p.306-307, stemming from Hart's "Postscript" are also new; the body of the text, although reset and with a new pagination, remains unchanged except for minor corrections. For the First Edition, see at 1961, above.

國家圖書館出版品預行編目資料

法律的概念（增訂三版）
哈特 H.L.A.Hart 著　許家馨、李冠宜、高忠義 譯
三版. -- 臺北市 : 商周出版 : 家庭傳媒城邦分公司發行
2018.11　面；　公分（人與法律 ; 81）
譯自 : The Concept of Law , 3rd ed.
ISBN　978-986-477-556-9 (平裝)
1. 法理學 2. 法律哲學
580.1　　107016990

人與法律 81

法律的概念（增訂三版）

原著書名／The Concept of Law
作　　者／哈特 H.L.A.Hart
譯　　者／許家馨、李冠宜、高忠義
責任編輯／陳玳妮

版　　權／林心紅
行銷業務／李衍逸、黃崇華
總 編 輯／楊如玉
總 經 理／彭之琬
發 行 人／何飛鵬
法律顧問／元禾法律事務所　王子文律師
出　　版／商周出版
台北市 104 民生東路二段 141 號 9 樓
電話：(02) 25007008　傳真：(02)25007759
E-mail：bwp.service@cite.com.tw
Blog：http://bwp25007008.pixnet.net/blog
發　　行／英屬蓋曼群島商家庭傳媒股份有限公司城邦分公司
台北市中山區民生東路二段 141 號 2 樓
書虫客服服務專線：(02)25007718；(02)25007719
服務時間：週一至週五上午 09:30-12:00；下午 13:30-17:00
24 小時傳眞專線：(02)25001990；(02)25001991
劃撥帳號：19863813；戶名：書虫股份有限公司
讀者服務信箱：service@readingclub.com.tw
城邦讀書花園：www.cite.com.tw
香港發行所／城邦（香港）出版集團有限公司
香港灣仔駱克道 193 號東超商業中心 1 樓
E-mail：hkcite@biznetvigator.com
電話：(852) 25086231 傳眞：(852) 25789337
馬新發行所／城邦（馬新）出版集團【Cite (M) Sdn. Bhd.】
41, Jalan Radin Anum, Bandar Baru Sri Petaling,
57000 Kuala Lumpur, Malaysia.
Tel: (603) 90578822　Fax: (603) 90576622
Email: cite@cite.com.my

封面設計／李東記
排　　版／極翔企業有限公司
印　　刷／韋懋實業有限公司
經 銷 商／聯合發行股份有限公司
電話：(02) 2917-8022　Fax: (02) 2911-0053
地址：新北市 231 新店區寶橋路 235 巷 6 弄 6 號 2 樓

■ 2018 年 11 月 6 日初版
■ 2022 年 7 月 15 日三版 1.6 刷
定價 480 元

Printed in Taiwan

廣　告　回　函
北區郵政管理登記證
北臺字第000791號
郵資已付，免貼郵票

104　台北市民生東路二段141號2樓

英屬蓋曼群島商家庭傳媒股份有限公司城邦分公司　收

請沿虛線對摺，謝謝！

書號：BJ0081	書名：法律的概念（增訂三版）	編碼：

請於此處用膠水黏貼

讀者回函卡

不定期好禮相贈！
立即加入：商周出版
Facebook 粉絲團

感謝您購買我們出版的書籍！請費心填寫此回函卡，我們將不定期寄上城邦集團最新的出版訊息。

姓名：＿＿＿＿＿＿＿＿＿＿ 性別：□男 □女

生日：西元＿＿＿＿年＿＿＿＿月＿＿＿＿日

地址：＿＿＿＿＿＿＿＿＿＿

聯絡電話：＿＿＿＿＿＿＿＿ 傳真：＿＿＿＿＿＿＿＿

E-mail：

學歷：□ 1. 小學 □ 2. 國中 □ 3. 高中 □ 4. 大學 □ 5. 研究所以上

職業：□ 1. 學生 □ 2. 軍公教 □ 3. 服務 □ 4. 金融 □ 5. 製造 □ 6. 資訊
□ 7. 傳播 □ 8. 自由業 □ 9. 農漁牧 □ 10. 家管 □ 11. 退休
□ 12. 其他＿＿＿＿＿＿＿＿

您從何種方式得知本書消息？

□ 1. 書店 □ 2. 網路 □ 3. 報紙 □ 4. 雜誌 □ 5. 廣播 □ 6. 電視
□ 7. 親友推薦 □ 8. 其他＿＿＿＿＿＿＿＿

您通常以何種方式購書？

□ 1. 書店 □ 2. 網路 □ 3. 傳真訂購 □ 4. 郵局劃撥 □ 5. 其他＿＿＿＿

您喜歡閱讀那些類別的書籍？

□ 1. 財經商業 □ 2. 自然科學 □ 3. 歷史 □ 4. 法律 □ 5. 文學
□ 6. 休閒旅遊 □ 7. 小說 □ 8. 人物傳記 □ 9. 生活、勵志 □ 10. 其他

對我們的建議：＿＿＿＿＿＿＿＿＿＿

【為提供訂購、行銷、客戶管理或其他合於營業登記項目或章程所定業務之目的，城邦出版人集團（即英屬蓋曼群島商家庭傳媒（股）公司城邦分公司、城邦文化事業（股）公司），於本集團之營運期間及地區內，將以電郵、傳真、電話、簡訊、郵寄或其他公告方式利用您提供之資料（資料類別：C001、C002、C003、C011 等）。利用對象除本集團外，亦可能包括相關服務的協力機構。如您有依個資法第三條或其他需服務之處，得致電本公司客服中心電話 02-25007718 請求協助。相關資料如為非必要項目，不提供亦不影響您的權益。】

1.C001 辨識個人者：如消費者之姓名、地址、電話、電子郵件等資訊。
2.C002 辨識財務者：如信用卡或轉帳帳戶資訊。
3.C003 政府資料中之辨識者：如身分證字號或護照號碼（外國人）。
4.C011 個人描述：如性別、國籍、出生年月日。

請於此處用膠水黏貼